사도행전

속로

제9권 사도와 장로와 온 교회가

사도행전 속으로

Into the Acts

9. The Apostles and Elders with the Whole Church

지은이 이재철
펴낸곳 주식회사 홍성사
펴낸이 정애주
국효숙 김의연 박혜란 손상범
송민규 오민택 임영주 차길환

2014. 10. 22. 초판 발행   2024. 2. 20. 6쇄 발행

등록번호 제1-499호 1977. 8. 1.
주소 (04084) 서울시 마포구 양화진4길 3 전화 02) 333-5161 팩스 02) 333-5165
홈페이지 hongsungsa.com 이메일 hsbooks@hongsungsa.com 페이스북 facebook.com/hongsungsa
양화진책방 02) 333-5163

ISBN 978-89-365-1045-9 (04230)
ISBN 978-89-365-0531-8 (세트)

9 사도와 장로와 온 교회가

사도행전 15장

이재철

홍성사

참된 교회를 그리며

저는 주일예배 시간에 늘 '순서설교'를 합니다. 순서설교는 제가 만든 용어로, 문자 그대로 성경을 순서대로 설교하는 것입니다. 강해설교도 성경의 순서를 따르지만 일반적으로 본문을 넓게 잡기에 각 구절에 대한 비중이 떨어지기 쉽습니다. 그러나 순서설교는 본문을 한두 구절씩 짧게 잡는 것이 특징입니다. 그러다 보니 성경 가운데 책 한 권의 설교를 끝내기 위해서는 상당한 햇수가 필요합니다. 그런데도 제가 목회를 시작한 이래 20여 년 동안 계속 순서설교를 해온 까닭이 있습니다. 1년에 주일은 52일밖에 없습니다. 그러므로 목회자가 한 교회에서 평생 목회해도 주일예배 시간에 성경 66권의 내용을 모두 심도 있게 설교하는 것은 물리적으로 불가능합니다. 주일예배는 물론이고 새벽 기도회, 수요 성경공부, 구역 성경공부 등에 빠짐없이 참석하는 교인은 예외겠지만, 주일예배에만 참석하는 대다수 교인은 결국 일주일에 한 번 설교자가 선호하거나 의도하는 구절에 대한 설교만 듣게 됩니다. 그렇게 해서는 하나님의 말씀이신 성경 전체를 바르게 이해하고 세상에서 하나님의 말씀을 좇아 사는 것은 지극히 어려운 일입니다. 그와 같은 단점을 보완하기 위해 매 주일 본문 구절의 깊이와 성경 전체의 넓이를 동시에 추구하자는 것이 순서설교입니다. 다시 말해 주일마다 각 구절을 깊이 있게 다루면서, 그 깊이만큼 해당 구절을 창으로 삼아 성경 전체를 들여다보고, 예배가 끝난 뒤에는 그 구절을 안경으로 쓰고 일주일 동안 세상에서 살자는 것입니다.

성경은 창세기부터 요한계시록까지 거미줄보다 더 정교하고 치밀하게 얽혀 있습니다. 그리고 성경 각 구절은 그 전체를 들여다보는 신비로운 창입니다. 똑같은 풍경도 창의 모양과 색깔에 따라 다르게 보이듯이, 성경을 들여다보는 창이 많고 다양할수록 성경 전체에 대한 이해가 더 깊어지고 넓어지기 마련입니다. 제가 순서설교를 선호하는 까닭이 여기에 있습니다. 구약성경의 초점이 '오실 예수'에, 신약성경의 초점이 '오신 예수'에 맞추어져 있기에, 즉 성경 전체의 초점이 '오직 예수' 한 분이기에 순서설교와 절기설교는 상충하지 않습니다. 성경의 모든 구절이 예수님을 들여다보기 위한 창이기 때문입니다. 특정 절기와는 무관해 보이는 구절로 그 절기를 묵상함으로써 오히려 성경의 오묘함을 더 깊이 확인할 수 있습니다.

100주년기념교회 주일예배 설교 텍스트로 사도행전을 선택한 데엔 두 가지 이유가 있습니다. 저의 첫 목회지였던 '주님의교회'에서 요한복음 순서설교를 끝으로 10년 임기를 마친 것이 첫 번째 이유입니다. 목회의 장소와 형태 그리고 목적은 달라져도 목회의 영속성이 단절되는 것은 아니기에 요한복음에 이어 사도행전을 선택하였습니다. 두 번째 이유는 100주년기념교회로 저를 불러내신 주님께서 제게 부여하신 소명이 한국 교회의 출발점인 양화진외국인선교사묘원 묘지기이기 때문입니다. 이미 출판된 요한복음 설교집 〈요한과 더불어〉의 주제가 '주님과 동행'이라면 〈사도행전 속으로〉의 주제는 복음의 결과인 '교회 되기'이므로, 한국 교회의 출발점인 양화진에서 사도행전을 통해 참된 교회의 의미를 되새기기 위함입니다. 2005년 7월 10일 100주년기념교회 창립과 동시에 사도행전 1장 1절부터 순서설교를 시작한 이래 만 5년을 맞는 현재에도 사도행전을 계속 설교하고 있습니다. 주님께서 제 건강과 여건을 허락하신다면, 100주년기념교회에서 목회하는 동안 사도행전 순서설교를 끝내는 것이 제 소박한 바람입니다.

부족하기 짝이 없는 사람을 늘 변함없이 당신의 도구로 사용해 주시는 주님께 감사드릴 뿐입니다.

2010년 7월 양화진에서

이재철

차례

사도행전 15장

부록

일러두기

[*]〈사도행전 속으로〉 제9권은 2010년 12월 5일부터 2012년 3월 4일까지 100주년기념교회 이재철 목사가
 주일예배에서 설교한 내용을 묶어 낸 것입니다.

[*]본문에 인용한 성경 구절은 개역개정판 성경을 기본으로 하였고, 그 외의 역본을 따랐을 경우 별도 표기
 하였습니다.

[*]본문에 인용한 찬송가는 새찬송가를 기본으로 하였습니다.

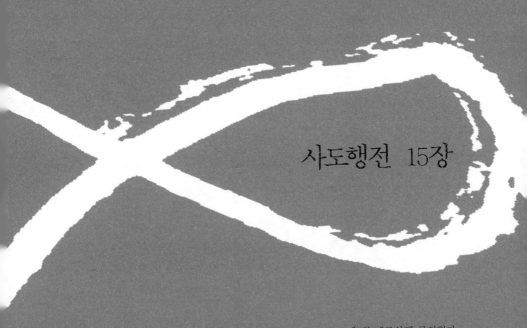

사도행전 15장

제1회 예루살렘 공의회가

이방인에게 할례를 명령하는 것은 복음에 위배된다는

교회의 공식적인 결론을 도출해 낼 수 있었던 것도,

그리고 그때부터 초대교회가 분열의 위기를 극복하고

본격적인 이방인 전도의 새로운 경지에 접어들 수 있었던 것도,

결코 우연한 일이 아니었습니다.

1. 어떤 사람들이 대림절 둘째 주일

사도행전 15장 1-5절

어떤 사람들이 유대로부터 내려와서 형제들을 가르치되 너희가 모세의 법대로 할례를 받지 아니하면 능히 구원을 받지 못하리라 하니 바울 및 바나바와 그들 사이에 적지 아니한 다툼과 변론이 일어난지라 형제들이 이 문제에 대하여 바울과 바나바와 및 그중의 몇 사람을 예루살렘에 있는 사도와 장로들에게 보내기로 작정하니라 그들이 교회의 전송을 받고 베니게와 사마리아로 다니며 이방인들이 주께 돌아온 일을 말하여 형제들을 다 크게 기쁘게 하더라 예루살렘에 이르러 교회와 사도와 장로들에게 영접을 받고 하나님이 자기들과 함께 계셔 행하신 모든 일을 말하매 바리새파 중에 어떤 믿는 사람들이 일어나 말하되 이방인에게 할례를 행하고 모세의 율법을 지키라 명하는 것이 마땅하다 하니라

미국의 오바마 대통령은 지난 8월 31일 텔레비전 생중계를 통해, "오늘 이라크의 자유 작전Operation Iraqui Freedom은 종료되었고 미군의 전투 임무도 끝났다"고 선언했습니다. 2003년 3월 20일 미국에 의해 발발된 이라크

전쟁에 대한 종전 선언이었습니다. 세계 여론으로부터 명분 없는 전쟁이라고 뭇매를 맞던 이라크전쟁은 7년 5개월여 만에 그렇게 끝났습니다. 이라크전쟁 기간 중에 이라크 정부군과 경찰 9,654명이 전사했고, 이라크 반군 전사자는 5만 5,000명으로 추산되고 있으며, 민간인은 최소한 10만 명 이상이 희생당한 것으로 알려지고 있습니다. 또 그 전쟁으로 인해 276만 명에 달하는 이라크 국내 난민과 170만 명의 국외 난민이 고통당하고 있습니다. 미국이 그 전쟁에 투입한 전쟁 비용은 7,000억 달러, 우리 돈으로 물경 800조원에 달합니다. 그렇다고 미군의 피해가 없었느냐 하면 그런 것도 아니었습니다. 미국 역시 4,420명이 전사하고 3만 1,926명이 부상하는 피해를 입었습니다. 세계 유일의 초강대국인 미국의 군사력과 미군 개개인이 착용하는 첨단 보호 장비를 감안하면 실로 엄청난 피해가 아닐 수 없습니다.

전쟁은 적군을 격퇴하고 승리하는 것을 목표로 삼지만, 승리보다 더 중요한 것은 어떻게 승리하느냐는 것입니다. 전쟁에서 승리하긴 했지만 전 군대를 다 잃고서야 얻은 승리라면, 그 전쟁의 지휘관이 명지휘관일 수는 없습니다. 명지휘관은 피아간에 민간인의 재산과 생명을 보호하면서 자기 병사의 피해를 최소화하며 승리를 얻는 지휘관입니다. 그것이 가능하기 위해서는 지휘관은 무엇보다도 전장戰場, 다시 말해 현장의 전문가가 되지 않으면 안 됩니다.

미군이 이라크전쟁의 수렁에 빠져 고전을 면치 못하던 2007년, 미국의 군사 관련 저술가 랠프 피터스Ralph Peters 예비역 중령이 미국 시사 잡지 〈아메리칸 인터레스트American Interest〉 7·8월 호에 기고한 글이 당시 큰 파장을 불러 일으켰습니다. 그가 미군의 고급 장교들을 미국 동부 지역의 8개 명문 사립대학을 통칭하는 아이비리그에 보내어 대학원 교육을 받게 하는 미군 교육제도를 비판하면서, 그 교육제도가 결과적으로 '이론'에만 밝고 '현장

감'은 떨어지는 부적합한 지휘관을 낳는다고 주장했기 때문입니다. 다음은 그가 주장한 내용의 일부입니다.

전쟁에서 이기는 지휘관은 전장을 잘 파악하는 군인이지 사회과학 이론에 충실한 학자가 아니다. 민간 대학 교수진은 20세기 국제 관계와 전쟁 이론엔 해박할지 몰라도, 21세기 분쟁의 현실에는 문외한이다. '박사' 지휘관이 이라크에 가서 사태를 망치는 것을 보면 참으로 참담하다. '전쟁하는 방법만 빼고 다 아는' 박사 지휘관 때문에 숱한 병사들이 숨져 갔다. 이런 장군들은 대통령에게 진실을 말할 배짱도 없다. 군도 지성과 폭넓은 학습을 중시해야 하지만, 그러나 지적 허세는 금물이다. 더욱이 박사 학위는 오히려 군인의 시야를 좁힐 수 있다. 전쟁에는 현명한intelligent 장군이 필요하지, 지적intellectual이기만 한 장군은 오히려 해를 끼친다. 역대 명지휘관들이 지녔던 것은 학위가 아니라, 폭넓은 현장 경험이었다. 조지 마셜George C. Marshall 장군은 젊은 시절 러일전쟁을 관찰하기 위해 수개월 동안 그 전쟁 현장에 머물렀고, 더글러스 맥아더Douglas MacArthur 장군도 수년 동안 필리핀의 현장에서 복무했다. 따라서 유망한 장교를 예일대나 프린스턴대 대학원에 맡기는 대신에, 아랍어 같은 언어나 다른 문화를 가르친 후 현장 적응 훈련을 보내는 것이 더 유용할 것이다.

물론 피터스의 주장에 대한 반론도 있었습니다. 그러나 그가 강조한 현장의 중요성, 그 자체에 대하여는 그 누구도 이의를 제기할 수 없었습니다.

현장의 중요성은 이번 연평도 사태에서도 가장 중요한 이슈로 부각되었습니다. 지난 11월 23일 북한이 연평도에 가한 무차별적인 포격 도발과 그에 대한 우리 군의 대응 그리고 후속 조치는, 그동안 우리 군이 얼마나 현장과 동떨어진 지휘체계하에 있었는지를 여실히 보여 주었습니다. 금번에 이명박 대통령께서는 김관진 장군을 신임 국방장관으로 임명하셨습니다. 대통령께서 누구보다도 야전과 작전 경험이 풍부한 것으로 알려진, 다시 말해 누구보다도 다양한 현장 경험을 지닌 것으로 알려진 김관진 장군에게 대한민국 군대 통솔을 맡겼다는 것은, 대통령 역시 국가 안보가 위태로운 상황에서는 현장 경험이 더없이 중요하다고 인식하셨기 때문이 아니겠습니까?

현장의 중요성은 군에만 국한된 이야기가 아닙니다. 삶의 전반에 걸쳐 현장이 중요합니다. 삶은 공허한 이론이 아니라, 삶의 현장에서 구체적으로 일어나는 현실이기 때문입니다. 믿음의 세계 역시 예외일 수는 없습니다.

최소한 1년여 이상에서 최대 2년이 소요된 것으로 추정되는 전도 여행을 마치고 수리아 안디옥으로 되돌아온 바울과 바나바는 교인들을 모으고 특별 집회를 가졌습니다. 전도 보고 집회였습니다. 바울과 바나바는 안디옥의 교인들에게 하나님께서 전도 여행 중에 그들과 함께 행하신 모든 일과, 이방인들에게도 믿음의 문을 여신 것을 상세하게 보고하였습니다. 보고가 끝난 뒤 바울과 바나바는 곧장 수리아 안디옥을 떠나지 않고, 안디옥에서 그곳의 교인들과 함께 오랫동안 지냈습니다. 바울과 바나바는 최소 1년여 이상에서 최대 2년이 소요된 전도 여행 기간 동안 가는 곳에서마다 하나님의 신비스러운 구원의 도구로 쓰임 받았던 사람들이었습니다. 특히 바울은 구브로 섬의 바보에서 말 한마디로 거짓 선지자인 마술사 바예수의 눈을 멀게도 했고, 루스드라에서는 말 한마디로 선천성 하반신마비자를 일으켜 세우기도 했습니다. 그리고 본문 이후에 사도 바울은 신약성경을 4분의 1이나 기록하지 않았습니까? 그를 가리켜 '신약시대의 가장 위대한 사도'라 부르는 것은 조금도 과장된 말이 아니라고 하지 않았습니까? 그렇다면 그 위대한 사도 바울, 그가 쓰는 글마디 성경이 된 위대한 영성가 바울과 함께 오래도록 지내게 된 안디옥 교인들이 바울로 인해 얼마나 복되고도 행복한 시간을 누렸을지는 충분히 짐작할 수 있습니다.

그러나 모든 교인들이 은혜를 만끽하던 그 안디옥교회에 어느 날 느닷없이 평지풍파가 일고 말았습니다.

> 어떤 사람들이 유대로부터 내려와서 형제들을 가르치되 너희가 모세의 법대로 할례를 받지 아니하면 능히 구원을 받지 못하리라 하니(1절).

문제의 발단은 유대에서 온 "어떤 사람들"에게 있었습니다. 그들이 안디옥 교인들에게, 모세의 관습을 좇아 할례를 받지 않으면 "능히 구원을 받지 못하리라"고 가르쳤기 때문입니다. 한글 성경에는 '구원을 받지 못하리라'고 미래형으로 번역되어 있지만, 헬라어 원문에는 직설법 현재형으로 기록되어 있습니다. 할례를 받지 않으면 절대 구원받을 수 없다고 단정한 것이었습니다.

안디옥교회는 어떤 교회였습니까? 이 질문에 대한 해답은 사도행전 11장 19-21절이 제시해 주고 있습니다.

> 그때에 스데반의 일로 일어난 환난으로 말미암아 흩어진 자들이 베니게와 구브로와 안디옥까지 이르러 유대인에게만 말씀을 전하는데 그중에 구브로와 구레네 몇 사람이 안디옥에 이르러 헬라인에게도 말하여 주 예수를 전파하니 주의 손이 그들과 함께하시매 수많은 사람들이 믿고 주께 돌아오더라.

스데반의 순교 사건으로 촉발된 유대교의 대 그리스도인 박해를 피해 수많은 그리스도인들이 예루살렘을 떠나 사방으로 흩어졌습니다. 흩어진 그리스도인들은 자신들이 새롭게 정착한 곳에서 유대인들에게만 복음을 전했습니다. 그러나 구브로와 구레네에서 안디옥에 이른 그리스도인 몇 명이 그곳에 있는 헬라인들 즉 이방인들에게도 복음을 전했고, 그때 복음을 영접한 이방인들에 의해 안디옥교회가 태동되었습니다. 안디옥교회는 2천 년 기독교 역사상 이방인들에 의해 이방인들을 위해 태동된 최초의 이방인 교회였습니다. 안디옥교회가 이방 세계인 지중해 세계에 복음을 전하기 위해 바울과 바나바를 파송한 이유가 거기에 있었고, 전도 여행에서 돌아온 바울과 바나바가 안디옥교회 교인들에게 전도 보고를 하면서, 하나님께서 이방인들에게도 믿음의 문을 여신 것을 강조한 까닭 역시 거기에 있었습니다.

이방인들이 자신들과 전혀 다른 유대인들로부터 복음을 받아들이고 그리스도인이 된 이유는 한 가지였습니다. 누구든지 십자가에서 인간의 죗값을 대신 치러 주신 예수 그리스도를 믿기만 하면 하나님의 자녀로 구원받는다는 은혜의 복음으로 인함이었습니다. 오직 하나님의 은혜를 믿음으로 구원 얻는다는 것은 복음 중의 복음이었습니다. 그런데 그 이방인 그리스도인들에게, 어느 날 느닷없이 유대로부터 내려온 어떤 사람들이 할례를 받지 않으면 구원받을 수 없다고 단정한 것이었습니다. 남자 생식기의 표피 일부를 잘라 내는 할례는, 하나님의 자녀로 선택받았다는 외적 표시였습니다. 할례가 구원의 조건이 아니라, 하나님의 선행된 구원에 대한 인간의 보답이 할례였다는 말입니다. 그러나 시간이 지나면서 유대인들에게 할례는 자기 의義가 되고 말았습니다. 하나님께서 구원해 주셨기에 하나님의 은혜에 감사하면서 하나님의 뜻대로 살겠다는 의미로 할례를 행하는 것이 아니라, 자신들이 먼저 할례받는 의를 행하였기에 하나님께서 구원해 주신다는 자기 교만과 자기 착각에 빠져 버린 것이었습니다.

안디옥교회에 평지풍파를 일으킨 '어떤 사람들'도 그와 같은 그릇된 율법주의에 빠져 있던 유대인들이었습니다. 그들은 그릇된 이론을 신봉하는 공허한 이론가들이었을 뿐, 이방인을 사랑하여 이방에 복음을 전하는 현장에는 단 한 번도 서보려 한 적이 없는 사람들이었습니다. 본문이 그들을 가리켜 "유대로부터" 내려왔다고 증언한 것은, 다음 시간에 상세히 살펴보겠습니다만, 예루살렘에서 왔다는 의미였습니다. 지방에서 신앙생활하는 안디옥 교인들에게는 그 유대인들이 성지인 예루살렘, 신앙의 중심지인 예루살렘에서 왔다는 것만으로도 그들을 함부로 대할 수는 없었습니다. 그 유대인들이 안디옥 교인들에게 할례받지 않으면 구원이 없다고 단정했다는 것은, 이방인인 너희들은 할례를 받지 않았으므로 아무리 교회에 다녀도 너희들은 절대로 구원받은 그리스도인일 수 없다는 의미였습니다. 그러니 조용하던 안디옥교회에 소용돌이가 일지 않을 수 없었습니다. 할례받지 않았다는 이유로 이방인이 구원받을 수 없다면, 바울과 바나바가 지중해 세계를 누비고 다니며 이방인들에게 복음을 전한 것도 모두 허사일 수밖에 없었습니다.

본문 2절을 보시겠습니다.

바울 및 바나바와 그들 사이에 적지 아니한 다툼과 변론이 일어난지라 형제들이 이 문제에 대하여 바울과 바나바와 및 그중의 몇 사람을 예루살렘에 있는 사도와 장로들에게 보내기로 작정하니라.

할례가 구원의 조건이라고 단정한 유대인들과 바울 및 바나바 사이에 적지 아니한 다툼과 변론이 있었다는 것은, 그 유대인들의 말에 안디옥교회 교인들이 동요하였음을 뜻합니다. 만약 안디옥 교인들이 동요하지 않았더라면, 그 유대인들이 무슨 말을 하든 바울과 바나바가 구태여 그들과 다투지 않았을 것입니다. 그 경우에는 바울과 바나바가 그들을 점잖게 타이르는 것만으로도 족하였을 것입니다.

바울과 바나바가 마치 할례가 구원의 조건인 것처럼 안디옥 교인들을 현혹하는 유대인들과 다투기까지 맞섰던 것은, 바울과 바나바는 현장의 사람들이었기 때문입니다. 그들은 유대인 그리스도인들로 구성된 교회의 목회자들이 아니었습니다. 그들이 목회하던 안디옥교회는 이방인 교회였습니다. 더욱이 그들은 최소 1년여 이상에서 최대 2년까지 소요된 전도 여행을 통해, 그들이 가는 곳마다 하나님께서 자신들을 통해 신묘막측하게 이방인들을 구원하시는 구원의 현장을 직접 목격하고 체험한 증인들이었습니다. 그 현장의 증인들이 볼 때에 할례가 구원의 조건이라고 단정하는 유대인들은 그릇된 이론을 신봉하는 거짓 선지자들이요, 하나님의 이름으로 사람을 살리기는커녕 도리어 하나님의 이름으로 멀쩡한 사람을 죽이는 거짓 교사에 불과할 따름이었습니다. 구원의 현장을 목격한 증인들이 하나님의 복음을 무너뜨리려는 거짓 이론가들과 맞서는 것은 너무나도 당연한 일이었습니다.

사안의 중요성을 확인한 안디옥 교인들은 이 문제를 확실하게 매듭짓기 위하여 바울과 바나바를 포함한 안디옥교회 대표들을 예루살렘 모母교회에 보내어, 사도들을 비롯한 교회 지도자들의 판결을 받아 오게 했습니다.

그들이 교회의 전송을 받고 베니게와 사마리아로 다니며 이방인들이 주께 돌아온 일을 말하여 형제들을 다 크게 기쁘게 하더라(3절).

바울 일행은 안디옥을 출발하여 예루살렘에 도착하기까지 기회가 닿는 대로 만나는 그리스도인들에게 하나님께서 이방인들을 어떻게 구원하셨는지를 증언하였습니다. 하나님의 구원은 할례와 같은 그 어떤 조건도 배제된, 철저하게 하나님으로부터 거저 주어지는 하나님의 은혜임을 그들의 심령에 분명하게 각인시켜 주기 위함이었습니다.

> 예루살렘에 이르러 교회와 사도와 장로들에게 영접을 받고 하나님이 자기들과 함께 계셔 행하신 모든 일을 말하매 바리새파 중에 어떤 믿는 사람들이 일어나 말하되 이방인에게 할례를 행하고 모세의 율법을 지키라 명하는 것이 마땅하다 하니라(4-5절).

예루살렘에 도착한 바울 일행은 사도들을 포함한 예루살렘 모교회 지도자들에게 하나님께서 자신들을 통해 어떻게 이방인들을 구원하셨는지, 그리고 자신들이 왜 예루살렘 모교회를 찾아왔는지를 밝혔습니다. 그러나 예루살렘 모교회에도 할례를 구원의 조건인 양 주장하는 유대인들이 있었습니다. 그들은 유대교 바리새파에서 기독교로 개종한 유대인들이었지만, 아직 이방인을 사랑하는 현장의 사람이 되지 못한 채 여전히 그릇된 유대주의 이론을 신봉하는 사람들이었습니다. 앞으로 계속 살펴보겠습니다만, 그래서 예루살렘 모교회에서 기독교 최초로 지도자 회의가 열렸습니다. 그 회의를 역사적으로 제1회 예루살렘 공의회라 부릅니다. 회의의 주제는 '이방인 그리스도인에 대한 할례 여부'였습니다. 다시 말해 할례가 구원의 절대적인 조건이 되느냐는 것이었습니다.

그 회의 석상에서 바울과 바나바만 이방인에 대한 할례를 반대한 것이 아니었습니다. 사도 베드로도 이방인에 대한 할례를 반대하면서 바울을 적극 지지하였습니다. 나아가 베드로는 인간의 그 어떤 공로나 의가 아니라, 오직 하나님의 은혜로만 구원 얻음을 강력하게 역설하였습니다. 베드로가 그렇게 한 것은, 베드로 역시 현장의 사람이었기 때문입니다. 베드로도 성령님의 인도하심 속에서 가이사랴의 백부장인 이방인 고넬료를 찾아가, 하나님께서 하찮은 자신을 통해 이방인 고넬료 일행을 어떻게 구원하시는지를 직접 보고 체험한 현장의 증인이었습니다. 결국 기독교 역사상 최초로 열린 제1회 예루살렘 공의회는, 할례는 구원의 조건이 아니며, 이방인 그리스도인에게 할례를 요구하는 것은 복음에 위배된다는 판결을 내리게 됩니다. 제1회 예루살렘 공의회에서 현장의 증인들이 공허한 이론가들을 제압한 것이었습니다. 그것은 기독교는 공허한 이론의 종교가 아니라, 현장의 종교임을 분명하게 보여 준 대사건이었습니다.

오늘은 우리를 구원하시기 위해 이 땅에 오셨던 예수님의 성탄을 기리는 대림절 둘째 주일입니다. 예수님께서는 공허한 이론이나 성경의 문자 속에 갇혀 있는 관념이 아니십니다. 예수님께서는 인류 역사의 현장에 오셨던 현장의 그리스도이셨습니다. 예수님께서는 갈릴리 빈민촌의 현장에서, 황제의 도시 빌립보 가이사랴의 현장에서, 이스라엘 최대의 도시 예루살렘의 현장에서 당신의 삶을 나누셨습니다. 십자가 고난의 현장에서 당신의 생명을 송두리째 내어놓으셨습니다. 무덤 속 죽음의 현장에서 죽음을 깨뜨리고 부활하셨습니다. 성경에 기록되어 있는 그분의 말씀도, 가르침도, 모두 현장에서 나온 것입니다. 예수님의 말씀이 아무리 문자로 남아 있다 한들, 만약 그분이 현장과 무관한 분이셨다면 그분은 훌륭한 철학 교사가 될 수 있었을지는 모르지만 인류 역사의 현장을 새롭게 하는 현장의 그리스도, 죄의 현장에서 인간의 죄를 씻어 주시는 현장의 구원자가 되시지는 못했을 것입니다.

그렇다면 인류 역사의 현장으로 오셨고 또다시 오실 주님의 성탄을 기리는 대림절 둘째 주일을 맞아, 우리가 무엇으로 주님의 성탄을 기릴 수 있을 것인지 이제 자명해졌습니다. 그것은, 우리 각자가 현장의 사람이 되는 것입니다. 연말을 맞아, 내가 찾아가 손을 잡아 주어야 할 사람이 있지 않습니까? 내가 응당 품어야 함을 머릿속 이론으로는 알면서도, 몸으로는 여전히 외면하고 있는 사람이 있지 않습니까? 내가 분명히 누군가와 함께 나누어야 함에도 나 홀로 움켜쥐고 있는 것이 있지 않습니까? 그 사람이 누구인지, 그것이 무엇인지, 이 세상 그 누구도 모르지만 나 자신만은 알고 있지 않습니까? 올해가 가기 전에 내 삶을, 바로 그 사람을 찾아가서 손을 잡아 주고 품어 주며 그와 나누어야 할 것을 나누는 사랑의 현장이 되게 하십시다. 내 코끝에 호흡이 있는 동안 땅끝까지 이르러 당신의 증인이 되라는 주님의 명령을 좇아, 이해가 지기 전에 내 삶을, 단 한 사람에게라도 구원의 복음을 전하는 생명의 현장이 되게 하십시다. 현장의 사람이 되는 것보다 더, 주님의 성탄을 기리는 길은 없습니다. 주님께서는 공허한 이론이나 성경의 문자 속에 갇힌 관념이 아니시라, 우리 삶의 현장에서 언제나 사랑과 생명으로 역사하시는 현장의 그리스도시기 때문입니다.

오늘 본문을 통하여 전쟁터에도, 이 사회에도, 믿음의 세계에도, 공허한 이론의 사람과 현장의 사람이 있음을 알았습니다. 공허한 이론의 사람은 자신이 신봉하는 이론으로 사람을 죽이기 쉽고, 현장의 사람은 자신의 손과 발로 사람을 살리는 사람이라는 것도 알았습니다. 그리고 그동안 내가 현장의 사람이기보다는 공허한 이론의 사람으로 살아왔고, 나의 손발로 사람을 살리기보다는 공허한 이론으로 사람들을 죽여 왔음도 깨달았습니다. 나의 무지와 허물을 이 시간에 회개하오니 용서하여 주십시오.

나는 예수님을 믿는 그리스도인입니다. 내가 믿는 예수님께서는 성경의 문자 속에 갇힌 공허한 이론이나 관념이 아니라, 인류 역사의 현장으로 오셨던 현장의 그리스도셨습니다. 그 예수님을 믿는 그리스도인답게, 나역시 현장의 그리스도인으로 살게 하여 주십시오. 이해가 가기 전에 내삶이, 내가 찾아가서 손을 잡아 주어야 할 사람의 손을 잡아 주고, 품어야 할 사람을 품어 주고, 나누어야 할 것을 나누어 주는 사랑의 현장이되게 해주십시오. 이해가 저물기 전에 내 삶이, 구원의 복음을 전해야 할바로 그 사람에게 복음을 전하는 생명의 현장이 되게 해주십시오. 내 삶의 현장이, 현장의 그리스도이신 예수님께서 친히 역사하시는 예수님의현장이 되게 해주십시오. 그리하여 이번 성탄절이 내 일생에서 맞는 최고, 최상, 최선의 성탄절이 되게 해주십시오. 아멘.

2. 적지 아니한 다툼 대림절 셋째 주일

사도행전 15장 1-5절

어떤 사람들이 유대로부터 내려와서 형제들을 가르치되 너희가 모세의 법대로 할례를 받지 아니하면 능히 구원을 받지 못하리라 하니 바울 및 바나바와 그들 사이에 **적지 아니한 다툼**과 변론이 일어난지라 형제들이 이 문제에 대하여 바울과 바나바와 및 그중의 몇 사람을 예루살렘에 있는 사도와 장로들에게 보내기로 작정하니라 그들이 교회의 전송을 받고 베니게와 사마리아로 다니며 이방인들이 주께 돌아온 일을 말하여 형제들을 다 크게 기쁘게 하더라 예루살렘에 이르러 교회와 사도와 장로들에게 영접을 받고 하나님이 자기들과 함께 계셔 행하신 모든 일을 말하매 바리새파 중에 어떤 믿는 사람들이 일어나 말하되 이방인에게 할례를 행하고 모세의 율법을 지키라 명하는 것이 마땅하다 하니라

사도 바울이 기록한 고린도전서 13장은 '사랑장'이라고 불립니다. 성경에서 '사랑'의 의미를 가장 구체적이면서도 상세하게 묘사한 곳이 고린도전서 13장이기 때문입니다. 그 사랑장은 이렇게 시작됩니다.

내가 사람의 방언과 천사의 말을 할지라도(고전 13:1상).

"사람의 방언"이란 인간 세상에서 사용되는 다른 언어, 즉 '외국어'를 뜻합니다. 그리고 "천사의 말"은 사람이 이해할 수 없는 천사의 언어로, 일반적으로 '방언'이라고 말하는 것입니다. 내가 한국어가 아닌 외국어를 유창하게 말하고, 더욱이 천사의 말인 방언을 거리낌 없이 할 수 있다면 나는 얼마나 대단한 사람이겠습니까? 그러나 사랑장은 다음과 같이 증언합니다.

사랑이 없으면 소리 나는 구리와 울리는 꽹과리가 되고(고전 13:1하).

우리말 "구리"로 번역된 '칼코스χαλκός'는 구리나 놋쇠로 만들어진 금속 관악기를 뜻하고, "꽹과리"로 번역된 '큄발론κύμβαλον'은 금속제 타악기를 뜻합니다. 바울은 이방 신전의 제사에 빗대어 이 두 단어를 사용하였습니다. 이방 신전의 사제들은 신전에 제물을 바칠 때, 그들이 믿는 신의 관심을 끌기 위해 금속제 관악기와 타악기를 사용하였습니다. 제사를 드릴 때마다 신전에는 그 악기 소리로 요란했습니다. 그러나 아무리 그 소리가 요란해도 돌이나 나무로 만들어진 우상이 응답할 리 만무했습니다. 바울이 보기에 생명 없는 돌이나 나무에게 바쳐지는 그 요란한 악기 소리는 백해무익한 소음일 뿐이었습니다. 그러므로 내가 아무리 외국어를 유창하게 구사하고 천사의 방언을 거침없이 말할지라도 사랑이 없으면, 나의 입에서 나오는 모든 말역시 무의미한 소음에 불과하다는 것입니다.

내가 예언하는 능력이 있어 모든 비밀과 모든 지식을 알고 또 산을 옮길 만한 모든 믿음이 있을지라도(고전 13:2상).

개가 자기 주인인 사람을 온전히 이해한다는 것은 아예 불가능하듯이, 피조물인 인간에게 창조주이신 하나님께서는 언제나 신비로운 비밀입니다. 그러나 내가 하나님의 섭리와 경륜에 대한 모든 비밀에 통달했다고 하십시다. 더욱이 내가 지팡이 하나로 바다를 가를 수 있고 기도 한 번에 마른하늘에서 불이 떨어지게 할 수 있다면, 나는 모세와 엘리야 같은 영적 위인임이 분명하지 않겠습니까?

사랑이 없으면 내가 아무것도 아니요(고전 13:2하).

내가 바다를 가르고 하늘에서 불이 떨어지게 하는 능력의 소유자라 할지라도 내게 사랑이 없으면 나는 'nothing', 아무것도 아니라는 것입니다. 일평생 자기 나름대로는 믿음으로 능력의 삶을 살았다고 자부했는데 마지막 날, 하나님으로부터 '넌 아무것도 아니야'라는 판정을 받는다면 그보다 더 낭패스러운 일이 어디에 있겠습니까?

내가 내게 있는 모든 것으로 구제하고 또 내 몸을 불사르게 내줄지라도 (고전 13:3상).

우리말 '구제하다'로 번역된 헬라어 동사 '프소미조ψωμίζω'는 한입 두입 정성스럽게 떠먹여 주는 것을 의미합니다. 나의 전 재산을 풀어 도움이 필요한 사람들을 일일이 찾아다니며 그들의 필요를 정성스럽게 채워 준다면, 나는 정말 괜찮은 사람 아니겠습니까? 게다가 나의 몸을 불사르게 내어 주기까지 한다면, 다시 말해 나의 신념을 위해 순교의 자리도 피하지 않는다면, 이 세상 그 누가 감히 나의 믿음에 대해 왈가왈부할 수 있겠습니까?

사랑이 없으면 내게 아무 유익이 없느니라(고전 13:3하).

나의 구제 행위가 하늘에 닿고 나의 신념이 죽음을 불사할지라도 사랑이 없으면, 하나님과의 관계에서 내게는 그 어떤 유익도 있을 수 없다는 것입니다.

그 이유가 무엇입니까? 내게 사랑이 없으면, 내 입에서 나오는 모든 말이 왜 백해무익한 소음이 되어 버립니까? 내게 사랑이 없으면, 내가 아무리 능력의 삶을 추구해도 왜 나는 아무것도 아닌 것이 되고 맙니까? 내게 사랑이 없으면, 나의 모든 자선 행위와 신념이 왜 하나님과의 관계에서 내게 아무 유익도 가져다주지 않습니까? 나의 모든 행위와 능력 그리고 신념보다 왜 사랑이 더 중요합니까? 왜 우리에게 사랑이 가장 중요합니까? 이 질문에 대한 해답 역시 바울이 제시해 주고 있습니다.

피차 사랑의 빚 외에는 아무에게든지 아무 빚도 지지 말라 남을 사랑하는 자는 율법을 다 이루었느니라 간음하지 말라, 살인하지 말라, 도둑질하지 말라, 탐내지 말라 한 것과 그 외에 다른 계명이 있을지라도 네 이웃을 네 자신과 같이 사랑하라 하신 그 말씀 가운데 다 들었느니라 사랑은 이웃에게 악을 행하지 아니하나니 그러므로 사랑은 율법의 완성이니라(롬 13:8-10).

사랑이 무엇보다 중요한 것은, 사랑하면 하나님의 말씀은 절로 지켜지기 때문입니다. 내가 사랑하는데, 그 사람의 남편이나 아내와 불륜을 저지를 수 있겠습니까? 내가 사랑하는데, 어떤 이유에서든 그 사람의 생명을 해치는 짓을 할 수 있겠습니까? 내가 사랑하는데, 그 사람의 것을 탐내거나 도둑질

할 수 있겠습니까? 내가 사랑하는데, 그 사람의 고통을 외면할 수 있겠습니까? 내가 사랑하는데, 그 사람에게 어떻게 관심이 없을 수 있겠습니까? 내가 사랑하는데, 어떻게 그 사람을 이해하지 못하겠습니까? 그래서 사도 바울은 사랑장인 고린도전서 13장의 결론을 이렇게 맺었습니다.

> 그런즉 믿음, 소망, 사랑, 이 세 가지는 항상 있을 것인데 그중의 제일은 사랑이라(고전 13:13).

그리스도인에게 사랑보다 더 중요한 것은 없습니다. 그리스도인에게 사랑은 그리스도인 됨의 필요조건이자 충분조건입니다. 이런 의미에서 사랑의 의미와 중요성을 명확하게 밝혀 준 바울을 가리켜 '사랑의 사도'라 부르는 것은 조금도 이상한 일이 아닙니다. 그러나 오늘의 본문은, 사랑을 강조하는 그의 말과는 상반된 바울의 행동을 전해 주고 있습니다.

최소한 1년여 이상에서 최대 2년이 소요된 것으로 추정되는 전도 여행에서 수리아 안디옥으로 되돌아온 바울과 바나바는 안디옥 교인들에게 전도 보고를 한 후, 그곳에서 교인들과 함께 오랫동안 지냈습니다. 안디옥 교인들은 바울과 바나바와 더불어 은혜를 만끽하는 기쁨의 삶을 살았습니다. 그런데 어느 날 예루살렘에서 내려온 유대인들이 안디옥 교인들에게, 모세의 관습을 좇아 할례를 받지 않으면 능히 구원을 받을 수 없다고 가르치기 시작했습니다. 이방인 교회인 안디옥교회의 교인 대부분은 이방인이었습니다. 그 이방인 그리스도인들에게, 예루살렘에서 온 유대인들이 자신들처럼 할례를 받지 않으면 아무리 교회에 다녀도 절대로 구원을 받을 수 없다고 가르친 것이었습니다. 평온하던 안디옥교회에 평지풍파가 일 수밖에 없었습니다.

바울 및 바나바와 그들 사이에 적지 아니한 다툼과 변론이 일어난지라 (2절 상).

우리말 '적지 않다'로 번역된 헬라어 '우크 올리게스οὐκ ὀλίγης'는 양을 뜻할 때는 '많다'는 의미이고, 길이를 나타낼 때는 '길다'는 말입니다. 그리고 '다툼'으로 번역된 '스타시스στάσις'는 '폭동', '반란'을 뜻하는 단어입니다. 또 '변론'으로 번역된 '제테시스ζήτησις'는 변호사의 변호를 뜻하는 단어가 아니라, '논쟁', '언쟁'을 의미하는 단어입니다. 바울은 할례를 구원의 절대 조건으로 내세우는 그 유대인들과 한 번 가볍게 입씨름을 벌인 것이 아니었습니다. 바울은 그 유대인들과 몇 번이고 계속하여, 마치 화난 군중이 폭동을 일으키는 것과 같은 기세로 격렬하게 분노하며 언쟁을 벌였습니다. 그와 같이 분노한 바울의 모습에 안디옥 교인들은 깜짝 놀랐을 것입니다.

형제들이 이 문제에 대하여 바울과 바나바와 및 그중의 몇 사람을 예루살렘에 있는 사도와 장로들에게 보내기로 작정하니라(2절 하).

사안의 심각성을 뒤늦게 확인한 안디옥 교인들은 바울과 바나바를 포함한 안디옥교회 대표를 예루살렘 모교회에 보내어, 사도를 비롯한 지도자들로부터 그 문제에 대한 판결을 받아 오게 했습니다. 수리아 안디옥에서 예루살렘은 480여 킬로미터 길이었습니다. 낮 동안에 쉬지 않고 계속 걸어가도 최소한 보름 이상을 필요로 하는 먼 거리였습니다. 그러나 사도 바울은 지난 시간에 살펴본 것처럼, 할례가 구원을 위한 절대 조건이라는 유대인들의 가르침은 복음과 무관함을 밝히기 위해 그 먼 길을 마다하지 않고 예루살렘을 찾아갔습니다.

평소 바울은 인간의 분노에 대해 이렇게 가르쳤습니다.

> 분을 내어도 죄를 짓지 말며 해가 지도록 분을 품지 말고 마귀에게 틈을
> 주지 말라(엡 4:26-27).

바울은, 그리스도인은 어떤 경우에도 분노해서는 안 된다고 말하지 않았습니다. 바울은 그리스도인도 분노할 수 있음을 인정했습니다. 그러나 분노하더라도 죄를 짓지는 말라고 했습니다. 분노할 수는 있지만, 분노가 자칫 분쟁이나 살인으로 이어질 수 있음을 경계하라는 의미입니다. 또 분노하더라도 해가 지도록 분을 품지 말고 마귀에게 틈을 주지 말라고 했습니다. 낮에 분노한 사람이 해가 지기까지 분노에 사로잡혀 있다면, 그 사람은 하루 종일 하나님을 바라보지 않았음을 의미합니다. 아무리 화가 나도 단 한 번이라도 하나님과 시선을 마주친다면, 적어도 분노의 지배에 자신을 내맡기는 사탄의 노예가 되지는 않을 것입니다.

바울은 할례를 구원의 조건이라 주장하는 유대인들과, 화난 군중이 폭동을 일으키는 것과 같은 기세로 격렬하게 분노하며 몇 번이고 계속하여 맞서지 않았습니까? 그러나 바울은 그날 해가 지기 전에 분노를 풀고 그 유대인들과 화해하거나 타협하지 않았습니다. 그는 그 문제에 대한 예루살렘 모교회의 판결을 구하기까지 최소한 보름 이상을 걸어 예루살렘을 찾아갔습니다. 보름이 넘어도 그 유대인들에 대한 바울의 분노는 수그러들지 않았던 것입니다. 그뿐이 아닙니다. 할례가 구원의 절대 조건이라고 주장하는 유대인들은 안디옥교회에만 나타난 것이 아니었습니다. 바울이 전도 여행 중 비시디아 안디옥과 같은 갈라디아 땅에 세운 갈라디아 교회에도 동일한 유대인들이 등장했습니다. 바울은 갈라디아서 2장 4절에서 그들을 가리켜 "가만

히 들어온 거짓 형제들"이라고 불렀습니다. 복음을 좇는 그리스도인이 아니면서 그리스도인인 것처럼 위장 잠입한 거짓말쟁이라는 말이었습니다. 심지어 바울은 이렇게 말하기까지 했습니다.

> 우리가 전에 말하였거니와 내가 지금 다시 말하노니 만일 누구든지 너희가 받은 것 외에 다른 복음을 전하면 저주를 받을지어다(갈 1:9).

바울이 전한 복음은, 인간의 죗값을 대신 치르시기 위해 십자가의 제물로 돌아가신 예수님을 믿음으로 구원 얻는다는 것이었습니다. 오직 하나님의 은혜로만 구원받는 은혜의 복음이었습니다. 그 반면에 바울이 언급한 "다른 복음"은, 할례가 구원의 절대 조건이라고 주장하는 것과 같은 거짓 복음이었습니다. 거짓 복음을 전하는 사람들은 누구든지 저주를 받으리라는 것은, 그러므로 거짓 복음으로 안디옥교회에 평지풍파를 일으킨 본문의 유대인들 역시 저주받아 마땅하다는 선언이었습니다. 이처럼 그 유대인들에 대한 바울의 분노는 세월이 흘러도 조금도 엷어지지 않았습니다.

한 인간을 향해 '위장 잠입한 거짓말쟁이'요 '저주받아 마땅한 인간'이라고 선언한다면, 그것은 그 사람에 대한 모독의 차원을 넘어 상대의 존재 자체를 부정하는 무서운 공격이 아닐 수 없습니다. 대체 바울이 누구입니까? 사랑장인 고린도전서 13장을 기록하고, 사랑은 율법의 완성임을 증언했을 뿐 아니라, 분을 내어도 죄를 짓지 말고 해가 지도록 분을 품지 말며 마귀에게 틈을 주지 말라고 권면했던 사랑의 사도 아니었습니까? 그런데 그 사랑의 사도가, 할례가 구원을 위한 절대 조건이라고 주장하는 유대인들에 대한 분노를 세월이 흘러도 거두지 않았습니다. 도리어 그 유대인들을 향해 위장 잠입한 거짓말쟁이요, 저주받아 마땅한 인간이라고 서슴없이 공격하였습니다. 그와 같은 바울의 행동은 사랑을 노래하던 그의 말과는 조금도 일치되지 않는 것처럼 보입니다.

그래서 바울의 모든 말이 꽹과리와 같은 소음으로 허공 속에 사라지고 말았습니까? 그에게 하나님의 말씀을 전하는 능력과 루스드라의 선천성 하반신마비자를 일으켜 세우는 믿음이 있었다 한들, 하나님 보시기에 그는 아무것도 아니었습니까? 그가 복음을 전하기 위해 자신의 온몸을 던져 지중해 세계를 누비고 다녔다 해도, 하나님과의 관계에서 그에게는 아무 유익도 없었습니까? 그가 격렬하게 다투었던 유대인들과 화해하거나 타협하지 않고 계속된 분노 속에서 그들의 존재 자체를 부정했다고 해서 사탄이 그의 삶에 틈을 탔습니까?

아닙니다. 결코 아닙니다. 그의 모든 말과 글은 시간과 공간을 초월하여 영원하신 하나님의 말씀이 되었습니다. 그는 하나님 앞에서 신약시대의 가장 위대한 사도로 세움을 입었습니다. 그는 예수 그리스도 안에서 하나님의 사랑과 생명의 통로로 쓰임 받는 영원한 유익을 누렸습니다. 그가 가는 곳마다 그의 삶에 사탄이 틈을 타기는커녕, 오히려 그로 인해 사탄의 세력이 척결되었습니다.

그럼에도 바울은 왜 문제의 유대인들에 대한 분노를 거두지 않고 그들의 존재 자체를 부정하기까지 했습니까? 그것은 바울이 사랑의 사람이 아니어서가 아니라, 사랑의 사람이었기 때문입니다. 바울은 예수 그리스도 안에서 사람을 사랑했기에 사람들에게 생명의 복음을 전하기 위해 자기 한 몸 기꺼이 던졌고, 복음을 영접한 그리스도인들을 사랑했기에 그릇된 가르침으로 그들을 무너뜨리려는 유대인들에게 분노하며 그들과 격렬하게 맞설 수밖에 없었습니다. 유대교 지도자들은 사람을 살리기 위한 하나님의 말씀을, 하나님 보시기에 인간 집단에 불과한 유대교를 위한 수단으로 전락시켰습니다. 하나님께서는 이스라엘 백성을 이집트의 노예살이에서 해방시켜 주시고 당신의 계명을 따르도록 하셨습니다. 이집트 노예살이는 죄와 사망의 상징입니다. 인간이 먼저 하나님의 계명을 지킴으로 죄와 사망에서 구원 얻는 것이 아니라, 하나님께서 먼저 구원해 주셨으므로 구원받은 하나님의 자녀답게 하나님의 계명을 좇는 것입니다. 그러나 유대교 지도자들은 할례를 포함하여 하나님의 계명을 좇는 인간의 행위가 구원의 조건이라고 주장했습니다. 자신들의 종교 권력과 기득권 그리고 야망을 충족시키기 위하여 모든 사람을 인간이 만든 제도와 굴레에 가두어 버린 것이었습니다.

그러나 이 땅에 오신 예수님께서 그 굴레를 끊고 인간을 해방시켜 주셨습니다. 인간의 관습이나 제도를 좇는 인간의 행위에 의해서가 아니라, 예수 그리스도 안에서 하나님께서 베풀어 주신 하나님의 은혜를 믿음으로 구원받음을 분명히 하신 것입니다. 그럼에도 할례받지 않으면 절대로 구원받을 수 없다고 주장하는 유대인들은, 바울이 보기에는, 그가 사랑하는 그리스도인을 다시 유대교의 굴레에 가두는 영적 살인자들에 지나지 않았습니다. 그러므로 그들과 맞서 그들로부터 그리스도인들을 격리시키지 않는 것은, 그리스도인들을 사랑하는 바울에게는 직무 유기와도 같았습니다.

여기에서 우리는 대단히 중요한 깨달음을 얻게 됩니다. 그리스도인이 사랑의 사람이 된다는 것은 아무든지 수용하고, 어떤 행위든 다 받아들이는 것을 의미하지 않습니다. 그리스도인이 사랑의 사람이 된다는 것은 자신이 사랑해야 하고 또 사랑하는 사람들을 위해, 그들을 허물어뜨리려는 세상의 모든 불의와 악 그리고 온갖 그릇된 관습이나 풍조에 과감하게 맞서는 것을 의미합니다. 이런 의미에서 자신이 사랑하는 그리스도인들을 지키기 위해 문제의 유대인들과 끝까지 맞섰던 바울은 진정한 사랑의 사도였습니다.

오늘은 2천 년 전에 이 땅에 오셨던 예수님의 성탄을 기리는 대림절 셋째 주일입니다. 예수님이 어떤 분이십니까? 인간을 사랑하시어 인간의 죗값을 대신 치르시기 위해 이 땅에 오셨던 사랑의 구주 아니셨습니까? 그러나 예수님께서 모든 사람, 모든 행위를 다 용납하신 것은 아니었습니다. 예수님께서는 당신의 백성을 유대교의 굴레에 가두어 두려는 유대교 지도자들을 그들의 면전에서 회칠한 무덤이요, 독사의 자식들이라고 매도하셨습니다. 하나님의 성전을 강도의 소굴로 전락시켜 성전을 찾는 사람들을 괴롭히는 장사꾼들을 보시고서는, 분노 속에서 그들의 좌판을 둘러엎으시고 그들을 모두 성전에서 쫓아내셨습니다. 당신의 백성을 사랑하셨기에, 당신의 백성을 무너뜨리려는 사악한 무리로부터 당신의 백성을 지키시기 위함이었습니다. 그리고 당신의 백성을 살리시기 위해 세상의 불의와 악에 맞서 당신 자신을 십자가의 제물로 던지셨습니다. 그래서 예수님께서는 정녕 사랑의 구주실 수 있었습니다.

그렇다면 우리는 예수 그리스도 안에서 구원 얻은 그리스도인으로서 예수님의 성탄을 기리는 또 하나의 방법을 터득하게 됩니다. 우리 역시 예수님을 본받아 우리가 사랑하는 사람들을 지키기 위해, 그들을 영육 간에 허물어뜨리려는 이 세상의 모든 불의와 악, 온갖 그릇된 관습과 풍조에 과감하게 맞서는 이 시대의 바울이 되는 것입니다.

다음의 시는 시인 박두진 선생의 〈기원〉입니다.

정직한 미움을 말하되
거짓된 분노를 말하지 않게 하소서
참된 분노를 말하되
헛된 인내를 말하지 않게 하소서

솔직한 항거를 말하되

비굴한 복종을 말하지 않게 하소서

바람에 흔들리는 갈대이기보다는

만년을 그냥 있는 의연한 바위로

고여서 오래 썩는 못물보다는

광란의 밀어 치는 노도가 되게 하소서

당신의 눈물이 우리의 눈물 되게

당신의 피 흘림이 우리의 피 흘림 되게

당신의 찢어짐이 우리의 찢어짐 되게

당신의 승리가 우리의 승리

당신의 사랑이 우리의 사랑 되게 하소서

(하략)

   사랑한다는 것은 위장된 사랑을 연출하거나, 헛된 인내 혹은 비굴한 복종을 의미하지 않습니다. 고여 썩는 못물을 뜻하지도 않습니다. 사랑은 정직한 미움이요, 참된 분노와 솔직한 항거이며, 때로는 광란의 밀어 치는 노도입니다. 그 사랑을 지닌 사람만 자신이 사랑하는 사람을 위해 자신이 찢어지고 피 흘릴 수 있으며, 그런 사람에 의해서만 이 세상은 사랑의 텃밭으로 일구어질 수 있습니다. 바로 그런 사람을 통해 사랑의 주님께서 역사하시기 때문임은 두말할 나위가 없습니다.

그동안 나는, 내가 사랑해야 할 사람을 사랑하는 것처럼 위장해 왔습니다. 내가 사랑해야 할 사람의 삶이 누군가에 의해 부당하게 위해를 당해도, 그에게 헛된 인내와 비굴한 복종만을 요구했을 뿐입니다. 나 자신의 이해득실에 따라 갈대처럼 이리저리 흔들리기만 했던 나의 삶은, 오래 고여 썩어 가는 못물과도 같았습니다. 그래서 사랑을 외치는 나의 말은 무의미한 소음으로 허공 속에 사라져 버렸고, 주님을 좇는다는 나의 삶이 하나님 보시기에는 아무것도 아니었으며, 나의 자선 행위와 신념이 하나님 앞에서는 내게 아무 유익도 되지 못했습니다. 나를 위해 이 땅에 오셨던 예수님의 성탄을 기리는 대림절 셋째 주일을 맞이하여 나의 이 모든 죄과를 회개하오니, 하나님의 자비하심으로 용서해 주십시오.

사랑은 정직한 미움이요, 참된 분노와 솔직한 항거이며, 때로 광란의 밀어 치는 노도임을 잊지 말게 해주십시오. 내가 사랑해야 할 사람들을 무너뜨리려는 이 세상의 모든 불의와 악, 온갖 그릇된 관습과 풍조에 사도 바울처럼 과감하게 맞서게 하여 주십시오. 내가 사랑하는 사람들을 지키기 위해 나 자신의 찢어짐과 피 흘림을 주저하지 않는 용기를 주십시오. 그리하여 내 삶 속에서 주님의 사랑이 승리하게 하시고, 나의 삶을 통해 이 세상이 사랑의 텃밭으로 일구어지게 해주십시오. 아멘.

3. 크게 기쁘게 하더라 송년 주일

사도행전 15장 1-5절

어떤 사람들이 유대로부터 내려와서 형제들을 가르치되 너희가 모세의 법대로 할례를 받지 아니하면 능히 구원을 받지 못하리라 하니 바울 및 바나바와 그들 사이에 적지 아니한 다툼과 변론이 일어난지라 형제들이 이 문제에 대하여 바울과 바나바와 및 그중의 몇 사람을 예루살렘에 있는 사도와 장로들에게 보내기로 작정하니라 그들이 교회의 전송을 받고 베니게와 사마리아로 다니며 이방인들이 주께 돌아온 일을 말하여 형제들을 다 **크게 기쁘게 하더라** 예루살렘에 이르러 교회와 사도와 장로들에게 영접을 받고 하나님이 자기들과 함께 계셔 행하신 모든 일을 말하매 바리새파 중에 어떤 믿는 사람들이 일어나 말하되 이방인에게 할례를 행하고 모세의 율법을 지키라 명하는 것이 마땅하다 하니라

바울과 바나바와 함께 모든 교인들이 하나님의 은혜를 누리던 안디옥교회에 평지풍파가 일어났습니다. 예루살렘에서 내려온 유대인들이 이방인인 안디옥의 그리스도인들에게, 이방인도 유대인처럼 모세의 관습을 좇아 할

례를 받지 않으면 질대로 구원 얻을 수 없다고 가르치기 시작했기 때문입니다. 바울과 바나바는 할례가 구원을 위한 절대 조건인 것처럼 그릇된 가르침을 퍼뜨리는 그 유대인들과 몇 번이고 계속하여, 마치 화난 군중이 폭동을 일으키는 것과 같은 기세로 격렬하게 분노하며 맞섰습니다. 바울과 바나바가 보기에 그 유대인들은 하나님께서 당신의 독생자를 십자가의 제물 삼아 구원하신 하나님의 자녀들을, 그릇된 유대주의의 굴레에 옭아매는 영적 살인자들에 지나지 않았습니다. 그들과 맞서 그들의 그릇된 가르침으로부터 하나님의 자녀들을 격리시키지 않는 것은, 하나님의 자녀들을 사랑하는 바울과 바나바에게는 직무 유기와도 같았습니다.

뒤늦게 사태의 심각성을 확인한 안디옥 교인들은 바울과 바나바를 포함한 안디옥교회 대표를 예루살렘 모교회에 보내어 사도를 비롯한 예루살렘 교회 지도자들로부터 그 문제에 대한 판결을 받아 오도록 했습니다. 그것은 바울과 바나바에게 대단히 속상하고, 또 자존심 상하는 일일 수 있었습니다. 안디옥교회는 바울과 바나바가 전도 여행 중에 잠시 들른 전도지가 아니었습니다. 사도행전 11장 20절에 의하면 안디옥교회는, 구브로와 구레네에서 안디옥에 이른 익명의 그리스도인들이 그곳에 있는 이방인들에게 전도함으로 태동된 최초의 이방인 교회였습니다. 그 소식을 접한 예루살렘 모교회가 안디옥교회를 위해 파송한 목회자가 바나바였습니다. 이를테면 바나바는 안디옥교회의 공식적인 초대 담임목사였습니다. 안디옥교회에 부임한 이래 계속된 교인의 증가로 혼자 목회하는 것이 역부족임을 절감한 바나바는, 당시 고향 다소에서 칩거 중이던 바울을 청하여 바울과 함께 안디옥교회를 공동으로 목회하였습니다. 바울 역시 안디옥교회의 목회자였던 것입니다. 그리고 그들이 공동 목회한 지 1년여가 지났을 때 안디옥교회 교인들은 성령님의 명령을 좇아 그들의 목회자였던 바울과 바나바를 지중해 세계 전도를 위한 최초의 전도자로 파송하였습니다. 최소한 1년여 이상에서 최대 2년이 소요된 전도 여행을 마친 바울과 바나바는 오래도록 안디옥 교인들과 함께 지냈습니다. 바울과 바나바는 변함없이 안디옥교회의 목회자였던 것입니다.

그렇다면 그 안디옥 교인들이 누구 말을 들어야 하겠습니까? 어느 날 느닷없이 생면부지의 유대인들이 나타나 이방인도 유대인처럼 할례를 받지 않으면 절대로 구원 얻을 수 없다고 주장했다면, 그래서 바울과 바나바가 그들과 격렬하게 맞서면서 그것은 복음과는 어긋나는 거짓 가르침임을 분명히 했다면, 안디옥의 교인들은 응당 그들의 목회자인 바울과 바나바의 말을 듣고, 거짓 가르침을 퍼뜨리는 생면부지의 유대인들은 배척함이 마땅하지 않겠습니까? 하지만 안디옥 교인들은 그렇게 하지 않았습니다. 그들은 오히려 바울과 바나바를 포함한 안디옥교회 대표들을 예루살렘 모교회에 보내어 그 문제에 대한 판결을 받아 오게 했습니다.

안디옥 교인들이 그렇게 한 속내가 무엇이겠습니까? 자신들의 구원과 직결된다는 할례에 관한 한, 바울과 바나바의 설명만으로는 미흡하다는 것입니다. 바울과 바나바 당신들을 사랑하고 존경하기는 하지만, 할례 문제에 관한 한 예수님의 직계 제자인 사도들의 판결을 받아야겠다는 것입니다. 당신들도 사도들로 불리기는 하지만, 베드로처럼 예수님께서 이 땅에 계실 때 직접 부르심을 받은 직계 제자는 아니지 않느냐는 것입니다. 한마디로 말해 할례에 관한 한 당신들의 주장만을 일방적으로 수용하기는 어렵다는 것이었습니다. 그러므로 안디옥교회 목회자로서 교인들을 위해 열과 성을 다해 온 바울과 바나바에게 그것은 크게 자존심이 상하는 일일 수 있었습니다. 자신들이 사랑했던 교인들에게 깊은 배신감을 느낄 수도 있는 일이었습니다.

그러니 비울과 바나바는 역시 우리 정도 수준의 바울과 바나바가 아니었습니다.

> 그들이 교회의 전송을 받고 베니게와 사마리아로 다니며 이방인들이 주께 돌아온 일을 말하여 형제들을 다 크게 기쁘게 하더라(3절).

바울과 바나바는 배신감에 치를 떨며 예루살렘에 가기를 거부하지 않았습니다. 체면상 어쩔 수 없이, 마지못해 예루살렘을 찾은 것도 아니었습니다. 그들은 안디옥 교인들의 결정에 순종하여 기꺼이 예루살렘을 찾아갔습니다. 바울과 바나바는 안디옥에서 예루살렘으로 올라가면서 만나는 믿음의 형제자매들에게마다, 하나님께서 자신들을 통해 이방인들을 얼마나 신비로운 방법으로 구원하셨는지를 간증함으로써 그들을 "다 크게 기쁘게" 했습니다. 우리말 '크게'로 번역된 헬라어 '메가스μέγας'가 영어로는 '백만 배'를 의미하는 'mega'입니다. 바울과 바나바의 간증을 들은 믿음의 형제자매들마다 예수 그리스도 안에서 그 정도로 큰 기쁨을 누렸다는 의미입니다. 그것은 하나님의 은혜를 간증하는 바울과 바나바의 심령 속에 기쁨이 충만했다는 말이기도 합니다.

우리는 여기에서 바울과 바나바의 진면목을 발견하게 됩니다. 그들은 하나님께서 지금까지 자신들의 삶 속에서 역사하신 하나님의 은혜를 잊지 않고 늘 기억하며 곱씹는 사람들이었습니다. 과거로의 회귀 혹은 집착을 위함이 아니었습니다. 그 과거의 연장선상에서 오늘의 현실을 뚫고 가야 할 길을 흔들림 없이 꿋꿋하게 걸어가기 위함이었습니다. 오늘이 있기까지 자신들의 삶 속에서 은총을 베풀어 주신 하나님을 믿기에, 다른 사람이라면 배신감을 느끼며 속상해할 수밖에 없는 상황에도 전혀 개의치 않고 오직 믿음으로 예루살렘 모교회를 찾아갔습니다. 할례와 관련하여 예수님의 직계 제자들의 판결을 구하러 간다는 것을 자존심 상해하기는커녕, 자신들이 예수님의 직계 제자들을 찾아감으로 교회가, 복음을 왜곡하는 거짓 가르침을 단호히 배격하고 복음 위에 더욱 견고하게 세워지게끔 하나님께서 책임져 주시리라는 믿음이었습니다. 그런 믿음으로 가는 곳마다 하나님의 은혜를 간증하였으니, 바울과 바나바의 삶 속에서 역사하신 하나님이 바로 자신들의 하나님이심을 확인한 믿음의 형제자매들이 어떻게 다 크게 기뻐하지 않을 수 있겠습니까?

이상과 같은 본문을 통해 우리는 올 한 해를 마무리 짓는 오늘 송년 주일의 참된 의미를 깨닫게 됩니다. 송년 주일은, 비록 고통스럽고 괴로웠을망정 지난 1년 동안 하나님께서 우리의 삶 속에 베풀어 주신 하나님의 은총을 기쁨으로 서로 확인하며 함께 나누는 날입니다. 그리고 그 은혜의 연장선상에서 새로운 한 해를 맞는 것입니다. 그렇게 함으로써 해가 거듭될수록 우리의 믿음은 더욱 성숙해지고, 우리의 삶은 하나님의 뜻이 성취되는 섭리의 텃밭으로 승화되는 것입니다. 그와 같은 우리의 삶이 결과적으로 우리와 더불어 사는 사람들에게 큰 기쁨이 될 것은 너무나도 자명합니다. 매 순간 하나님의 은혜를 확인하는 우리 자신의 심령이 하나님의 기쁨으로 가득할 것인즉, 어찌 그 기쁨이 우리와 함께 사는 사람들에게 전이되지 않겠습니까?

이런 의미에서 이 시간에는 세 교우님의 간증을 직접 들어 보도록 하겠습니다.

안녕하십니까? 저는 604구역의 주꽃샘입니다. 저는 1년 전만 해도 이력서나 신상명세서 종교란에 아무런 고민 없이 '무교'라고 간단하게 적었습니다. 어린 시절, 잠깐 교회에 나간 적은 있지만 목사님의 이중적인 모습에 상처받고, 살면서 만난 교인들의 위선적인 태도에 실망해 기독교를 폄훼하는 무리 중의 한 사람이었습니다. 그러다가 지난해 어떤 분을 만나면서 제 인생이 송두리째 달라졌습니다. 얼마든지 자신의 지위와 권한을 이용해 접대받을 수 있지만 점심 한 그릇 값도 꼭 자신의 호주머니를 털어 내시고, 흔한 명절 선물조차 받지 않는 분이셨습니다. 그분이 전해 주시는 하나님과 성경 말씀은 한없이 따뜻하고 부드러웠습니다. 그러나 한국 교회의 타락을 염려하시는 눈빛은 매섭고 진지했습니다. 그분께서는 초신자인 제가 실망하고 상처받을 것을 염려해 '100주년기념교회'를 추천해 주셨습니다. 저는 그분이 믿고 따르는 하나님이 어떤 분일까 궁금해졌고, 고민 끝에 아이 손을 잡고 서툰 초행길을 따라 이곳에 오게 됐습니다. 태어나 처음으로 성경책을 사고, 헌금은 얼마를 해야 하는지 몰라 난감해하는 철부지 신도였지만 하나님께서 불러 주신 덕분에 '새신자반' 강의도 듣게 됐고, 얼마 전 드디어 세례까지 받았습니다. 세례식 날 목사님께서 부어 주신 성수가 제 머리를 적실 때 두 볼을 타고 흐르던 눈물이 지금도 생생합니다. 참회와 감사, 벅찬 기쁨의 눈물이었지요. 지난 1년간 저의 신앙생활은 끊임없는 자기 부정과 감사의 시간이었습니다. 그동안 저는 제가 꽤나 괜찮은 사람인 줄 알았고, 제가 이룬 모든 것이 제 능력 때문이라고 착각했는데 그렇지 않았습니다. 부족함을 깨우치고 나니 쓸데없는 욕심이 버려지고, 내게 주신 능력 안에서 모든 것을 이룰 수 있다는 자신감이 생겼습니다. 그러나 무엇보다 가장 큰 축복은 제 인생에 찾아온 사랑과 용서, 평화와 안식이었습니다.

대학 졸업 후 엄마가 돌아가시면서 저는 어쭙잖은 엄마 노릇을 해야 했습니다. 덕분에 제대로 역할도 못해 내면서 금전적인 도움을 조금 준다고 유세를 부리고, 형제자매와 아버지를 큰 짐처럼 생각했습니다. 그러나 "네 형제에게 원망 들을 만한 일이 있는 것이 생각나거든 예물을 제단 앞에 두고 먼저 가서 형제와 화목하고 그 후에 와서 예물을 드리라"(마 5:23-24)는 말씀에 반성하고 또 반성했습니다. 둘째아이가 다른 아이들에 비해 말이 늦고 발달이 느려 걱정이 많았습니다. 심지어 자폐가 아닌가 걱정하느라 올해 초에는 가벼운 우울증까지 찾아왔습니다. 그러나 하나님께서는 예배 시간을 통해 "두려워하지 말라. 내가 너와 함께함이라. 놀라지 말라. 나는 네 하나님이 됨이라. 내가 너를 굳세게 하리라. 참으로 너를 도와주리라"(사 41:10)는 말씀을 주시고, 저의 탄식과 눈물을 거두어 가셨습니다.

남편과 사랑해서 결혼했지만 둘째를 낳고 난 후 자주 싸우고 다투면서 제 마음엔 미움과 상처가 커졌습니다. 보기 싫고 미워서 제겐 원수처럼 느껴지던 남편, 그러나 하나님께서는 이런 말씀을 주셨습니다. "네 원수가 주리거든 먹이고 목마르거든 마시게 하라. 그리함으로 네가 숯불을 그 머리에 쌓아 놓으리라"(롬 12:20). 말씀대로 화가 끓어오를 때 오히려 따뜻한 식사 한 끼 차려 주고, 제 불만을 털어놓는 대신 남편의 얘기에 귀 기울였습니다. 그랬더니 정말 남편의 머리에 화로가 놓인 것처럼 부끄러워하며 잘못을 사과하고 용서를 구하더군요. 에베소서 말씀대로 주께 복종하듯 남편을 따르니 남편도 자기 몸처럼 저를 사랑하는 것이었습니다. 저는 아직도 목사님 말씀을 듣다가 꾸벅꾸벅 졸거나 헌금하는 걸 깜빡 잊고 돌아오는, 빈틈 많은 성도입니다. 그러나 은혜 받은 것이 많은 만큼 내년부터는 좀더 큰 기도를 드리려고 합니다. 정부의 복지 예산이 대폭 삭감되어 벼랑 끝에 몰린 사람들의 삶이 더욱 고단해졌습니다. 가난한 사람들을 긍휼히 여겨 주시고, 앞으로는 부디 선한 가치를 실현시키기 위해 노력하는 참된 위정자를 세워 주셔서 이 땅에 정의가 마르지 않는 강처럼 흘러넘치길 소원합니다. 그리고 이 자리를 빌려 저 자신과 굳은 약속을 하고자 합니다. 하나님! 제가 그랬던 것처럼 말씀이 아닌, 사람을 보고 등을 돌린 세상 사람들에게 당신의 증거가 되기 위해 참되게 살겠습니다. 거룩한 이름을 빛나게 하는 신실한 제자로, 주님께 영광 돌리는 사람이 되겠습니다. 감사합니다.

안녕하십니까? 513구역 권복 집사입니다. 보잘것없는 제게 귀한 기회를 허락해 주신 주님께 감사드립니다. LG에 근무하고 있는 저는 일반 사람들에게 흔치 않은 경험을 하였습니다.

이미 언론에서도 발표되었습니다만, 회사가 미국 공정거래법 관련 가격 담합 혐의로 제소되어 4억 달러의 벌금을 물게 되었고, 회사 간부 중에서 제가 대표로 책임을 지고 작년 7월 말부터 금년 6월 중순까지 10개월 반 동안 미국 캘리포니아에 위치한 미연방 교도소에서 복역을 하였습니다. 몇 년간 지속되었던 준비 기간, 검찰 조사, 재판을 거치면서 '왜 하필 이런 일이 내게 일어났는가? 왜 내가 책임을 지고 복역을 하여야 하는가?' 등의 생각으로 숱한 밤을 잠을 이루지 못하였으며, 회사에서 일할 때나 사람들을 만날 때 심지어 교회에서 예배드릴 때조차 집중하지 못한 채 다른 생각에 젖곤 했습니다. 복역을 위해 미국으로 출발해야 할 시간이 다가오면서 '미국의 교도소 생활은 어떨까? 위험은 없을까? 잘 견디어 낼 수 있을까?' 하는 불안감은 지속되었고, 떠나는 날 주일예배를 드리며 앞으로 1년여간 예배를 드릴 수 없고 목사님께서 주시는 귀한 말씀의 은혜를 받을 수 없겠다는 생각에 마음이 아프고 가슴이 메었습니다. 그러나 떠나는 저를 위해 주신 말씀과 목사님의 기도는 제게 큰 힘이 되었습니다. 오랜 해외생활과 출장으로 익숙해 있던 저였지만, 복역을 위해 떠난 11시간여의 비행은 온갖 불안과 걱정에 사로잡혀 길게만 느껴졌습니다. 입소 하루 전 제가 들어가야 할 감옥의 바깥 환경을 보며 상대적으로 여건이 좋은 것 같아 주님의 간섭과 임재를 느꼈으며, 입소 당일 저를 배웅하기 위해 동행했던 회사 직원 그리고 변호사들과 함께 교도소 입구 마당에서 드린 기도는 평생 잊지 못할 것입니다. 낯설고 불안하기만 했던 입소 이후 첫 밤은, 앞으로 그곳에서 지내야 할 317일을 생각하며 그저 기도에 매달릴 수밖에 없었습니다. 하루하루의 생활이 어려움과 두려움의 연속이었고, 개인의 인격이라고는 인정되지 않는 철저한 죄인 취급, 긴장의 연속, 열악한 환경과 음식 등이 제 걱정을 가중시켰고, '앞으로 잘 견딜 수 있을까? 미국 측 판결을 받아들이지 않아도 해외여행을 못하는 것 외에는 국내에서 지내는 데에 아무 문제가 없는데 괜히 온 것 아닌가?' 하는 생각으로 후회하기도 했습니다. 그런 가운데 제가 할 수 있는 일이 기도, 말씀, 책 읽기였기에 반복해서 제게 들려주신 '너의 길을 예비하였나니 연단을 통하여 정금같이 나오리라', '세상 끝 날까지 함께하리라', '두려워 말라. 네가 감당할 만큼 고난을 허락하리라'는 말씀으로 힘을 얻었습니다. 어느 날 함께 복역하던 흑인 형제와 이야기를 나누는 가운데, 믿는 사람들이 사탄에 의해 감옥에 들어가지만 하나님의 역사로 고난을 이기고 나온다는 말씀이 딱 저의 얘기인 것 같아 눈물을 쏟으며 감동하였고, 분명 하나님께서 나와 함께하시며 나의 고난을 보시고 나를 위해 예비하신 길이 있을 것이라는 확신이 섰습니다. 이후 저의 생활은 완전히 달라졌고 저의 마음도 안정을 찾게 되어 "항상 기뻐하라. 쉬지 말고 기도하라. 범사에 감사하라"(살전 5:16-18상)는 말씀을 붙잡고, 어려움과 두려움도 기쁨과 감사로 극복할 수 있었습니다. 유난히도 강하게 불었던 바람을 헤치고 걸으며 소리쳐 불렀던 예수님, 목청껏 불렀던 찬송가 가운데 언제나 다가와 품어 주셨던 따뜻한 주님의 품이, 예수님의 임재하심이, 제게 마음의 평안을 주시고 하루하루의 생활에 잘 적응할 수 있는 원동력이 되었습니다. 부질없이 보냈던 지난 시간들과 부족하기만 했던 저 자신을 회개하고, 지금까지 살아오며 겪었던 모든 일들이 전부 철저한 주님의 계획과 섭리였음을 감사하는 귀한 시간이었습니다.

"모든 것이 지나고 나면 주님의 은총이고 양약이며, 고난이 하나님의 은총이요 선물이라" 하시며 제게 서신으로 책으로 힘을 주셨던 이재철 목사님의 말씀이 저와 함께하였습니다. 가족들이 제게는 큰 힘이 되었습니다. 저의 부모님, 형제들, 처가 쪽 가족들, 교회와 목사님, 모든 생각나는 분들을 두고 기도하며, 그간 부족했던 저의 기도를 절실히 느끼고 하나하나 응답되는 기도를 경험하면서 한 치의 오차도 없으신 신실하신 하나님을 느낄 수 있었습니다. 저와 가족들을 위해 기도와 위로로 힘을 주신 목사님들, 구역 식구들, 저의 일을 아시고 기도해 주셨던 모든 분들께 감사드립니다. 언제나 저와 함께하신 하나님, 20여 년 전 제가 임파선암으로 죽음에 맞서 싸울 때나 미국의 교도소에서도 늘 함께하셨던 하나님께서 저와 함께, 여러분들과 함께, 지금도, 앞으로도, 함께하시며 인도해 주실 줄 믿습니다. 그곳에서 드렸던 저의 기도를 들어 주셔서 이제 중국 땅으로 인도해 주셨기에, 하나님 나라의 확장과 주님을 증거하며 그분의 사랑을 나타내는 삶을 살기 위해 최선을 다하겠습니다. 감사합니다.

안녕하십니까? 저는 904구역의 성지현입니다.
"오늘을 온전히 사는 비결은 하나님의 타이밍을 신뢰하는 것이다. 우리 눈에는 하나님의 역사가 보이지 않을 수 있다. 하지만 지금 이 순간에도 하나님은 보이지 않는 곳에서 모든 조각을 하나로 맞추고 계시며 우리 인생을 향하신 계획을 차근차근 실행에 옮기고 계신다. 하나님은 전체 그림을 보고 계신다."

새벽 5시, 대학병원 응급실에서 신원 확인을 위해 건네받은 그의 지갑 안에 들어 있던 글입니다. 1997년 12월 말, 신입생 오리엔테이션을 준비하는 회의에서 서로를 처음 보았고, 당시 의예과, 간호학과 학생회 회장과 부회장으로 있던 우리는 여러 가지 행사와 회의를 통해 서로를 알아 갈 수 있는 기회가 자연스럽게 많아졌고, 그와 함께 서로를 향한 마음도 조금씩 커가기 시작했습니다. 그렇게 시작된 우리의 사랑은, 2004년 결혼으로 아름다운 결실을 맺었고, 결혼을 통해 서로에 대한 신뢰와 사랑은 더욱 깊어져 갔습니다. 그는 저의 감사 제목 1순위였고, 저의 마음을 가장 온전히 나눌 수 있는 영혼의 친구이자 인생의 멘토였으며, 일에 있어서는 멋진 선배이자 귀감이 되는 모델이었고, 그의 가치관과 삶의 태도는 저의 지표였습니다. '사람도 이처럼 나를 사랑할진대 하나님의 사랑은 더 크고 깊겠지'라고 생각하며 하나님의 사랑을 더 잘 알아 갈 수 있을 만큼 그의 사랑은 한결같고 깊었습니다.

결혼 4년차가 되던 해인 2008년 3월 마지막 주 토요일, 그는 4월 한 달 동안 강릉아산병원으로의 파견 일정이 있었고, 저는 우리 두 사람 모두에게 매우 소중한 친구의 결혼식과 시어머님의 생신이 있어 안타까운 마음을 뒤로하고 부산으로 발길을 옮겼습니다. 부산에 도착하여 가족들과 함께 저녁 식사를 하고 있는데, 그가 들뜬 목소리로 반가운 소식을 전해 왔습니다. 4월부터 보게 될 환자들에 대한 인수인계는 마쳤고, 주말 동안 당직이 아니니 오늘 밤이라도 부산으로 내려와 주일을 함께하고 오후 차편으로 다시 돌아가겠다는 것이었습니다. 그는 생신을 앞둔 어머님을 비롯한 가족, 결혼하는 소중한 친구와 함께할 수 있는 기쁨과 감사에 들 떠

있었고, 새벽 4시경 부산에 도착하게 될 것이라며, 본인은 부산고속버스 터미널에 내리면 알아서 택시를 타고 들어갈 테니 잠 설치지 말고, 푹 잘 것을 거듭 말하였습니다. 새벽 5시경, 전화벨이 울렸고, 당연히 그의 잘 도착했다는 전화일 것이라 생각했습니다. 그러나 그 전화는 동의대학교 병원 응급실 직원으로부터 남편이 도착 시 운명 상태이니 병원으로 와서 신원 확인을 해달라는 전화였습니다. 한 택시가 중앙선을 침범하면서 두 차가 충돌하였고, 그것을 미처 발견하지 못하고 그 현장을 또 다른 차가 치고 가는, 그래서 두 명의 생명이 한순간 그 자리에서 주검으로 변해 버린 끔찍한 상황이었습니다.

아름다운 가정을 이루고 모범이 되길 원했던 서로의 소망과 기도에 왜 이렇게 허망하게 응답하시는지 알 수 없었습니다. 이런 결론을 주실 것이면서 왜 그렇게 사랑하게 하셨는지 알 수 없었습니다. '네 부모를 공경하라. 그리하면 네 생명이 길리라' 하신 말씀이 무엇인지 알 수 없었습니다. 그가 살아 있는 시간이 길수록 하나님을 위해 그가 하는 일은 더욱 많을 것이고 하나님께서는 더 많이 영광 받으실 텐데 왜 그렇게 하셨나 하는 생각을 지울 수 없었습니다. '하나님은 정말 선하신가? 하나님은 정말 전지전능하신가?'라는 질문이 마음속에서 떠나지 않았고 그의 일에 빗대어 보면, 두 질문 중 한 가지는 진실이 아님에 틀림없었습니다. 선하심이 사실이라면 그 일을 허락하신 하나님은 전지전능하지 않으신 것이 틀림없었습니다. 그리고 전지전능하시다면, 그 일을 계획하신 하나님은 선하지 않으심이 틀림없었습니다.

그러나 시간이 흘러갈수록 자꾸만 또렷해지는 그의 글귀, 마치 준비해 놓은 듯 쓰여 있던 그의 글이 계속 생각나기 시작했습니다. '지현아, 하나님의 타이밍을 신뢰하렴. 하나님의 역사가 우리 눈에는 보이지 않을 수 있

단다.' 제 마음이 조금씩 변화되고 그와의 만남 자체만으로도 감사하게
된 것은, 그분이 전능하지 않아서도, 그분이 선하지 않아서도 아님을 발
견하게 된 것이었습니다. 그분의 생각과 나의 생각이 다를 수 있음을, 그
분의 선함과 나의 선함의 정의가 다를 수 있음을 인정하자 모든 것이 보
이기 시작했습니다. 그리고 평소 암 환자들을 대하며 깨달았던 것들이
떠오르기 시작했습니다. 환자 스스로는 자신의 질병 상태가 어디쯤에 있
는지 알지 못하고, 무엇이 도움이 되는 치료인지 아닌지 구분할 수 없듯
이, 하나님과 저의 관계가 꼭 그렇구나 하는 것이었습니다. 의료진이 아
무리 환자에게 질병의 상태와 질병의 병태생리를 상세히 설명해 준다 할
지라도 그것을 의료진이 전하는 것과 똑같이는 환자가 이해할 수 없듯이
하나님에 대한 나의 이해도 그럴 수 있겠다는 것이었습니다.

그리고 마태복음 25장의 신랑을 맞으러 나간 열 처녀 비유에서 언제 신
랑이 도착하더라도 혼인 잔치에 참여할 수 있도록 기름과 등불을 모두
준비하고 있던 다섯 처녀, 그 다섯 처녀를 보면서 그를 떠올렸습니다. 언
제 어느 때였다 할지라도 하나님은 그를 맘 편히 데려가실 수 있었을 것
이라는 생각이 들었습니다. 그의 삶은 신랑이 언제 도착하더라도 혼인 잔
치에 참여할 수 있게 준비되어 있던 슬기로운 다섯 처녀와 같았기 때문입
니다. 또한, 목사님의 말씀을 통해 비록 그의 삶의 물리적 시간과 나이는
30년이었을지라도 하나님 앞에서 건져 올려진 시간은 길 수 있음을 깨닫
게 되었습니다. 그리고 그 삶의 열매가 반드시 본인의 때에 봐야 하는 것
이 아님을, 그리고 그것이 전부가 아님을 깨닫게 되었습니다. 그가 살아
온 삶의 의미와 가치는 비록 그가 이 세상에 없다 할지라도 오랜 세월 하
나님 안에서 열매 맺어 갈 것을 믿습니다. 그리고 그가 저에게, 가족들에
게, 친구들에게 남긴 유산은 바로 그러했던 그의 삶, 바로 그것이었음을

깨닫습니다. 그를 아끼고 사랑한 동기들이 그의 의미를 기리기 위해 시작한 장학금을 전달하는 일이 2009년부터 '밀알 장학금'이라는 이름으로 학교 후배들에게 전해지고 있음을 바라보며, 여전히 그의 삶이 허망하지 않음을 또 발견합니다.

이러한 모든 과정을 통해 우리의 삶이 다만 이 세상에서의 삶뿐이 아님을 깨닫게 하시고, 영원을 바라보는 삶으로 이끄신 하나님께 감사드립니다. 그리고 지금도 저의 삶의 조각 조각을 아름답게 맞춰 가고 계심을 신뢰하기에, 주어진 상황 속에서 현실의 중요성을 아는 사람으로 최선을 다하며 살아가기로 결단합니다. 감사합니다.

올해 우리 교회의 표어는 "즐거워하는 자들과 함께 즐거워하고 우는 자들과 함께 울라"는 로마서 12장 15절 말씀에 근거한 '함께'였습니다. 올해를 기점으로 우리는 양화진을 뛰어넘어 세상과 소통하면서, 국내외적으로 함께해야 할 사람들과 함께하는 기틀을 세웠습니다. 그러나 우리가 세상 사람들과 함께할 수 있는 토대는 두말할 것도 없이 우리와 함께하시는 하나님이십니다. 하나님께서 당신의 사랑으로 우리와 함께해 주시지 않는다면, 우리는 세상 사람은 고사하고 우리의 혈족마저 제대로 사랑할 수 없는 보잘것없는 존재들입니다.

이제 방금 세 분의 간증을 통해 확인했듯이, 하나님께서는 스스로 무교임을 내세우며 교회를 폄훼하던 분과도 함께해 주셨습니다. 하나님께서는 회사를 위해 타국 땅 낯선 교도소에서 외로이 복역하던 분과도 함께해 주셨습니다. 하나님께서는 사랑하는 배우자를 잃고 고통 속에 있는 분과도 함께해 주셨습니다. 그 하나님께서 지난 1년 동안 우리 각자의 삶 속에서 우리와도 함께해 주셨음을 믿으십니까? 그렇다면 우리 모두 송년 주일을 맞아 사랑하는 가족들끼리, 믿음의 형제자매들끼리, 지난 한 해 동안 하나님께서 우리 각자의 삶 속에 베풀어 주신 하나님의 은혜를 서로 확인하며 함께 나누십시다. 그리고 그 연장선상에서 새해를 맞이하십시다. 우리 자신이 예수 그리스도 안에서 기쁨을 누릴 것은 말할 것도 없고, 우리로 인해 우리와 함께하는 사람들이 다 크게 기뻐할 것입니다. 참된 생명도, 참된 사랑도, 참된 기쁨도, 오직 하나님께로부터만 비롯됩니다.

어느덧 1년이 다 지나고, 마지막 송년 주일을 맞았습니다. 지난 1년 동안에도 우리 인생의 길목에는 숱한 비바람이 있었습니다. 때로는 광풍과 눈보라가 몰아치기도 했습니다. 그럼에도 이 마지막 주일, 여전히 살아 있는 그리스도인으로 하나님의 존전에 있게 하신 하나님의 은혜에 감사드립니다.

우리가 하나님을 부정하면서 진리의 길을 외면하고 그릇된 길을 치달을 때에도, 하나님께서는 우리와 함께하셨습니다. 우리가 욕망과 이기심과 증오의 감옥에 갇혀 영어圈圄의 몸이 되었을 때에도, 하나님께서는 우리와 함께하셨습니다. 우리가 사랑하는 사람을 잃고 슬퍼하며 괴로워할 때에도, 하나님께서는 우리와 함께하셨습니다. 우리와 함께하고 계시는 하나님께서는 우리가 이해할 수조차 없는 수많은 사건들을 한 치의 오차도 없이 치밀하게 연출하시면서, 우리를 어제보다 좀더 성숙한 그리스도인으로 빚어 주셨습니다.

이제 올해의 마지막 송년 주일을 맞아, 우리 모두 사랑하는 가족들끼리, 믿음의 형제자매들끼리, 하나님께서 우리 각자의 삶 속에 베풀어 주신 신묘막측한 은혜를 서로 확인하고 함께 나눔으로 올해의 매듭을 짓게 해주십시오. 그 매듭이 감사와 기쁨의 매듭이 되게 해주십시오. 그 매듭 위에서 새해를 맞게 해주십시오. 그리하여 새해는, 우리 자신만 예수 그리스도 안에서 기뻐하는 것이 아니라, 우리와 더불어 사는 사람들이 우리로 인해 다 크게 기뻐하는 기쁨의 새해가 되게 해주십시오. 아멘.

4. 영접을 받고 신년 주일

사도행전 15장 1-5절

어떤 사람들이 유대로부터 내려와서 형제들을 가르치되 너희가 모세의 법대로 할례를 받지 아니하면 능히 구원을 받지 못하리라 하니 바울 및 바나바와 그들 사이에 적지 아니한 다툼과 변론이 일어난지라 형제들이 이 문제에 대하여 바울과 바나바와 및 그중의 몇 사람을 예루살렘에 있는 사도와 장로들에게 보내기로 작정하니라 그들이 교회의 전송을 받고 베니게와 사마리아로 다니며 이방인들이 주께 돌아온 일을 말하여 형제들을 다 크게 기쁘게 하더라 예루살렘에 이르러 교회와 사도와 장로들에게 **영접을 받고** 하나님이 자기들과 함께 계셔 행하신 모든 일을 말하매 바리새파 중에 어떤 믿는 사람들이 일어나 말하되 이방인에게 할례를 행하고 모세의 율법을 지키라 명하는 것이 마땅하다 하니라

이틀 전 밤, 지구촌 곳곳에서는 2011년 새해를 맞기 위한 행사가 벌어졌습니다. 서울에서도 8만 명의 인파가 종로에 운집한 가운데 보신각 타종의 새해맞이 행사가 있었습니다. 어느 나라, 어느 곳에서 벌어지는 새해 행사

이든 한 가지 공통점이 있습니다. 새해맞이 행사에 참여한 사람들이 새해 0시가 시작되기 10초 전부터 카운트다운을 시작하는 것입니다. 10초, 9초, 8초, ……3초, 2초, 1초 하다가, 1월 1일 0시가 시작되는 순간에는 모든 참석자들이 '와' 하는 함성과 함께 박수로 새해를 맞고 축하합니다. 이것은 새해맞이 행사가 있는 곳에서는 매해 어김없이 벌어지는 광경입니다. 그러나 중요한 사실은, 거대한 인파가 한데 모여 함성을 지르고 박수 친다고 해서 새해가 오는 것은 아니라는 것입니다.

제가 스위스 제네바에서 3년 동안 살 때, 제네바 시민들도 매해 쁠렝쁠레 광장에서 새해맞이 축제를 벌였습니다. 밤 11시경 신년 0시 예배를 드리기 위해 쁠렝쁠레 광장 앞을 지나면, 광장은 제네바 시민들로 벌써 만원을 이루고 야외무대에서는 요란한 밴드의 음악 소리가 울려 퍼졌습니다. 제네바한인교회 교우님들과 함께 신년 0시 예배를 드린 뒤 귀가하기 위해 다시 쁠렝쁠레 광장을 지나칠 때면, 이미 새해맞이 축제가 끝나 텅 빈 광장에는 여기저기 지저분한 쓰레기만 널브러져 있었습니다. 광장을 가득 메운 인파의 하늘을 찌를 듯한 함성으로 시작되었다가 순식간에 지저분하게 널브러진 쓰레기로 끝나 버리는 새해맞이 행사—새해, 새날, 새 시간은 결코 그렇게 찾아오지 않습니다. 지저분한 쓰레기만 널브러진 그 광장이야말로, 달력의 교체를 새해로 착각하는 인간이 벌이는 허구에 찬 새해맞이의 실상이었습니다.

전도서 1장 9절은 '해 아래에 새것이 없다'고 단언합니다. 해 아래 있는 것은 반드시 쇠퇴하고 소멸하기 마련입니다. 새것은 오직 영원으로부터만 주어집니다. 영원만 쇠하지도, 변하지도, 소멸하지도 않습니다. 그래서 우리는 어제 신년 0시 예배에서도, 그리고 오늘 신년 주일예배에서도, 하나님의 말씀 속에서 새해를 맞고 있습니다. 오직 하나님만, 그리고 하나님의 말씀만 영원하시기에 새해, 새날, 새 시간은, 언제나 하나님으로부터만 주어지기 때문입니다.

평온하던 안디옥교회에 일대 평지풍파가 일었습니다. 예루살렘에서 내려온 유대인들이 이방인인 안디옥 교인들에게, 이방인도 유대인처럼 모세의 관습을 좇아 할례를 받지 않으면 절대로 구원을 얻을 수 없다고 가르치기 시작한 것이었습니다. 바울과 바나바는 마치 화난 군중이 폭동을 일으키는 것과 같은 기세로 그 유대인들과 격렬하게 맞서며, 할례가 구원을 위한 절대 조건이라는 것은 복음에 위배되는 거짓 가르침임을 명백히 하였습니다.

바울과 바나바는 안디옥교회를 잠시 방문한 외부 손님이 아니었습니다. 평범한 교인도 아니었습니다. 바울과 바나바는 안디옥교회의 공동 목회자였습니다. 그렇다면 안디옥 교인들은 응당 자신들의 목회자인 바울과 바나바의 말을 듣고, 바울과 바나바가 거짓 교사로 지목한 생면부지의 유대인들을 배척함이 마땅하였습니다. 그러나 안디옥 교인들은 그렇게 하지 않았습니다. 그들은 바울과 바나바를 비롯한 안디옥교회 대표를 예루살렘 모교회로 보내어, 예수님의 직계 제자인 사도들을 포함한 지도자들의 판결을 받아 오게 했습니다. 그 결정은 안디옥교회 공동 목회자였던 바울과 바나바에게는 크게 자존심 상하고, 또 배신감을 느끼게 하기에 충분하였습니다. 안디옥 교인들이 그런 결정을 내렸다는 것은 할례가 자신들의 구원과 직결되었다는 유대인들의 주장에 관해서만큼은, 그들의 주장을 전면 부정하는 바울과 바나바의 말을 전적으로 신뢰하기는 어렵다는 의미였기 때문입니다.

그러나 바울과 바나바는 조금이라도 배신감을 느끼거나 자존심 상해하지 않았습니다. 그들은 안디옥 교인들의 결정에 순종하여 기꺼이 예루살렘으로 올라갔습니다. 마지못해 억지로 올라간 것이 아니었습니다. 그들은 예루살렘으로 올라가는 길에 만나는 믿음의 형제자매들에게마다, 하나님께서 자신들을 통하여 얼마나 신묘막측한 방법으로 이방인들을 구원해 주셨는 지를 간증하여, 믿음의 형제자매들을 다 크게 기쁘게 하였습니다. 그들은 지금까지 자신들의 삶 속에서 신비로운 방법으로 은혜를 베풀어 주신 하나 님을 믿었기에, 자신들이 예루살렘으로 올라가 예수님의 직계 제자인 사도 들을 직접 만남으로써 하나님께서 교회가 그릇된 가르침을 단호히 배격하고 복음 위에 견고하게 서게 해주실 것 또한 굳게 믿었던 것입니다.

> 예루살렘에 이르러 교회와 사도와 장로들에게 영접을 받고 하나님이 자 기들과 함께 계셔 행하신 모든 일을 말하매(4절).

예루살렘 모교회에 도착한 바울과 바나바는 그곳 교인들과 사도들과 장 로들의 영접을 받았습니다. 우리말 '영접하다'로 번역된 헬라어 동사 '파라데 코마이παραδέχομαί'는 '크게 기뻐하다'는 의미입니다. 예루살렘 모교회의 교 인들과 사도들과 장로들이 모두 바울과 바나바의 방문을 크게 기뻐한 것이 었습니다. 그것은 우리로 하여금 격세지감을 느끼게 합니다.

사도행전에 의하면 바울은 다메섹 도상에서 주님의 부르심을 받은 이후 오늘 본문에 이르기까지 예루살렘 모교회를 세 번 방문하였습니다. 첫 번째 방문은 본문의 시점에서 최소한 16년 전의 일이었습니다. 당시 옛 이름인 사 울로 불리던 그의 첫 번째 예루살렘 모교회 방문과 관련하여 사도행전 9장 26-27절은 다음과 같이 증언하고 있습니다.

> 사울이 예루살렘에 가서 제자들을 사귀고자 하나 다 두려워하여 그가 제자 됨을 믿지 아니하니 바나바가 데리고 사도들에게 가서 그가 길에서

어떻게 주를 보았는지와 주께서 그에게 말씀하신 일과 다메섹에서 그가 어떻게 예수의 이름으로 담대히 말하였는지를 전하니라.

그리스도인이 된 바울이 예루살렘 모교회를 처음으로 찾아갔지만, 예루살렘의 교인들은 그를 영접하기는커녕 그가 그리스도인이 되었다는 것 자체를 믿지 않으면서 그와 대면하는 것조차 꺼렸습니다. 바나바가 바울의 회심의 진정성을 보증해 준 뒤에야 바울은 겨우 예루살렘 교인들 틈에 끼일 수 있었습니다.

바울의 두 번째 예루살렘 모교회 방문은 본문의 시점에서 최소한 2년 전으로, 바울이 바나바와 함께 안디옥교회를 공동 목회하기 시작한 지 1년이 경과한 시점이었습니다. 때마침 예루살렘 모교회 교인들이 극심한 흉년을 맞아 고통을 겪는다는 소문을 접한 안디옥 교인들은 구제금을 거두어 바울과 바나바로 하여금 예루살렘 모교회에 전달하게 했습니다. 그때의 상황은 사도행전 11장 29-30절, 그리고 12장 25절이 전해 주고 있습니다.

제자들이 각각 그 힘대로 유대에 사는 형제들에게 부조를 보내기로 작정하고 이를 실행하여 바나바와 사울의 손으로 장로들에게 보내니라.
바나바와 사울이 부조하는 일을 마치고 마가라 하는 요한을 데리고 예루살렘에서 돌아오니라.

안디옥에서 예루살렘은 480킬로미터의 먼 길입니다. 바울이 예루살렘 모교회 교인들을 위한 구제금을 들고 그 먼 길을 걸어왔건만, 그때도 바울은 예루살렘 교인들의 영접을 받지는 못했습니다. 예루살렘 모교회 장로들은 바울로부터 안디옥교회 교인들의 구제금을 수령하는 것 이외에는 아무것도 하지 않았습니다. 그들은 바울을 단지 공식적으로만 대했을 뿐이었습니다.

그러나 본문에서 바울이 예루살렘 모교회를 세 번째 방문했을 때는 교인들과 사도들과 장로들이 모두 바울을 영접하였습니다. 처음에는 바울을 경원시했고 두 번째는 바울을 공식적으로만 대했던 예루살렘 모교회가 어떻게 그의 세 번째 방문 때는 크게 기뻐하며 그를 영접했겠습니까? 그 모두는 바울 자신의 삶에 기인한 결과였습니다.

바울은 본래 열혈 유대교 신자로서, 유대교가 배교자로 간주한 그리스도인들을 색출, 연행, 투옥하는 것을 천직으로 삼던 청년이었습니다. 그러나 다메섹 도상에서 주님께 사로잡힌 바울은 자신이 부정하던 나사렛 예수가 정말로 메시아이심을 확인했습니다. 그래서 그리스도인들을 색출하기 위해 다메섹을 찾았던 바울은 거꾸로 그곳에서 예수 그리스도의 복음을 전하기 시작했고, 역설적이게도 그 자신이 유대교의 배교자로 낙인찍혀 다메섹에 있는 유대인들의 살해 위협에 직면하게 되었습니다. 구사일생으로 다메섹을 벗어난 바울은 아라비아 광야에서 홀로 3년에 걸친 경건의 훈련을 쌓은 뒤 예루살렘 모교회를 찾아갔습니다. 방문 목적은 예루살렘 교인들과 함께 동역하기 위함이었습니다. 그러나 이미 말씀드린 것처럼 예루살렘 모교회 교인들은 그의 회심 자체를 믿어 주지 않았습니다. 교회를 짓밟고 그리스도인들을 박해하던 바울의 전력을 익히 알고 있는 그들은, 바울이 자신들을 일망타진하기 위해 위장 잠입한 것으로 간주한 것이었습니다. 그것은 그동안 교회를 짓밟았던 바울의 자업자득이었습니다.

바나바의 신원보증으로 바울이 예루살렘 모교회 교인들 틈에 겨우 끼어들 수 있게 되자, 이번에는 예루살렘의 유대인들이 유대교의 배교자로 돌아온 바울을 죽이려 했습니다. 바울은 어쩔 수 없이 고향 다소로 낙향하여, 젊은 나이에 무려 13년 동안 고향에서 칩거해야만 했습니다. 13년째 되던 해 바나바의 요청으로 안디옥교회의 공동 목회자가 되었고, 1년 후 안디옥교회의 구제금을 들고 흉년을 당한 예루살렘으로 올라갔지만 예루살렘 모교회는 바울을 공식적으로만 대했습니다. 바울은 예루살렘 모교회가 안디옥교회에 정식으로 파송한 목회자가 아니었고, 그가 안디옥교회에서 목회한 1년 동안의 기간은, 480킬로미터나 떨어진 예루살렘 모교회에 그가 어떤 목회자인지 그에 대한 소문이 제대로 전해지기에는 턱없이 짧았습니다. 그러나 그때로부터 최소한 2년이 경과한 뒤에 바울이 본문에서 예루살렘 모교회를 세 번째로 다시 방문했을 때, 예루살렘 모교회의 교인들과 사도들 그리고 장로들이 모두 크게 기뻐하며 그를 영접하였습니다. 지난 2년 동안의 기간은 바울이 얼마나 걸출한 영적 지도자인지, 그의 전도 여행을 통해 하나님께서 얼마나 신비롭게 역사하셨는지, 그 모든 소식과 내용이 예루살렘 모교회에 전해지기에 충분한 기간이었던 것입니다.

바울이 하나님을 믿는다면서도 하나님을 앞질러 예수 그리스도를 부정하고 교회를 짓밟는 사람이었을 때, 그가 주님의 부르심을 입은 그리스도인이 되었어도 사람들이 그를 영접하기는커녕 그의 회심을 믿어 주지도 않았습니다. 그러나 그 이후 하나님의 섭리에 따라 고향 다소에서 13년이나 칩거하면서도, 바나바를 통한 하나님의 부르심으로 안디옥교회의 공동 목회자가 되어서도, 하나님의 명령을 좇아 지중해 세계 전도 여행에 나서서도, 전도 여행에서 돌아온 뒤에는 다시 하나님의 뜻 속에서 안디옥 교인들의 목회자로 지내면서도, 바울은 결코 하나님을 앞지름 없이 묵묵히 하나님의 인도하심만을 뒤좇았습니다. 그 결과 바울은 한때 그를 경원하고 오해하고 공식적으로만 대하던 사람들로부터 진심으로 영접받았습니다. 그것은 하나님의 인도하심을 묵묵히 뒤좇는 바울이 하나님의 기뻐하심을 입고, 하나님으로부터 영접받고 있음을 의미했습니다. 그리고 그때부터 바울은 예루살렘 교인들과의 관계에서 새날을 누릴 수 있었습니다.

사람의 삶은 뿌린 대로 거두는 법입니다. 하나님을 등지거나 앞지르는 사람은 아무리 화려해 보여도 신실한 사람들로부터는 경원당하기 마련입니다. 하나님의 인도하심을 뒤좇는 사람도 신실한 사람들로부터 얼마든지 오해받을 수 있습니다. 그러나 그 사람이 계속 하나님의 인도하심을 뒤좇는 한, 그는 끝내 신실한 사람들의 영접을 받지 않을 수 없습니다. 하나님께서 그 같은 사람을 크게 기뻐하시며 반드시 영접하시기 때문입니다. 어제 신년 0시 예배 시간에 말씀드린 것처럼(본서의 부록 가운데 '여호와를 기다릴지어다' 설교 참조—편집자), 올해 우리 교회의 표어를 시편 27편 14절 말씀에 근거하여 '여호와를 기다릴지어다'로 정한 이유가 여기에 있습니다.

위급한 상황을 맞아 하나님의 도우심을 간구하는 다윗의 기도 내용을 담은 시편 27편 1절은 이렇게 시작됩니다.

여호와는 나의 빛이요 나의 구원이시니 내가 누구를 두려워하리요 여호와는 내 생명의 능력이시니 내가 누구를 무서워하리요.

정말이지 않습니까? 천지를 창조하신 하나님께서 칠흑 같은 어둠 속을 헤매는 내 인생길에 빛이 되시고 위급함에서 나를 건지시는 구원자가 되시는데, 내가 대체 누구를 두려워하겠습니까? 하나님께서 영원한 당신의 생명으로 유한한 내 생명의 능력이 되어 주시는데, 이 세상에서 내가 무서워할 사람이 어디에 있겠습니까? 이 정도로 믿음이 확고하다면, 믿음이 확고한 만큼 자신의 구체적인 요구 사항을 하나님께 아뢰는 것으로 기도를 끝내는 것이 마땅하지 않겠습니까? 일반적으로 믿음이 좋다는 사람일수록 하나님께

대한 구체적인 요구 사항이 많지 않습니까? 그러나 뜻밖에도 다윗은 자신의 기도를 이렇게 끝맺고 있습니다.

> 너는 여호와를 기다릴지어다 강하고 담대하며 여호와를 기다릴지어다
> (시 27:14).

하나님을 향해 간구하던 다윗은 놀랍게도 방향을 바꾸어 자신에게 스스로 타이르는 것으로 기도를 끝맺었습니다. '다윗아, 네가 진정 하나님을 믿는다면 하나님을 기다리거라. 강하고 담대하게 하나님을 기다리거라. 참된 용기는 하나님을 기다리는 것이다.' 다윗의 기도가 자신에 대한 타이름으로 끝나는 이유가 무엇이겠습니까? 그것은 하나님을 믿기에, 어떤 경우에도 하나님을 앞지르는 어리석음을 범치 않겠다는 다윗의 자기 결단이었습니다. 다윗은 하나님을 믿기에 설령 자신의 상황이 더 악화되더라도, 오직 하나님을 기다리며 하나님의 인도하심만을 뒤좇겠다고 다짐하고 또 다짐한 것입니다.

참된 용기는 자기에게도 생각이 있고 계산이 있지만 그 생각과 계산으로 하나님을 앞지르지 않고, 자기 생각이나 계산과 어긋나는 상황 속에서도 묵묵히 하나님을 기다리며 하나님의 인도하심을 뒤좇는 것입니다. 그 사람만 하나님으로부터 진정 아름답고, 모두에게 유익하고, 후유증 없는 결과를 얻을 수 있습니다. 이런 의미에서 하나님을 앞지르지 않고 묵묵히 하나님을 기다리며 하나님의 인도하심만을 뒤좇았던 다윗과 바울은 진정으로 용기 있는 믿음의 용장들이었습니다. 그래서 그들은 하나님의 영접을 받았을 뿐 아니라 다윗은 3천 년 그리고 바울은 2천 년이 지난 오늘날, 하나님을 믿는 우리 모두로부터도 영접받는 성경의 위인이 되었습니다.

한국 교회가 공식적으로 결정한 기준은 없지만, 일반적으로 등록 교인이 5천 명 이상이면 대형 교회 그리고 등록 교인이 1만 명 이상이면 초대형 교회로 분류된다고 합니다. 5년 5개월여 전에 창립되어 올해로 창립 6년차를 맞는 우리 교회에는 현재, 교회학교 어린이와 청소년 600여 명을 포함하여 매 주일 약 6천 명의 교인이 출석하고 있습니다. 만약 우리가 아무 생각 없이 이대로 나간다면 우리 교회는 대형 교회를 넘어 초대형 교회에 이르지 않겠습니까? 그러나 우리의 목표는 결코 대형 교회나 초대형 교회가 아닙니다. 오늘날 한국 교회가 안고 있는 문제 대부분은 실은 대형 교회와 초대형 교회의 문제이기 때문입니다. 우리는 지난 5년 5개월 동안 교회 성장 자체를 우리의 목표로 삼은 적이 단 한 번도 없었습니다.

우리의 목표는 지금까지 그래 왔던 것처럼, 언제나 하나님께서 크게 기뻐하시고 하나님으로부터 영접받는 교회로 존속하는 것입니다. 그것이 가능하기 위해서는 대형 교회를 넘어 초대형 교회에 이르는 길목에 접어든 올해, 우리는 어떤 경우에도 우리의 생각과 계산으로 하나님을 앞지르지 않으리라 결단해야 합니다. 오늘날 한국 교회가 세상으로부터 불신의 대상으로 전락한 가장 큰 이유는, 저마다 대형 교회나 초대형 교회를 지향하면서 인간이 하나님을 앞지르는 어리석음을 범했기 때문입니다. 그래서 우리는 그 어느 해보다도 겸손한 마음으로 다윗처럼 굳게 다짐하고 또 다짐해야 합니다. '너는 여호와를 기다릴지어다. 강하고 담대하며 여호와를 기다릴지어다.' 우리가 원하는 교회가 아니라 하나님께서 원하시는 교회로 하나님께서 친히 가다듬어 가시도록 묵묵히 하나님을 기다리며 하나님의 인도하심만을 좇을 때, 우리 교회는 세월이 흘러도 하나님께서 크게 기뻐하시고 하나님으로부터 영접받는 교회가 될 것입니다. 그리고 결과적으로 세상으로부터도 신뢰받고 영접받는, 다시 말해 세상을 살리는 진정한 하나님의 교회가 될 것입니다.

올 1년 동안에도 때로는 경제적인 문제가, 때로는 사회문제가, 때로는 인간관계가, 때로는 질병이, 때로는 자연재해가 우리 삶의 근간을 뒤흔들지도 모릅니다. 그럴지라도 우리의 생각과 계산으로 하나님을 앞지르려는 어리석음을 범하지는 마십시다. '여호와는 나의 빛이요 나의 구원이시니 내가 누구를 두려워하리요? 여호와는 내 생명의 능력이시니 내가 누구를 무서워하리요?', '너는 여호와를 기다릴지어다. 강하고 담대하며 여호와를 기다릴지어다.' 언제 어디서나 다윗과 바울처럼 강하고 담대한 믿음으로 하나님을 기다리며 하나님의 인도하심을 뒤좇는 용기 있는 믿음의 사람들이 되십시다. 우리가 아무리 보잘것없는 존재라 할지라도 다윗과 바울을 영접하신 하나님께서 우리를 크게 기뻐하시며 반드시 우리를 영접해 주실 것입니다. 그때에만 우리에게 올해는 진정한 새해가 될 것이요, 우리는 뭇사람을 살리는 행복한 그리스도인으로 올 한 해를 살게 될 것입니다.

우리에게 또다시 한 해의 기회를 주시고, 인간의 삶은 뿌린 대로 거두는 것임을 일깨워 주셔서 감사합니다. 만약 신실한 사람들이 지금 나를 멀리하고 있다면, 그들이 나빠서가 아니라, 내가 그동안 신실하게 살지 못한 결과임을 겸허하게 받아들이게 해주십시오. 내가 신실한 삶을 살고 있다면, 비록 신실한 사람들로부터 지금 오해받고 있다 할지라도, 결국엔 그들도 나를 영접할 것임을 의심치 않게 해주십시오.

참된 용기는 하나님을 앞지르지 않고, 겸손하게 하나님을 기다리며 하나님의 인도하심을 뒤좇는 것임을 깨닫게 해주셔서 감사합니다. 우리 모두, 근 10년 동안 사울 왕의 칼날을 피해 도망 다니면서도 한 번도 하나님을 앞지르지 않았던 다윗을 닮게 해주십시오. 젊은 나이에 고향 다소에서 무려 13년이나 칩거하면서도 묵묵히 하나님을 기다리며 하나님의 인도하심만을 뒤좇았던 바울을 본받게 해주십시오. 100주년기념교회가 하나님께서 크게 기뻐하시는 교회, 하나님으로부터 영접받는 교회가 되게 해주시고, 우리 모두 올 1년 동안 뭇사람을 살리는 행복한 그리스도인으로 살게 해주십시오. 그리하여 올 한 해가 진정 새해로 시작하여 새해로 끝나게 해주십시오.

"너 하나님께 이끌리어 일평생 주만 바라면, 너 어려울 때 힘 주시고 언제나 지켜 주시리. 주 크신 사랑 믿는 자, 그 반석 위에 서리라"(찬송가 312장)—이 찬송이 올 1년 동안 우리의 신앙고백이 되게 해주십시오. 아멘.

5. 사도와

사도행전 15장 6-11절

사도와 장로들이 이 일을 의논하러 모여 많은 변론이 있은 후에 베드로가 일어나 말하되 형제들아 너희도 알거니와 하나님이 이방인들로 내 입에서 복음의 말씀을 들어 믿게 하시려고 오래전부터 너희 가운데서 나를 택하시고 또 마음을 아시는 하나님이 우리에게와 같이 그들에게도 성령을 주어 증언하시고 믿음으로 그들의 마음을 깨끗이 하사 그들이나 우리나 차별하지 아니하셨느니라 그런데 지금 너희가 어찌하여 하나님을 시험하여 우리 조상과 우리도 능히 메지 못하던 멍에를 제자들의 목에 두려느냐 그러나 우리는 그들이 우리와 동일하게 주 예수의 은혜로 구원받는 줄을 믿노라 하니라

바울과 바나바는 안디옥교회를 방문한 외부 손님이 아니었습니다. 평범한 교인도 아니었습니다. 바울과 바나바는 안디옥교회의 공동 목회자였습니다. 목회자인 바울과 바나바, 그리고 안디옥 교인들 사이에 갈등이나 불신이 있는 것도 아니었습니다. 안디옥 교인들은 그들의 목회자인 바울과 바나

바를 사랑하고 신뢰하였을 뿐 아니라, 최초의 전도 여행을 성공적으로 수행하고 귀환한 그들을 존경하고 자랑스러워했습니다. 그러나 안타깝게도 바울과 바나바에 대한 안디옥 교인들의 사랑과 신뢰, 그리고 존경과 긍지에는 한계가 있었습니다.

어느 날 느닷없이 예루살렘에서 내려왔다는 유대인들이 안디옥교회에 나타났을 때였습니다. 그 유대인들은 이방인인 안디옥 교인들에게, 이방인들도 유대인처럼 모세의 관습을 좇아 할례를 받지 않으면 절대로 구원을 얻을 수 없다고 가르치기 시작했습니다. 바울과 바나바는 마치 화난 군중이 폭동을 일으킬 것과 같은 기세로 그 유대인들과 격렬하게 맞서며, 할례가 구원을 위한 절대 조건이라는 그들의 주장은 복음에 위배되는 거짓 가르침임을 분명히 하였습니다. 그러나 안디옥 교인들은 순순히 그들의 목회자인 바울과 바나바의 말을 듣고, 바울과 바나바가 거짓 교사로 지목한 그 유대인들을 배척하지 않았습니다. 안디옥 교인들은 그들의 목회자인 바울과 바나바를 사랑하고 신뢰하며 존경하고 자랑스러워하긴 했지만, 유대인들이 제기한 할례 문제에 관련해서만큼은 바울과 바나바의 말을 전적으로 수용하기를 꺼렸습니다. 만에 하나라도 바울과 바나바의 주장이 틀리다면, 다시 말해 예루살렘에서 내려온 유대인들의 주장이 맞다면, 할례받지 않은 이방인인 자신들은 아무리 교회에 다녀도 구원에서 제외될 것이기 때문이었습니다. 그래서 안디옥 교인들은 이미 우리가 잘 알고 있는 것처럼, 다음과 같은 결정을 내렸습니다.

바울 및 바나바와 그들 사이에 적지 아니한 다툼과 변론이 일어난지라 형제들이 이 문제에 대하여 바울과 바나바와 및 그중의 몇 사람을 예루살렘에 있는 사도와 장로들에게 보내기로 작정하니라(2절).

안디옥 교인들은 바울과 바나바를 포함한 안디옥교회 대표들을 예루살렘 모교회의 사도와 장로들에게 보내어 할례에 대한 판결을 받아 오게 하였습니다. 우리말로 '사도와 장로들'이라면 사도와 장로가 동격인 것처럼 여겨집니다. 그러나 히브리인들의 사고방식은 우리와 같지 않았습니다. 히브리인들이 사람의 이름을 기록할 때는 이름이나 호칭의 순서가 반드시 서열을 의미했습니다. 물론 맨 앞에 등장하는 사람의 이름이나 호칭이 가장 높은 서열이었습니다. 그러므로 예루살렘 모교회의 '사도와 장로들'이란 성경의 표현은 그 양자가 동등하다는 의미가 아니라, 사도가 예루살렘 모교회의 최고 지도자요 장로들은 그다음이라는 뜻입니다. 당시 초대교회의 장로들은 사도들에 의해 세움을 받았기 때문입니다. 세월이 흐른 뒤에는 사도들 역시 장로로 불리기도 했지만, 성경이 '사도와 장로'라는 식으로 그 양자를 굳이 구별하여 부를 때는 언제나 서열과 역할이 다른 두 부류의 사람을 의미합니다.

만약 그때 예루살렘 모교회에 사도는 단 한 명도 없고 단지 장로들만 있었다면, 안디옥 교인들이 바울과 바나바를 예루살렘에 보내어 할례 문제와 관련하여 장로들만의 판결을 받아 오게 하지는 않았을 것입니다. 안디옥 교인들이 그렇게 한 것은, 그때 예루살렘 모교회에 사도들이 있었기 때문입니다. 만약 사도들이 그때 모두 베들레헴에 있었다면, 안디옥 교인들은 두말할 것도 없이 바울과 바나바를 베들레헴으로 보내어 그곳에 있는 사도들의 판결을 받아 오게 했을 것입니다. 이것은 안디옥 교인들이 할례 문제에 관한 한 사도들이 무슨 결정을 내리든 그 결정에 전적으로 순종하겠다는 것을 의미했습니다. 다시 말해 할례 문제에 관한 한 바울과 바나바의 판정에는 100퍼센트 권위를 부여할 수 없지만, 동일한 문제에 대한 사도들의 판정에는 그 내용이 어떠하든지 상관없이 100퍼센트 권위를 인정하겠다는 의미였습니다. 안디옥 교인들은 그들이 사랑하고 신뢰하며 존경하는 자신들의 목회자들의 권위보다, 멀리 떨어져 있을 뿐 아니라 그때까지 단 한 번 만난 적도 없는 사도들의 권위를 더 높이 평가하고 있었습니다.

예루살렘에 도착한 바울 일행이 겪었던 일은 본문 4절에서부터 밝혀져 있습니다.

예루살렘에 이르러 교회와 사도와 장로들에게 영접을 받고 하나님이 자 기들과 함께 계셔 행하신 모든 일을 말하매(4절).

본래 교회를 짓밟고 그리스도인들 박해하기를 천직으로 삼던 바울은 다 메섹 도상에서 주님께 사로잡혀 그리스도인이 되었습니다. 그 이후 그리스 도인이 된 바울이 처음으로 예루살렘 모교회를 방문했을 때, 예루살렘 교 인들은 바울을 영접하기는커녕 그의 회심 자체를 불신하며 대면하는 것조 차 꺼렸습니다. 세월이 흐른 뒤 바울이 안디옥교회 목회자 자격으로, 흉년 을 당한 예루살렘 교인들을 위해 안디옥 교인들의 구제금을 들고 예루살렘 을 두 번째로 방문했을 때에도 예루살렘 교인들은 바울을 그저 공식적으 로만 대했습니다. 그러나 바울이 본문 속에서 예루살렘 모교회를 세 번째 방문했을 때에는, 온 교회와 사도들과 장로들이 한마음으로 크게 기뻐하며 바울을 영접했습니다. 그 이유가 무엇이었는지에 대해서는 지난 시간에 상 세하게 살펴보았습니다.

예루살렘 교인들의 영접을 받은 바울과 바나바는 그들에게 "하나님이 자 기들과 함께 계셔 행하신 모든 일"을 증언하였습니다. 바울의 관심사는 언제 어디에서나 오직 하나님 한 분, 자신과 함께하고 계시는 하나님이었습니다. 하나님께서 예수 그리스도를 통해 자신에게 새 생명을 주셨고, 하나님으로 인해 자신의 인생이 비로소 참된 의미를 지닐 수 있었기 때문입니다. 하나님과 무관한 자기 인생은 상상하는 것조차 불가능하였습니다.

바리새파 중에 어떤 믿는 사람들이 일어나(5절 상).

우리말 '일어나다'로 번역된 헬라어 동사 '엑사니스테미ἐξανίστημι'는 '벌떡 일어나다'는 의미로 돌발적인 행동을 나타내는 동사입니다. 한글 성경에는 이 단어가 우리말 어법상 뒤에 나오지만, 헬라어 원문에는 이 단어가 5절 문장 제일 첫 단어로 기록되어 있습니다. 누군가가 돌발적으로 벌떡 일어났음을 강조하기 위함입니다. 벌떡 일어난 사람은 한 사람이 아니었습니다. 그때 여러 사람들이 벌떡 일어났는데, 그들은 모두 유대교 바리새파에 속한 유대인들이었습니다. 그들이 벌떡 일어난 것은 바울의 증언에 지지를 표하기 위함이 아니었습니다.

바리새파 중에 어떤 믿는 사람들이 일어나 말하되 이방인에게 할례를 행하고 모세의 율법을 지키라 명하는 것이 마땅하다 하니라(5절).

벌떡 일어난 그들은 이방인들 역시 할례를 행하고 모세의 율법을 지키게 하는 것이 마땅하다고 소리쳤습니다. 한 사람도 아니고 여러 사람들이 일어나 똑같은 주장을 외친 것이었습니다. 그리고 본문은 그들이 동일한 주장을 펼치기 위해 약속이라도 한듯, 모두 동시에 벌떡 일어났음을 강조하고 있습니다.

그렇다면 우리는 이 상황을 구체적으로 정리해 볼 수 있습니다. 예루살렘 모교회에 당도하여 그곳 교인들로부터 영접을 받은 바울과 바나바는 그들에게, 하나님께서 자신들과 함께 계셔 행하신 모든 일을 승언하였습니다. 그 증언이 구체적으로 어떤 내용이었겠습니까? 안디옥교회의 파송을 받아 최초의 전도 여행을 마치고 안디옥으로 귀환한 바울과 바나바는 안디옥 교인들을 모아 놓고 전도 보고회를 가졌습니다. 그때 그들이 보고한 핵심 내용은 다음과 같았습니다.

> 그들이 이르러 교회를 모아 하나님이 함께 행하신 모든 일과 이방인들에게 믿음의 문을 여신 것을 보고하고(행 14:27).

그들이 안디옥 교인들에게 전도 보고를 하면서 가장 크게 다루었던 내용은, 하나님께서 자신들을 통해 이방인들을 구원하셨다는 것이었습니다. 그리고 본문 속에서 안디옥을 출발하여 예루살렘으로 올라가면서 바울과 바나바는 만나는 믿음의 형제자매들에게마다 하나님의 은혜를 간증하여 그들을 크게 기쁘게 해주었습니다. 그때 바울과 바나바가 행한 간증 내용은 본문 3절이 전해 주고 있습니다.

> 그들이 교회의 전송을 받고 베니게와 사마리아로 다니며 이방인들이 주께 돌아온 일을 말하여 형제들을 다 크게 기쁘게 하더라.

그때에도 바울과 바나바의 간증의 주된 내용은 하나님께서 이방인들을 구원해 주셨다는 것이었습니다. 바울과 바나바가 목회하던 안디옥교회는 기독교 역사상 이방 세계에 세워진 최초의 이방인 교회였습니다. 그리고 바울과 바나바는 그 이방인 교회인 안디옥교회의 파송을 받아 이방 세계의 이방인들에게 복음을 전한 최초의 전도자였습니다. 바울과 바나바가 안디옥에서 전도 보고를 하면서도, 안디옥에서 예루살렘으로 올라가는 길에 만나는 믿음의 형제자매들에게 간증하면서도, 하나님께서 자신들을 통해 얼마나 신비로운 방법으로 이방인들을 구원하셨는지를 증언한 이유가 여기에 있었습니다. 그러므로 예루살렘 모교회에 당도한 바울과 바나바가 그곳 교인들에게도 하나님께서 자신들을 통해 어떻게 이방인들을 구원하셨는지를 증언하였을 것임은 자명한 일입니다.

그때 바리새파에 속한 유대인들도 처음에는 바울과 바나바의 증언을 묵묵히 듣기만 했습니다. 그러나 이방인 구원에 대한 바울과 바나바의 증언이 길어지자 그들은 더 이상 참지 못하고 마치 약속이라도 한 것처럼 한꺼번에 벌떡 일어나, 이방인에게도 할례를 행하고 모세의 율법을 지키도록 명하는 것이 마땅하다고 소리친 것이었습니다.

바울과 바나바가 예루살렘 모교회를 찾은 것은, 예루살렘에서 내려온 유대인들이 할례 문제로 안디옥교회에 평지풍파를 일으킨 것과 관련하여 사도들의 판결을 구하기 위함이었습니다. 그러나 뜻밖에도 예루살렘 모교회에도 할례가 구원을 위한 절대 조건이라고 주장하는 유대인들이 있었습니다. 이것은 당시 그리스도인들 가운데 유대인들이 절대다수를 차지하고 있던 초대교회에 복음을 그릇 이해한 유대인들이 적지 않았다는 방증이었습니다. 자칫 예루살렘 모교회 역시 평지풍파에 휩싸일 수도 있었습니다.

사도와 장로들이 이 일을 의논하러 모여(6절).

한글 성경을 보면 할례 문제를 의논하기 위해 사도들과 장로들만 모인 것처럼 여겨집니다. 그러나 우리말 '모이다'로 번역된 헬라어 동사 '쉬나고

συνάγω는 '함께 모으다to gather together'는 의미입니다. 즉, 사도들을 필두로 한 교회 지도자들이 관련된 사람들을 모두 불러 모았다는 의미입니다. 그래서 12절은 그 회의에 참석한 사람들을 '온 무리'라고 밝히고 있습니다. '무리'를 뜻하는 헬라어 '플레도스πλῆθος'는 수없이 많은 사람을 뜻하는 단어입니다. 그 회의에 참석한 사람들은 사도들을 필두로 하여 장로들은 말할 것도 없고, 할례 문제와 관련된 관계자들 그리고 그 문제에 관심 있는 사람들이 아무런 제재 없이 모두 참석하였습니다. 그 회의를 가리켜 역사적으로 제1회 예루살렘 공의회라 부르는 까닭이 여기에 있습니다. 그 회의가 교회 역사상 공통된 주제를 놓고 관계된 모든 사람이 참여한 최초의 공식적인 회의였기 때문입니다.

그 회의를 소집하고 주관한 선봉장은 물론 사도들이었습니다. 다음 시간부터 살펴보겠지만 그 회의를 주도한 사람도, 그리고 이방인에게 할례를 받게 하는 것은 복음에 위반된다는 결론을 공식적으로 내린 사람도 사도들이었습니다. 만약 그때 사도들이 예루살렘에 없었다면 그 중요한 회의가 예루살렘에서 열리지는 못했을 것이요, 설령 예루살렘에서 열렸더라도 할례 문제에 대한 교회의 공식적인 결론을 도출하지는 못했을 것이요, 만에 하나 공식적인 결론을 도출했다 하더라도 할례가 구원을 위한 절대 조건임을 주장하던 유대인들은 결코 그 결정에 승복하지 않고 계속 문제를 제기했을 것입니다. 예루살렘 공의회를 계기로 할례 문제가 해결될 수 있었던 것은, 바로 그곳에 사도들이 있었기 때문입니다. 사도들의 권위가 초대교회를 큰 혼란에 빠뜨리고 자칫 분열시킬 수도 있었던 할례 문제를 근본적으로 해결하고, 교회를 복음 위에 더욱 견고히 세워지게 한 것이었습니다. 그것은 사도들의 권위가 아니고는 그 누구의 권위로도 불가능한 일이었습니다.

사도들에게는 로마 총독과 같은 권력이 없었습니다. 그들에게는 유대교

지도자들이 지닌 것과 같은 지식도 없었습니다. 그렇다고 예루살렘의 거상巨商들처럼 많은 돈을 지닌 것도 아니었습니다. 그들은 지닌 것도 내세울 것도 없는 갈릴리의 무식한 빈민 출신들이었을 뿐입니다. 세상적인 관점에서 그들은 그 어떤 권위도 지닐 수 없는 보잘것없는 존재들이었습니다. 그럼에도 예루살렘 모교회 교인들은 말할 것도 없고, 어떻게 예루살렘에서 480킬로미터나 떨어져 있으며 더욱이 사도들을 단 한 번 만난 적도 없었던 안디옥 교인들마저 자신들의 목회자보다 사도들의 권위를 더 높이 평가했겠습니까?

예수님을 배신했던 가룟 유다가 스스로 생을 마감한 후, 예루살렘 모교회 교인들은 가룟 유다를 대신할 사도를 보선하였습니다. 그때 베드로가 사도로 보선될 수 있는 사람의 자격을 밝혔는데, 그 자격은 다음과 같았습니다.

요한의 세례로부터 우리 가운데서 올려져 가신 날까지 주 예수께서 우리 가운데 출입하실 때에 항상 우리와 함께 다니던 사람 중에 하나를 세워 우리와 더불어 예수께서 부활하심을 증언할 사람이 되게 하여야 하리라(행 1:21-22).

사도로 보선될 수 있는 사람의 조건은 학력이나 경력, 혹은 재산 상태가 아니었습니다. 조건은 단 하나, 이 땅에 오신 예수님께서 세례 요한에게 세례를 받으심으로 공생애를 시작하신 때부터 십자가의 고난과 죽음을 거쳐 부활 승천하시기까지, 사도들과 더불어 주님과 함께한 사람이어야 한다는 것이었습니다. 그것이 사도 됨의 유일한 조건이었습니다.

한마디로 본문 속 사도들은 예수님의 직계 제자들이었습니다. 이 땅에 오신 예수님의 3년에 걸친 공생애 기간 동안 예수님과 함께 지낸 직계 제자들이 초대교회의 최고 지도자 권위를 지닌 사도들이었습니다. 할례 문제를 근본적으로 해결하고 초대교회를 참된 교회 되게 하는 데에 결정적인 역할을 한 사도들의 권위는, 그 출처가 사도들 자신이 아니었습니다. 그 권위의 원천은 오직 예수 그리스도셨고, 사도들이 한 것은 예수 그리스도와 함께한 것이었습니다. 어느 한순간, 혹은 특정 기간 동안에만 예수 그리스도와 함께한 것이 아니었습니다. 3년 동안이나 예수님과 함께하였음에도 예수님을 배신한 가룟 유다와는 달리, 나머지 사도들은 예수님께서 이 땅에 육신을 입고 계시는 동안뿐 아니라, 예수님께서 부활 승천하신 이후에 이 땅에 다시 강림하신 주님의 영광도 계속 함께하였습니다. 그때 성자 하나님이신 예수 그리스도의 권위가 그들을 통해 드러난 것이었습니다.

사도행전은 바울과 바나바를 가리켜서도 13장 43절을 기점으로 벌써부터 사도라고 불렀습니다. 그러나 그들은 예수님께서 이 땅에 육신을 입고 계실 때 예수님의 부르심을 받은 직계 제자들이 아니었습니다. 그래서 안디옥 교인들은 자신들의 목회자인 바울과 바나바를 사랑하고 신뢰하고 존경하면서도, 그들에게 예수님의 직계 제자인 사도들과 동일한 권위를 부여하지는 않았습니다. 그러나 그것은 안디옥 교인들의 오해일 뿐이었습니다. 사도의 권위는 사람이 부여하는 것이 아닙니다. 사도의 권위는 철저하게 사도가 함께하는 주님으로부터 주어지는 것입니다. 비록 바울이 예수님의 직계 제자는 아니었지만, 그러나 다메섹 도상에서 주님의 영에 사로잡힌 후 바울은 단 한 번도 주님을 떠나지 않았습니다. 그는 일평생 예수 그리스도 안에서 예수 그리스도와 함께 사는 삶으로 일관했습니다. 그때 그의 말과 글이 시간과 공간을 초월하여 고스란히 성경 말씀이 될 정도로 그는 영적 권위자가 되었습니다. 이 세상에서 모든 것을 지닌 것처럼 보이던 로마 황제조차 꿈도 꿀 수 없는 권위였습니다. 로마 황제에 비한다면 참수형으로 생을 마감한 바울은 더없이 비참한 존재인 것처럼 보였습니다. 그러나 로마 황제에 의해 더럽혀진 로마제국은 비참하게 보이던 바울에 의해 새로워졌고, 로마 황제에 의해 야기된 이 땅의 혼란과 혼돈 역시 참수형을 당한 바울에 의해 종식되었습니다. 그가 일평생 주님과 함께했을 때, 그의 삶을 통해 역사하신 삼위일체 하나님의 권위로 인함이었습니다.

주님의 부르심을 받아 이 세상 속에서 그리스도인으로 살아가는 우리 역시 이 시대를 위한 사도들입니다. 그렇다면 사도다운 사도, 그리스도인다운 그리스도인으로 살아야 하지 않겠습니까? 결코 오해하지 마십시다. 그리스도인의 권위는 돈이나 권력으로부터 오지 않습니다. 목회자의 권위는 직책이나 호칭, 교황청이나 교단으로부터 오지 않습니다. 교회의 권위는 예배당의 웅장함이나 화려함, 교인의 수로부터 오지 않습니다. 우리의 권위가 우리 자신으로부터 오는 것도 아닙니다. 그 권위의 원천은 오직 삼위일체 하나님 한 분이십니다.

또다시 새해를 맞아, 우리 모두 어떤 상황에서도 묵묵히 하나님을 기다리며 하나님의 인도하심을 뒤좇는 용기 있는 그리스도인이 되십시다. 그때 우리는 불신의 대상으로 전락한 이 땅의 교회를 회복시키며, 우리의 가정과 일터 그리고 이 사회를 새롭게 하는 이 시대의 권위 있는 사도들로 살게 될 것입니다. 이 세상 모든 것을 다 지녔어도 하나님이 없다면 그는 아무것도 지니지 못한 사람이요, 이 세상에서 지닌 것이 아무것도 없어도 하나님과 함께한다면 그 사람은 실은 모든 것을 지닌 사람입니다. 오직 삼위일체 하나님만 우리를 영원히 살리고 세우는 영원한 생명이시요, 이 세상의 모든 혼란과 혼돈을 종식시키는 참된 권위이시기 때문입니다.

모세가 세계 최고 최대의 제국 이집트의 왕자였을 때, 그는 그의 동족인 히브리 노예로부터도 자신의 권위를 인정받지 못했습니다. 그러나 그가 팔십 노인이 되어 하나님의 인도하심만을 좇았을 때 가진 것이라고는 마른 막대기 하나뿐이었던 그의 권위는, 천하무적의 군대를 자랑하던 이집트 제국 파라오의 권위를 압도하였습니다. 베들레헴의 양치기 다윗이 하나님과 함께했을 때, 무기 하나 가진 것 없는 다윗 앞에서 하늘을 찌를 것 같던 거인 골리앗의 권위는 한순간에 무너졌습니다. 그러나 왕이 된 다윗이 스스로 자기 권위의 출처가 되려 했을 때, 그의 권위는 아들 압살롬의 쿠데타로 무참하게 짓밟히고 말았습니다. 그리고 그가 자신의 잘못을 회개하고 하나님을 기다리며 하나님의 인도하심을 뒤좇음으로써, 무너졌던 그의 권위는 하나님에 의해 다시 회복되었습니다.

오늘 이 땅에는 가는 곳마다 예배당과 그리스도인이 없는 곳이 없습니다. 그럼에도 교회가 세상으로부터 철저하게 불신의 대상으로 전락한 것은 목사인 내가, 장로·권사·집사인 내가, 그리스도인인 내가, 하나님 아닌 세상의 것으로 나의 권위를 내세우려 한 결과임을 회개하오니, 하나님의 자비로우심으로 용서해 주십시오. 또다시 한 해의 기회를 우리에게 주셨으니, 올 1년 동안 오직 삼위일체 하나님만 참된 권위이심을 잊지 말게 해주십시오. 어떤 상황 속에서든 하나님을 묵묵히 기다리며 하나님의 인도하심만을 뒤좇는 용기 있는 그리스도인이 되게 해주십시오. 그리하여 우리에게 비록 지닌 것과 내세울 것은 없다 할지라도, 우리 모두 무너진 가정과 일터와 이 땅의 교회를 바로 세우고 이 세상의 혼란과 혼돈을 종식시키는, 이 시대의 권위 있는 사도들로 살아가는 기쁨을 다 함께 누리게 해주십시오. 아멘.

6. 베드로가 일어나 I

사도행전 15장 6-11절

사도와 장로들이 이 일을 의논하러 모여 많은 변론이 있은 후에 **베드로가 일어나** 말하되 형제들아 너희도 알거니와 하나님이 이방인들로 내 입에서 복음의 말씀을 들어 믿게 하시려고 오래전부터 너희 가운데서 나를 택하시고 또 마음을 아시는 하나님이 우리에게와 같이 그들에게도 성령을 주어 증언하시고 믿음으로 그들의 마음을 깨끗이 하사 그들이나 우리나 차별하지 아니하셨느니라 그런데 지금 너희가 어찌하여 하나님을 시험하여 우리 조상과 우리도 능히 메지 못하던 멍에를 제자들의 목에 두려느냐 그러나 우리는 그들이 우리와 동일하게 주 예수의 은혜로 구원받는 줄을 믿노라 하니라

지난해 고난 주일에 독일의 천재 물리학자 베르너 하이젠베르크Werner Heisenberg에 대해 말씀드린 적이 있습니다. 히틀러 치하의 독일에서 하이젠베르크는 약관 26세의 나이에 불확정성원리Uncertainty Principle를 발표하여 세상을 놀라게 했고, 31세의 나이에 노벨물리학상을 받아 다시 한 번 세

상을 놀라게 했습니다. 그러나 반나치와 친유대적 성향의 하이젠베르크는 나치의 탄압을 받아야 했습니다. 1939년 하이젠베르크는 미국 시카고 대학의 초청을 받아 그 대학에서 수개월 동안 강의를 했습니다. 그때 그의 재능과 인품에 감동한 많은 사람들이 그에게 미국 망명을 권했습니다. 그러나 하이젠베르크는 자신의 안위를 보장받을 수 있는 미국 망명 제의를 사양하고 대서양을 건너 히틀러 치하의 독일로 되돌아갔습니다. 그는 그 이유를 다음과 같이 밝혔습니다.

독일을 엄습하고 있는 죽음의 폭풍 속에서 몇 사람이나 살아남을지 모르지만, 그 속에서 사는 사람만 독일을 바르게 지킬 수 있기 때문입니다.

귀국한 그는 폰 바이츠제커C. F. von Weizsäcker와 함께 우라늄 프로젝트의 책임자가 되었습니다. 쉽게 말해 히틀러로부터 원자탄 개발의 명령을 받은 것이었습니다. 당시 독일이 우라늄 프로젝트에 관한 한 한층 앞선 기술을 축적하고 있었음에도 불구하고 원자탄 개발이 미국에 뒤진 것은, 하이젠베르크 같은 사람이 원자탄 개발을 지연시켰기 때문인 것으로 전해지고 있습니다. 그는 히틀러 정권의 몰락을 앞당기는 것이 하루라도 더 빨리 독일과 세계를 살리는 길이라 믿고, 자신의 생명을 걸고 원자탄 개발을 지연시킨 것이었습니다. 한마디로 그는 '행동하는 그리스도인'이었습니다. 히틀러의 무자비한 광란의 폭압 속에서 하나님의 공의를 자신의 삶의 현장에서 구현하기 위해 생명을 건 사람이었기에 그는 독일을 지켰을 뿐 아니라, 히틀러의 원자탄 재앙으로부터 유럽인을 구하는 한 사람이 될 수 있었습니다. 그는 하나님의 뜻은, 하나님의 뜻을 아는 사람이 아니라 하나님의 뜻을 행하는 사람을 통해서만 이루어짐을 자신의 삶으로 보여 준 진정한 그리스도인이었습니다.

그 하이젠베르크가 아메리카 대륙을 발견한 크리스토퍼 콜럼버스Christopher Columbus에 대해 다음과 같이 말했습니다.

아메리카 신대륙을 발견한 콜럼버스의 위대성을 어디에서 찾을 것인가? 그것은 지구가 둥글기 때문에 계속 서쪽으로 항해하면 결국은 인도에 도착할 것이라는 그의 판단이 아니었다. 그 판단은 이미 다른 사람에 의해 제기된 것이었다. 혹은 그의 용의주도한 탐험 준비와 선박에 대한 그의 전문 지식이 신대륙을 발견케 했다고 말할 수도 없다. 당시 그런 사람은 유럽 대륙에 얼마든지 있었기 때문이다. 콜럼버스의 위대성은, 이미 자신이 잘 알고 있는 대륙을 떠나 배가 비축한 식량과 장비만으로는 결코 출발점으로 되돌아올 수 없는 길을 향해 계속 항해한 결단과 용기였다.

행동하는 하이젠베르크였기에 깨달을 수 있었고 또 언급 가능한 지적이었습니다. 콜럼버스가 아무리 야심 차게 항해를 시작했다 할지라도 만약 그가 믿었던 대륙이 끝내 나타나지 않는다면, 당시의 범선에 실을 수 있는 양식과 장비만으로는 콜럼버스는 절대로 유럽 대륙으로 되돌아올 수 없었습니다. 그 경우 그가 할 수 있는 것이라고는 단 하나밖에 없었습니다. 망망대해에서 속절없이 굶어 죽는 것이었습니다. 그럼에도 그는 지구가 둥글다는 것을 아는 것으로 그치지 않고, 서쪽으로 계속 나아가면 인도에 닿을 것이라고 생각하는 것으로 만족하지 않고, 어쩌면 바다 위에서 굶어 죽을지도 모르는 그 길 위로 자기 인생의 배를 띄웠습니다. 그리고 행동하는 그 한 사람으로 인해 인류의 역사가 새로운 전기를 맞았음은 이미 주지의 사실입니다.

하나님은 영이시기에 인간의 눈에 보이지 않습니다. 믿음은 그 보이지 않는 하나님을 좇는 것이기에, 언뜻 되돌아올 수 없는 길로 자기 인생의 배를 띄우는 깃처럼 어리석어 보일 수도 있습니다. 그래서 많은 사람들이 하나님을 아는 것으로 그칠 뿐 믿음의 항해에 나서려 하지는 않습니다. 그러나 하나님을 아는 것은 필요조건일 따름이요 충분조건인 것은 아닙니다. 하나님을 아는 것으로 그치지 않고 자신이 아는 하나님을 향해 믿음의 항해를 시작하는 사람만 눈에 보이지 않는 하나님의 현존을 확인할 수 있고, 그 사람만 이 세상과는 다른 차원의 새로운 경지를 얻을 수 있으며, 한 시대의 역사를 새롭게 하는 진정한 그리스도인으로 살아갈 수 있습니다.

예루살렘 모교회에 당도한 바울과 바나바는 예루살렘 교인들로부터 크게 영접받았습니다. 바울과 바나바는 예루살렘 교인들에게 하나님께서 자신들과 함께 계셔 행하신 모든 일을 증언하였습니다. 하나님께서 그동안 자신들을 통해 얼마나 신비롭게 이방인들을 구원하셨는지를 증언한 것이었습니다. 그러나 바울과 바나바의 증언이 채 끝나기도 전에 바리새파 출신 유대인들이, 마치 약속이라도 한 것처럼 동시에 벌떡 일어났습니다. 그리고 이방인들에게도 할례를 행하고 모세의 율법을 지키라고 명령하는 것이 마땅하다고 소리쳤습니다. 그로 인해 집회에 일대 소동이 일어났을 것임은 쉽게 짐작할 수 있습니다.

바울과 바나바가 머나먼 예루살렘 모교회를 찾은 것은, 예루살렘에서 내려온 유대인들이 할례 문제로 안디옥교회에 평지풍파를 일으킨 것과 관련하여 사도들의 판결을 구하기 위함이었습니다. 그러나 바울과 바나바가 막상 예루살렘 모교회에 가서 보니, 뜻밖에 예루살렘 모교회에도 할례가 구원을 위한 절대 조건이라고 주장하는 유대인들이 있었습니다. 이것은 당시 그리스도인들 가운데 유대인들이 절대다수를 차지하고 있는 초대교회에 그때까지 복음을 그릇 이해하고 있는 유대인들이 많았다는 구체적인 실례였습니다. 할례 문제로 인해 자칫 예루살렘 모교회 역시 평지풍파에 휩싸일 수도 있었습니다. 이에 사도들을 필두로 한 예루살렘 모교회 지도자들은 할례 문제에 관한 교회의 공식적인 결론을 도출하기 위해 회의를 소집하였습니다. 예루살렘 모교회의 지도자들은 말할 것도 없고 할례 문제와 관련된 관계자들, 그리고 할례 문제에 관심을 가진 모든 교인들을 총망라한 최초의 대규모 회의였습니다. 그 회의가 역사적으로 제1회 예루살렘 공의회라 불리고 있음을 지난 시간에 이미 말씀드렸습니다.

많은 변론이 있은 후에(7절).

'많은 변론이 있었다'는 것은 이방인에 대한 할례를 지지하는 사람들과 반대하는 사람들 간에 오랜 시간 동안 격렬한 논쟁이 벌어졌다는 말입니다. 제 1회 예루살렘 공의회는 참가자 누구나 누구의 제재도 받지 않고 자유롭게 발언할 수 있는 민주적인 회의였던 것입니다.

많은 변론이 있은 후에 베드로가 일어나(7절).

마침내 사도 베드로가 일어났습니다. 5절 역시 "바리새파 중에 어떤 믿는 사람들이 일어나"라고 증언하고 있습니다. 양쪽에 모두 '일어나'라는 동사가 기록되어 있습니다. 그러나 헬라어 원문을 보면 우리말로 동일하게 '일어나'라고 번역된 단어가 동일한 한 단어가 아니라, 실은 각각 의미가 다른 두 단어임을 확인할 수 있습니다. 지난 시간에 말씀드린 것처럼 5절에서 사용된 헬라어 '엑사니스테미'는 돌발적으로 벌떡 일어나는 행동을 의미하는 단어입니다. 바울과 바나바의 증언이 끝나기도 전에 바리새파 출신 유대인들이 소리치며 벌떡 일어나 바울과 바나바의 말을 끊어 버린 것이었습니다. 반면에 7절에 사용된 동사 '아니스테미ἀνίστημι'는 일반적인 의미로 '일어나다'는 뜻입니다. 베드로는 바리새파 출신 유대인들처럼 무례하게 누군가의 말을 끊고 느닷없이 벌떡 일어난 것이 아니었습니다. 그는 오랜 시간 동안 이방인에 대한 할례를 지지하는 사람들과 반대하는 사람들의 주장을 끝까지 들었습니다. 그리고 더 이상 발언할 사람이 없는 것을 확인한 다음, 그제야 비로소 자신의 의견을 피력하기 위해 자리에서 일어났습니다. 베드로는 바울과 바나바의 말을 일방적으로 끊고 벌떡 일어난 바리새파 유대인들과는 차원이 다른 인품을 지니고 있었습니다. 물론 지식적으로나 세상적으로는 바리새파 출신 유대인들이 월등 앞서 있었지만, 인품에 관한 한 그들은 배운 것도 없고 지닌 것도 없는 베드로의 발치에도 미치지 못했습니다. 잊지 마십시오. 신앙의 성숙과 인품은 언제나 정비례합니다. 신앙이 성숙해진다는 것은, 하나님에 의해 빚어진 인간다운 인간의 격을 갖추어 가는 것을 뜻하기 때문입니다.

많은 변론이 있은 후에 베드로가 일어나 말하되 형제들아 너희도 알거니와(7절).

대체 예루살렘 교인들이 무엇을 안다는 말입니까? 이 말은 베드로가 하나님의 명령에 순종하여 가이사랴의 이방인인 백부장 고넬료의 집을 찾아가 복음을 전한 사실을 예루살렘 교인들이 익히 알고 있다는 말이었습니다.

많은 변론이 있은 후에 베드로가 일어나 말하되 형제들아 너희도 알거니와 하나님이 이방인들로 내 입에서 복음의 말씀을 들어 믿게 하시려고 오래전부터 너희 가운데서 나를 택하시고(7절).

이것은 베드로의 자기 정체성에 대한 고백입니다. 베드로가 가이사랴의 이방인 고넬료를 찾아가 복음을 전한 것은 그의 자발적인 의지의 소산물이 아니었습니다. 이방인을 만나는 것조차 꺼리던 베드로가 이방인 고넬료에게 복음을 전하지 않을 수 없도록 강권적으로 역사하신 분은 하나님이셨습니다. 베드로 자신은 단지 하나님의 뜻을 위해 선택받은 하나님의 도구에 지나지 않았습니다. 하나님의 뜻을 위하여 하나님으로부터 선택받은 하나님의 도구—이것이 베드로의 자기 정체성에 대한 고백이었습니다.

그러나 이 고백은 그리 놀랄 고백이 아닙니다. 우리 역시 하나님의 뜻을 위해 하나님으로부터 선택받은 하나님의 도구라는 정도의 자기 정체성은 지니고 있기 때문입니다. 우리를 놀라게 하는 것은 그 이후에 계속되는 베드로의 고백입니다.

또 마음을 아시는 하나님이(8절).

사도행전 10장 2절은 '고넬료가 경건하여 온 집안과 더불어 하나님을 경외하는 사람'이었음을 증언합니다. 하나님께서 고넬료가 할례를 받았기에 구원해 주신 것이 아니었습니다. 이방인이었던 고넬료는 할례와는 아예 무관한 사람이었습니다. 하나님께서는 하나님을 경외하려는 고넬료의 마음을 아시고 베드로를 그에게 보내어 구원의 복음을 전하게 하셨습니다. 고넬료의 마음을 아는 하나님이시라면 베드로 자신의 마음도 아실 것인즉, 인간의 마음을 아시는 하나님이라는 그의 고백은 얼마나 대단한 신앙고백입니까?

또 마음을 아시는 하나님이 우리에게와 같이 그들에게도 성령을 주어 증언하시고(8절).

베드로는 또, 하나님께서 예루살렘 교회를 이루고 있는 자신들에게 성령을 주신 것처럼, 이방인인 고넬료 일행에게도 성령을 주시어 그들이 구원받은 하나님의 자녀임을 친히 증언해 주셨다고 고백했습니다. 로마서 8장 14절은 "무릇 하나님의 영으로 인도함을 받는 사람은 곧 하나님의 아들이라"고 정의하고 있습니다. 하나님의 영이신 성령님께서 함께하신다는 것보다 하나님의 자녀로 구원받았다는 더 확실한 증거는 없다는 뜻입니다. 그러므로 하나님께서 이방인인 고넬료 일행에게 당신의 영을 주시어 그들이 구원받은 당신의 자녀임을 친히 증언해 주셨다는 고백 역시 아무나 할 수 있는 고백이 아니었습니다.

믿음으로 그들의 마음을 깨끗이 하사 그들이나 우리나 차별하지 아니하셨느니라(9절).

육체의 할례를 받는다고 하나님 앞에서 정결해지는 것은 아니었습니다. 할례받은 유대인도 하나님 보시기에는 더럽기 짝이 없는 죄인이었습니다. 유대인의 죄만 예수 그리스도의 십자가 보혈로 정결케 되는 것도 아니었습니다. 예수 그리스도의 보혈의 능력은 이방인의 죄도 차별 없이 정결케 하시는 생명의 능력이었습니다. 베드로가 믿는 하나님께서는, 예수 그리스도의 보혈을 믿기만 하면 유대인이나 이방인이나 차별하지 않고 죄를 정결케 해주시는 만민을 위한 하나님이셨습니다.

우리는 그들이 우리와 동일하게 주 예수의 은혜로 구원받는 줄을 믿노라
(11절).

베드로의 마지막 신앙고백은 유대인이나 이방인이나 오직 하나님의 은혜로 구원받는다는 것이었습니다. 육체의 할례와 같은 인간의 행위나 공로가 구원의 조건이 아니라, 구원은 전적으로 하나님께서 그저 베풀어 주시는 하나님의 선물이라는 의미입니다. 다시 말해 하나님의 구원의 근거는 구원받는 인간의 자격에 있는 것이 아니라, 구원을 베푸시는 하나님의 사랑이시라는 것입니다. 이 또한 놀라운 고백이 아닐 수 없습니다.

우리의 마음을 아시는 하나님, 당신의 영인 성령님을 우리에게 주시어 우리가 하나님의 구원받은 자녀임을 친히 증언해 주시는 하나님, 예수 그리스도의 십자가 보혈 안에서 남녀노소 빈부귀천을 차별하지 않고 죄를 정결케 해주시는 만민을 위한 하나님, 아무리 보잘것없는 인간이라 할지라도 오직 당신의 사랑으로 구원의 선물을 거저 베풀어 주시는 은혜의 하나님—하나님께서 그런 하나님이시기에 우리 같은 죄인도 구원받은 하나님의 자녀가 될 수 있지 않았습니까? 그렇다면 이상과 같은 베드로의 고백은 그 얼마나 위대한 신앙고백입니까? 이 세상 그 누가 이보다 더 위대한 신앙고백을 드릴 수 있겠습니까? 그러나 이 위대한 신앙고백의 당사자인 베드로는 위대한 학자가 아니었습니다. 예루살렘의 엘리트 혹은 상류층 출신도 아니었습니다. 그는 가진 것도 지닌 것도 없고, 내세울 것조차 아무것도 없던 무식한 갈릴리의 빈민 출신이었을 뿐입니다. 그런 베드로가 어떻게 이처럼 위대한 신앙고백을 행할 수 있었습니까?

그것은 그가 하나님의 뜻을 아는 것으로 그치지 않고, 하나님의 뜻을 자신의 삶으로 행함으로써 하나님이 어떤 분이신지 직접 체험하고 확인한 결

과였습니다. 본래 베드로 역시 할례받지 않은 이방인을 꺼리던 전형적인 유대인이었습니다. 그러나 그것이 하나님의 뜻이 아님을 깨달았을 때, 베드로는 주저하지 않고 할례받지 않은 이방인 고넬료의 집을 자기 발로 찾아가 고넬료의 가족과 일행들에게 기꺼이 복음을 전했습니다. 베드로는 온 마음으로 복음을 받아들이는 고넬료를 보면서, 그 고넬료의 마음을 아시고 자신을 고넬료에게 보내신 하나님을 확인했습니다. 자신이 말씀을 전할 때 이방인인 고넬료 일행에게 성령님께서 임하시는 것을 목격함으로써, 베드로는 그들이 하나님의 구원받은 자녀임을 친히 증언하시는 하나님을 경험했습니다. 하나님께서 자신으로 하여금 그들에게 세례를 베풀게 하심으로써, 베드로는 예수 그리스도의 보혈 안에서 유대인과 이방인의 죄를 차별 없이 정결케 해주시는 만민을 위한 하나님을 확인했습니다. 그리고 그 모든 과정을 통해, 오직 당신의 사랑으로 유대인에게나 이방인에게나 구원의 선물을 거저 베풀어 주시는 은혜의 하나님을 체험했습니다. 베드로가 하나님의 뜻을 좇아 믿음의 항해를 실행하지 않았던들 결코 얻을 수 없었을 새로운 믿음의 경지였습니다.

그렇듯 믿음의 항해를 실행한 베드로로 인해 제1회 예루살렘 공의회가 이방인에게 할례를 명령하는 것은 복음에 위배된다는 교회의 공식적인 결론을 도출해 낼 수 있었던 것도, 그리고 그때부터 초대교회가 분열의 위기를 극복하고 본격적인 이방인 전도의 새로운 경지에 접어들 수 있었던 것도, 결코 우연한 일이 아니었습니다.

자신의 안위를 보장받을 수 있는 미국 망명 제의를 사양하고 대서양을 건너 히틀러 치하의 독일로 향하는 항해에 오른 하이젠베르크로 인해 원자탄 개발이 지연된 독일이 지켜질 수 있었고, 유럽인 역시 히틀러의 원자탄 재앙을 모면할 수 있었습니다. 자신의 배에 비축한 식량과 양식만으로는 결코 출발점으로 되돌아올 수 없는 항해의 길을 떠난 콜럼버스에 의해 인류의 역사에는 새로운 지평이 열렸습니다. 이방인에 대한 자신의 생각과 판단을 뛰어 넘어 하나님의 인도하심을 좇아 믿음의 항해를 실행한 베드로로 인해 초대교회는 분열의 위기를 극복하고 새로운 경지로 진입할 수 있었습니다.

다음은 소설 《희랍인 조르바*Zorba The Greek*》의 작가 니코스 카잔차키스 Nikos Kazantzakis의 말입니다.

> 조련사가 말을 빨리 달리게 하는 것은 훈련의 50퍼센트에 지나지 않는다. 말이 아무리 배가 고파도 최선을 다해 달리게 하는 것이 훈련의 완성이다.

무릇 참된 그리스도인이 되기를 원하는 사람이라면 반드시 마음속에 새겨 두어야 할 명언입니다.

이집트의 노예살이에서 해방된 이스라엘 백성은 하나님께서 주관하시는 구름 기둥을 좇아 앞으로 나아갔습니다. 그러나 때로는 구름 기둥이 오랫동안 한 곳에 머물러 움직이지 않았습니다. 그럴 때면 이스라엘 백성들은 며칠이든, 몇 달이든, 기다려야만 했습니다. 하지만 그 기다림은 그 자체가 목적이 아니라, 다시 나아가기 위한 과정이었습니다. 멈추었던 구름 기둥이 다시 움직이기 시작하면 며칠이든, 어떤 상황 속에서든, 비록 배가 고플지라도 계속 구름 기둥을 좇아가야만 했습니다. 그렇게 하나님의 인도하심을 좇아 기다려야 할 때 기다리고 가야 할 때 믿음의 항해를 실행한 결과는 전혀 다른 차원의 새로운 지경, 바로 약속의 땅이었습니다.

또다시 한 해를 맞아 우리의 하찮은 생각과 판단으로 섣불리 하나님을 앞지르려는 어리석음과 무모함을 다시는 되풀이하지 마십시다. 기다려야 할 때 잠잠히 하나님을 기다리는 용기 있는 그리스도인이 되십시다. 그리고 하나님의 뜻을 깨달으면, 하나님의 뜻을 깨닫고 즐기는 것만으로 그치지 말고 어떤 상황 속에서든, 배가 고플 때에든 반대로 배가 부를 때에든 상관없이, 과감하게 믿음의 항해를 시작하십시다. 그때에만 우리 모두 새로운 믿음의 경지를 얻게 될 것이요, 신뢰가 추락할 대로 추락한 이 땅의 교회를 회복시키는 이 시대의 베드로가 될 것입니다.

이집트의 노예살이에서 해방된 이스라엘 백성들 앞에 가로놓인 광야는 그들이 아는 길이 아니었습니다. 그들에게 나침반이 있는 것도 아니었습니다. 그들은 하나님께서 기다리라 하실 때 아무리 가고 싶어도 기다렸고, 가라 하실 때 어떤 상황 속에서든 믿음의 항해를 계속했습니다. 하나님의 뜻을 좇는 그 기다림과 항해의 결과는 그들이 40년 동안 거쳐 온 광야와는 전혀 차원이 다른, 젖과 꿀이 흐르는 약속의 땅—가나안이었습니다.

우리는 하나님으로부터 선택받은 하나님의 도구라는 정체성을 지니고 있습니다. 하나님의 말씀도 알고 있습니다. 우리 자신을 향한 하나님의 뜻을 분별할 수도 있습니다. 그러나 하나님의 말씀과 뜻을 알고 즐기기만 할 뿐, 하나님의 말씀과 뜻을 따라 기다리지도 믿음의 항해를 행하지도 않았습니다. 그래서 수없이 해가 바뀌어도 우리 믿음의 경지는 늘 그대로일 뿐입니다.

하나님께서 우리를 믿으시고 또 한 해의 기회를 허락해 주셨으니, 우리 모두 하나님을 기다려야 할 때 용기 있게 기다리고, 믿음의 항해를 실행해야 할 때 어떤 상황 속에서든 과감하게 항해하게 해주십시오. 그리하여 내가 믿는 하나님께서 나의 마음을 아시는 하나님이시요, 내게 당신의 영을 부어 주시어 내가 당신의 자녀임을 친히 증언해 주시는 하나님이시요, 보잘것없는 나를 차별하시지 않고 더러운 나의 모든 죄를 깨끗하게 씻어 주시는 만민을 위한 하나님이시요, 오직 당신의 사랑으로 내게 구원의 선물을 거저 베풀어 주신 은혜의 하나님이심을 나의 온 삶으로 경험하고 확인하게 해주십시오. 그 하나님과 함께 일평생 믿음의 항해를 계속하는 우리 앞에 새로운 차원의 믿음의 경지가 펼쳐지게 하시고, 우리로 인해 추락할 대로 추락한 이 땅의 교회가 부디 신뢰를 회복하게 해주십시오. 아멘.

7. 베드로가 일어나 II

우리는 오늘로 3주째 제1회 예루살렘 공의회에 대해 살펴보고 있습니다. 공의회가 열리자마자 이방인에 대한 할례를 지지하는 사람과 반대하는 사람 사이에 열띤 논쟁이 벌어졌습니다. 오랜 시간에 걸친 논쟁이 끝나고 더 이상 발언할 사람이 없자 드디어 베드로가 일어났습니다. 그는 본문의 시점으로부터 10여 년 전 하나님께서 자신을 선택하여 가이사랴의 이방인 고넬료 일행을 구원시켜 주셨던 일을 예루살렘 교인들에게 상기시키면서, 그때 자신이 경험한 하나님이 어떤 하나님이신지 고백하였습니다. 그리고 이방인에게 할례를 행하고 모세의 율법을 지키도록 명령하는 것이 마땅하다고 주장하는 유대인들을 다음과 같이 질타하였습니다.

> 그런데 지금 너희가 어찌하여 하나님을 시험하여 우리 조상과 우리도 능히 메지 못하던 멍에를 제자들의 목에 두려느냐(10절).

복음의 본질을 왜곡하는 유대인들에 대한 베드로의 통렬한 꾸짖음이었습니다.

믿음의 조상 아브라함이 먼저 하나님을 알고 먼저 율법을 지켰기에 하나님께서 아브라함을 믿음의 조상으로 부르셨던가? 모세가 먼저 율법을 준수했기에 하나님의 도구로 선택되었던가? 우리 조상들이 이집트에서 먼저 율법을 지켰기에 하나님께서 출애굽의 은총을 베풀어 주셨던가? 결코 아니지 않는가? 그때는 율법이 주어지기도 전이지 않았는가? 할례 이행과 율법 준수가 이방인을 위한 구원의 절대 조건이라고 주장하는 너희들은 스스로 율법을 먼저 지켰기에 구원을 받았는가? 유대인인 우리가 먼저 율법을 준행했기에 예루살렘 모교회를 이루는 그리스도인으로 구원받았는가? 그것도 아니지 않는가? 하나님께서 아브라함을 먼저 불러 주시고, 모세를 먼저 선택해주시고, 우리 조상들을 당신의 백성으로 먼저 택하여 주시고, 우리를 예수 그리스도 안에서 하나님의 자녀로 먼저 불러 주셨기에, 우리가 하나님의 그 은혜를 힘입어 하나님의 법을 좇을 수 있게 되지 않았는가? 우리가 하나님의 법을 지키는 것은 그것이 구원의 절대 조건이어서가 아니라, 하나님의 은혜로 구원받았음의 결과이시 않은가? 하나님의 선행적 은혜 없이는, 죄의 덫에 갇혀 있는 인간 스스로는 자신을 구원할 수 없음이 자명하지 않은가? 우리 스스로 율법을 준행함으로 구원받으려는 것은 우리의 목에 죽음의 멍에를 씌우는 짓임을 누구보다 우리 자신이 잘 알고 있지 않은가? 예수 그리스도의 복음은 그 멍에에서 우리를 해방시켜 주신 것 아닌가? 그런데도 왜 너희들은 이방인 그리스도인들에게 그 멍에를 다시 씌우려 하는가?

2천 년 전 초대교회 초기에는, 복음을 받아들인 유대인들 가운데 예수 그리스도의 구원은 하나님의 선민인 유대인에게만 국한되어 있다는 유대주의적 사고에 갇혀 있는 유대인들이 많았습니다. 그들은 유대교가 유대교로 개종하는 이방인들에게 할례의 의무를 요구한 것처럼, 예수 그리스도의 복음을 받아들이는 이방인에게도 구원을 위한 절대 조건으로 할례의 의무가 필수적이라 믿었던 것입니다. 그러나 할례가 구원을 위한 필수 조건이라는 것은 실은 율법을 좇는 인간의 행위가 구원의 조건이라는 것과 같은 말로서, 그것은 오직 예수 그리스도의 십자가 공로로 구원을 얻는다는 복음과는 동떨어진 유대주의적 발상이었습니다. 예수 그리스도께서는 인간을 옥죄는 그릇된 유대주의로부터 인간을 해방시키기 위해 이 땅에 오셨는데, 문제의 유대인들은 예수 그리스도를 믿는다면서도 예수 그리스도께서 해방시킨 사람들을 그릇된 유대주의에 도로 얽어매는 어리석음을 범하고 있었습니다. 하나님께서 할례받지 않은 이방인 고넬료 일행을 어떻게 구원하시는지를 직접 체험한 베드로가 보기에 그 유대인들은 하나님을 믿는 것이 아니라 도리어 하나님을 시험하는 사람들이요, 이방인의 목에 죽음의 멍에를 씌우는 불신자에 지나지 않았습니다. 마침내 베드로는 이렇게 결론을 맺었습니다.

그러나 우리는 그들이 우리와 동일하게 주 예수의 은혜로 구원받는 줄을 믿노라(11절).

베드로의 결론은, 유대인이든 이방인이든 똑같이 하나님의 은혜로만 구원받는다는 것이었습니다. 육체의 할례와 같은 인간의 행위나 공로가 구원의 조건이 아니라, 구원은 전적으로 하나님께서 예수 그리스도를 통해 거저 베풀어 주시는 하나님의 선물이라는 의미입니다. 다시 말해 베드로는 구원의 근거가 구원받는 인간의 자격에 있지 않고 구원을 베푸시는 하나님의 일방적인 사랑이심을 믿는다고 고백한 것이었습니다. 베드로가 이 고백을 하면서 '내가 믿는다'고 말하지 않고 '우리가 믿는다'고 표현한 것은, 예루살렘 교인 가운데 베드로처럼 이방인에 대한 할례를 반대하는 교인들도 많았음을 의미합니다. 베드로의 이 고백이 얼마나 중요한지는 아무리 강조해도 지나침이 없을 것입니다. 베드로의 이 고백으로 인해 초대교회가 이방인에 대한 할례 문제로 촉발된 분열의 위기를 극복하고, 이 이후부터 본격적인 이방인 전도의 새로운 경지로 진입할 수 있었기 때문입니다.

여기에서 우리가 주목하지 않을 수 없는 것은, 그 중요한 역할을 담당한 베드로가 '히브리파 유대인'이었다는 사실입니다. 히브리파 유대인이었던 베드로에 의해 2천 년 전 초대교회는 복음의 토대 위에 견고하게 서서 인류의 역사를 새롭게 하는 일대 전기를 맞았습니다.

오래전에 말씀드린 것처럼, 2천 년 전 초대교회를 이루고 있던 유대인들이 유대인으로 불린다고 해서 다 같은 유대인인 것은 아니었습니다. 다윗 왕 때 하나의 왕국이었던 이스라엘은, 다윗의 아들 솔로몬을 거쳐 다윗의 손자 르호보암 때에 남과 북으로 분열되고 말았습니다. 그 이후 북왕국은 주전 722년 아시리아 제국에 의해, 남왕국은 주전 586년 바빌로니아 제국에 의해 각각 멸망당했습니다. 그때 낳은 유대인늘이 포로로 끌려가거나 혹은 화를 피해 지중해 세계 각처로 흩어졌습니다. 소위 '디아스포라'로 불리는 유대인들이었습니다. 자의든 타의든 해외에 정착한 유대인들은 주전 300년경부터 지중해 세계의 국제 공용어이던 헬라어, 즉 그리스어를 자연스럽게 모국어로 사용하였습니다. 반면에 이스라엘의 멸망에도 불구하고 이스라엘 땅을 떠나지 않았던 유대인의 자손들은 당연하게 그들의 고유어인 히브리어, 더 정확하게 말해 아람어를 모국어로 사용하였습니다. 세월이 경과하자 해외에 살던 유대인들 가운데 이런저런 이유로 이스라엘로 되돌아와 사는 사람들이 있었습니다. 헬라어를 모국어로 사용하는 유대인들과 히브리어를 모국어로 사용하는 유대인들이 이스라엘 땅에서 함께 어우러져 살게 된 것입니다. 그래서 유대인들은 헬라어를 모국어로 사용하는 해외파를 헬라파 유대인으로, 히브리어를 모국어로 사용하는 국내파를 히브리파 유대인이라 구별하여 불렀습니다. 이와 같은 연유로 초대교회 역시 헬라파 유대인과 히브리파 유대인들로 구성되어 있었습니다. 물론 교회 안팎에서 히브리파 유대인의 수가 절대다수를 차지하고 있었음은 두말할 나위가 없습니다.

사도행전 6장은, 초대교회가 기독교 역사상 최초로 교회를 이끌어 갈 일곱 명의 집사를 선출한 사실을 전해 주고 있습니다. 사도들이 집사를 임명한 것이 아니라, 교인들의 직접 투표에 의한 선출이었습니다. 투표 결과 선출된 일곱 명의 집사는 놀랍게도 전원 헬라파 유대인들이었습니다. 앞서 말씀드린 것처럼 예루살렘 교회는 인적 구성상 히브리파 유대인들이 교인의 절대다수를 차지하고 있었습니다. 헬라파 유대인은 소수파에 지나지 않았습니다. 그럼에도 선출된 일곱 명의 집사가 전원 헬라파 유대인이었다는 것은, 절대다수를 차지하고 있던 히브리파 유대인들이 헬라파 유대인들에게 표를 몰아주었기에 가능한 일이었습니다.

히브리파 유대인들은 전통적으로 이스라엘 땅에서 살아온 국내파라고 했습니다. 그들은 나라가 망한 뒤 무려 600여 년 동안 이스라엘 땅과 전통을 우직하게 지켜 온 사람들이었습니다. 바빌로니아 제국, 페르시아 제국, 헬라 제국, 로마 제국으로 이어지는 강대국의 지배 속에서 자신들의 땅과 전통을 지키기 위해 그들이 감수해야 했던 수모와 고통은 이루 말할 수조차 없었습니다. 그에 비해 헬라파 유대인들은, 이유야 어떠하든 간에 나라가 어려울 때 나라를 등진 사람들이었습니다. 이런 관점에서 본다면 국내파가 해외파를 거리낌 없이 받아 주기란 쉬운 일이 아니었습니다. 국내파가 자진하여 해외파를 자신들의 대표로 선출한다는 것은 더더욱 어려운 일이었습니다. 그런데도 다수파인 국내파가 소수파인 해외파에게 표를 몰아주었습니다. 그것은 초대교회의 중심이 다수파인 히브리파에서 소수파인 헬라파에게로 옮겨 가는 일대 사건이었습니다. 인간 집단 속성상 그것은 불가능한 일이었음에도 초대교회에서는 그와 같은 이변이 실제로 일어났습니다. 그것이 바로 하나님의 뜻이었기 때문입니다.

하나님께서 소수파인 헬라파 유대인을 초대교회의 전면에 내세우신 이유가 무엇이었겠습니까? 전통적으로 이스라엘 땅에서 히브리어를 모국어로 삼고 살아온 히브리파 유대인들은 자신들과 다른 사람을 받아들이는 데 인색했습니다. 그래서 그들은 주님으로부터 예루살렘과 온 유대와 사마리아와 땅끝까지 이르러 주님의 증인이 되라는 주님의 명령을 받았음에도, 예수님 승천 이후에 예루살렘만 고수하려 했을 뿐 예루살렘을 넘어서려 하지 않았습니다. 그러나 조상 대대로 이방 땅에서 살아온 헬라파 유대인들은 자신들과 다른 사람 속에서 사는 것이 낯설지 않았습니다. 이것이 하나님께서 헬라파 유대인을 초대교회의 전면에 포진시키신 이유였습니다. 그들을 통해 복음이 유대와 사마리아를 넘어 땅끝까지 퍼져 가게 하시기 위함이었습니다.

그래서 사도행전은, 사도행전 6장에서 헬라파 유대인이 초대교회의 전면에 나선 이후 그들의 활약이 어떠했는지를 상세하게 밝혀 주고 있습니다. 사도행전 7장에는 스데반 집사의 설교가 소개되어 있습니다. 하나님은 예루살렘성전 안에만 계시다고 믿던 유대인들에게 그가 행한 설교의 요지는, 하나님께서는 예루살렘성전에 갇혀 계시는 분이 아니라 이 세상 어디에나 계시는 무소부재한 하나님이시라는 것이었습니다. 그가 이스라엘 땅을 떠나 해외에서 살던 헬라파 유대인이었기에 가능한 설교였습니다.

사도행전 8장은 기독교 역사상 최초로 사마리아인에게 복음을 전한 헬라파 유대인 빌립 집사의 활약상을 전해 주고 있습니다. 옛날 북왕국의 수도였던 사마리아는 아시리아 제국에 폐망당한 뒤, 아시리아 제국의 혼혈정책에 따라 사마리아인들의 피가 이방인과 섞이게 되었습니다. 그로 인해 유대인들은 이방인의 피가 섞인 사마리아인을 짐승처럼 취급하며 아예 상종조차 하지 않았습니다. 그러나 빌립 집사는 유대인들이 짐승으로 간주하는 사마리아인을 자기 발로 찾아가 복음을 전했습니다. 나아가 기독교 역사상 이방인인 아프리카 내시에게 최초로 세례를 베푼 사람 역시 빌립이었습니다. 만약 빌립이 히브리파 유대인이었던들 그 모든 일은 불가능했을 것입니다. 사마리아인들이 빌립으로부터 복음을 전해 받았다는 소식을 접한 사도 베드로와 요한도 사마리아를 방문하긴 했지만, 사마리아에서 더 나아가지는 못하고 그만 예루살렘으로 되돌아와 버렸습니다. 히브리파 유대인의 한계였습니다.

사도행전 9장은 헬라파 유대인의 거두 바울의 회심을 전해 주고 있습니다. 사도행전 10장에서 베드로는 하나님의 인도하심을 좇아 가이사랴의 이방인 고넬료의 집까지 찾아가 복음을 전했지만, 그때에도 이스라엘 경계를 넘어 이방 세계로 뛰어들 생각은 하지 못한 채 예루살렘으로 귀환해 버렸습니다. 그래서 사도행전 11장은 이방 세계인 안디옥에 이방인을 위한 최초의 이방인 교회를 세운 사람들 역시 익명의 헬라파 유대인들이었음을 밝혀 주고 있습니다. 사도행전 13장과 14장은 이방인 교회인 안디옥교회가 그들의 목회자인 바울과 바나바를 이방 세계를 위한 최초의 전도자로 파송하였고, 헬라파 유대인인 바울과 바나바를 통해 하나님께서 얼마나 신비롭게 이방인들을 구원해 주셨는지를 상세하게 소개하고 있습니다. 그리고 제1회 예루살렘 공의회에 대해 증언하고 있는 사도행전 15장 이후부터는 사도행전이 끝나기까지 헬라파 유대인인 바울의 독무대로 펼쳐집니다. 이처럼 사도행전은, 히브리파 유대인들에 의해 막을 올린 사도행전이 6장에서 등장한 헬라파 유대인들에 의해 확장되고 완결되었음을 보여 주고 있습니다. 헬라파 유대인들이 아니었다면 사도행전이 완결될 수 없었다고 단언해도 과언이 아닐 정도입니다.

이상과 같은 사실을 놓고 보면 사도행전에 관한 한, 히브리파 유대인보다 헬라파 유대인이 월등 나아 보입니다. 본문 속에 등장하고 있는 베드로와 바울만 놓고 보아도 그렇습니다. 히브리파 유대인이었던 베드로는 무식한 갈릴리의 어부였습니다. 배운 것도 지닌 것도 없는 빈민 베드로는 유대 사회의 최하층민 출신이었습니다. 그에 반하여 바울은 태어날 때부터 로마 시민권을 지닌 유력 집안 출신이었습니다. 최고의 율법 스승 가말리엘에게 수학한 그는 유대 사회의 지성을 대표하는 지식인이었습니다. 헬라파 유대인이었던 그는 히브리어는 말할 것도 없고 지중해 세계 공용어인 헬라어에도 능통하였습니다. 그뿐 아니라 신약성경을 4분의 1이나 기록할 정도로 영성과 문장력도 탁월하였습니다. 어느 면으로 보더라도 헬라파 유대인 바울은 히브리파 유대인 베드로가 감히 범접도 할 수 없는 차원의 인물처럼 보입니다.

그러나 그것은 철저하게 인간 중심의 세속적인 판단일 뿐입니다. 헬라파 유대인 바울이 아무리 뛰어난 사람이라 할지라도 할례 문제로 안디옥교회에 일어난 평지풍파를 그 자신이나 바나바의 능력만으로는 해결할 수 없었습니다. 그의 학식과 경력이 아무리 걸출해도 그의 언변으로는, 할례가 구원을 위한 절대 조건이라고 내세우는 예루살렘 모교회의 히브리파 유대인들의 주장을 잠재울 수 없었습니다. 초대교회가 할례 문제로 인한 분열의 위기를 극복하고 본격적인 이방인 전도를 위한 새로운 경지로 진입하게 하는 데 결정적인 역할을 한 사람은, 역설적이게도 배운 것도 지닌 것도 없는 히브리파 유대인 베드로였습니다. 본문 이후부터 사도행전이 본격적인 이방인 전도를 위해 바울의 독무대가 될 수 있게끔 바울의 앞길을 열어 준 사람이 바로 베드로였던 것입니다.

이것이 인간과는 전혀 다른 차원으로 역사하시는 하나님의 방법입니다. 바울이 아무리 똑똑해도 바울 혼자 사도행전을 엮을 수는 없었습니다. 베드로가 바울에 비하여 보잘것없어 보인다고 해서 사도행전에서 베드로가 차지하는 비중마저 떨어지는 것은 아니었습니다. 본문에서처럼 사도행전이 완결될 수 있게끔 주요 고비에서마다 결정적인 역할을 한 사람은 베드로였습니다. 지난 시간에 말씀드린 것처럼, 오직 하나님의 말씀을 좇아 기다릴 때 용기 있게 기다리고 나아갈 때 과감하게 믿음의 항해를 실행한 결과였습니다. 베드로는 주님의 직계 제자였습니다. 그러나 주님께서 직계 제자도 아닌 바울을 자신과 같은 사도로 부르셨다고 해서 주님을 원망하지 않았습니다. 히브리파 유대인의 한계를 극복하지 못한 자기 대신 바울을 이방 세계를 위한 선두주자로 사용하신다고 바울을 시샘하지도 않았습니다. 자신에게 초점을 맞추고 있던 사도행전의 카메라가 사도행전 13장에서부터 바울에게 집중된다고 해서 안달하지도 않았습니다. 그는 하나님의 인도하심을 묵묵히 기다리며 자신의 한계 내에서 자기 자리를 최선을 다하여 지켰습니다. 그리고 하나님의 때가 되었을 때 분연히 일어나 하나님 앞에 자신을 던졌습니다. 그 결과 보잘것없는 히브리파 유대인이었던 베드로에 의해 헬라파 유대인의 거두 바울이 반드시 통과해야 하는 결정적인 관문이 열리게 되었습니다. 하나님 앞에서는 이처럼 베드로와 바울의 비중이 똑같았습니다. 이것이 하나님의 신비입니다.

하나님께서는 돈이 많은 사람만 필요로 하시지 않습니다. 탁월한 지성인만 부르시는 것도 아니요, 세상에서 잘난 사람만 당신의 도구로 사용하시는 것도 아닙니다. 우리에게 돈이 없어도 상관없습니다. 우리의 학식이 다른 사람에게 미치지 못하는 것도, 우리가 남이 전혀 알아주지 않는 무명인 것도 문제가 되지 않습니다. 우리 각자의 한계 내에서 하나님께 우리의 중심을 드리고, 기다릴 때 용기 있게 기다리며 나아갈 때 과감하게 나아가기만 하면 하나님께서는 반드시 우리를 들어 당신의 역사를 이루십니다. 그래서 세상에서는 천양지차가 나는 헬라파 유대인 바울과 히브리파 유대인 베드로도 하나님 앞에서는 조금도 차별 없는 똑같은 그리스도인, 똑같은 사도가 될 수 있었습니다.

올해 창립 6년차를 맞는 우리 교회의 표어는, 잘 아시는 바와 같이 '여호와를 기다릴지어다'입니다. 기다림 그 자체가 목적이어서가 아니라 하나님의 인도하심을 바르게 좇기 위해 기다리는 것입니다. 다시 말해 인간 보기에 좋은 교회가 아니라 하나님이 원하시는 하나님의 교회로 더욱 나아가기 위함이요, 하나님을 기다릴 줄 아는 사람만 하나님을 앞지르는 어리석음을 범치 않기 때문입니다.

이미 공지해 드린 것처럼 저는 2월부터 8월 말까지 7개월 동안 안식월을 갖게 됩니다. 우리 교회 창립 당시 제정된 최초의 정관에 의하년 목사의 안식 기간은 매 6년마다 1년이었습니다. 그러나 교인 절대다수가 안식년을 갖지 못하는 현실 속에서 1년의 기간은 너무 길다는 판단이 들어, 2년 전 정관을 개정할 때 안식 기간을 6개월로 단축했습니다. 그 6개월에 겨울과 여름 각 2주씩의 피정 기간을 합쳐 총 7개월의 안식월을 갖게 되었습니다. 2월에는 오래전부터 예정되어 있는, 두바이에서 열리는 전全 이슬람권 선교사들을 위한 선교대회에 참석할 예정입니다. 그다음에는 사우디아라비아로 가서 그곳 한인교회 연합집회를 인도하게 될 것입니다. 본래는 그 이후에 서부 아프리카의 코트디부아르를 포함한 4개국 방문 집회가 예정되어 있었지만, 현재 정치적인 문제로 코트디부아르가 내전 상태이기 때문에 아프리카 방문 자체가 취소되었습니다. 또 3월부터 5월까지는 미주 8개 도시에서 집회 일정이 잡혀 있었습니다. 그러나 안식월이 끝난 뒤 하나님께서 인도하시는 길 위로 저 자신을 다시 던질 수 있기 위해서는, 현재 소진될 때로 소진된 제 체력을 추스르는 것보다 더 시급한 일은 없다는 판단으로 해당 교회들의 양해를 구하고 그 모든 일정도 취소하였습니다. 안식월이 시작되기 전인 다음 주일에는 교육관과 별관, 제2별관, 제3별관에서 예배드리는 교우님들을 직접 찾아가 인사를 드리고, 또 교회학교에도 들러 볼 예정입니다. 우리 교회 창립 이후 매 주일 설교하느라 교회학교나 다른 예배 공간에 단 한 번도 들러 볼 수 없었기 때문입니다. 그래서 다음 주일부터 8월 말까지 정한조 목사님이 주일 설교를 담당하겠습니다.

주일에 제가 설교하지 않으면 교인이 줄어들 것이라고 우려하는 교우님들이 많습니다. 그러나 제가 설교하지 않는다고 교회에 나오지 않는 분이라면 보잘것없는 저를 보러 오는 구경꾼일 뿐, 100주년기념교회를 이루기 위해 주님으로부터 100주년기념교회로 부르심을 받은 100주년기념교회 교인일 수는 없지 않겠습니까? 또 참된 교회의 기준이 교인의 수에 달려 있는 것도 아니지 않습니까? 앞으로 7개월 동안 교인이 늘어나든 줄어들든 상관없이, 우리 모두 담임목사가 없어도 하나님께서 당신의 몸 된 교회를 어떻게 친히 일구어 가시는지 하나님의 손길을 겸손하게 기다려 보십시다. 교회가 세상으로부터 불신의 대상으로 추락한 이 어둔 시대 속에서, 하나님께서 우리 교회의 미래를 어떻게 세워 가시는지 설레는 마음으로 하나님의 섭리를 기다려 보십시다. 단지 멈추기 위해 기다리는 것이 아니라, 하나님께서 인도하시는 길 위로 우리 자신을 던지기 위해 기다려 보십시다. 그때 우리가 돈이 많든 적든, 학식이 높든 낮든, 유명하든 무명이든, 헬라파든 히브리파든 상관없이, 하나님께서 하나님의 때에 이 시대를 위한 똑같은 베드로와 바울로 반드시 우리를 사용하실 것이요, 우리로 인해 이 땅의 교회는 불신의 위기를 극복하고 이 땅을 새롭게 하는 새로운 전기를 맞게 될 것입니다.

바울은 태어날 때부터 로마 시민으로 태어난 유력 집안 출신이었습니다. 그러나 베드로는 갈릴리의 빈민 출신이었습니다. 바울은 유대 사회 최고의 지성인이었지만 베드로는 무식한 어부였습니다. 바울은 당시 세계 공용어이던 헬라어를 유창하게 구사하는 헬라파 유대인인 반면, 베드로는 단지 모국어만 가능한 히브리파 유대인이었습니다. 바울은 복음을 전하기 위해 온 지중해 세계를 누비고 다닌 세계인이었지만, 베드로는 가이사랴의 이방인 고넬료 집까지 찾아가서도 스스로 이스라엘의 경계는 넘지 못한 철저한 내국인이었습니다. 바울은 신약성경을 4분의 1이나 기록할 정도로 탁월한 영성과 문장력을 지녔지만, 베드로는 고작 짧디짧은 베드로전후서만 남겼을 뿐입니다. 세상적인 관점으로 본다면 베드로는 감히 바울의 발치에도 미칠 수 없는 사람이었습니다. 그러나 하나님께서는 바울이 해결할 수 없었던 할례 문제를 베드로가 해결토록 하셨습니다. 하나님께서는 바울이 본격적인 이방인 전도에 접어들기 위해 반드시 거쳐야 하는 결정적인 관문을 이처럼 베드로가 열어 주게 하심으로써, 하나님께는 베드로와 바울 모두 인류의 역사를 새롭게 하는 당신의 똑같은 도구임을 친히 보여 주셨습니다.

우리는 늘 돈이 많은가 적은가, 학식이 높은가 낮은가, 유명한가 아닌가에만 관심을 갖습니다. 그러나 하나님의 관심은 언제나 우리의 중심임을 잊지 말게 해주십시오. 하나님의 인도하심에 우리 자신을 바르게 던질 수 있게끔, 하나님의 인도하심을 먼저 잠잠히 기다릴 줄 아는 용기 있는 그리스도인이 되게 해주십시오. 그리하여 우리가 돈이 많든 적든, 학식이 높든 낮든, 유명하든 무명이든, 헬라파든 히브리파든 상관없이, 이 어둔 세상을 밝히고 이 땅의 교회를 진리 위에 견고하게 세우는, 이 시대의 똑같은 베드로와 바울로 쓰임 받게 해주십시오. 아멘.

8. 베드로가 일어나 III

사도행전 15장 6-11절

사도와 장로들이 이 일을 의논하러 모여 많은 변론이 있은 후에 **베드로가 일어나** 말하되 형제들아 너희도 알거니와 하나님이 이방인들로 내 입에서 복음의 말씀을 들어 믿게 하시려고 오래전부터 너희 가운데서 나를 택하시고 또 마음을 아시는 하나님이 우리에게와 같이 그들에게도 성령을 주어 증언하시고 믿음으로 그들의 마음을 깨끗이 하사 그들이나 우리나 차별하지 아니하셨느니라 그런데 지금 너희가 어찌하여 하나님을 시험하여 우리 조상과 우리도 능히 메지 못하던 멍에를 제자들의 목에 두려느냐 그러나 우리는 그들이 우리와 동일하게 주 예수의 은혜로 구원받는 줄을 믿노라 하니라

지난 2월 1일부터 제 안식월이 시작되기 직전에 한 교우님께서 제게 보낸 편지에는 이런 내용이 있었습니다.

우리에게는 7개월이 긴 기간이지만, 목사님께는 아주 짧게 여겨지겠지요.

과연 그분의 표현 그대로였습니다. 7개월의 안식월을 끝내고 집으로 돌아와 잠자리에 누우니, 교우님들께는 아득하게 길었을 7개월이 얼마나 짧게 여겨지는지, 마치 하루 만에 끝나 버린 느낌이었습니다. 7개월이라는 똑같은 기간이 저를 기다리는 교우님들께는 아주 길게, 그리고 막상 안식월을 누리는 제게는 대단히 짧게 스쳐 간 것은 분명한 사실이지만, 그러나 역설적이게도 실은 그 반대이기도 합니다. 어떻습니까? 오늘 이처럼 주님 안에서 다시 만나고 보니, 그토록 길게 느껴졌던 7개월이 한순간에 지나간 것 같지 않으십니까? 예전처럼 일주일 만에 다시 보는 것 같지 않으십니까? 저는 그 반대입니다. 흡사 하루 만에 끝나 버린 것 같은 7개월간의 안식월은 210일이나 되는 날수만큼, 30만 2,400분에 달하는 시간의 길이만큼이나 길고도 길었습니다. 똑같은 길이의 시간이 한편으로는 길게, 또 한편으로는 짧게 인식되는 것은 시간을 인식하는 관점의 차이 때문입니다. 예나 지금이나 시간 그 자체의 속도는 이 세상 그 무엇보다 빠릅니다. 오죽하면 3400년 전의 모세도 시간이 날아간다고(시 90:10) 탄식했겠습니까? 시간 그 자체의 관점으로는 7개월이든, 7년이든, 70년이든 예외 없이 순식간에 사라져 버리고 맙니다.

그러나 의미의 관점에서 보면 짧은 시간이란 없습니다. 시간 그 자체의 관점으로는 천 년도 하루처럼 순식간에 사라져 버리지만, 의미의 관점에서는 베드로의 증언처럼 하루가 천 년만큼 길어질 수도 있습니다(벧후 3:8). 이렇게 만나고 보니 여러분께나 제게나 7개월이 눈 깜짝할 사이에 지나간 것 같지만, 그와 동시에 그 시간은 충분히 의미롭고도 길지 않았습니까? 매 주일 정한조 목사님을 통해 전해지는 하나님의 말씀을 들으면서 또 다른 영성의 세계를 맛보고, 각자 영적 지경을 넓혀 가기에 7개월은 더없이 소중하고도 긴 기간 아니었습니까? 올해 우리 교회의 표어는 '여호와를 기다릴지어다'

입니다. 그래서 안식년을 시작하기 전 저는 마지막 설교에서 '7개월 동안 담임목사가 없어도 하나님께서 당신의 몸 된 교회를 어떻게 친히 일구어 가시는지, 교회가 불신의 대상으로 전락한 이 어둔 시대 속에서 하나님께서 우리 교회의 미래를 어떻게 세워 가시는지' 겸손하고도 설레는 마음으로 하나님의 손길과 섭리를 기다려 보자고 말씀드렸습니다. 그리고 담임목사가 없어도 하나님께서 당신의 교회를 아름답게 책임져 주심을 우리 모두 확인하면서, 우리 교회가 이 시대의 역사 속에서 나아가야 할 바른 방향을 바르게 읽고 분별할 수 있었습니다. 그런 의미에서 지난 7개월은 우리 모두에게 덧없는 한순간이 아니라 7년만큼이나 값진 기간이었습니다.

안식월 첫 달인 2월에는 아랍에미리트 두바이와 사우디아라비아 리야드를 다녀왔습니다. 그때는 튀니지에서 시작하여 이집트의 독재자 무바라크 정권을 붕괴시킨 재스민 혁명의 열기가 리비아를 거쳐 중동까지 뒤흔들기 시작할 때였습니다. 바레인, 요르단, 시리아와 같은 중동 국가가 연일 계속되는 민주화 시위의 소용돌이 속에 휘말려 있었습니다. 아랍에미리트와 사우디아라비아 역시 중동 국가인지라 가는 곳마다 일촉즉발의 위기감이 팽배해 있었습니다.

3월부터 5월까지 세 달 동안은 일본 오키나와에서 지냈습니다. 안식월을 시작하기 전에는 안식월 동안 쓰고 싶은 책을 쓰려는 계획도 갖고 있었습니다. 그러나 그렇지 않아도 허약한 제 체력이 작년부터 급격하게 악화되었기에, 제2기 사역을 위해서는 안식보다 더 중요한 것이 없다는 판단으로 안식월 동안 안식 이외에는 아무것도 하지 않겠다는 마음으로 일본 오키나와에 갔습니다. 그러나 3월 11일 일본 동북부 지방을 강타한 진도 9.0 지진으로 인한 쓰나미는 삽시간에 해당 지역을 초토화시켜 버리고 말았습니다. 오키나와가 일본 본토와 떨어져 있긴 하지만 매일 텔레비전과 신문을 통해 재해 현장의 비극적인 소식을 접하면서, 또 본토에서 물자가 제대로 반입되지 않아 슈퍼에서 생수와 같은 생필품의 판매 제한을 직접 겪으면서, 저 역시 사상 유례없는 최악의 재난을 당한 일본인의 아픔과 고통에 동참하지 않을 수 없었습니다.

그 후 6월부터 8월까지 세 달 동안은 독일 뒤셀도르프 북쪽 90킬로미터 지점에 위치한 작은 시골 마을 보르켄에서 지냈습니다. 지진의 후유증으로 고통 겪는 일본을 떠나 찾아간 독일은 야채를 통해 인체에 전염되는, 인간의 생명에 치명적인 슈퍼박테리아로 홍역을 치르고 있었습니다. 한동안 야채는 조심스럽게 가려서 먹어야만 했습니다. 더욱이 40년 만에 엄습한 여름 한파로 인해 독일의 여름은 여름이 아니었습니다. 제가 체류하던 보르켄은 북부 독일에 위치해 있었는데, 그곳 현지 독일인들이 해가 뜨지 않는 날이면 낮에도 겨울 파카를 입고 다닐 정도였습니다. 10년 전 제가 3년 동안 살았던 스위스 제네바는 6월부터 8월까지 날씨가 아주 더웠습니다. 제네바나 보르켄이나 같은 유럽이기에 날씨도 같으리라 생각하고 한여름 옷만 들고 간 저는, 독일 체류 세 달 내내 난생처음으로 여름 추위와 사투를 벌여야만 했습니다.

17년 전인 1994년, 당시 주님의교회를 목회하던 저는 그해 1년 동안 안식년을 가졌습니다. 그해 1월 17일 미국 로스앤젤레스에 도착하여 잠을 자던 한밤중에 진도 6.6의 지진이 로스앤젤레스를 덮쳤습니다. 두 동강 난 고가차도, 뒤틀린 고속도로, 주저앉은 건물, 가스관 폭발로 인한 화재, 산산이 흩어진 유리 조각 등으로 로스앤젤레스는 삽시간에 아비규환의 생지옥으로 변하고 말았습니다. 이튿날인 1월 18일 거의 모든 비행편이 취소된 로스앤젤레스에서 가까스로 비행기를 타고 다음 행선지인 동부 보스턴으로 갔습니다. 그날 밤 미국 동부에는 기록적인 한파가 덮쳐 하룻밤 사이에 100여 명이 얼어 죽는 참극이 일어났습니다. 그때 깊이 깨달은 것이 있었습니다. 이 세상에는 그 어디에도 참된 안식처가 없다는 것이었습니다. 그리고 그로부터 17년이 지난 올해 7개월에 걸친 안식월 동안 중동에서, 일본에서, 독일에서, 그때의 깨달음을 새삼스럽게 재확인하였습니다.

참된 안식은 이 세상 특정 공간에 있지 않습니다. 안식을 찾아 온 세상을 누비고 다녀도 잠깐 동안 육체의 쉼만 얻을 수 있을 뿐입니다. 육체가 쉼을 얻고 강건해져도 모든 육체는 세월의 흐름에 따라 쇠하고 소멸된다는 의미에서는 아무런 차이가 없습니다. "하나님께 돌아가기 전까지는 내게 참된 안식이 없었다"는 어거스틴의 고백처럼 결코 소멸되거나 흔들리지 않는 참된 안식은 오직 위로부터, 하나님으로부터만 주어집니다. 내 육체가 아무리 쉼을 얻고 강건하다 해도 내 마음이 세상 번민의 풍파로 밤낮 요동치고 있다면, 내가 고대광실高臺廣室에 산다 한들 내 인생은 폭풍 속의 일엽편주一葉片舟와 다를 바 없습니다. 그러나 내 몸이 폭풍과 지진의 한가운데 떨어져 있더라도 나의 중심이 하나님과 바른 관계를 맺고 있다면, 나의 심령은 진정한 안식을 누릴 수 있습니다. 영원한 요새시요 반석이신 삼위일체 하나님만 유한한 인간을 위한 참된 안식처가 되시기 때문입니다.

이번 안식월 동안 제가 읽었던 시 중에 제 마음속에 긴 여운을 남긴 시가 있습니다. 정호승 선생의 〈낡은 의자를 위한 저녁기도〉입니다.

> 그동안 내가 앉아 있었던 의자들은 모두 나무가 되기를
> 더 이상 봄이 오지 않아도 의자마다 싱싱한 뿌리가 돋아
> 땅속 깊이깊이 실뿌리를 내리기를
> 실뿌리에 매달린 눈물들은 모두 작은 미소가 되어

복사꽃처럼 환하게 땅속을 밝히기를

그동안 내가 살아오는 동안 앉아 있었던 의자들은 모두
플라타너스 잎새처럼 고요히 바람에 흔들리기를
더 이상 새들이 날아오지 않아도 높게 높게 가지를 뻗어
별들이 쉬어 가는 숲이 되기를
쉬어 가는 별마다 새가 되기를

나는 왜 당신의 가난한 의자가 되어 주지 못하고
당신의 의자에만 앉으려고 허둥지둥 달려왔는지
나는 왜 당신의 의자 한번 고쳐 주지 못하고
부서진 의자를 다시 부수고 말았는지

산다는 것은 결국
낡은 의자 하나 차지하는 일이었을 뿐
작고 낡은 의자에 한번 앉았다가
일어나는 일이었을 뿐

　시인은 인생을 '의자'로 표현했습니다. 인생을 다 살고 보니 인생은 거창한
것도, 대단한 것도 아니었습니다. 인생은 고작 낡은 의자 하나 차지하는 일
이었을 뿐입니다. 아무리 새 의자라도 세월이 흐르면 낡아지기 마련입니다.
인생 역시 세월 앞에서 날로 쇠퇴해 가는 것은 이 세상 그 누구도 거스를 수
없는 자연의 법칙입니다. 그렇다고 인생이 무한정 긴 것도 아닙니다. 인생은
시작되기가 무섭게, 낡은 의자에 한번 앉았다가 일어나는 것처럼 한순간에,

순식간에 끝나 버립니다.

그렇다면 자신의 의자를 많은 사람들과 함께 삶을 나눌 보금자리로 가꾸어야 하지 않겠습니까? 그러나 사람들은 그렇게 하지 않습니다. 헛된 욕망과 부질없는 자기 성질 그리고 까닭 없는 분주함으로 자기 의자를 망가뜨려, 자신이 앉지 못하는 것은 말할 것도 없고 다른 사람도 앉지 못하게 합니다. 그것도 모자라 다른 사람의 의자마저 탐하고 부숴 버립니다. 그러다가 인생 황혼을 맞고서야 남은 것이라곤 아무도 거들떠보지 않는 고작 낡은 의자 하나뿐임을 깨닫고, 그 아름답고 무한한 가능성을 지녔던 자기 의자와 남의 의자를 망가뜨려 온 자신의 어리석음을 후회합니다. 그리고 지금이라도 자신의 낡은 의자가 대지에 뿌리를 내리고 잎을 돋우며 환한 복사꽃을 피워 땅의 어둠을 밝힐 수 있다면 얼마나 좋을까, 별들이 쉬어 가고 쉬어 가는 별마다 새가 되는 생명 의자가 되면 얼마나 좋을까 하고 뒤늦게 탄식합니다. 그러나 아무리 탄식해도 그것은 불가능합니다. 낡은 의자가 새 의자로 환원될 수 없듯이 쇠퇴한 인생 역시 새로워질 수는 없습니다. 그것은 절대로 불가능한 일이지만, 다른 한편으로 그것은 반드시 가능합니다. 인간의 능력으로는 절대로 불가능하지만, 예수 그리스도 안에서는 반드시 가능합니다. 오늘의 본문이 우리에게 주는 교훈이 바로 이것입니다.

우리가 4주째 살펴보고 있는 본문은 제1회 예루살렘 공의회에 관한 증언입니다. 2천 년 기독교 역사상 최초로 열린 예루살렘 공의회의 주제는 이방인 그리스도인에 대한 할례 여부였습니다. 2천 년 전 초대교회 초기에는 복음을 받아들인 유대인들 가운데 예수 그리스도의 구원은 하나님의 선민인 유대인에게만 국한되어 있다는 그릇된 유대주의적 사고에서 벗어나지 못한 유대인들이 많았습니다. 그들은 유대교가 유대교로 개종하기 원하는 이방인들에게 할례의 의무를 요구하는 것처럼, 교회도 예수 그리스도의 복음을 받아들이는 이방인들에게 구원을 위한 필수 조건으로 할례를 행하게 해야 한다고 주장했습니다. 할례가 구원을 위한 필수 조건이라는 것은 율법을 좇는 인간의 선행적 행위가 구원의 조건이라는 것과 같은 말이었습니다. 그것은 오직 예수 그리스도의 십자가와 보혈의 공로로 구원을 얻는다는 복음에 정면으로 위배되는 그릇된 유대주의적 발상이었습니다. 예수 그리스도께서는 인간을 옥죄는 그릇된 유대주의로부터 인간을 해방시켜 주시기 위해 이 땅에 오셨는데, 문제의 유대인들은 예수 그리스도를 믿는다면서도 예수 그리스도께서 해방시킨 사람들을 그릇된 유대주의에 도로 얽어매는 과오를 범하고 있었습니다.

공의회가 시작되고 문제의 유대인들의 그릇된 주장을 끝까지 들은 베드로가 마침내 일어났습니다. 그는 하나님께서 자신을 들어 할례도 받지 않은 가이사랴의 이방인 고넬료 일행에게 어떻게 구원의 은혜를 거저 베풀어 주셨는지를 소상하게 밝힌 뒤, 여전히 그릇된 유대주의에 빠져 있는 유대인들을 이렇게 질타했습니다.

그런데 지금 너희가 어찌하여 하나님을 시험하여 우리 조상과 우리도 능히 메지 못하던 멍에를 제자들의 목에 두려느냐(10절).

주님께서 해방시킨 이방인들에게 다시 그릇된 유대주의의 멍에를 씌우려는 그들이 베드로가 보기에는 정호승 시인의 표현을 빌리자면, 자기 인생 의자는 말할 것도 없고 타인의 인생 의자마저 망가뜨리는 영적 테러리스트에 지나지 않았습니다. 베드로는 본문 11절을 통해 다음과 같이 결론을 맺었습니다.

그러나 우리는 그들이 우리와 동일하게 주 예수의 은혜로 구원받는 줄을 믿노라 하니라.

베드로는 유대인이든 이방인이든 오직 예수 그리스도의 은혜로만 구원받을 수 있음을 분명히 했습니다. 그것은 구원의 근거가 구원받는 인간의 자격에 있지 않고, 하나님께서 거저 베풀어 주시는 하나님의 은총에 기인한다는 복음의 본질에 대한 재천명이었습니다. 복음의 본질에 대한 베드로의 그 재천명의 토대 위에서 초대교회는 할례 문제로 인한 교회 분열의 위기를 극복하고 복음 위에 더욱 견고하게 설 수 있었습니다. 그런 의미에서 베드로는 자신의 인생 의자와 타인의 인생 의자를 동시에 생명 의자로 승화시키는 진정한 생명의 사람이었습니다.

할례 문제를 놓고 제1회 예루살렘 공의회가 열린 것은, 안디옥교회 목회자였던 바울이 그 문제로 예루살렘 모교회를 찾아갔기 때문이었습니다. 바울은 학력, 경력, 출신 배경 등 모든 면에 걸쳐 당대 유대 사회의 엘리트 중 엘리트였습니다. 그러나 그는 자신의 목회지에서 먼저 촉발된 할례 문제를 자신의 능력으로 해결할 수 없었습니다. 바울은 예수님이 이 땅에 계실 때 예수님의 부르심을 받은 직계 제자가 아니었기에, 할례와 관련된 구원의 문제에 관한 한 이방인들로 구성된 안디옥교회 교인들이 바울의 권위를 온전히 인정하려 하지 않았기 때문입니다. 엘리트 바울에 비하면 베드로는 비천하고 무식하기 짝이 없는 갈릴리 어부 출신이었습니다. 그 비천한 베드로가 초대교회를 분열의 위기에 빠뜨릴 수도 있는 할례 문제를 종결지을 수 있었던 것은 그 자신의 능력으로 인함이 아니었습니다. 이 땅에 오신 주님께서 그 비천한 베드로를 당신의 직계 제자로 거저 불러 주시는 은총을 베푸셨기 때문입니다. 주님의 은총을 입은 그 베드로로 인해 이 이후 바울이 할례 문제에 더 이상 구애받지 않고 복음을 더욱 널리 전할 수 있었음은 두말할 나위가 없습니다.

베드로와 바울이 복음을 위해 살았다고 해서 그들의 인생 의자가 낡아지지 않은 것은 아닙니다. 그들 역시 나이가 들면서 육체가 쇠퇴해졌고 베드로는 십자가형으로, 바울은 참수형으로 그 육체가 소멸되고 말았습니다. 그결과 모든 것이 끝나 버렸습니까? 그들은 그들이 믿었던 주님 안에서, 그들이 우리에게 전해 준 복음 속에서 여전히 그리고 영원히 살아 있습니다. 그래서 그들은 2천 년이 지난 우리에게까지 생명을 나누어 주는 생명 의자의 역할을 다하고 있습니다. 2천 년 전 그들의 육체는 낡은 의자와도 같았지만, 그 낡은 인생 의자가 예수 그리스도 안에 뿌리를 내려 결코 쇠하지 않는 영원한 생명 의자로 승화된 것이었습니다. 이 사실을 생전에 터득한 바울은 이렇게 고백했습니다.

> 그러므로 우리가 낙심하지 아니하노니 우리의 겉사람은 낡아지나 우리의 속사람은 날로 새로워지도다(고후 4:16).

이런 믿음이 있었기에 베드로와 바울은 주님을 위해서라면 십자가형도, 참수형도 피하지 않았습니다. 이 세상 그 어떤 죽음의 폭풍도 그들이 주님 안에서 누리는 참된 안식을 뒤흔들 수 없었기 때문입니다.

100년을 산다 한들 인생 그 자체는 순식간에 끝나 버리고 맙니다. 그러나 2, 30년을 살아도 참된 의미를 추구하면 그 2, 30년은 영원에 접속됩니다. 참된 의미 속에서만 참된 안식을 누릴 수 있는 이유가 여기에 있습니다.

다음은 에밀리 디킨슨Emily Dickinson의 시, 〈내가 만약 단 한 사람의 가슴

앓이를 멈추게 할 수 있다면〉입니다.

> 내가 만약 단 한 사람의 가슴앓이를 멈추게 할 수 있다면,
> 나 헛되이 사는 것은 아니리.
> 내가 만약 한 생명의 아픔을 쓰다듬어 줄 수 있다면,
> 혹은 고통 하나라도 들어 줄 수 있다면,
> 혹은 지친 한 마리 울새를 둥지로 되돌아가게 도와줄 수 있다면,
> 나 헛되이 사는 것은 아니리.

　세월이 흘러도 결코 헛되지 않은 삶, 진정 의미 있는 삶을 살기 원하십니까? 우리의 육체는 날마다 낡아져 갈망정 우리의 인생 의자는 수많은 사람과 삶을 나누는 생명 의자로 승화되기를 원하십니까? 그것은 오직 예수 그리스도 안에서만 가능합니다. 예수 그리스도는 우리에게 참된 생명과 안식을 주시기 위해 이 땅에 오신 영원한 생명 의자이시기 때문입니다. 주님께서는 우리 모두를 그 의자로 초청하시기 위해, 지금 이 시간에도 우리 가운데 임해 계십니다.

> 인생은 고작 낡은 의자 하나 차지하는 것일 뿐인데, 그것도 작고 낡은 의자에 한번 앉았다가 일어나는 것처럼 순식간에 끝나는 것일 뿐인데, 그동안 나는 그 낡은 의자가 모든 것인 양 그 낡은 의자 자체를 목적으로 삼아 왔습니다. 나는 다른 사람과 내 인생 의자를 나누어 본 적이 없었고, 내 의자는 말할 것도 없고 타인의 의자마저 망가뜨리는 어리석은 삶을 살아왔습니다. 그래서 내 육체는 돌처럼 강건해도 마음속에는 참된

안식이 없었습니다. 이 모든 허물을 회개하오니 하나님 아버지의 자비하심으로 용서해 주십시오.

시간 그 자체는 지금 이 순간에도 화살같이 날아가고 있습니다. 우리의 코끝에 호흡이 있는 동안 헛되지 않은 삶, 진정 의미 있는 삶을 살기를 원합니다. "수고하고 무거운 짐 진 자들아, 다 내게로 오라. 내가 너희를 쉬게 하리라"(마 11:28)고 우리를 초청하시는 주님의 음성에 귀 기울이게 해주십시오. 십자가의 죽음과 부활을 통해 우리를 위한 영원한 생명 의자가 되어 주신 주님의 그 의자 위에, 우리 모두 믿음으로 앉게 해주십시오. 주님의 그 의자 위에서 우리의 겉사람은 낡아지나, 우리의 속사람은 날로 새로워지게 해주십시오. 주님의 그 의자 위에서, 낡아 빠진 우리 인생 의자가 수많은 사람과 더불어 삶을 나누는 넉넉한 생명 의자로 승화되게 해주십시오. 주님의 그 의자 위에서, 이 세상 그 어떤 소용돌이가 몰아친다 해도 참된 안식을 누리게 해주십시오. 그리하여 우리 인생 길이의 길고 짧음에 상관없이, 우리 각자의 인생이 주님 안에서 영원한 의미로 축적되게 해주십시오. 아멘.

9. 베드로가 일어나 IV

사도행전 15장 6-11절

사도와 장로들이 이 일을 의논하러 모여 많은 변론이 있은 후에 **베드로가 일어
나** 말하되 형제들아 너희도 알거니와 하나님이 이방인들로 내 입에서 복음의
말씀을 들어 믿게 하시려고 오래전부터 너희 가운데서 나를 택하시고 또 마음
을 아시는 하나님이 우리에게와 같이 그들에게도 성령을 주어 증언하시고 믿음
으로 그들의 마음을 깨끗이 하사 그들이나 우리나 차별하지 아니하셨느니라 그
런데 지금 너희가 어찌하여 하나님을 시험하여 우리 조상과 우리도 능히 메지
못하던 멍에를 제자들의 목에 두려느냐 그러나 우리는 그들이 우리와 동일하게
주 예수의 은혜로 구원받는 줄을 믿노라 하니라

옛날 유대인과 이방인을 구분 짓는 주요 차이점 중 하나는 할례였습니다.
할례는 남자 생식기의 포피를 잘라 내는 풍습으로서, 당시 유대인 남자들
은 예외 없이 할례를 받은 반면 이방인들은 무할례자들이었습니다. 할례의
역사는 아브라함에게까지 거슬러 올라갑니다. 창세기 17장에 의하면 하나님

께서는 아브라함에게, 그에게 속한 모든 남자들에게 할례를 행할 것을 명령하셨습니다. 중요한 것은 할례는 구원받은 하나님의 자녀가 되었다는 외적 표시였지, 그 자체가 구원의 전제 조건이었던 것은 아니었다는 사실입니다.

아브라함은 본래 우상을 섬기던 사람이었습니다. 그는 하나님을 알지도 못했습니다. 그가 어느 날 자신의 잘못을 깨닫고 할례를 받았기에 하나님의 구원이 그에게 임한 것이 아니었습니다. 하나님을 알지 못해 하나님과 등지고 살던 그를 하나님께서 먼저 선택하시고, 하나님께서 그에게 먼저 구원의 은혜를 베풀어 주심으로써 우상숭배자였던 아브라함은 하나님의 그 은혜 속에서 구원받은 하나님의 자녀가 되었고, 하나님의 그 은혜를 힘입어 믿음의 조상이 되었습니다. 그것은 전적으로 하나님께서 거저 베풀어 주신 은혜의 결과였습니다. 그 은혜에 대한 응답으로 아브라함은 하나님의 말씀을 좇아 할례를 받았습니다. 하나님의 은혜에 대한 응답이 왜 하필이면 남자 생식기의 포피를 잘라 내는 할례입니까? 남자 생식기는 생명의 상징입니다. 그러므로 할례는 하나님께서 구원의 은총으로 새 생명을 주셨으니 내 생명은 하나님의 것이요, 앞으로는 내 생명을 다해 하나님의 말씀을 좇아 살겠다는 결단의 표지였습니다. 따라서 할례는 어떤 경우에도 인간의 의나 공로가 될 수 없었습니다. 아무든지 인간이 먼저 할례를 행하기만 하면 하나님께서 그의 행위를 가상히 여겨 그의 죄를 용서하고 당신의 자녀로 구원해 주시는 것이 아니라, 죽을 수밖에 없는 죄인임에도 불구하고 하나님의 선행적 구원이 먼저 임했기에 그 은혜에 대한 응답으로 인간의 할례가 수반되기 때문이었습니다.

그러나 세월의 경과와 더불어 유대인들은 자신들이 행한 할례 그 자체가 자신들의 의요, 공로라는 교만에 빠지고 말았습니다. 인간 자신들이 구원받은 하나님의 백성이 된 것은 자신들이 먼저 할례를 행했기 때문이라는 착각으로 인함이었습니다. 구원의 출발점이 하나님께 있는 것이 아니라, 인간 자신들이 구원의 출발점이 되어 버린 것이었습니다. 생각해 보십시오. 인간이 자신의 행위로 자신을 스스로 구원에 이르게 할 수 있다면, 인간이 대체 하나님을 믿고 하나님의 구원을 소망할 까닭이 어디에 있겠습니까? 그러고서도 하나님을 믿는다고 한다면 그 믿음이란 허구일 뿐이지 않겠습니까? 하나님께서는 할례를 자신의 의나 공로로 착각하는 영적 교만에 빠져 있는 유대인들을 일찍이 이렇게 꾸짖으셨습니다.

그러므로 너희는 마음에 할례를 행하고 다시는 목을 곧게 하지 말라 (신 10:16).

너희들이 먼저 육체의 할례를 받았기 때문에 내가 구원해 준 것이 아니요, 이 세상에서 가장 작고 볼품없고 연약한 너희들을 내 백성으로 구원해 준 것은 나의 일방적인 사랑과 무조건적인 은혜와 끝이 없는 자비로움으로 인함이라는 말씀이셨습니다. 그러므로 육체의 할례를 자기 의나 공로로 착각하는 교만에 다시는 빠지지 말고 마음의 할례를 행하라고 명령하셨습니다. 마음의 할례를 행한다는 것은 구체적으로 무슨 뜻이며, 또 마음의 할례를 어떻게 행할 수 있겠습니까?

네 하나님 여호와께서 네 마음과 네 자손의 마음에 할례를 베푸사 너로 마음을 다하며 뜻을 다하여 네 하나님 여호와를 사랑하게 하사 너로 생명을 얻게 하실 것이며(신 30:6).

하나님께서는 하나님을 알지도 못하던 인간들에게 구원의 은혜를 베푸신

깃을, 하나님께서 인간의 마음에 할례를 베푸신 것으로 직접 설명하셨습니다. 얼마나 정확한 표현입니까? 하나님께서 돌처럼 굳은 인간 마음의 포피를 벗겨 주시지 않는다면, 어떻게 유한한 인간이 눈에 보이지도 않는 영이신 하나님을 인식하고 믿을 수 있겠습니까? 그러므로 하나님께서 '마음에 할례를 행하라'고 명령하신 것은, 하나님께서 이미 인간의 마음에 할례를 베풀어 주셨음을 잊지 말라는 의미였습니다.

믿음은 하나님께서 당신의 은혜로 먼저 할례를 베풀어 주신 우리의 마음을 하나님께 드리는 것입니다. 온 마음을 다해 하나님을 좇는 것입니다. 그때 하나님께서 당신의 생명으로 우리의 심령을 채워 주시기에 죄와 죽음과 어둠의 자식이던 우리가 생명의 삶을 살 수 있습니다. 이것이 하나님의 복음입니다. 그리고 이 복음은 이 땅에 오신 예수님에 의해 재확인되었습니다.

예수님께서 말씀하셨습니다.

너희가 나를 사랑하면 나의 계명을 지키리라(요 14:15).

사람도 사랑하면 사랑하는 사람의 말을 지키고 따르지 않습니까? 우리가 주님을 사랑한다면 그 사랑은 주님의 계명, 주님의 말씀을 지키고 따르는 것으로 나타나야 함은 너무나도 당연한 일 아니겠습니까? 이것이 주님께서 다음과 같이 말씀하신 까닭입니다.

나더러 주여 주여 하는 자마다 다 천국에 들어갈 것이 아니요 다만 하늘에 계신 내 아버지의 뜻대로 행하는 자라야 들어가리라 그날에 많은 사람이 나더러 이르되 주여 주여 우리가 주의 이름으로 선지자 노릇 하며 주의 이름으로 귀신을 쫓아내며 주의 이름으로 많은 권능을 행하지 아니하였나이까 하리니 그때에 내가 그들에게 밝히 말하되 내가 너희를 도무지 알지 못하니 불법을 행하는 자들아 내게서 떠나가라 하리라 (마 7:21-23).

주의 이름으로 선지자 노릇 하고, 주의 이름으로 더러운 귀신을 쫓아내고, 주의 이름으로 수많은 권능을 행한 사람이라면 얼마나 대단한 사람입니까? 그런 사람이라면 천국은 따놓은 당상 아니겠습니까? 그러나 주님께서는 천국은 그런 사람들의 것이 아니라 하나님의 뜻대로 행하는 사람들, 다시 말해 하나님의 말씀을 행하는 사람들의 것임을 분명히 하셨습니다. 그리고 주님의 말씀은 다음과 같이 이어졌습니다.

그러므로 누구든지 나의 이 말을 듣고 행하는 자는 그 집을 반석 위에 지은 지혜로운 사람 같으리니 비가 내리고 창수가 나고 바람이 불어 그 집에 부딪치되 무너지지 아니하나니 이는 주추를 반석 위에 놓은 까닭이요 나의 이 말을 듣고 행하지 아니하는 자는 그 집을 모래 위에 지은 어리석은 사람 같으리니 비가 내리고 창수가 나고 바람이 불어 그 집에 부딪치매 무너져 그 무너짐이 심하니라(마 7:24-27).

하나님의 말씀을 좇고 행하는 것이 영원한 생명의 삶이라면, 하나님의 말씀을 등진 삶은 허망한 죽음으로 무너져 내릴 수밖에 없다는 의미입니다. 여기에서 한 가지 근본적인 질문이 제기됩니다. 예수님께서 삼위일체 하나님의 말씀을 좇는 삶의 중요성을 이토록 강조하셨다면, 그것이 구원의 전제 조건이기 때문입니까? 하나님의 말씀을 먼저 좇고 행하는 사람만 구원받고 천국을 얻을 수 있기 때문입니까? 결코 아닙니다. 우리가 하나님의 말씀을 좇고 행하는 것은 그것이 구원을 위한 절대적인 전제 조건이어서가 아니라, 이미 예수 그리스도 안에서 우리를 먼저 구원해 주신 하나님의 은혜의 결과이기 때문입니다.

죄의 삯은 사망이기에, 죄인인 인간은 그 누구도 거룩하신 하나님 앞에 설 수 없습니다. 죄인은 하나님 앞에서 죽음을 면할 수 없는 까닭입니다. 그래서 구약시대 사람들은 죽어야 할 자신 대신 짐승을 제물로 죽여 자기 죄에 대한 하나님의 형벌을 사함 받곤 했습니다. 그러나 비천한 동물을 제물로 삼는 제사의 효력은 마치 일회용 반창고처럼 언제나 일회성에 그치고 말았습니다. 그 결과 죄의 덫에 빠져 있는 인간은 일평생 동일한 형태의 제사를 반복해야만 했습니다.

그 불쌍한 인간들을 위하여 이 땅에 오신, 하나님의 독생자이신 예수님께서 친히 인간을 위한 제물이 되어 주셨습니다. 그분이 십자가의 제물로 사지백체가 찢어지고 피 흘려 돌아가심으로 인간이 받아야 할 죄의 형벌인 죽음의 삯을 대신 치러 주셨습니다. 그분은 그것으로 그치지 않고, 죽음을 깨뜨리고 영원히 부활하심으로 인간의 종착역인 공동묘지와 하나님의 나라를 연결하는 영원한 생명의 다리가 되셨습니다. 그 주님께서 우리가 주님을 알기도 전에, 먼저 우리에게 임하셨습니다. 그리고 죄로 굳어진 우리 마음의 포피를 벗기시고 우리 마음에 생명의 빛을 비추사, 우리로 하여금 예수 그리스도 안에서 이미 죄사함을 얻고 구원받은 하나님의 자녀 되었음을 깨달을 수 있게끔 우리 마음에 할례를 베풀어 주셨습니다.

바로 이것이 복음이요, 믿음입니다. 이 복음을 정녕 믿는다면, 우리는 주님의 말씀을 좇아 살지 않을 수 없습니다. 구원받기 위해서가 아니라, 이미 구원받았기에 구원받은 사람답게 살기 위함입니다. 생명을 얻기 위함이 아니라, 이미 생명을 얻었기에 그 생명을 누리기 위함입니다. 우리 인생을 더 이상 모래 위가 아니라, 반석 위에 세우기 위함입니다. 우리의 능력으로 주님의 말씀을 다 좇고 지킬 수 있어서가 아니라 우리의 능력만으로는 결코 주님의 말씀을 바르게 좇을 수 없지만, 우리의 마음이 주님을 향해 있는 한 우리의 모든 부족함에도 불구하고 주님께서 당신의 능력으로 우리의 부족함을 채워 주시고, 또 우리가 주님의 말씀을 좇을 수 있도록 우리를 도우시며 친히 인도해 주시기 때문입니다. 그래서 그분은 우리의 구원자이시고, 그분의 말씀은 우리를 속박하는 족쇄가 아니라 우리로 하여금 이 유한한 세상으로부터 진정한 자유를 누리게 하는 복음입니다.

만약 누군가 복음과 믿음의 이 순서를 무시하고 인간이 먼저 하나님의 말씀을 행하여야 구원 얻을 수 있다고 말한다면, 그것은 할례를 먼저 행하여야 구원을 얻을 수 있다는 유대인의 그릇된 주장처럼 하나님의 복음과는 전혀 무관하게 인간의 영혼에 죽음의 멍에를 씌우는 짓입니다. 인간 스스로의 능력으로는 하나님의 말씀을 바르게 좇을 수도 없고, 설령 좇는다 해도 인간의 죄는 몸에 묻은 기름덩어리가 비누 없이는 씻기지 않듯이 예수 그리스도의 보혈의 은총 아니고는 결코 해결될 수 없기 때문입니다. 이런 관점에서 베드로는 세상에서는 아무것도 배운 것이 없는 무식한 어부 출신이었지만, 복음과 믿음을 정확하게 이해한 위대한 신앙인이었습니다.

바울과 바나바가 공동 목회하던 안디옥교회는 2천 년 기독교 역사상 이방 땅에 세워진 최초의 이방인 교회였습니다. 안디옥교회를 구성하고 있는 교인들이 이방인들이었다는 말이요, 그것은 그들이 유대인들과는 달리 할례받지 않은 사람들이었음을 의미합니다. 그들은 그들의 목회자인 바울 그리고 바나바와 함께 이상적인 교회를 이루고 있었습니다. 그 안디옥교회에 평지풍파가 일었습니다. 예루살렘에서 내려온 유대인들이 안디옥 교인들에게, 이방인인 너희들도 유대인처럼 할례를 행하지 않으면 절대로 구원받을 수 없다고 주장했기 때문입니다. 바울과 바나바는 할례가 구원을 위한 절대 조건이라는 것은 복음에 위배되는 거짓 가르침임을 밝혔지만, 이방인들인 안디옥 교인들은 자신들의 구원과 관련된 할례 문제에 관한 한 바울과 바나바의 말을 순순히 들으려 하지 않았습니다. 그들은 바울과 바나바로 하여금 예루살렘 모교회로 가서 예수님의 직계 제자인 사도들의 판결을 받아오게 했습니다.

예루살렘 모교회를 찾은 바울과 바나바가 자신들의 방문 목적을 밝히자, 놀랍게도 그곳에도 구원을 위한 필수적인 전제 조건으로 이방인에 대한 할례를 주장하는 유대인들이 많았습니다. 당시 기독교인이 된 유대인들은 모두 유대교에서 개종한 사람들이었습니다. 유대인들은 태어나면서부터 유대교인이 되기 때문이었습니다. 그들 가운데 상당수의 유대인들이 복음과 믿음을 바르게 정립하지 못한 채, 예수 그리스도를 믿는다면서도 여전히 그릇된 유대주의적 발상에 사로잡혀 있었습니다. 그들의 주장이 얼마나 완강했던지 자칫 할례 문제로 교회가 분열의 위기를 맞을 수도 있는 상황이었습니다. 사도들은 할례 문제를 근본적으로 해결하기 위해 역사적으로 제1회 예루살렘 공의회라고 불리는 회의를 개최했습니다. 그리스도인이라면 누구나 참석하여 자기 의견을 개진할 수 있는 민주적인 회의였습니다. 할례를 주장하는 유대인들의 주장을 모두 들은 뒤 마침내 베드로가 일어났습니다. 베드로는 하나님께서 자신을 도구로 삼아, 할례도 받지 않은 가이사랴의 이방인 고넬료 일행에게 어떻게 구원의 은혜를 거저 베풀어 주셨는지를 소상하게 밝혔습니다. 그리고 그는 이방인들에게 구원을 위한 필수적인 전제 조건으로 할례의 의무를 요구하는 것은 유대인들도 능히 멜 수 없었던 멍에를 이방인의 목에 씌우는 폭거로 규정짓고, 유대인이든 이방인이든 인간의 선행적 행위가 아니라 오직 예수 그리스도의 십자가 은혜로만 구원받을 수 있음을 분명히 했습니다.

소나 나귀에게 메어진 멍에를 생각해 보십시오. 소나 나귀 자력으로는 절대로 멍에를 벗어날 수 없습니다. 만약 누군가가 그 멍에를 벗겨 주지 않는다면 소와 나귀는 죽을 때까지 밤낮 멍에의 고통 속에서 살아야만 합니다. 하나님께서 이스라엘 백성들에게 율법을 주신 것은 그들 스스로 율법을 지켜 구원 얻으라는 의미가 아니었습니다. 이미 그들을 당신의 백성으로 구원해 주신 하나님께서 그들을 당신의 은혜 속에서 바른길로 인도해 주시기 위함이었습니다. 그럼에도 이방인들에게 율법을 좇아 할례를 행하는 것과 같은 인간의 행위가 구원을 위한 필수적 전제 조건이라고 주장하는 것은 베드로가 보기에는, 유대인 자신들도 자신들의 능력으로는 지킬 수 없던 율법을 이방인 스스로 행하고 구원 얻으라는 말로서, 그것은 이방인 스스로는 결코 벗지 못할 죽음의 멍에를 이방인에게 씌우는 영적 테러였습니다. 여기에서 우리가 주목하지 않을 수 없는 것은 베드로가 이 말을 하면서 덧붙인 표현입니다.

그런데 지금 너희가 어찌하여 하나님을 시험하여 우리 조상과 우리도 능히 메지 못하던 멍에를 제자들의 목에 두려느냐(10절).

베드로는 유대인들이 자신들도 멜 수 없는 멍에를 이방인에게 씌우는 것은 하나님을 시험하는 범죄라고 규정했습니다. 베드로의 영적 통찰력에 새삼 놀라지 않을 수 없습니다. 인간이 하나님을 시험한다는 것은 하나님을 하나님으로 믿지 않는다는 말이요, 하나님을 우습게 안다는 말입니다. 그것은 하나님에 대한 범죄가 아닐 수 없습니다. 인간이 인간에게 멍에를 메우는 것이 왜 하나님을 시험하는 범죄가 되겠습니까?

그리스도인들을 핍박, 연행, 투옥시키는 것을 천직으로 삼던 젊은 시절의 바울이 다메섹 도상에서 빛으로 임하신 주님께 사로잡혀 고꾸라지고 말았습니다. 그와 동시에 음성이 들렸습니다. '네가 어찌하여 나를 박해하느냐?' 바울은 땅바닥에 엎드린 채 두려움에 떨며 물었습니다. '누구십니까?' 주님께서 대답하셨습니다. '나는 네가 박해하는 예수다.' 바울은 예수님께서 이 땅에 계시는 동안 예수님을 만나 본 적이 없었습니다. 바울의 상식으로는 만나 본 적도 없는 예수님을 자신이 박해한다는 것은 있을 수 없는 일이었습니다. 그는 단지 예수님을 믿는다는 그리스도인들을 박해했을 뿐이었습니다. 그럼에도 예수님께서는 박해받는 그리스도인과 당신 자신을 동일시하셨습니다. 이처럼 삼위일체 하나님께서는 당신 자신을 당신의 백성과 동일시하는 분이시기에, 하나님께서 구원하신 하나님의 백성에게 그릇된 멍에를 씌우는 것은 곧 그들을 당신의 백성 삼으신 하나님을 시험하는 범죄일 수밖에 없습니다.

하나님을 시험하던 그 어리석은 유대인들은 유대교인들이 아니었습니다. 그들은 유대교에서 개종한 그리스도인들이었습니다. 그럼에도 그들이 주님께서 구원하신 이방인들에게 그릇된 멍에를 씌워 하나님을 시험하는 과오를 범한 것은, 그때까지 그들이 교회에는 다녔지만 주님의 말씀에는 무지했기 때문입니다. 예수님께서 "너희가 나를 사랑하면 나의 계명을 지키리라"고 말씀하시지 않았습니까? 주님의 계명, 주님의 말씀은 대단히 방대합니다. 창세기부터 요한계시록에 이르는 그 방대한 분량의 말씀은 다 외울 수도 없습니다. 대체 그 방대한 주님의 말씀을 어떻게 다 지킬 수 있겠습니까? 이 질문에 대해 주님께서 친히 답변해 주셨습니다.

> 내 계명은 곧 내가 너희를 사랑한 것같이 너희도 서로 사랑하라 하는 이
> 것이니라(요 15:12).

주님의 계명을 지키는 것은 사랑해야 할 사람을 사랑하는 것입니다. 주님께서는 언제나 당신의 백성과 당신 자신을 동일시하시기 때문입니다. 사랑해야 할 사람을 사랑하지 않고서는 주님을 사랑할 수도, 주님의 계명을 지킬 수도 없습니다. 본문의 유대인들이 이 사실을 알았더라면 주님을 믿는다면서도 하나님의 율법을 빙자하여 이방인들에게 그릇된 멍에를 씌우려 하기보다는, 베드로처럼 그들의 멍에를 벗겨 주는 참된 사랑의 통로가 되었을 것입니다. 이것이 추석을 하루 앞둔 오늘, 하나님께서 우리에게 주시는 교훈입니다.

마땅히 함께 즐거워해야 할 민족의 명절인 추석을 맞이했는데도 나의 나태함, 나의 무책임함, 나의 몹쓸 마음가짐으로 인해 내 주위 누군가가 경제적 멍에를 지고 있는 것은 아닙니까? 누군가에게 그릇된 관습의 멍에, 편견과 증오의 멍에, 과중한 삶의 멍에를 씌우고서도 자신의 잘못을 깨닫기는커녕, 도리어 교회에 다닌다는 것만으로 자신은 주님의 말씀을 좇는 이상적인 그리스도인이라고 자만하고 있는 것은 아닙니까? 그러나 착각하지 마십시다. 누군가에게 멍에를 씌우는 것은 그 사람을 사랑하는 주님을 시험하고 주님의 계명을 짓밟는 범죄행위일 뿐입니다.

주님께서 거저 베풀어 주신 십자가의 은혜로 구원받은 하나님의 자녀가 되었음을 정녕 믿으십니까? 구원받은 하나님의 자녀답게 주님을 사랑하고 주님의 계명을 지키며 살기 원하십니까? 그렇다면 추석을 맞아 우리 모두,

그동안 우리 주위 사람들에게 알게 모르게 씌워 왔던 온갖 형태의 멍에를 풀어 주는 삶을 시작하십시다. 그것이 주님의 계명을 좇는 것이요, 주님을 사랑하는 길입니다. 그래서 남의 멍에를 벗겨 주는 것은 결국, 주님 안에서 그동안의 그릇된 삶의 멍에로부터 자기 자신이 자유로워지는 것을 의미합니다. 우리 모두 이번 추석을 그 계기로 삼는다면, 올해부터 시작하여 앞으로 우리가 매해 맞이할 추석은 민족 명절의 차원을 넘어 은혜로운 신앙 명절로 승화될 것입니다.

우리가 주님을 알기도 전에 십자가의 제물로 우리 죗값을 대신 치러 주심으로 우리를 구원해 주시고, 우리의 마음에 임하셔서 돌처럼 죄에 굳어 있던 우리 마음이 주님을 알고 믿을 수 있게끔 우리 마음에 할례를 베풀어 주셔서 감사드립니다. 십자가 보혈의 은혜로 구원받은 하나님의 자녀답게 주님의 말씀을 좇아 살려는 마음을 내려 주심도 감사드립니다. 그러나 우리는 주일에 교회를 찾아 예배드리고 봉사하는 종교 행위에만 열심이었을 뿐, 주님의 말씀을 제대로 알려 애쓰지는 않았습니다. 그 결과 우리는, 주님의 말씀을 좇는 삶은 주님께서 사랑하시는 사람들에 대한 사랑으로 드러나야 함을 알지 못했습니다. 나의 나태함으로, 나의 무책임함으로, 나의 그릇된 판단으로, 나의 부질없는 욕망으로, 나의 못난 습성과 이기심으로, 내 주위 숱한 사람들에게 온갖 형태의 멍에를 씌우고도 그것이 그분들을 사랑하시는 하나님을 시험하는 범죄행위임을 인식하지 못했습니다. 이 모든 허물을 회개하오니 용서하여 주시기를 간구 드립니다. 이제 모두 더불어 즐거워해야 할 민족의 명절인 추석을 맞이하여, 그동안 주위 사람들에게 내가 씌워 온 멍에를 벗겨 주는 본문의 베드로가 되기를 결단하오니, 주님의 은총으로 도와주십시오. 내가 다른 사람의 멍에를 벗겨 줌으로, 나 자신이 그릇되었던 삶의 멍에로부터 자유를 누리게 해주십시오. 다른 사람의 멍에를 벗겨 주는 나의 삶을 통해 주님의 말씀이 육신을 입게 해주십시오. 다른 사람의 멍에를 벗겨 주는 나로 인해 나의 가정과 일터가, 내 교회와 이 사회가 반석 위에 세워지게 해주십시오. 그리하여 이번 추석부터 시작하여 앞으로 매년 맞이할 추석이, 나로 인해 수많은 사람들이 주님 안에서 더불어 사랑하는 진정한 신앙 명절로 승화되게 해주십시오. 아멘.

10. 베드로가 일어나 V

사도행전 15장 6-11절

사도와 장로들이 이 일을 의논하러 모여 많은 변론이 있은 후에 **베드로가 일어나** 말하되 형제들아 너희도 알거니와 하나님이 이방인들로 내 입에서 복음의 말씀을 들어 믿게 하시려고 오래전부터 너희 가운데서 나를 택하시고 또 마음을 아시는 하나님이 우리에게와 같이 그들에게도 성령을 주어 증언하시고 믿음으로 그들의 마음을 깨끗이 하사 그들이나 우리나 차별하지 아니하셨느니라 그런데 지금 너희가 어찌하여 하나님을 시험하여 우리 조상과 우리도 능히 메지 못하던 멍에를 제자들의 목에 두려느냐 그러나 우리는 그들이 우리와 동일하게 주 예수의 은혜로 구원받는 줄을 믿노라 하니라

우리는 오늘로 6주째 제1회 예루살렘 공의회에 대해 살펴보고 있습니다. 바울과 바나바가 자신들이 공동 목회하던 안디옥교회에서 촉발된 문제를 해결하기 위해 예루살렘 모교회를 찾은 것을 계기로, 교회사에서 제1회 예루살렘 공의회라 불리는 회의가 소집되었습니다. 사도와 장로들은 말할 것

도 없고 그리스도인이라면 누구나 참석할 수 있는 최초의 대규모 회의였습니다. 회의의 주제는 복음을 영접한 이방인 그리스도인들이 구원을 위한 필수적인 전제 조건으로 율법을 좇아 할례를 받는 것이 마땅하냐, 혹은 아니냐는 것이었습니다.

　　많은 변론이 있은 후에(7절).

'많은 변론이 있었다'는 것은 구원을 위한 필수적인 전제 조건으로 이방인에 대한 할례 의무를 주장하는 사람들과, 그 주장에 반대하는 사람들 간에 오랜 시간 동안 격렬한 논쟁이 벌어졌다는 의미라 했습니다. 이처럼 제1회 예루살렘 공의회는 참가자 누구나 누구의 제재도 받지 않고 자유롭게 자신의 의사를 개진할 수 있는 민주적인 회의였습니다.

　　많은 변론이 있은 후에 베드로가 일어나 말하되 형제들아 너희도 알거니와(7절).

이방인에 대한 할례를 완강하게 고집하는 유대인들의 주장을 끝까지 경청한 뒤, 마침내 베드로가 일어나 이렇게 입을 열었습니다. "형제들아 너희도 알거니와". 베드로가 '형제들', '너희'라고 부른 사람들은 예루살렘 공의회에 참석한, 지금 베드로 앞에 있는 사람들입니다. 그들은 예루살렘 모교회에 속한 교인들로서, 할례를 주장하는 사람들과 반대하는 사람들이 뒤섞여 있었습니다. 베드로는 그들을 통칭하여 '너희'라 부르면서, 너희도 다 알고 있다고 말했습니다. 대체 예루살렘 교인들이 무엇을 알고 있다는 말입니까? 하나님께서 베드로 자신을 도구로 사용하시어 가이사랴의 이방인 고넬료 일행을 구원해 주신 사실을, 베드로 자신과 함께 신앙생활하고 있는 너희들도 이미 다 알고 있지 않느냐는 말이었습니다.

> 많은 변론이 있은 후에 베드로가 일어나 말하되 형제들아 너희도 알거니와 하나님이 이방인들로 내 입에서 복음의 말씀을 들어 믿게 하시려고 오래전부터 너희 가운데서 나를 택하시고(7절).

베드로는 예루살렘의 교인들에게 분명하게 말했습니다. 가이사랴의 이방인 고넬료 일행에게 복음을 전해 주시기 위해 하나님께서 너희들 가운데서 나를 택하신 것을 너희들도 알고 있지 않느냐고 말입니다. 베드로는 제3자를 가리켜 말하지 않았습니다. 어느 집단을 가리켜 말한 것도 아닙니다. 베드로는 자기 자신, 자기 개인을 가리켜 '하나님께서 나를 택하셨다'고 말했습니다.

> 또 마음을 아시는 하나님이 우리에게와 같이 그들에게도 성령을 주어 증언하시고 믿음으로 그들의 마음을 깨끗이 하사 그들이나 우리나 차별하지 아니하셨느니라 그런데 지금 너희가 어찌하여 하나님을 시험하여 우리 조상과 우리도 능히 메지 못하던 멍에를 제자들의 목에 두려느냐(8-10절).

하나님께서 우리에게 성령을 내려 주셔서 우리가 하나님의 자녀 되었음을 친히 증언해 주신 것처럼, 할례도 받지 않은 이방인 고넬료 일행에게도 성령을 부어 주셔서 그들이 하나님의 자녀 되었음을 내 눈 앞에서 생생하게 증언해 주셨다. 유대인인 우리가 할례를 행했다고 의인이 되었는가? 육체의 할례를 천만 번 행한다 할지라도 하나님 보시기에 우리는 모두 죽을 수밖에 없는 추악한 죄인 아닌가? 우리가 죄사함을 받고 정결케 된 것은 우리가 할례를 행했기 때문이 아니라, 우리를 위해 먼저 십자가의 제물이 되신 예수 그리스도를 믿음으로 예수님의 보혈이 우리를 정결케 해주셨기 때문 아닌가? 이방인 고넬료 일행이 비록 할례는 받지 않았을망정, 그들 역시 그들에게 임하신 예수 그리스도를 영접함으로 하나님께서 그들을 우리와 동일하게 당신의 정결한 자녀로 세워 주시는 것을 나는 내 눈으로 분명히 확인했노라. 이처럼 하나님께서는 유대인인 우리나 이방인인 그들이나 조금도 차별치 않고 구원의 은혜를 베풀어 주셨거늘, 어찌하여 너희들은 유대인인 우리도 능히 멜 수 없었던 율법의 멍에를 하나님께서 구원하신 이방인에게 메워 감히 하나님을 시험하는 범죄를 저지르려 하느냐?

여기에서 베드로가 질타한 '너희'는, 지금 베드로 앞에 있는 예루살렘 교인들 가운데서 이방인에 대한 할례를 주장하는 유대인들을 의미했습니다.

지금까지 살펴본 내용은 어느 집단의 집단적 경험에 대한 집단적 진술이 아닙니다. 성령님의 인도하심을 좇아 찾아간 가이사랴의 이방인 고넬료 집에서 베드로 개인이 체험한 개인적인 경험담입니다. 베드로로부터 그 경험담을 들은 사람들이 베드로와 함께 집단적으로 진술하고 있는 것도 아닙니다. 지금 예루살렘 공의회에서 일어서 있는 사람은 베드로 한 사람뿐이요, 말하고 있는 사람 역시 베드로 한 명일 뿐입니다. 그렇다면 베드로는 본문 11절에서 자신의 결론을 이렇게 맺었어야만 합니다.

그러나 나는 그들이 우리와 동일하게 주 예수의 은혜로 구원받는 줄을 믿노라.

이방인들도 유대인인 우리와 마찬가지로 오직 주 예수 그리스도의 은혜로만 구원받음을 '나는' 믿는다고 진술하는 것이 타당하지 않습니까? 이 말을 하는 화자話者는 복수가 아니라 베드로 단수이기 때문입니다. 그러나 베드로는 그렇게 말하지 않았습니다.

> 그러나 우리는 그들이 우리와 동일하게 주 예수의 은혜로 구원받는 줄을 믿노라(11절).

분명 이 말을 하는 화자는 베드로 개인인데도, 베드로는 '나는 믿는다'고 1인칭 단수 주어를 사용하지 않고 '우리는 믿는다'며 1인칭 복수형 주어를 사용했습니다. 대체 그 이유가 무엇이었겠습니까? 개인 베드로가 '우리는 믿는다'고 말할 때 그 '우리'는 누구를 의미하기 위함이었겠습니까?

여기에는 두 가지 해석이 가능합니다. 첫째는 베드로가 말한 '우리'의 범위를 확대하여 예루살렘 공의회에 참석한, 지금 베드로 앞에 있는 모든 사람을 의미한다고 해석하는 것입니다. 그들 가운데 상당수는 구원을 위한 필수적인 전제 조건으로 이방인들에게 할례 의무 이행을 요구해야 한다고 주장하는 사람들이었습니다. 그럴지라도 그들까지 포함하여 우리 모두는 유대인이든 이방인이든 오직 예수 그리스도의 은혜로만 구원받음을 반드시 믿어야 한다는 의미에서 베드로가 '우리'라는 주어를 사용했다는 것입니다. 둘째는 베드로가 말한 '우리'의 범위를 축소시켜, 이방인에 대한 할례를 반대하는 사람을 의미한다고 해석하는 것입니다. 이미 말씀드린 것처럼 베드로 앞에 모인 사람들 가운데 상당수는 이방인에 대한 할례를 고집하는 사람들이었습니다. 그러므로 베드로는, 너희들은 할례를 주장할지라도 할례에 반대하는 우리는 오직 주님의 은혜로만 구원받음을 믿는다는 의미로 '우리'라는 주어를 사용했다는 것입니다.

　두 해석 모두 일리가 있긴 하지만, 그러나 본문에 입각한 해석인 것은 아닙니다. 베드로가 지칭한 '우리'가 실제로 누구를 의미하는지는, 다음 주에 상세하게 살펴볼 12절 말씀이 정확하게 그리고 구체적으로 밝혀 주고 있습니다.

> 온 무리가 가만히 있어 바나바와 바울이 하나님께서 자기들로 말미암아
> 이방인 중에서 행하신 표적과 기사에 관하여 말하는 것을 듣더니(12절).

　베드로가 유대인이든 이방인이든 오직 예수 그리스도의 은혜로만 구원받음을 '우리는 믿는다'고 결론을 맺음과 동시에 바울과 바나바가 일어났습니다. 그리고 그들은 하나님께서 자신들을 통해 할례도 받지 않은 이방인들을 구원하시는 표적과 기사를 어떻게 행하셨는지를 증언하였습니다. 이와 같은 본문은 베드로가 칭한 '우리'가 베드로 자신을 포함하여 바울과 바나바를 의미함을 입증해 주고 있습니다.

　베드로와 바울 그리고 바나바의 공통점은, 본문의 시점 이전에 이미 이방인을 구원하기 위한 하나님의 도구로 쓰임 받았던 유경험자들이었다는 것입니다. 베드로는 가이사랴의 이방인 고넬료 일행을 구원하시려는 하나님의 도구였고, 바울과 바나바는 비시디아 안디옥에서, 이고니온에서, 루스드라에서, 그리고 더베와 버가에서 수많은 이방인들을 위한 하나님의 도구로 쓰임 받았습니다. 차이가 있다면 베드로는 그때까지 이스라엘 경내에서 이방인을 위한 하나님의 도구로 쓰임 받은 반면, 바울과 바나바는 이스라엘 경계 너머의 이방인들을 위한 하나님의 도구였다는 것입니다.

당시 이방인들에게 복음을 전한다는 것은 오늘날 우리가 생각하는 것처럼 간단한 문제가 아니었습니다. 하나님의 명령에 순종하여 가이사랴의 이방인 고넬료 집을 찾아간 베드로가 그곳에 모인 이방인들에게 가장 먼저 한 말은 다음과 같았습니다.

> 유대인으로서 이방인과 교제하며 가까이하는 것이 위법인 줄은 너희도 알거니와 하나님께서 내게 지시하사 아무도 속되다 하거나 깨끗하지 않다 하지 말라 하시기로 부름을 사양하지 아니하고 왔노라(행 10:28-29상).

선민의식에 젖어 있던 유대인들은 자신들을 제외한 모든 이방인들을 짐승처럼 간주하면서, 이방인과 교제하거나 식탁에 함께 앉거나 이방인의 집을 방문하는 것을 철저하게 금기시했습니다. 그렇게 하지 않을 경우 부정한 이방인들의 부정이 자신들에게 전이된다고 믿었기 때문입니다. 따라서 이스라엘 경내에 살던 고넬료와 같은 이방인들은 유대인들의 그 폐쇄적이고도 독선적인 몹쓸 관습을 잘 알고 있었습니다. 유대인이었던 베드로 역시 이방인에 대해 똑같은 사고에 젖어 있었습니다.

그럼에도 그가 이방인 고넬료 집을 찾아간 것은 고넬료 일행을 구원하시려는 하나님의 명령으로 인함이었습니다. 그러나 그것은 유대인의 관점으로 본다면 대단한 용기가 필요한 일이었습니다. 유대인인 베드로가 유대인의 관습을 버리고 이방인인 고넬료 집을 방문하여 그와 교제한다는 것은, 같은 유대인들로부터 비난과 수욕羞辱을 스스로 자초하는 일이었습니다. 그동안 자신이 유대 사회에서 쌓아 온 명성과 명예를 포기하는 일이었습니다. 실제로 베드로는 이방인 고넬료 집을 방문한 것과 관련하여 그 이후에, 예수 그리스도의 구원을 유대인의 전유물로 착각하는 예루살렘 교인들로부터 비난

받아야 했음을 사도행전 11장 2절이 증언하고 있습니다. 이방인의 집을 찾아갔다는 이유로 같은 크리스천 유대인들로부터도 비난을 받아야 했다면, 예수님을 믿지 않는 유대인들의 반발은 또 얼마나 컸겠습니까? 그래서 바울과 바나바는 1차 전도 여행 당시 이방인들에게 복음을 전한다는 이유만으로 가는 곳마다 유대인들로부터 모진 박해를 당해야만 했습니다. 더욱이 바울은 루스드라에서 유대인들로부터 얼마나 심한 돌팔매질을 당했던지 사람들이 그가 죽었다고 오인할 정도였습니다.

이처럼 베드로와 바울 그리고 바나바가 이방인을 위한 도구로 쓰임 받았던 것은, 세상적인 관점에서 보자면 결코 고상하거나 자기 품위를 지키는 일이 아니었습니다. 그것은 주위 사람과 동족의 비난과 돌팔매질에 자신을 던지는 일이었습니다. 그것은 주님을 위해 자신의 모든 것을 버릴 수 있는 사람만 취할 수 있는 삶이었습니다. 그것은 이 세상 모든 것보다 주님이 더 크신 분이심을 믿는 사람만 걸을 수 있는 길이었습니다. 그래서 베드로는 자신처럼 그 길 위에 나선 바울과 바나바를 가리켜 '우리는 믿는다'고 고백했습니다.

그렇다면 우리는 본문의 영상을 머릿속에 그려 볼 수 있습니다. 제1회 예루살렘 공의회가 열립니다. 구원을 위한 필수적인 전제 조건으로 이방인에 대한 할례를 역설하는 측과 반대하는 측의 주장이 오랜 시간 동안 맞섭니다. 그러나 이방인에 대한 할례를 반대하는 사람들이라고 해서 그들이 모두 베드로와 바울과 바나바처럼 이방인을 위해 비난과 돌팔매질을 감수한 사람들인 것은 아닙니다. 그들은 단지 이성적인 판단으로 할례를 반대할 뿐입니다. 완강하게 할례를 역설하는 사람들의 주장을 끝까지 경청한 뒤, 마침내 베드로가 일어섭니다. 하나님께서 자신을 들어 이방인 고넬료 일행에게 어떻게 구원의 은혜를 기저 베풀어 주셨는지를 소상하게 설명하고, 이방인 들에게 구원의 조건으로 율법의 행위를 요구하는 것은 하나님이 구원하신 하나님의 백성에게 죽음의 멍에를 씌우는 것으로, 그것은 하나님을 시험하 는 범죄행위라 단정합니다. 그리고 베드로는 유대인이든 이방인이든 오직 예수 그리스도의 은혜로만 구원받음을 '우리는 믿는다'고 결론을 맺습니다.

그 말을 할 때 베드로의 시선이 어디를 향하고 있겠습니까? 허공을 향하 고 있겠습니까? 아니면 공의회에 참석한 무리를 향하고 있겠습니까? 그럴 리가 없습니다. 베드로는 잠시 말을 멈추고 좌중을 한번 둘러본 뒤, 자신이 말하는 '우리'가 누구를 가리키는지 그곳에 모인 사람들이 모두 알 수 있게 끔 바울과 바나바에게 시선을 돌립니다. 그리고 그들에게 자신의 시선을 고 정시킨 뒤, 유대인이든 이방인이든 오직 예수 그리스도의 은혜로만 구원받 음을 '우리는 믿는다'고 고백합니다. 그 순간 베드로와 바울, 베드로와 바나 바의 시선이 강렬하게 부딪칩니다. 그 시선의 부딪침을 통해 이방인을 위해 주위 사람의 비난과 돌팔매질을 당해 본 사람, 이 세상 모든 것보다 주님이 더 크신 분이심을 믿어 주님 앞에 자신을 내던져 본 사람끼리만 주고받을 수 있는 영적 교감이 이루어집니다. 그리고 바울과 바나바는 그 시선에 빨 려들듯이 일어나 베드로의 말이 모두 사실임을, 자신들의 경험을 토대로 증 언합니다. 서로를 바라보는 베드로와 바울 그리고 바나바의 시선 속에는 깊 은 신뢰와 따뜻한 동지애가 배어 있습니다. 이 세상 어느 화가의 그림이 본 문의 영상보다 더 아름답고 감동적일 수 있겠습니까?

이처럼 아름다운 영상을 하나님께 순종하는 삶으로 빚어낸 베드로와 바 울 그리고 바나바는 예수 그리스도 안에서 명실상부하게 '하나' 된 '우리'였 습니다. 그리고 그들은 우리로 하여금 신앙 공동체의 참된 의미를 깊이 깨 닫게 해줍니다.

우리는 어느 나라 사람보다도 '우리'라는 말을 남용합니다. 사람들은 흔히 자기 아내와 남편을 '우리 와이프'와 '우리 남편'으로, 자기 집을 '우리 집'이라고 부릅니다. '우리 와이프', '우리 남편', '우리 집'이라면 자기 앞에 있는 사람들 모두를 위한 공동의 아내, 공동의 남편, 공동의 집이란 의미로 그것은 전혀 사리에 닿지 않는 표현입니다. 그러나 우리는 '우리'라는 단어에 관한 한 사리에 아랑곳없이 그 단어를 헤프게 사용합니다. 그렇다고 해서 그 단어가 늘 긍정적인 의미로 사용되는 것은 아닙니다. 우리가 말하는 '우리'는 주로 혈연, 지연, 학연, 이권을 토대로 한 것이기에, '우리가 남이가?'처럼 부정적인 의미를 담고 있을 때가 더 많습니다. 일단 '우리'의 범주에 속해 있기만 하면 불법과 탈법도 묵인합니다. '우리'라고 하기만 하면 상대가 제3자에게 어떤 잘못을 저지르든 그냥 용납됩니다. '우리'라는 말을 헤프게 사용하는 우리나라의 부패지수가 수치스러울 정도로 높은 것은 이와 무관하지 않습니다.

주님을 믿는 우리에게 '우리'는 어떤 의미입니까? 세상 사람들처럼 이권을 위해 거짓과 벗하면서도 서로 당연하다는 듯 묵인하는 관계를 의미합니까? 그렇다면 우리가 아무리 교회에 다녀도, 우리의 수가 하늘의 별처럼 많아도, 우리는 베드로가 바울과 바나바를 가리켜 말한 '우리'가 될 수는 없고, 우리가 '우리'라 부르는 우리의 가정도 교회도 참된 신앙 공동체가 될 수는 없습니다.

우리 모두 주님을 위해 자신을 내던지는 베드로가 되십시다. 주님을 위해 비난은 말할 것도 없고 돌팔매질마저 두려워하지 않는 바울이 되십시다. 이 세상 모든 것보다 주님께서 더 크신 분이심을 알아 일평생 주님 가신 그 길을 좇는 바나바가 되십시다. 그때 우리는 진정한 신앙 공동체를 이루어 가족 간에, 교인 간에, 서로 눈빛만 쳐다보아도 우리만 느낄 수 있는 심오한 영적 교감을 나누게 될 것입니다. 나아가 우리는 가족 간에, 교인 간에, 서로 쳐다보는 눈빛 속에서 깊은 신뢰와 따뜻한 동지애를 읽을 수 있을 것입니다.

그렇듯 참된 공동체를 이룬 우리가 예수 그리스도 안에서 빚어 가는 삶은 이 세상 그 어떤 화가의 그림보다 더 아름답고도 감동적인 영상으로 이 시대의 역사 속에 각인될 것입니다. 본문 속에서 진정한 '우리'가 된 베드로와 바울 그리고 바나바를 통해 역사하신 주님께서, 주님 안에서 '우리'가 된 우리를 통해서도 반드시 역사하실 것이기 때문입니다.

오늘도 우리를 불러 주시고, 우리로 하여금 평소 우리가 쉽게 말하는 '우리'의 성경적 의미를 깊이 묵상하게 해주셔서 감사합니다. 베드로는 같은 교인이기는 하지만, 여전히 그릇된 유대주의 발상에서 벗어나지 못해 이방인들에 대한 할례를 주장하는 사람들을 가리켜 '우리는 믿는다'고 말하지 않았습니다. 할례를 반대하기는 하지만 단지 이성적인 판단으로만 반대하는 사람도 베드로가 말한 '우리' 속에 포함되지 않았습니다. 베드로는 이방인의 구원을 위해 주위 사람과 동족으로부터의 비난이나 돌팔매질을 두려워하지 않고, 주님의 명령에 순종하여 주님 앞에 자신을 기꺼이 내던졌던 바울과 바나바를 가리켜 '우리는 믿는다'고 고백했습니다. 그날 예루살렘 공의회에 모인 수많은 사람들 중에 베드로의 '우리가 믿는다'는 고백 속에는, 이처럼 베드로를 포함하여 단 세 사람밖에 없었습니다. 그러나 예수 그리스도 안에서 참된 '우리'를 이룬 그들은 진정한 신앙 공동체였고, 주님의 역사는 그들을 통해 이루어졌습니다.

우리가 말하는 '우리'가, 더 이상 서로의 불법과 탈법을 묵인해 주는 부정적인 관계를 의미하지 않게 해주십시오. 제3자에 대한 상대의 거짓된 삶을 당연한 듯 용납하는 부정직한 관계도 아니게 해주십시오. 우리가 말하는 '우리'가 주님 안에서 진정한 '우리'가 될 수 있게끔, 내가 먼저 주님 앞에 나 자신을 온전히 내던지는 이 시대의 베드로가 되게 해주십시오. 주님을 위해 세상의 비난과 돌팔매질을 두려워하지 않는 바울이 되게 해주십시오. 이 세상 모든 것보다 주님께서 더 크신 분이심을 믿어 일평생 주님의 길을 좇는 바나바가 되게 해주십시오. 그와 같은 나로 인해 내가 '우리'라 부르는 나의 가정이, 나의 일터가, 나의 교회가, 이 세상과 이 시대의 역사를 새롭게 하는 진정한 신앙 공동체가 되게 해주십시오. 아멘.

11. 온 무리가 가만히 있어

사도행전 15장 12절

온 무리가 가만히 있어 바나바와 바울이 하나님께서 자기들로 말미암아 이방인 중에서 행하신 표적과 기사에 관하여 말하는 것을 듣더니

오늘 본문에서 바울과 바나바는 제1회 예루살렘 공의회 석상에 있습니다. 그 회의의 주제는 주님을 영접한 이방인들에게 구원을 위한 필수적인 전제 조건으로 할례의 의무가 있느냐는 것이었습니다. 바울과 바나바는 자신들의 차례가 되자 일어나, 하나님께서 자신들을 통해 할례도 받지 않은 이방인들을 구원하시기 위해 어떤 표적과 기사를 행해 주셨는지를 소상하게 증언하였습니다. 이에 그 회의에 참석한 온 무리가 가만히 있었습니다. '가만히 있다'는 의미의 헬라어 동사 '시가오σιγάω'는 '몸을 움직이지 않다'는 말이 아니라 '침묵을 지키다'는 뜻입니다. 지금 그 회의 석상에는 바울과 바나바에게 동조하는 사람만 있는 것이 아닙니다. 바울과 바나바처럼 이방인에 대한 할

례를 반대하는 사람들도 있었지만, 거꾸로 이방인에 대한 할례를 완강하게 주장하는 사람들도 많았습니다. 그 가운데서 바울과 바나바의 견해에 동조하는 사람들만 침묵한 것이 아니었습니다. 바울과 바나바에게 반대하는 사람들조차 마치 찬물을 끼얹은 듯 일제히 입을 다물고 침묵하였습니다. 그리고 바울과 바나바가 하는 말을 처음부터 끝까지 경청하였습니다. 그것은 참으로 놀라운 반전이었습니다.

바울과 바나바는 자신들이 공동 목회하던 안디옥교회에서 촉발된, 이방인에 대한 할례 문제를 근본적으로 해결하기 위해 예루살렘 모교회를 찾았습니다. 당시 상황을 4절이 밝혀 주고 있습니다.

> 예루살렘에 이르러 교회와 사도와 장로들에게 영접을 받고 하나님이 자기들과 함께 계셔 행하신 모든 일을 말하매.

예루살렘 모교회 교인들의 영접을 받은 바울과 바나바는 그들에게 "하나님이 자기들과 함께 계셔 행하신 모든 일"을 증언했습니다. 하나님께서 자신들을 통해 이방인들을 어떻게 구원하셨는지를 증언했다는 말입니다. 언뜻 대단히 은혜로운 분위기였을 것 같습니다. 그러나 실은 그게 아니었습니다.

> 바리새파 중에 어떤 믿는 사람들이 일어나 말하되 이방인에게 할례를 행하고 모세의 율법을 지키라 명하는 것이 마땅하다 하니라(5절).

바울과 바나바의 말이 채 끝나기도 전에 일단—團의 사람들이 일어났습니다. 헬라어 동사 '엑사니스테미'는 '벌떡 일어나다'는 의미로 돌발적인 행동을 나타내는 동사라고 했습니다. 한글 성경에는 이 단어가 우리말 어법상 뒤에 나오지만, 헬라어 원문에는 이 단어가 5절 문장 첫 단어로 기록되어 있습니다. 그들이 바울과 바나바의 말을 제지하기 위해 벌떡 일어났음을 강조하기 위함이었습니다. 그들은 모두 바리새파 출신 유대인들로서 주님을 영접한 이방인들은 할례를 받고 모세의 율법을 행함이 마땅하다고 소리쳤습니다.

만약 이때 일어난 사람들이 두세 사람 정도였다면, 그 사람들 때문에 기독교 역사상 최초의 공의회가 열리지는 않았을 것입니다. 이방인에 대한 할례 문제를 해결하기 위해 제1회 예루살렘 공의회가 열리지 않을 수 없었던 것은, 이때 벌떡 일어나 바울과 바나바의 말을 제지하면서 이방인들의 할례 이행과 율법 준수를 요구한 사람들이 무척 많았음을 의미합니다. 이방인에 대한 할례 문제로 자칫 교회가 분열의 위기에 빠질 수도 있음을 감지한 예루살렘 모교회 지도자들이 그 문제를 근원적으로 해결하기 위해 서둘러 제1회 예루살렘 공의회를 소집한 것이었습니다.

그렇다면 이처럼 5절에서 바울과 바나바의 말을 제지한 사람들이 12절에서도 벌 떼처럼 일어나 바울과 바나바를 또다시 가로막으며 이방인에 대한 할례를 한목소리로 외침이 마땅하지 않겠습니까? 그러나 그 누구도 그렇게 하지 않았습니다. 단 한 사람의 예외도 없이 그 자리에 참석한 온 무리가 입을 다물고 가만히 있었습니다. 헬라어 원문에는 '가만히 있었다'는 동사가 12절 첫 단어로 기록되어 있습니다. 5절에서 벌떡 일어났던 유대인들이 그때와는 대조적으로 이번에는 가만히 있었음을 강조하기 위함입니다. 대체 이와 같은 극적인 반전이 어떻게 가능할 수 있었겠습니까?

바울과 바나바의 직전 연사였던 베드로의 결론은 이랬습니다.

그러나 우리는 그들이 우리와 동일하게 주 예수의 은혜로 구원받는 줄을 믿노라(11절).

이때의 화자는 분명히 베드로 개인, 즉 단수였습니다. 그런데도 베드로는 자신의 결론에 이르러 1인칭 단수형 주어가 아니라 복수형 주어를 사용하였습니다. 유대인인 우리나 이방인들이나 예외 없이 오직 예수 그리스도의 은혜에 의해서만 구원받음을 '나는 믿는다'고 말하지 않고, '우리는 믿는다'고 고백한 것이었습니다. 베드로가 말한 '우리'는 베드로 자신을 포함하여 바울과 바나바를 의미함은 지난 시간에 상세하게 살펴보았습니다. '우리는 믿는다'는 베드로의 말에 뒤이어 베드로와 '우리'를 이루고 있던 바울과 바나바가 일어나 하나님께서 이방인들을 구원하시기 위해 자신들을 통해 어떤 표적과 기사를 행하셨는지 증언하기 시작했고, 그 자리에 있던 온 무리는 입을 다물고 가만히 두 사람의 말을 경청했습니다. 그러나 베드로가 바울과 바나바를 가리켜 단순히 '우리는 믿는다'고 말했다고 해서, 벌 떼처럼 일어나 바울과 바나바의 말을 제지했던 사람들이 쥐 죽은 듯 조용하게 그들의 말을 끝까지 경청한다는 것은 선뜻 납득하기 어렵습니다.

'믿음'을 뜻하는 헬라어 명사는 '피스티스πίστις'이고 동사는 '피스튜오 πιστεύω'입니다. 우리는 《새신자반》을 통해서 '피스티스'는 '신실'을 의미하기도 함을 배웠습니다. 헬라어로는 '믿음'과 '신실'이 모두 '피스티스' 한 단어로 표현됩니다. 바꾸어 말하면 헬라어로는 '믿음'과 '신실'이 구별되지 않습니다. 따라서 우리가 성경을 읽을 때 '믿음'이란 단어가 나올 경우 그 단어를 '신실'로 바꾸어 읽어 보면 해당 구절이 의미하는 바를 보다 정확하게 파악할 수 있습니다. 그리스도인들이 특별히 좋아하는 예수님의 말씀이 있습니다.

너희가 기도할 때에 무엇이든지 믿고 구하는 것은 다 받으리라(마 21:22).

우리가 믿고 기도하기만 하면 다 이루어진다는 것은 얼마나 멋지고도 신나는 일입니까? 그래서 이 구절은 교회마다 기도회에서 단골로 인용되는 구절이기도 합니다. 하지만 정말 그렇습니까? 정말 믿고 기도하기만 하면 내가 무엇을 기도하든 다 이루어졌습니까? 결코 그렇지 않습니다. 기도는 내가 요구하는 대로 이루어 주는 요술램프나 도깨비방망이가 아닙니다. 그런데도 왜 예수님께서는 다소 황당하게 보이는 그런 말씀을 하셨겠습니까? '믿음'이란 단어 대신 '신실'을 대입해 보면 예수님께서 하신 말씀의 진의를 알 수 있습니다. 예수님께서는 이렇게 말씀하셨습니다. '너희가 기도할 때에 신실하고 구하는 것은 다 받으리라.' 주님 안에서 신실한 그리스도인은 헛것을 구하지 않습니다. 신실한 그리스도인은 허망한 욕망의 것을 구하지 않습니다. 신실한 그리스도인은 자기의 유익만을 구하지 않습니다. 신실한 그리스도인은 언제나 하나님의 뜻을 먼저 구합니다. 신실한 그리스도인은 영원한 생명의 것을 구합니다. 신실한 그리스도인은 모두의 유익을 구합니다. 그러므로 신실하고 구하는 사람의 기도는 모두 응답되지 않을 수 없습니다. 하나님께서는 그런 신실한 사람의 신실한 기도를 통해 당신의 신실한 뜻을 이루시기 때문입니다. 이처럼 성경에 등장하는 '믿음'이란 단어를 '신실'로 대체하면 우리는 성경의 진의를 보다 깊이 이해할 수 있습니다.

베드로는 바울과 바나바를 가리켜, 유대인이나 이방인이나 오직 예수 그리스도의 은혜로만 구원받음을 '우리는 믿는다'고 고백했습니다. '믿음'은 '신실'이기에 베드로의 그 말은 이런 의미이기도 했습니다. '유대인이나 이방인이나 오직 예수 그리스도의 은혜로만 구원받는다는 복음의 본질을 우리는 신실하게 이행해 왔노라.' 이처럼 '믿음'을 '신실'로 대체하면 '우리는 믿는다'는 베드로 고백의 의미를 보다 깊이 깨달을 수는 있지만, 벌 떼처럼 일어나 바울과 바나바의 말을 제지하던 사람들이 베드로에 뒤이어 등단登壇한 바울과 바나바의 말을 가만히 경청한 본문의 상황을 납득하기에는 여전히 역부족임을 느낍니다.

우리 교회 김헌 집사님은 프랑스에서 서양고전학을 전공하여 박사 학위를 취득하고, 현재 서울대학교 인문학 연구원에서 연구원으로 재직 중입니다. 서양고전학을 전공하기 위해서는 고전 헬라어와 라틴어가 필수적이기에, 김 집사님은 누구보다도 그쪽 언어에 능통한 분입니다. 그분이 고대 아테네 10대 연설가를 다룬 책 《위대한 연설》에서, '믿음'과 관련하여 우리 그리스도인들에게 중요한 사실을 전해 주고 있습니다. '믿음'을 가리키는 헬라어 '피스티스'는 '입증立證'을 뜻하기도 한다는 것입니다. '믿음'은 곧 '입증'이요, '믿는다는 것'은 '스스로 입증하는 것'입니다. 이 사실을 알고 나면, 우리는 본문의 상황을 이제야 비로소 제대로 이해할 수 있습니다.

베드로는 하나님께서 자신을 도구로 삼아 가이사랴의 이방인 고넬료 일행에게 어떻게 구원의 은혜를 거저 베풀어 주셨는지를 증언함으로써, 할례도 받지 않은 그 이방인들이 오직 예수 그리스도의 은혜로 구원받았음을 신실하게 입증하였습니다. 그리고 바울과 바나바를 가리키며, 유대인이든 이방인이든 오직 예수 그리스도의 은혜로만 구원받음을 '우리는 믿는다'고 고백했습니다. 베드로 자신뿐 아니라 바울과 바나바 역시 그 사실을 입증할 수 있고, 또 지금부터 입증할 것이라는 의미였습니다. 예수님의 직계 제자였던 사도 베드로는 당시 초대교회 최고 지도자 중의 한 명이었습니다. 그 베드로가 이방인에 대한 할례 문제를 놓고 개최된 제1회 예루살렘 공의회에서, 하나님께서 할례도 받지 않은 이방인 고넬료 일행을 오직 당신의 은혜로 구원해 주셨음을 신실하게 입증하였습니다. 그 베드로의 신실한 입증 앞에서 누가 이의를 제기할 수 있겠습니까? 베드로는 거기에서 멈추지 않고 바울과 바나바를 가리키며 '우리는 믿는다'고 고백했습니다. 유대인이든 이방인이든 오직 예수 그리스도의 은혜로만 구원받음을 지금까지 베드로 자신이 입증한 것처럼, 지금부터는 바울과 바나바가 계속하여 입증할 것이라는 선포였습니다.

베드로는 바울과 바나바가 지금부터 이방인에 대한 할례와 관련하여 신학적 강의를 시작할 것이라고 말하지 않았습니다. 바울과 바나바가 할례 문제에 대해 개인적인 견해를 피력할 것이라고 말한 것도 아닙니다. 사도 베드로는 주님을 영접한 이방인들이 왜 율법을 좇아 할례를 행하지 않아도 되는지, 왜 도리어 할례가 복음에 위배되는 행위인지를 지금부터 바울과 바나바가 직접 입증할 것이라고 선포하면서 그들에게 발언권을 넘겼습니다. 5절에서 벌 떼처럼 일어나 바울과 바나바의 말을 제지하면서 이방인에 대한 할례를 소리쳐 주장하던 유대인들이, 이번에는 쥐 죽은 듯 조용하게 바울과 바나바의 입증을 끝까지 경청하지 않을 수 없었던 이유가 여기에 있었습니다. 주님을 영접한 이방인들이 왜 율법을 좇아 할례를 행하지 않아도 되는지 지금부터 바울과 바나바가 입증하겠다고 베드로가 선포한 이상, 그들이 무엇이라 입증하는지 들어 보지도 않고 자신들의 주장만을 계속 고집하는 것은 더 이상 설득력을 지닐 수 없는 상황이었기 때문입니다. 그래서 우리 한글 성경에는 번역이 빠져 있지만 헬라어 원문에는 12절에 '그때에' 혹은 '그러자'를 의미하는 등위접속사 '데δὲ'가 기록되어 있습니다. 베드로가 지금부터 바울과 바나바가 입증하겠다고 선포하자, 온 무리가 그 두 사람의 입증을 경청하지 않을 수 없었음을 전해 주기 위함입니다.

우리가 알고 있는 것처럼 바울과 바나바가 공동으로 목회하던 안디옥교회는 2천 년 기독교 역사상 이방 땅에 세워진 최초의 이방인 교회였습니다. 교회 구성원들이 모두 할례받지 않은 이방인들이었다는 말입니다. 그럼에도 하나님께서 할례도 받지 않은 그 이방인들에게 유대인과 동일한 구원의 은혜를 예수 그리스도 안에서 베풀어 주셨고, 그들로 하여금 예루살렘 모교회와 똑같이 주님의 몸 된 교회를 이루게 하셨음을 바울과 바나바는 신실하게 입증하였습니다. 그리고 비시디아 안디옥에서, 이고니온에서, 루스드라에서, 더베와 버가에서, 하나님께서 수많은 이방인들을 구원받은 당신의 자녀로 어떻게 세워 주셨는지도 그들은 신실하게 입증하였습니다.

바울과 바나바가 입증하는 동안 그 누구도 예전처럼 벌떡 일어나 바울과 바나바를 제지하려 하지 않았고, 바울과 바나바의 입증이 끝난 뒤에 반대 의사를 피력하는 사람도 없었습니다. 앞으로 계속 살펴보겠지만 제1회 예루살렘 공의회는 주님을 영접한 이방인에게 율법을 좇아 할례를 행하게 하는 것은 부당하다고 판결하는 것으로 종결되었습니다. 유대인이든 이방인이든 오직 예수 그리스도의 은혜로만 구원받는다는 베드로와 바울과 바나바의 믿음이, 그 자신들의 신실한 입증을 통해 공의회에 참석한 모든 사람들에게 전이된 것입니다. 만약 베드로와 바울과 바나바가 자신들의 믿음을 신실하게 입증할 수 없었던들 불가능했을 판결이었습니다. 그것은 베드로와 바울과 바나바가 이방인에 대한 자신들의 편견을 버리고 하나님의 명령에 온전히 순종한 삶의 결과였음은 두말할 나위도 없습니다.

믿음은 입증이요, 믿는다는 것은 스스로 입증하는 것입니다. 젊은 남녀가 사랑에 빠지면 누가 말려도 그들의 사랑은 그들의 언행을 통해 절로 입증되기 마련입니다. 하나님과 우리의 관계도 동일합니다. 우리가 하나님께서 예수 그리스도의 십자가 보혈로 우리를 구원해 주시고 하나님의 거룩한 자녀 삼아 주셨음을 진정으로 믿는다면, 그래서 우리가 그 하나님을 진실로 사랑한다면, 하나님에 대한 우리의 믿음과 사랑은 하나님의 말씀을 좇는 우리의 삶으로 입증될 수밖에 없습니다. 믿음은 입증이요, 믿는다는 것은 스스로 입증하는 것이기 때문입니다.

오늘날 한국 교회는 심각한 위기에 빠져 있습니다. 작년 11월 기독교윤리실천운동이 객관적 기관에 의뢰하여 일반인 1천 명을 대상으로 각 종교에 대한 신뢰도를 조사하였습니다. 가톨릭을 신뢰한다고 응답한 사람은 43.4퍼센트, 불교는 33.6퍼센트, 개신교는 17.6퍼센트로 꼴찌였습니다. 그나마 그 정도 수치라도 나온 것을 다행으로 여길 정도로 개신교회는 세상으로부터 완전히 불신의 대상으로 전락했습니다. 그 이유는 지극히 간단합니다. 교회를 이루고 있는 우리 자신이 하나님을 믿는다면서도 우리의 믿음을 스스로 입증하지 못하기 때문입니다. 아니, 우리 역시 입증하긴 하지만 보이는 세상 속에서 보이지 않는 하나님을 믿고 있음을 입증하는 것이 아니라, 입으로는 보이지 않는 하나님을 믿는다고 하면서도 실제로는 눈에 보이는 세상의 것을 믿고 있음을 우리 자신의 삶으로 입증하고 있습니다. 한마디로 믿는 대로 살지 않는 것입니다. 그런 믿음은 다른 사람에게 전이될 수도 없고, 그런 믿음으로야 이 세상을 이길 수도 변화시킬 수도 없습니다.

믿음은 맹목적이어서는 안 됩니다. 맹신이어서는 안 된다는 말입니다. 맹목적인 믿음은 믿음의 대상과 방향을 알지 못함을 의미하기에 믿으면 믿을수록 더욱 오리무중에 빠지고 맙니다. 그래서 바른 믿음은 언제나 이성을 필요로 합니다. 이성으로 믿음의 대상과 방향을 바르게 분별할 수 있기 때문입니다. 그와 동시에 믿음은 맹목적이어야 합니다. 무조건적, 다시 말해 조건이 없어야 한다는 말입니다. 이성으로 믿음의 대상과 방향을 분명하게 분별했다면 그때부터 믿음은 이성을 초월하여 무조건적이지 않을 수 없습니다. 이성을 초월하는 조건 없는 믿음이 아니고는 우리의 이성을 초월하시는 초월자 하나님과 바른 관계를 맺을 수도, 관계가 심화될 수도 없습니다.

베드로와 바울 그리고 바나바를 보십시오. 그들은 자신들의 이성으로 이성을 초월하는 예수 그리스도의 십자가 구원을 믿는 순간부터, 삼위일체 하나님을 믿는 그들의 믿음은 하나님에 대해 그 어떤 이의도 제기하지 않았습니다. 그들의 믿음은 그들의 이성을 초월하여 무조건적이었습니다. 그때 그들은 그들의 이성을 초월하여 이방인을 위한 하나님의 도구로 쓰임 받을 수 있었고, 그들의 믿음은 스스로 신실하게 입증될 수 있었고, 결과적으로 그들의 믿음은 그들을 반대하는 사람들에게까지 전이되었습니다. 그들의 무조건적인 믿음은 무분별한 맹신이 아니라 이성을 초월하는 참되고도 성숙한 믿음이었고, 그들의 그 무조건적인 믿음을 통해 하나님께서 친히 역사하신 결과였습니다.

2천 년 전 지구 반대편에 임하셨다는 예수, 비참하게 십자가에 못박혀 돌아가셨다는 나사렛 빈민 예수, 그분이 하나님의 독생자요 당신의 피로 우리 죄를 씻으신 우리의 구원자 되심을 이성적으로 받아들이고 믿으십니까? 그렇다면 지금부터 그 삼위일체 하나님을 이성을 초월하여 조건 없이 믿으십시다. 하나님의 말씀에 우리 자신의 삶을 온전히 던지십시다. 하나님의 말씀이 우리의 삶 속에서 육신을 입게 하십시다. 그때부터 우리의 믿음은 스스로 신실하게 입증될 것이요, 동서남북으로 전이될 것이요, 우리로 인해 이 땅의 교회는 말할 것도 없고 이 세상과 이 시대의 역사가 새로워질 것입니다. 이것이 오늘 본문을 통해 하나님께서 우리에게 주시는 하나님의 약속입니다.

베드로와 바울과 바나바는 그들의 이성으로 십자가의 구원을 받아들인 뒤, 그 구원을 주신 삼위일체 하나님을 자신들의 이성을 초월하여 조건

없이 믿었습니다. 주님을 위해 자신들의 목숨을 내어놓기까지 무조건적으로 믿었습니다. 그래서 그들의 믿음은 스스로 신실하게 입증되었고, 하나님께서는 자신들의 믿음을 신실하게 입증하는 그들을 통해 당신의 신실한 섭리를 이 땅에 이루셨습니다. 그리고 그들의 믿음은 2천 년 전 예루살렘 공의회에 참석한 사람들에게뿐 아니라, 2천 년이 지난 오늘날 우리에게까지 전이되면서 이 세상을 새롭게 하고 있습니다.

우리는 그동안 우리의 믿음을 입증하되 우리의 믿음이 보이지 않는 하나님을 믿는 것이 아니라, 보이는 세상을 믿는 그릇된 믿음임을 스스로 입증해 왔습니다. 우리의 믿음은 믿음의 대상과 방향을 이성적으로 분별치도 못한 맹신에 지나지 않았습니다. 그 결과 이 땅의 교회는 불신의 대상으로 전락하고 말았습니다. 우리의 어리석음을 용서해 주시기를 간구드립니다.

우리의 이성이 십자가의 보혈로 우리를 구원하신 주님의 구원을 분명히 깨닫사오니, 이제부터 우리의 믿음이 우리의 이성을 초월하여 초월자이신 하나님을 조건 없이 믿게 해주십시오. 베드로와 바울 그리고 바나바처럼 하나님의 말씀에 그 어떤 이의도 제기하지 않고, 하나님의 말씀에 우리 자신을 온전히 던지게 해주십시오. 우리의 언행을 통해 하나님의 말씀이 육신을 입게 해주십시오. 그리하여 우리의 믿음이 스스로 신실하게 입증되게 해주시고, 그 믿음이 동서남북으로 전이되어 이 땅의 교회와 세상이 새롭게 회복되게 해주십시오. 아멘.

12. 바나바와 바울이

사도행전 15장 12절

온 무리가 가만히 있어 **바나바와 바울이** 하나님께서 자기들로 말미암아 이방인 중에서 행하신 표적과 기사에 관하여 말하는 것을 듣더니

지난 6월 2일, 저는 3개월 동안 체류하던 일본을 떠나기 전에 최악의 지진과 쓰나미로 사상 유례없는 재난을 당한 일본 동북부 지방을 직접 찾아가보았습니다. 도쿄에서 탄 신칸센은 후쿠시마 시내를 관통했습니다. 후쿠시마는 그때까지도 지진으로 인한 원전 사고의 진통에서 벗어나지 못하고 있을 때였습니다. 후쿠시마 시내의 외관은 멀쩡하게 보였지만, 방사능 유출의 공포에 짓눌려 있는 시가지의 분위기는 암울하게 보였습니다. 최종 목적지인 센다이(일본 미야기 현의 현청 소재지)에서는 택시를 대절하여 피해 지역을 둘러보았습니다.

센다이항구는 재난 이후 두 달 20일 동안 꽤 정리가 되긴 했지만 쓰나미

기 남긴 상흔은 역력했습니다. 파괴된 건물, 쌓여 있는 자동차와 건물 잔해들, 쓰러진 LPG(액화석유가스) 저장 탱크, 땅바닥 여기저기 나뒹구는 전신주들은 쓰나미의 위력이 얼마나 가공스러웠는지 여실히 보여 주고 있었습니다. 센다이 시를 벗어난 에토하마의 광활한 벌판에도 쓰나미에 밀려왔던 자동차, 선박, 건물 잔해들이 물이 빠져 나가면서 그대로 흙 속에 박혀 있었습니다. 센다이 시에서 30킬로미터 떨어진 미야기 현 유리가에 시를 찾아가자, 바닷가에 인접해 있던 거대한 마을은 흔적도 없이 사라진 채 허허벌판으로 변해 있었습니다. 내륙 쪽에 위치해 있던 마을들 역시, 마치 치열한 전투가 벌어진 전쟁터처럼 폐허화되어 있었습니다. 그 참혹한 광경을 보자, 그 무섭고도 참혹한 재난을 현장에서 직접 당한 일본인들의 고통과 아픔과 슬픔이 고스란히 제게 전이되면서 제 가슴 또한 아리지 않을 수 없었습니다. 그 폐허 속에서도 들꽃은 여기저기 어김없이 피어 있었습니다. 그것은 절망 속 희망의 상징처럼 보였습니다. 그 꽃들을 보며, 재난을 당한 일본인들이 내일의 희망을 향해 절망을 딛고 속히 일어나기를 마음속으로 기도드렸습니다.

센다이에서 제 일행이 대절한 택시를 몰던 기사는 올해 73세의 미야자키 씨였습니다. 미야자키 씨는 53년 기사 생활 중 47년을 센다이에서만 지낸 분이었습니다. 이를테면 센다이는 말할 것도 없고, 그 인근 지역의 과거와 현재를 꿰뚫고 있는 센다이의 산 증인이었습니다. 물론 쓰나미가 덮쳤던 3월 11일에도 그분은 센다이에 있었습니다. 그날 그분은 야구장에서 야구를 보며 늦은 점심을 먹고 있었습니다. 3시경이 되었을 때 경고 방송을 들었습니다. 센다이 동쪽 179킬로미터 지점의 해역에서 일어난 대지진으로 인해 거대한 쓰나미가 밀려오고 있으니 시민들은 속히 지정된 대피소로 대피하라는 내용이었습니다. 센다이 바다 쪽에 살고 있던 미야자키 씨는 곧 아내에게 전화하여, 물과 비상식품을 들고 집 앞 큰길에서 기다리라고 했습니다.

그러고는 급히 차를 몰아 아내를 태운 뒤, 평소 대피 장소로 지정되어 있는 동네 중학교 강당으로 달렸습니다. 자동차가 중학교 정문 앞에 거의 다다랐을 때 불현듯 그분의 머리를 스치는 생각이 있었습니다. 1~2미터 정도의 쓰나미가 아니라 거대한 쓰나미가 몰려온다면 평지에 있는 중학교 강당도 위험할 것이라는 생각이었습니다. 사방이 평지인 현 위치에서 단 몇 분 이내에 자동차를 타고 갈 수 있는 가장 높은 곳은, 평소 그분 부부가 다니던 농수산물 직판장 2층 주차장이었습니다. 그분은 급히 핸들을 꺾어 그곳으로 달렸습니다. 그리고 아내와 함께 그곳 2층 주차장에 도착하고 얼마 지나지 않아 쓰나미가 센다이 해변을 덮쳤고, 미야자키 씨 부부는 자신들이 있는 건물 아래로 수많은 사람들과 자동차들이 급류에 떠내려가는 것을 목격해야만 했습니다. 애초 미야자키 씨가 대피하려고 했던 중학교 강당으로 피신했던 동네 사람들도 대부분 목숨을 잃고 말았습니다.

미야자키 씨 부부의 생生과 사死는 이렇듯 지극히 짧은 한순간에 갈렸습니다. 지난 1천 년 동안 센다이 지역은 지진의 피해와는 무관했기에, 쓰나미가 덮친다는 경고 방송을 듣고서도 대수롭지 않게 생각하고 평소 지정 대피소인 중학교 강당으로 갔더라면 미야자키 씨 부부 역시 쓰나미의 화를 면치는 못했을 것입니다. 그러나 마지막 순간에 핸들을 꺾어 높은 건물 2층으로 대피했기에 미야자키 씨 부부는 그 죽음의 재난 속에서 구사일생으로 살아날 수 있었습니다. 이것이 인생입니다. 인생은 결코 거창하지 않습니다. 뜻하지 않은 시간에, 뜻하지 않은 장소에서, 전혀 예상치 못한 방법으로 순식간에, 허망하게 끝나 버리는 것이 인생입니다.

구사일생으로 목숨을 건진 미야자키 씨는 여전히 미야자키라는 이름으로 불립니다. 그러나 재난을 당한 분들의 경우에는, 세상 사람들은 더 이상 그분들을 그분들의 이름으로 부르지 않습니다. 그분들은 이름 대신 단지 숫자로 불릴 뿐입니다. 모두 뭉뚱그려 사망자 1만 5,815명, 실종자 3,966명, 이재민 45만 명으로 불리는 것입니다. 이것이 인간의 이름입니다. 인간의 이름도 대수로운 것이 아닙니다. 올해 73세의 미야자키 씨는 지금도 미야자키로 불리고 있지만 세상을 떠나고 나면 그분의 이름도 잊히고 말 것입니다. 우리의 이름 역시 마찬가지입니다. 그리고 100년 후의 사람들은 우리를 모두 한데 뭉뚱그려 숫자로 부를 것입니다. 100년 전 대한민국에는 5천만 명이 살고 있었다고 말입니다.

남녀노소 빈부귀천 유무식을 막론하고 느닷없이 한순간에 끝나 버리는 것이 인생이요, 인간의 이름은 언젠가는 사라지기 마련이라면, 아직 코끝에 호흡이 있는 동안 영원한 것, 영원히 소멸하지 않는 것을 지향함이 지혜가 아니겠습니까? 그러나 현실은 그렇지 않습니다. 대부분의 사람들은 자기 욕망의 성취를 통해 자신의 이름을 드높이고 자기 이름의 기념비를 세우려 합니다. 어떤 모임이나 단체에서든 자신의 이름이 자기보다 못하다고 여겨지는 사람 뒤에 기록되거나 거명되면 공개적으로 언짢아하는 사람들이 많은 것은 이와 무관하지 않습니다.

그리스도인도 다르지 않습니다. 교회의 모든 직분은 무릎을 꿇고 제자들의 발을 씻겨 주신 주님을 본받아 이름도 없이, 빛도 없이, 교우들을 섬기기 위한 봉사의 직분입니다. 그러나 전 세계적으로 유일하게 우리나라에서만은 많은 교회 교인들이 선거운동을 하면서까지 장로나 권사가 되려 하는 것은, 그것이 자기 이름을 드높이는 방편이라 믿기 때문일 것입니다. 목사라고 예외인 것은 아닙니다. 목사들이 관계하는 단체들마다 무슨 감투자리가 그렇게 많은지 혀를 내두르지 않을 수 없습니다. 각 교단 총회장 선거, 한국기독교총연합회 회장 선거가 금권 선거의 오명에서 벗어나지 못하는 것 또한 자기 이름의 기념비를 세우려는 목사들이 많기 때문일 것입니다. 이런 관점에서 오늘의 본문은 우리에게 큰 깨달음을 안겨 줍니다.

주님을 영접한 이방인들에 대한 할례 문제를 근원적으로 해결하기 위해 개최된 제1회 예루살렘 공의회 석상에서 베드로는, 유대인이든 이방인이든 오직 예수 그리스도의 은혜로만 구원받음을 '우리는 믿는다'고 자신의 결론을 내렸습니다. 이어 베드로가 '우리'로 지목한 바울과 바나바가 베드로에 뒤이어 등단하였습니다.

> 온 무리가 가만히 있어 바나바와 바울이 하나님께서 자기들로 말미암아 이방인 중에서 행하신 표적과 기사에 관하여 말하는 것을 듣더니(12절).

본문은 베드로에 뒤이어 등단한 두 사람을 "바나바와 바울"이라고 언급함으로써, 바나바의 이름을 바울 앞에 기록하였습니다. 그러나 안디옥교회를 공동 목회하던 두 사람이 왜 예루살렘을 방문했는지를 밝혀 주는 2절에는 두 사람의 이름 순서가 다르게 나타나 있습니다.

> 바울 및 바나바와 그들 사이에 적지 아니한 다툼과 변론이 일어난지라 형제들이 이 문제에 대하여 바울과 바나바와 및 그중의 몇 사람을 예루살렘에 있는 사도와 장로들에게 보내기로 작정하니라.

바울과 바나바가 예루살렘을 향해 안디옥을 출발할 때, 2절은 바울과 바나바의 이름을 두 번이나 언급하면서 두 번 다 바울의 이름을 바나바보다 먼저 기록하였습니다. 그러나 바울과 바나바가 예루살렘에 도착하여 공의회 석상에서 발언할 때에는, 방금 본문 12절에서 확인한 것처럼 '바나바와 바울'이라고 바나바의 이름을 바울보다 앞세웠습니다. 그런가 하면, 22절에 이르면 두 사람 이름의 순서가 다시 뒤바뀝니다.

> 이에 사도와 장로와 온 교회가 그중에서 사람들을 택하여 바울과 바나바와 함께 안디옥으로 보내기를 결정하니 곧 형제 중에 인도자인 바사바라 하는 유다와 실라더라.

예루살렘 공의회가 끝난 뒤에는 바울의 이름이 바나바 앞으로 환원되었습니다. 그 후 예루살렘 공의회는 안디옥으로 내려가는 바울과 바나바 편에 편지를 보냈습니다. 이를테면 안디옥교회를 포함한 이방인 교회에 보내는, 할례 문제에 대한 공의회의 판결문인 셈이었습니다. 26절을 보면, 그 공의회의 판결문에도 바나바의 이름이 바울 앞에 기록되어 있습니다. 그러나 그 두 사람이 안디옥으로 귀임한 이후의 일을 증언해 주는 35절에는 또다시 바울의 이름이 바나바의 앞자리로 되돌아가 있습니다.

2천 년 전 철저한 가부장 사회를 이루고 있던 이스라엘에서는 같은 남자들끼리도 서열을 중시했습니다. 사람의 이름을 기록할 때에도 연령 혹은 서열 순으로 기록하였습니다. 성경에 등장하는 각종 명단도 그 원칙을 따르고 있습니다. 사람 이름의 순서를 까닭 없이 변경하는 경우는 없었습니다. 그럼에도 같은 사도행전 15장 내에서 예루살렘 공의회와 관련하여 두 사람의 이름 순서가 계속 뒤바뀌는 이유가 무엇이겠습니까? 더 정확하게 말하여 예루살렘 공의회 석상과 그 공의회의 판결문에서는 왜 바나바의 이름이 바울 앞에 기록되었겠습니까?

이 질문에 대한 해답을 알기 위해서는 사도행전 13장으로 되돌아갈 필요가 있습니다.

안디옥교회에 선지자들과 교사들이 있으니 곧 바나바와 니게르라 하는 시므온과 구레네 사람 루기오와 분봉왕 헤롯의 젖동생 마나엔과 및 사울이라(행 13:1).

이 명단은 안디옥교회 지도자 명단입니다. 명단 첫 번째 이름은 담임목사인 바나바입니다. 이를테면 바나바가 첫 번째 서열이었습니다. 그 반면에 바울의 옛 이름인 사울은 지도자 명단 제일 마지막에 기록되어 있습니다. 안디옥교회 다섯 명의 지도자 가운데서 바울의 서열은 마지막 다섯 번째였습니다.

주를 섬겨 금식할 때에 성령이 이르시되 내가 불러 시키는 일을 위하여 바나바와 사울을 따로 세우라 하시니 이에 금식하며 기도하고 두 사람에게 안수하여 보내니라(행 13:2-3).

안디옥교회는 성령님의 뜻을 좇아 2천 년 기독교 역사상 최초로 바나바와 바울을 지중해 세계를 위한 전도자로 파송하였습니다. 그때에도 바나바의 이름이 바울 앞에 있었습니다. 청년 마가라 하는 요한을 수행원으로 둔 그 전도팀의 우두머리가 바나바였던 것입니다.

바울과 및 동행하는 사람들이 바보에서 배 타고 밤빌리아에 있는 버가에 이르니 요한은 그들에게서 떠나 예루살렘으로 돌아가고(행 13:13).

바나바를 우두머리로 하는 전도팀이 첫 번째 전도 대상지로 찾아갔던 구브로 섬을 떠날 즈음부터 바울의 이름이 전도팀의 맨 앞자리를 장식하기 시작했습니다. 예전에 이 구절을 묵상할 때 말씀드렸던 것처럼, 첫 번째 전도지인 구브로 섬을 관통하는 동안 전도팀의 우두머리가 바나바에서 바울로 바뀐 것이었습니다.

예루살렘 모교회가 안디옥교회의 담임목사로 파송한 사람은 바나바였습니다. 그리고 고향 다소에서 무려 13년이나 칩거하던 바울을 자신의 동역자로 안디옥교회에 영입한 사람도 담임목사 바나바였습니다. 그때까지 목회 경험이 전혀 없던 바울은 바나바의 도움으로 안디옥교회 지도자 반열에 오르기는 했지만, 담임목사 바나바를 보좌하는 역할 이상을 할 수는 없었습니다. 그러나 바나바를 중심으로 운영되는 안디옥교회를 벗어나 아무것도 없는 전도 현장에 나가자 바울의 역량이 두드러지게 드러나기 시작했습니다. 바울의 역량이 바나바를 압도한 것이었습니다. 그래서 첫 번째 전도지에서부터 자연스럽게 전도팀 우두머리의 역할이 바울에게 이양되었습니다. 그리고 1차 전도 여행이 끝나기까지 단 한 번의 예외를 제외하고는 언제나 바울의 이름이 바나바 앞자리를 차지하였습니다. 그 한 번의 예외는 루스드라에서 일어났습니다.

루스드라에서 바울이 선천성 하반신마비자를 일으키자 그곳 사람들은 바울과 바나바는 사람의 형상으로 나타난 신이 틀림없다고 믿어, 그 두 사람에게 제사를 드리려 했습니다. 특기할 사항은 루스드라 사람들이 바나바를 헬라 신화에 등장하는 열두 신 가운데 주신主神인 제우스로, 그리고 바울은 제우스의 대변자인 헤르메스라고 믿은 것입니다. 막상 선천성 하반신마비자를 일으킨 당사자는 바울이요, 바나바는 그 자리에 입회만 하고 있었을 뿐입니다. 그런데도 루스드라 사람들이 바울을 제쳐 놓고 아무것도 하지 않은 바나바를 제우스로 믿었다는 것은, 해당 구절을 묵상할 때 이미 말씀 드렸던 것처럼 바울의 외모가 바나바에 비해 턱없이 부족했기 때문입니다. 고린도후서 10장 10절에서 바울 스스로 자신의 빈약한 외모를 언급했듯이, 바울은 형편없는 외모의 소유자였던 것으로 알려지고 있습니다. 그래서 바울을 그린 성화聖畵 가운데 바울의 얼굴을 영화배우처럼 미남으로 그린 그림이 없다고 했습니다. 따라서 루스드라 사람들이 바나바가 바울보다 더 큰 능력을 지닌 제우스일 것이라 믿은 것은 그들 입장에서는 조금도 이상한 일이 아니었습니다. 그러나 바울과 바나바가 자신들을 신으로 믿고 제사드리려는 루스드라 사람들을 보고 가만히 있을 리가 없었습니다. 두 사람은 무리 가운데 뛰어 들어가 자신들의 옷을 찢으며, 이런 헛된 짓을 하지 말라고 소리쳤습니다. 당시의 상황을 사도행전 14장 14절이 증언해 주고 있습니다.

> 두 사도 바나바와 바울이 듣고 옷을 찢고 무리 가운데 뛰어 들어가서 소리 질러.

바울이 구브로 섬에서 전도팀의 우두머리가 된 이후 1차 전도 여행이 끝나기 전까지는, 유일하게 이곳에서만 바나바의 이름이 바울에 앞서 기록되어 있습니다. 그 이유가 무엇이겠습니까? 지금 루스드라 사람들은 바나바를 바울보다 더 큰 신인 제우스로 믿고 있습니다. 바울이 나서서 '우리는 신이 아니다'고 아무리 외쳐도 루스드라 사람들이 믿지 않을 것이 뻔했습니다. 그래서 루스드라 사람들이 바울보다 더 큰 신인 제우스가 틀림없다고 믿고 있는 바나바가 먼저 나서야만 했습니다. 바나바 자신이 '우리는 신이 아니라 너희들과 똑같은 인간'이라고 선포하지 않는 한, 바울의 말만으로는 루스드라 사람들이 계속 자신들을 신으로 믿을 것이기 때문이었습니다.

그렇다면 우리는 예루살렘 공의회와 관련하여서도 왜 바나바의 이름이 바울의 이름을 앞섰는지 그 이유를 알 수 있습니다. 바나바는 본래 예루살렘 모교회 출신으로서 존경받는 지도자 중의 한 명이었습니다. 그러나 바울은 그 반대였습니다. 교회를 짓밟던 바울이 그리스도인이 되어 예루살렘으로 돌아오자 예루살렘 교인들 가운데 그의 회심을 믿어 주는 사람은 아무도 없었습니다. 그리스도인들을 일망타진하기 위해 위장 잠입한 것으로 간주할 정도로 바울에 대한 예루살렘 교인들의 평가는 부정적이었습니다. 그 때 바나바가 바울 회심의 진정성을 보증해 줌으로써 바울은 겨우 예루살렘 공동체의 일원이 될 수 있었습니다. 그 이후 2천 년 기독교 역사상 이방땅에 최초로 자생적으로 생겨난 안디옥교회에 예루살렘 교인들이 파송한 목회자도 그들이 존경하고 신뢰하는 바나바였습니다. 세월이 흘러 바울과 바나바가 안디옥교회 공동 목회자 자격으로 예루살렘 공의회에 참석했지만, 두 사람에 대한 예루살렘 교인들의 신뢰도에 관한 한 바나바에 대한 신뢰도가 바울을 능가했음은 두말할 나위가 없었습니다. 이것이 예루살렘 공의회와 관련하여, 구브로 섬에서 바울의 이름이 바나바를 앞선 이래 루스드라에 이어 두 번째이자 마지막으로 바나바의 이름이 바울 앞에 기록된 이유였습니다. 바울보다 바나바를 더 신뢰하는 예루살렘 교인들 앞에 바나바가 먼저 나섬으로써 주님을 위한 자신들의 증언에 대한 신뢰도를 드높여 주기 위함이었습니다. 그것이 그 상황 속에서는 이방인마저 구원해 주시는 주님을 드높이는 최선의 길이었던 것입니다.

생각해 보십시오. 안디옥교회 담임목사요 전도팀의 우두머리였던 바나바가 첫 번째 전도지에서, 자신이 영입한 자신의 보조자 바울에게 우두머리 자리를 이양한다는 것은 얼마나 자존심 상하는 일이었겠습니까? 루스드라에서 새로운 우두머리인 바울을 제치고 바나바가 앞서 나간다는 것은 바울에게는 몹시 언짢을 수도 있지 않았겠습니까? 예루살렘 공의회에서 그곳 교인들의 절대적인 신뢰에 힘입어 바울을 앞선 바나바가 그 이후에도 원래 바울보다 앞섰던 자기 자리를 되찾으려 안달할 수도 있지 않았겠습니까? 만약 그들에게 조금이라도 그런 마음이 있었다면 그 두 사람은 벌써 원수지간이 되고 말았을 것입니다. 바울과 바나바는 어느 자리에서 누구 이름이 앞서든 전혀 개의치 않았습니다. 그들의 관심사는 오직 주님의 이름을 드높이는 것이었습니다. 주님의 이름을 드높이는 데 도움이 된다면 그들은 서로 상대방을 앞세워 주었습니다. 오직 예수 그리스도의 이름을 드높일 때에만 영원하신 그분의 이름 속에서 자신들이 영원히 사는 길임을 믿었던 것입니다. 만약 그들이 자신들의 이름에 집착하여 서로 자신들의 이름을 앞세우고 드높이기 위해 일생을 허비했다면 그들의 이름은 2천 년 전에 이미 허공 속으로 사라져 버렸을 것이요, 그들은 그들 자신과는 무관하게 단지 역사 속의 숫자로만 남아 있을 것입니다. 그러나 그들이 자신들의 이름에 연연해하지 않고 온 삶을 던져 주님의 이름을 드높이는 삶으로 일관한 까닭에, 영원하신 주님의 이름 속에서 그들의 이름 역시 영원히 살아 있습니다.

인생은 거창하지 않습니다. 뜻하지 않은 시간, 뜻하지 않은 장소에서, 예기치 않은 방법으로 한순간에, 허망하게 끝나 버리는 것이 인생입니다. 인간의 이름도 대수로운 것이 아닙니다. 아무리 자기 이름을 내세워도, 아무리 자기 이름의 기념비를 세워도, 인간의 이름은 허공 속에 사라질 뿐입니다. 혹 남는다 한들 단지 자신과는 무관한 역사 속의 숫자로 남을 따름입니다. 이 사실을 깨달았다면, 온 삶을 던져 오직 영원하신 주님의 이름만을 드높이십시다. 주님의 이름을 위해서라면 기꺼이 우리 자신의 이름을 가리십시다. 그것만이 영원하신 주님의 이름 속에 자신의 이름을 영원히 새겨 넣는 유일한 길입니다. 그래서 주님의 이름을 드높이는 것보다 더 큰 지혜는 없습니다.

바나바는 본래 안디옥교회 담임목사였습니다. 바나바가 안디옥교회 서열 첫 번째였다면, 바나바가 영입한 바울은 안디옥교회 지도자 가운데 서열 다섯 번째에 지나지 않았습니다. 지중해 세계 전도를 위해 안디옥을 출발할 때에도 전도팀의 우두머리는 바나바였습니다. 바나바의 이름은 언제나 바울 앞자리였습니다. 그러나 첫 번째 전도지에서 바울의 이름이 바나바를 추월할 때, 바나바는 조금도 자존심 상해하지 않았습니다. 바울은 자신의 이름이 바나바를 추월했다고 해서, 루스드라에서 자신을 제치고 앞서 나간 바나바를 언짢게 여기지 않았습니다. 예루살렘 공의회에서도 자신의 이름이 바나바의 뒷자리라고 역정 내지도 않았습니다. 바나바는 예루살렘 교인들의 절대적 신뢰를 힘입어 자기 이름이 바울을 앞섰다고 해서, 원래 바울보다 앞섰던 옛 자리를 탈환하기 위해 안달하지도 않았습니다. 바울과 바나바는 오직 주님의 이름을 드높이는 데 자신들의 인생을 던졌습니다. 주님의 이름을 드높이는 데 도움이 된다면 상대방의 이름을 앞세워 주기를 주저하지 않았습니다. 그래서 그들이 드높였던 영원하신 주님의 이름 속에서 그들의 이름 역시 영원히 살아 있습니다. 오늘 본문을 통해 이 소중한 사실을 깨닫게 해주셔서 감사합니다.

우리 각자에게 시시각각 다가오고 있는 죽음의 쓰나미를 바라볼 수 있는 믿음의 눈을 허락해 주십시오. 전혀 뜻밖의 시간에, 전혀 뜻밖의 장소에서, 전혀 예상치 않은 방법으로 코끝의 호흡이 한순간에 멎는 것이 인생이요, 아무리 자기 이름을 내세워도 인간의 이름은 언젠가 허공 속에서 사라져 버림을 잊지 말게 해주십시오. 언제 어디서나 오직 주님의 이름을 드높이는 삶을 살게 해주십시오. 주님의 이름을 드높일 수 있다면 나의 이름은 기꺼이 가릴 줄 아는 지혜를 주십시오. 그리하여 영원하신 주님의 이름 속에 우리의 이름 또한 영원히 새겨지게 해주십시오. 아멘.

13. 야고보가 이르되

사도행전 15장 12-21절

온 무리가 가만히 있어 바나바와 바울이 하나님께서 자기들로 말미암아 이방인 중에서 행하신 표적과 기사에 관하여 말하는 것을 듣더니 말을 마치매 **야고보가** 대답하여 **이르되** 형제들아 내 말을 들으라 하나님이 처음으로 이방인 중에서 자기 이름을 위할 백성을 취하시려고 그들을 돌보신 것을 시므온이 말하였으니 선지자들의 말씀이 이와 일치하도다 기록된바 이 후에 내가 돌아와서 다윗의 무너진 장막을 다시 지으며 또 그 허물어진 것을 다시 지어 일으키리니 이는 그 남은 사람들과 내 이름으로 일컬음을 받는 모든 이방인들로 주를 찾게 하려 함이라 하셨으니 즉 예로부터 이것을 알게 하시는 주의 말씀이라 함과 같으니라 그러므로 내 의견에는 이방인 중에서 하나님께로 돌아오는 자들을 괴롭게 하지 말고 다만 우상의 더러운 것과 음행과 목매어 죽인 것과 피를 멀리하라고 편지하는 것이 옳으니 이는 예로부터 각 성에서 모세를 전하는 자가 있어 안식일마다 회당에서 그 글을 읽음이라 하더라

지난 주일에 저는, 최악의 지진과 쓰나미로 사상 유례없는 재난을 당한 일

본 동북부 지방을 다녀온 말씀을 드렸습니다. 당일 센다이에서 내절한 택시 기사는 올해 73세의 미야자키 씨로서, 3월 11일 쓰나미가 덮쳤을 때 순간적인 기지로 아내와 함께 구사일생으로 목숨을 건진 분이었다고 했습니다. 그분은 어릴 때에는 2차 세계대전의 참상을 직접 겪은 분이었습니다. 2차 세계대전과 이번 쓰나미 중 어느 쪽이 더 무서웠느냐고 묻자, 둘 다 무서웠다고 했습니다. 이유인즉 둘 다 자신의 의지로는 어쩔 수 없었기 때문이라고 했습니다.

그분은 또 이런 말을 했습니다. 어린 시절에 2차 세계대전의 참상을 목격했기에 자신은 어릴 때부터 밤에 잠을 잘 때면 귀중품을 반드시 베개 옆에 두고 잔다고 했습니다. 한밤중에 무슨 일이 일어나든 그 귀중품을 들고 즉각 대피하기 위함이었습니다. 도대체 매일 밤 베개 곁에 두고 잠을 잘 정도로 그분에게 값진 귀중품이 무엇인지 묻지 않을 수 없었습니다. 그분은 총세 가지인데, 첫째는 '손전등'이라고 했습니다. 칠흑 같은 어둠 속에서 비상사태가 발생하면 손전등보다 더 절실한 것은 없다는 의미에서 그분이 손전등을 첫 귀중품으로 언급한 것은 충분히 수긍이 갔습니다. 그러나 그분이 두 번째와 세 번째 귀중품으로 언급한 물건을 듣는 순간 하마터면 웃음을 터뜨릴 뻔했습니다. 그것은 '담배'와 '라이터'였습니다. 저와 제 일행은 웃음을 참느라 안간힘을 써야만 했는데 그분은 진지하기만 했습니다. 농담이 아니라 진담이었던 것입니다.

미야자키 씨는 손전등과 함께 담배와 라이터를 매일 밤 베개 옆에 두고 잠을 잘 정도로 그분에겐 담배와 라이터가 가장 소중한 귀중품입니다. 그러나 한밤중에 천지가 뒤집어지는 죽음의 쓰나미가 한순간에 덮쳤을 때 곤히 잠을 자던 그분이, 아무리 베개 옆에 있다 한들 그 순간에 담배와 라이터를 챙길 경황이 있겠습니까? 설령 담배와 라이터를 챙겨 들었다 치십시다. 그리고 뛰쳐나가 담배에 불을 댕겨 한 모금을 맛있게 들이마셨다 하십시다. 그다음에는 어떻게 되는 것입니까? 순식간에 죽음의 쓰나미가 덮쳤는데 그 순간에 담배와 라이터를 신주단지처럼 모시고 있다 한들 대체 무슨 도움이 되겠습니까?

제1회 예루살렘 공의회의 주제는 이방인에 대한 할례 문제였습니다. 주님을 영접한 이방인들은 구원을 위한 필수적인 전제 조건으로 율법을 좇아 할례를 받아야 한다고 주장하는 측과, 그럴 필요가 없다고 주장하는 측 사이에 오랜 시간 동안 열띤 공방이 벌어졌습니다. 팽팽하던 양측의 균형은 베드로의 등단으로 깨어졌습니다. 베드로는 하나님께서 자신을 통해 할례도 받지 않은 가이사랴의 이방인 고넬료 일행을 어떻게 구원해 주셨는지를 신실하게 입증하였습니다. 그리고 바울과 바나바를 지목하면서, 유대인이든 이방인이든 오직 예수 그리스도의 은혜로만 구원받음을 '우리는 믿는다'고 선언했습니다. 예수 그리스도의 은혜로만 구원받음을 지금까지 자신이 입증한 것처럼, 지금부터는 바울과 바나바가 입증할 것이라는 선언이었습니다. 베드로의 그 선언 앞에서 할례를 주장하던 유대인들마저 바울과 바나바가 무엇이라 입증하는지 일단 들어 보지 않을 수 없었습니다.

바울과 바나바 가운데 예루살렘 교인들로부터 더 신뢰받는 사람은 예루살렘 모교회 출신인 바나바였습니다. 그래서 바나바가 먼저 그리고 바울이 그 뒤를 이어 증언하는 식으로 그들은, 하나님께서 1차 전도 여행 중에 자신들을 도구로 삼아 이방인들을 구원하시기 위해 어떤 표적과 기사를 어떻게 행하셨는지를 신실하게 입증하였습니다. 최소한 1년 이상에서 최대 2년이 소요된 것으로 추정되는 그들의 1차 전도 여행 기간 동안에 구체적으로 무슨 일이 있었는지 우리는 53주 동안 상세하게 살펴본 적이 있었습니다

(행 13:4-14:26).

첫 번째 전도지였던 구브로 섬의 바보에 이르렀을 때 총독 서기오 바울이 바울과 바나바를 불러 하나님의 말씀을 들어 보고자 했습니다. 그러나 총독 곁에 있던 마술사 엘루마가 바울과 바나바를 훼방하고 나섰습니다. 이에 바울의 말 한마디에 엘루마가 갑자기 시력을 상실해 버렸습니다. 그 광경을 본 총독은 주님을 믿지 않을 수 없었고, 구브로 섬의 제1인자인 총독이 주님을 영접했으니 그 섬에서 얼마나 많은 이방인이 믿음의 대열에 합류했을지는 불을 보듯 뻔한 일이었습니다. 구브로 섬의 바보에서 배를 타고 찾아간 그 다음 전도지는 지금의 터키 땅인 밤빌리아의 버가였습니다. 저지대인 버가에 도착하자마자 풍토병에 걸린 바울은 목숨을 걸고 험산준령의 타우루스 산맥을 넘어 버가와는 정반대의 자연조건인 고지대 비시디아 안디옥을 찾아갔습니다. 그 덕분에 뜻하지도 않게 비시디아 안디옥의 이방인들이 주님을 영접하는 역사가 일어났습니다. 그러나 느닷없이 나타난 바울과 바나바에게 사람들이 몰려드는 것을 질투한 비시디아 안디옥의 유대교 지도자 무리는 그 도시의 귀부인들과 유력자들을 선동하여 바울과 바나바를 쫓아 버렸습니다. 쫓겨난 바울과 바나바는 30개의 산을 넘어 비시디아 안디옥에서 동남쪽으로 약 180킬로미터 떨어져 있는 이고니온으로 갔습니다. 두 사도의 방문으로 인해 이고니온의 이방인들도 주님을 영접하였습니다. 하지만 그곳의 유대인들 역시 현지인들을 선동하여 바울과 바나바를 돌로 쳐 죽이려 했습니다. 바울과 바나바는 어쩔 수 없이 이고니온을 떠나 서남쪽으로 약 45킬로미터 떨어진 루스드라로 갔습니다. 그곳에서 바울은 선천성 하반신마비자를 일으켜 세웠고, 그것을 본 많은 이방인들이 주님 앞으로 돌아왔습니다. 그러나 비시디아 안디옥과 이고니온의 유대인들이 루스드라까지 찾아와 온갖 모함으로 무리를 충동하여 바울에게 무자비한 돌세례를 퍼부었습니다. 바울이 죽었다고 착각한 그들은 바울을 질질 끌고 나가 성 밖에 내팽개쳐 버렸습니다. 죽음의 구렁텅이에서 가까스로 일어난 바울은 자신을 돌볼 겨를도 없이 방금 자신이 돌세례를 당한 루스드라로 다시 들어갔습니다. 자신으로부터 복음을 영접한 그리스도인들에게 자신이 살아 있음을 확인시켜 줌과 동시에, 자신이 돌세례를 당하는 것을 보고 혹 절망에 빠져 있을지도 모를 그들을 격려해 주기 위함이었습니다. 그 후에 바울과 바나바는 루스드라 동쪽 140킬로미터 지점에 위치한 더베로 갔습니다. 바울과 바나바의 예기치 않은 더베 방문으로 더베의 이방인들도 주님을 영접하는 역사가 일어났음은 물론입니다. 중요한 사실은 더베에서 동쪽으로 계속 나아가면 바울의 고향 다소에 이를 수 있었다는 것입니다. 만약 그 경로를 택하면 지금까지 왔던 경로보다는 훨씬 편하게, 그리고 훨씬 짧은 기간 내에 원래 출발지인 수리아 안디옥으로 되돌아갈 수 있었습니다. 그러나 바울은 그 편한 경로를 택하지 않고 왔던 길을 되돌아가는 경로를 택했습니다. 그 경로는 가는 곳마다 자신을 죽이려는 유대인들이 득실거릴 뿐 아니라, 또다시 목숨을 걸고 타우루스 산맥을 넘어야 하는 난코스였습니다. 그럼에도 바울과 바나바가 그 경로를 택한 것은 두 가지 이유 때문이었습니다. 첫째는 자신들이 그동안 거쳐 온 곳에서 주님을 영접한 그리스도인들을 다시 만나 그들의 믿음을 굳건하게 해주기 위함이요, 두 번째는 바울이 풍토병에 걸려 그냥 지나칠 수밖에 없었던 버가에서도 복음을 전하기 위함이었습니다.

애초 버가에 도착한 바울이 풍토병에 걸리지 않았더라면 바울과 바나바는 굳이 목숨을 걸고 험산준령의 타우루스 산맥을 넘어 비시디아 안디옥을 찾지는 않았을 것입니다. 버가가 속한 밤빌리아에도 복음을 전할 곳은 얼마든지 있었기 때문입니다. 험산준령의 타우루스 산맥을 넘어 찾아간 비시디아 안디옥에서 바울과 바나바를 시기한 유대인들이 그들을 쫓아내지 않았더리면, 그들의 전도 활동은 비시디아 인디옥에만 국한되었을지도 모릅니다. 당시 비시디아 안디옥은 인구 약 10만 명의 대도시로서, 그 도시의 사람들에게만 복음을 전하는 데에도 많은 기간이 소요될 것이기 때문이었습니다. 그러나 그곳의 유대인들이 바울과 바나바를 쫓아내었기에 두 사도는 이고니온으로 갔고, 그들이 이고니온으로 갔기에 그곳의 이방인들이 구원받을 수 있었습니다. 그 이후 이고니온에서 루스드라를 거쳐 더베에 이르기까지 그들이 가는 곳마다 이방인들이 구원받을 수 있었던 이유 또한 동일했습니다.

이처럼 바울과 바나바의 전 여정 그 자체가 이방인을 위한 하나님의 표적과 기사였습니다. 그 모든 여정은 그들의 의도와는 전혀 상관없이, 하나님께서 당신이 택하신 이방인들을 친히 구원해 내시기 위해 섭리하신 신비스러운 은혜의 손길이었습니다. 바울과 바나바는 예루살렘 공의회에서, 하나님께서 자신들을 통해 예상치 않은 곳에서 예상치 않은 방법으로 할례받지 않은 이방인들을 구원해 내신 하나님의 그 신비스러운 은혜의 손길을 신실하게 입증하였고, 공의회 참석자들은 그들의 입증을 끝까지 경청할 수밖에 없었습니다. 바울과 바나바의 그 신실한 입증에 그 어떤 이의도 제기할 수 없었기 때문입니다.

이방인에 대한 할례를 주장하는 측과 반대하는 측 간의 팽팽하던 분위기를 반전시킨 사람은 이미 말씀드린 것처럼 베드로였습니다. 베드로가 먼저 나서서 할례도 받지 않은 이방인 고넬료 일행이 어떻게 구원받았는지를 입증했을 뿐 아니라, 바울과 바나바를 가리켜 '우리는 믿는다'고 선언함으로써 그들이 행할 입증 내용을 베드로 자신이 미리 보증해 주었습니다. 그 결과 5절에서 바울과 바나바의 증언을 중단시켰던 유대인들마저 이번에는 그 두 사도의 증언을 경청하지 않을 수 없었습니다. 그리고 베드로와 바울 및 바나바의 증언이 끝났을 때 공의회에 참석한 모든 사람들이 아무 이의도 제기하지 않았다는 것은, 그들이 세 사도의 증언 내용에 모두 동의한다는 것을 의미했습니다. 그렇다면 공의회의 분위기를 반전시킨 베드로가 이제 할례 문제에 대한 판결을 내리기만 하면 될 것 같습니다. 일반적으로 예수님의 수제자라 불리는 베드로에게는 그만한 자격과 권위가 충분히 있었습니다. 그러나 제1회 예루살렘 공의회에서 최종 판결을 내린 사람은 베드로가 아니었습니다. 자칫 초대교회를 분열의 위기에 빠뜨릴 수도 있었던 할례 문제에 대해 최종 판결을 내릴 수 있는, 베드로보다 더 높은 권위를 지닌 사람은 따로 있었습니다.

말을 마치매 야고보가 대답하여 이르되 형제들아 내 말을 들으라(13절).

제1회 예루살렘 공의회에서 최종 판결을 내린 사람은 야고보였습니다. 야고보는 제1회 예루살렘 공의회의 의장이었던 것으로 알려지고 있습니다. 이를테면 2천 년 전 초대교회에서 열린 첫 번째 공의회에서 의장 역할을 맡아 최종 판결을 내릴 수 있을 만큼 가장 큰 권위를 지닌 인물은 야고보였습니다. 이 야고보는 예수님의 제자인 동시에 사도 요한의 형제 야고보가 아닙니다. 그 야고보는 사도행전 12장 2절에서 분봉왕 헤롯 아그립바 1세에 의해 이미 참수형을 당해 순교했습니다.

본문이 언급한 야고보는 예수님의 동생 야고보입니다. 마태복음 13장 55절에 기록되어 있는 예수님의 네 동생 중에서 야고보의 이름이 가장 먼저 기록되어 있는 것으로 보아 야고보는 예수님의 첫 번째 동생임을 알 수 있습니다. 예수님의 동생, 그것도 예수님의 첫 번째 동생이었다는 사실이 야고보로 하여금 초대교회에서 기라성 같은 사도들보다 더 큰 권위를 지니게 해 준 근거였습니다. 그러나 엄밀한 의미에서 예수님과 야고보는 친형제가 아닙니다. 예수님께서는 성령으로 잉태되신 하나님의 독생자이신 반면, 야고보는 아버지 요셉과 어머니 마리아의 피를 이어받은 인간에 불과하기 때문입니다. 그러나 예수님이나 야고보나 한 어머니 마리아의 태에서 태어났다는 의미에서 세상 사람들이 보기에는 예수님과 야고보는 틀림없는 형제지간이었습니다. 그렇다면 2천 년 전 야고보에게 예수님의 동생으로 산다는 것은 무슨 의미였겠습니까?

예수님께서 성령님에 의해 잉태되었다는 것은 육신의 아버지가 없다는 말로서, 세상적으로 보자면 예수님은 아버지 없이 태어난 사생아인 셈이었습니다. 서구 소설 중에 예수님을 사생아로 다룬 소설이 적지 않은 것은, 예수님을 이처럼 세상적 관점에서 보기 때문입니다. 예수님이 사생아라면 예수님의 모친 마리아는 결혼 전에 사생아를 낳은, 품행이 단정하지 못한 여자가 됩니다. 따라서 야고보는 품행이 단정하지 못한 여자의 아들이 되고, 품행이 단정하지 못한 여자가 낳은 사생아의 동생이 됩니다. 그 여자의 아들, 그 형의 동생으로 살아야 하는 야고보의 어린 시절은 고통스럽지 않았겠습니까? 성인이 된 예수님이 마침내 출가했습니다. 예루살렘의 엘리트들도 아닌, 비천하고 무식한 갈릴리의 어부들과 세리들을 제자라며 불러 모았습니다. 그리고 자신이 하나님의 아들이라고 선포했습니다. 그러자 주위 사람들이 예수님을 가리켜 '미쳤다'고 비웃었음을 마가복음 3장 21절이 밝혀 주고 있습니다. 사람들이 미쳤다고 조롱하는 그 형의 동생으로 살아간다는 것은 야고보에게 또 얼마나 큰 괴로움이었겠습니까?

그러나 세상 사람들로부터 사생아라 비난받던 예수님께서는 사생아가 아니셨습니다. 미쳤다고 조롱받던 예수님께서는 정신 나간 사람도 아니셨습니다. 그분은 죄와 사망으로부터 인간을 구원하기 위해 야고보가 태어나기도 전에, 야고보의 어머니인 마리아의 태를 빌려 성령으로 이 땅에 강림하신 하나님의 독생자이셨습니다. 인간의 죗값을 대신 치르시기 위해 십자가에 못 박히셨다가 사흘째 되는 날 죽음을 깨뜨리고 부활하신 예수님께서는 고린도전서 15장 7절에 의하면, 특별히 당신의 동생 야고보를 찾아가 부활하신 당신의 모습을 야고보에게 개인적으로 보여 주셨습니다. 당신이 이 땅에 강림하신 성자이심을, 이 땅에서 당신의 동생으로 당신과 함께 살아온 야고보에게 확인시켜 주시기 위함이었습니다.

야고보가 예수님께서 하나님의 독생자이심을 알지 못했을 때, 세상 사람들이 '사생아', '미친 사람'이라 비웃는 예수님의 동생으로 예수님 곁에서 산다는 것은 고통이요 괴롬이었습니다. 그러나 자신이 형으로 불렀던 예수님께서 하나님의 독생자이심을 확인했을 때, 그가 예수님과 같은 태에서 태어나 예수님의 동생으로 예수님 곁에서 살았다는 것은 엄청난 은총이었습니다. 유사 이래 이 땅을 거쳐 간 수많은 사람들 가운데 예수님과 같은 태에서 태어나 예수님의 동생으로 예수님 곁에서 예수님과 함께 산 사람은 야고보 4형제뿐이요, 그중에서도 예수님의 첫 번째 동생으로 불리며 부활하신 예수님을 개인적으로 만난 동생은 야고보가 유일했습니다. 그것은 야고보의 선택 혹은 노력의 결과가 아니었습니다. 그것은 전적으로 삼위일체 하나님께서 거저 베풀어 주신 은총이었습니다. 그러나 야고보가 그 은총을 즐기기만 한 것은 아니었습니다.

다음 주일부터 상세하게 살펴보겠지만 야고보는 공의회에서, 베드로와 바울과 바나바의 입증 내용을 들어 보니 설득력이 있고 또 그에 대한 반대 의견이 없으므로 이방인에 대한 할례를 금한다고 판결을 내리지 않았습니다.

야고보는 그 세 사도의 입증에 힘입어, 철저하게 하나님의 말씀에 입각하여 하나님의 말씀을 토대로 판결을 내렸습니다. 당시 초대교회에서 야고보가 하나님의 말씀에 가장 능통한 말씀의 사람이었던 것입니다.

하나님의 말씀이 육신을 입고 이 땅에 오신 분이 예수님 아니셨습니까? 야고보가 예수님의 동생으로 예수님의 곁에서 살았다는 것은 그의 의지와는 상관없는 주님의 은총이었지만, 예수님께서 성자 하나님이심을 확인한 야고보는 예수님의 승천 이후에는 스스로 말씀을 가까이함으로 자신의 의지를 다해 말씀이신 예수님 곁에 있었습니다. 그러므로 예수님의 동생으로 태어나 이 세상을 떠날 때까지 말씀이신 예수님 곁에 있었던 야고보가 제1회 예루살렘 공의회에서 의장을 맡아 최종 판결을 내린 것은, 예수님 곁에서 살아온 야고보만이 지니고 있는 권위로 인함이었습니다. 그뿐만이 아닙니다. 야고보가 기록한 야고보서는 신약성경이 되어, 그는 하나님의 말씀과 함께 오늘도 영원히 살아 있는 영원한 영광을 입었습니다. 한때 '사생아', '미친 사람'의 동생으로 불릴 때의 고통과 괴로움과는 비교도 할 수 없는 권위요 영광이었습니다.

손전등과 함께 담배와 라이터를 가장 값진 귀중품으로 여기고 매일 밤 담배와 라이터를 베개 옆에 두고 잠을 자는 미야자키 씨는 언뜻 어리석어 보입니다. 그러나 하나님 보시기에는 그분과 우리 사이에 무슨 차이가 있겠습니까? 우리가 미야자키 씨와는 달리 예금통장이나 부동산 등기문서를 가장 값진 귀중품으로 끼고 산다 해도, 우리의 코끝에서 호흡이 멎는 순간 그것들이 담배나 라이터처럼 아무 도움이 되지 못할 것은 매한가지이기 때문입니다. 지난 10월 5일 애플사社의 창립자 스티브 잡스 씨의 코끝에서 그분의 호흡이 멎고 말았습니다. 이 세상에 태어나 그분의 코끝에서 호흡이 시작된 지 불과 56년 만의 일이었습니다. 전 세계 'IT업계의 황제'로, '혁명가'

로 불리던 그분의 사망 소식을 접하면서 제게 문득 이런 질문이 떠올랐습니다. 그분이 이 세상을 떠나면서 가장 값진 귀중품으로 그분 곁에 둔 것은 무엇이었을까? 그분의 코끝에서 호흡이 멎는 순간 그것이 그분에게 무슨 도움을 주었을까?

우리가 가장 값진 것으로 여겨 우리 곁에 두고 있는 것은 무엇입니까? 그것이 무엇이든 하나님 보시기에는 미야자키 씨의 담배와 라이터처럼 무가치한 것은 아닙니까? 그렇게 해서야 그리스도인의 권위와 영광을 지니며 살 수 있겠습니까? 참된 권위도, 영원한 영광도, 결코 세상의 금은보화로부터 오지 않습니다. 그것은 오직 길이요 진리요 생명이신 주님께로부터만 비롯됩니다. 그 주님께서 이미 우리에게 임하셔서, 야고보에게 주신 것보다 더 큰 은총을 베풀어 주셨습니다. 그래서 우리는 예수님의 동생보다 한 차원 격상된 하나님의 자녀가 되었습니다. 이 사실을 믿으신다면 우리에게 이미 임해 계신 주님 곁을 떠나지 말고, 주님의 말씀을 우리 곁에 두는 야고보가 되십시다. 그분의 말씀을 끼고 사는 것은 때로 고통이요 괴로움처럼 느껴질 수 있습니다. 그러나 결국에는 그 고통과는 비교할 수 없는 권위와 영광을 반드시 우리에게 안겨 줍니다. 그 말씀은 영원한 생명의 능력이요, 전능한 창조의 권능이기 때문입니다.

내가 대체 무엇을 귀하게 여기며 내 곁에 끼고 사는지, 그것이 내 코끝에 호흡이 멈추는 순간 내게 무슨 도움을 줄 것인지 깊이 생각할 수 있는 기회를 주셔서 감사합니다. 참된 권위와 영원한 영광은 결코 세상의 것으로부터 오지 않음을, 그것은 오직 주님으로부터만 비롯됨을 잊지 말게 해 주십시오. 이미 우리에게 임해 계신 주님을 멀리하는 어리석음을 범치 않게 해주십시오. 날마다 우리의 의지를 다해 주님 말씀 곁에 거하게 해주십시오. 때로 그것이 고통이요 괴로움처럼 여겨질지라도, 새 생명을 잉태하기 위한 진통의 과정임을 기억하게 해주십시오. 그리하여 우리의 말 한마디 한마디가 이 혼란한 세상 속에서 바른길을 제시하는 참된 권위를 지니게 해주시고, 우리의 모습이 비록 세상에서는 초라해 보일망정 야고보처럼 주님 안에서 영원한 영광을 덧입게 해주십시오. 아멘.

14. 그들을 돌보신 것

사도행전 15장 12-21절

온 무리가 가만히 있어 바나바와 바울이 하나님께서 자기들로 말미암아 이방인 중에서 행하신 표적과 기사에 관하여 말하는 것을 듣더니 말을 마치매 야고보가 대답하여 이르되 형제들아 내 말을 들으라 하나님이 처음으로 이방인 중에서 자기 이름을 위할 백성을 취하시려고 **그들을 돌보신 것**을 시므온이 말하였으니 선지자들의 말씀이 이와 일치하도다 기록된바 이 후에 내가 돌아와서 다윗의 무너진 장막을 다시 지으며 또 그 허물어진 것을 다시 지어 일으키리니 이는 그 남은 사람들과 내 이름으로 일컬음을 받는 모든 이방인들로 주를 찾게 하려 함이라 하셨으니 즉 예로부터 이것을 알게 하시는 주의 말씀이라 함과 같으니라 그러므로 내 의견에는 이방인 중에서 하나님께로 돌아오는 자들을 괴롭게 하지 말고 다만 우상의 더러운 것과 음행과 목매어 죽인 것과 피를 멀리하라고 편지하는 것이 옳으니 이는 예로부터 각 성에서 모세를 전하는 자가 있어 안식일마다 회당에서 그 글을 읽음이라 하더라

'아버지'라는 호칭과 대칭을 이루는 호칭이 '어머니'입니다. 아버지와 어머

니는 동일인일 수 없습니다. 어머니를 일찍 여읜 가정에서 아버지가 어머니 역할까지 감당하고, 그 반대의 경우에 어머니가 아버지 역할까지 도맡아 할 수는 있지만, 그렇더라도 아버지가 어머니라 불리고 그 반대로 어머니가 아버지로 불릴 수는 없습니다. 요즈음은 의학기술의 발달로 간혹 성전환 수술을 받는 사람도 있지만, 원칙적으로 남자는 여자가 될 수 없고 여자는 남자가 될 수 없습니다. 하나님께서 남자는 진흙을 빚어 만드셨지만, 여자는 남자의 갈빗대로 만드셨습니다. 남자를 먼저 만드신 이후에 시차를 두고 여자를 만드신 것입니다. 하나님께서는 남자와 여자의 신체적 구조도 다르게 만드셨고, 남자에게는 남성성 그리고 여자에게는 여성성이란 각각 다른 성품을 주셨고, 남자와 여자에게 맡기신 역할도 달랐습니다. 따라서 남자와 여자 사이에는 피조시의 시간상의 차이, 신체 구조의 차이, 성품의 차이, 역할의 차이가 본질적으로 내재되어 있습니다. 이처럼 서로 본질적으로 다른 남자와 여자이기에 남자는 어머니가 될 수 없고, 여자는 아버지가 될 수 없습니다. 아버지는 남자여야만 하고, 어머니는 여자일 수밖에 없는 것입니다.

아버지와 어머니 사이에 존재하는 이 본질적 차이는, 우리가 하나님을 바르게 인식하는 데 큰 걸림돌이 되고 있습니다. 성경은 하나님께서 우리의 아버지 되심을 일깨워 주고 있습니다. 하나님께서 아버지시라면 우리는 이내 하나님을 남성으로 이해합니다. 그 경우 아버지는 어머니와 대칭되는 존재로서 하나님 아버지는 어머니의 역할이 철저하게 배제된, 아버지의 역할에만 국한된 분으로 받아들이게 됩니다. 아버지라는 호칭이 도리어 하나님을 그릇 이해하게 만들고, 육신의 아버지로부터 깊이 상처받은 사람의 경우에는 그 호칭이 오히려 하나님께 나아가는 데 커다란 장애물로 작용합니다. 그것은 모두 아버지라는 호칭에 대한 오해에서 비롯되고 있습니다. 하나님께서는 인간과는 본체가 다른 분이십니다. 하나님께서 창조주시요 영원하시며 거룩한 분이신 데 반해, 피조물인 인간은 유한하고 추악한 죄인에 불과합니다. 그러므로 인간 간에 사용되는 아버지라는 호칭, 그것도 인간 중에서 남성에게만 국한하여 사용되는 아버지라는 호칭과, 영원한 창조주이신 하나님을 아버지라 부르는 호칭은 절대로 동일한 의미일 수 없습니다. 하나님께서 아버지시라는 것은 하나님과 우리의 관계가 부모 자식 사이처럼 친밀하고도 불가분의 관계라는 의미이지, 세상의 아버지처럼 하나님께서 남성이라거나 어머니와 대칭되는 존재로서의 아버지라는 의미는 결코 아닙니다.

창세기 1장 27절은 '하나님이 자기 형상 곧 하나님의 형상대로 사람을 창조하시되 남자와 여자를 창조하셨다'고 증언하고 있습니다. 하나님께서 사람을 창조하실 때 아무런 기준이나 원칙도 없이 아무렇게나 창조하신 것이 아니었습니다. 하나님께서는 당신의 형상대로 사람을 창조하셨습니다. 중요한 것은 하나님께서 당신의 형상대로 사람을 창조하시되 남자와 여자를 창조하셨다는 사실입니다. 하나님께서 남성이셨다면 당신의 형상대로 남자만 창조하셨을 것이요, 반대로 여성이셨다면 당신의 형상을 따라 여자만 창조하셨을 것입니다. 하나님께서 당신의 형상대로 남자와 여자를 창조하셨다는 것은, 하나님께서 남성성과 여성성을 동시에 지니고 계심을 의미합니다. 《새신자반》에서 말씀드린 것처럼, 하나님께서는 '부성父性'과 '모성母性'을 동시에 지닌 분이십니다. 그러므로 하나님께서 아버지시라는 것은 어머니와 대칭되는 세상적 의미에서의 아버지라는 말이 아닙니다. 그것은 '부성애父性愛'와 '모성애母性愛'를 완벽하게 함께 지니신, 유일하게 온전하고도 참된 부모시라는 의미입니다.

그동안 영어 성경은 하나님을 3인칭 남성 단수형 주어인 'He'로 표기해 왔습니다. 그 문자 자체만을 놓고 보면, 하나님은 영락없이 남자입니다. 그러나 근자에 출간된 영어 성경 중에는 3인칭 여성 단수형 주어인 'She'를 덧붙여,

하나님을 'He/She'로 표기한 성경도 있습니다. 하나님께서는 남성성과 여성성, 부성애와 모성애를 동시에 지닌 분이심을 문자로도 표현하기 위함입니다. 하나님을 바르게 이해하기에는 더없이 적절한 표현입니다. 우리가 믿는 하나님께서는 세상의 호칭으로 표현하자면, 엄밀한 의미에서 하나님 아버지이신 동시에 하나님 어머니시기도 합니다.

우리나라 《민중국어사전》은 '부성애'를 문자 그대로 "자식에 대한 아버지의 사랑"으로 풀이하고 있습니다. 그렇다면 '모성애'는 '자식에 대한 어머니의 사랑'으로 풀이함이 마땅하지 않겠습니까? 그러나 '모성애'에는 '부성애'보다 한 단어가 더 들어 있습니다. 즉 "자식에 대한 어머니의 본능적 사랑"이라고 풀이한 것입니다. 연세대학교 언어정보개발연구원이 펴낸 《연세한국어사전》역시 '부성애'를 《민중국어사전》과 글자 한 자 틀리지 않게 "자식에 대한 아버지의 사랑"이라 설명하고 있습니다. 그러나 '모성애'는 《민중국어사전》보다 한 단어를 더 첨가하여 "자식에 대한 어머니의 무조건적이고 본능적인 사랑"이라 설명하고 있습니다. 두 사전이 공통적으로 강조하는 것은 모성애가 부성애보다 훨씬 짙고 깊다는 것입니다.

부성의 특징은 강함과 엄격함입니다. 아버지는 자신의 강함으로 이 모진 세상 풍파 속에서 자신의 가족을 부양하는 가장의 책임을 다하고, 자신의 엄격함으로 자식이 바른길을 걷도록 훈련시킵니다. 그러나 그것만으로는 부족합니다. 강하고 엄격하기만 하면 상대를 꺾어 버리거나, 아니면 그 자신이 꺾어지고 맙니다. 부성이 반드시 모성과의 조화를 필요로 하는 이유가 여기에 있습니다. 모성의 특징은 부드러움과 섬세함이고, 부성의 강함과 엄격함은 모성의 부드러움과 섬세함이 수반될 때에만 상대를 꺾거나 자신이 꺾어지지 않고, 도리어 상대를 살리는 사랑과 생명의 능력으로 승화될 수 있습니다. 어린 자식이 고열에 시달리며 괴로워할 때, 아이의 머리맡에서 뜬 눈으로 밤을 지새우는 사람은 어머니입니다. 어머니는 아이의 울음소리만 듣고도, 아이의 표정만 보고도, 아이가 지금 원하는 것이 무엇인지, 아이에게 무슨 일이 있었는지 즉각 알아차립니다. 길에서 노는 아이를 향해 자동차가 덮칠 때, 앞뒤 가리지 않고 뛰어 들어가 아이와 자기의 생명을 맞바꾸는 사람도 어머니입니다. 잘못을 저지르고 행여 아빠에게 야단맞을까 가슴이 불 위의 콩알처럼 콩닥거리는 아이를 꼭 끌어안고 등을 토닥거려 주는 사람도 언제나 어머니요, 명명백백한 아이의 잘못을 아버지 앞에서 끝까지 변호해 주는 사람도 늘 어머니입니다. 이런 의미에서 두 한글 사전이 '부성애'와는 달리 '모성애'를 "자식에 대한 어머니의 본능적인 사랑", 혹은 "자식에 대한 어머니의 무조건적이고 본능적인 사랑"이라고 정의한 것은 결코 과장된 표현이 아닙니다.

그럴지라도 세상에 태어나 아버지를 일찍 여읜 사람은 부성애가, 어머니를 일찍 여읜 사람은 모성애가 결핍되어 있을 것입니다. 어릴 때부터 아버지와 어머니로부터 깊이 상처 받은 사람이라면, 부성애와 모성애란 말은 증오심 혹은 반발심과 구별되지 않을 것입니다. 그러나 우리가 믿는 하나님께서 완전한 부성애와 모성애를 지니시고 우리를 위한 참된 부모가 되어 주신다는 것은, 부모를 일찍 여의거나 부모로부터 상처 받은 사람의 경우는 말할 것도 없고, 유한한 부모에게서 태어나 유한한 부모 슬하에서 살아야만 하는 모든 인간에게 얼마나 감격적인 복음입니까?

하나님께서는 이스라엘 백성 앞에 가로막힌 홍해를 단번에 갈라 주셨는가 하면, 이스라엘을 괴롭히는 앗수르 산헤립의 대군 18만 5천 명을 하룻밤 사이에 진멸하셨습니다(왕하 19:35-37). 하나님께서는 당신의 백성을 가로막는 것이나 괴롭히는 사람들을 그토록 강하고 엄격하게 응징하는 부성애를 지닌 하나님이십니다. 그래서 우리는 하나님의 그 부성애를 의지하여 이 험한 세상을 이길 수 있습니다. 그러나 하나님께서 강하고 엄격한 부성애만의 하나님이시라면, 우리 같은 더러운 죄인이 어찌 그 무서운 하나님 앞에 감히 나아갈 수 있겠습니까? 우리가 그 무서운 하나님의 자녀로 하나님 앞에 설 수 있는 것은 하나님의 모성애 덕분입니다.

여인이 어찌 그 젖 먹는 자식을 잊겠으며 자기 태에서 난 아들을 긍휼히 여기지 않겠느냐 그들은 혹시 잊을지라도 나는 너를 잊지 아니할 것이라 내가 너를 내 손바닥에 새겼고(사 49:15-16상).

어찌 정상적인 어미치고 자기 태에서 태어나 자기 품에서 젖을 빠는 핏덩이를 잊을 수 있겠습니까? 그들은 혹 잊을지라도 하나님께서는 우리를 잊지 않는 분이십니다. 우리의 온갖 허물과 죄악에도 불구하고 우리의 이름을 당신의 손바닥에 새겨 놓으실 정도로 우리를 깊이 사랑하십니다. 모성의 하나님이시기 때문입니다. 그뿐이 아닙니다.

여호와께서 너를 실족하지 아니하게 하시며 너를 지키시는 이가 졸지 아니하시리로다 이스라엘을 지키시는 이는 졸지도 아니하시고 주무시지도 아니하시리로다(시 121:3-4).

어미가 고열에 시달리는 자식의 머리맡에서 뜬눈으로 밤을 지새우듯, 하나님께서는 비천한 우리를 외면치 않으시고 우리가 잠을 자는 동안에도 우리 곁을 지키시며 우리의 심장이 뛰도록 우리를 도우십니다. 하나님께서 모성애를 지니지 않으셨던들 결코 있을 수 없는 일들입니다. 하나님의 그 모성애 덕분에 우리는 우리의 추악한 과거에도 불구하고 하나님의 자녀로 살아가는 특권을 누리게 되었습니다. 오늘의 본문이 이 귀중한 사실을 우리의 심령에 다시 한 번 각인시켜 주고 있습니다.

제1회 예루살렘 공의회에서, 하나님께서 자신들을 통해 할례도 받지 않은 이방인들에게 어떻게 구원의 은총을 거저 베풀어 주셨는지를 증언하는 베드로와 바울 그리고 바나바의 입증이 모두 끝났을 때, 이방인의 할례에 대한 최종 판결을 내린 사람은 예수님의 동생으로서 예루살렘 공의회 의장을 맡은 야고보였습니다. 야고보 개인에 대해서는 지난 시간에 상세하게 살펴보았습니다. 오늘부터 함께 생각해 보고자 하는 것은 그의 판결 내용입니다.

하나님이 처음으로 이방인 중에서 자기 이름을 위할 백성을 취하시려고 그들을 돌보신 것을 시므온이 말하였으니(14절).

야고보가 언급한 시므온은 베드로의 히브리식 이름입니다. 야고보가 공의회 석상에서 베드로를 히브리식 이름으로 불렀다는 것은 공의회 참석자 대부분이 유대인들이었음을 의미합니다. "하나님이 처음으로 이방인 중에서 자기 이름을 위할 백성을 취하시려고 그들을 돌보신 것"을 베드로가 말했다는 것은, 베드로가 하나님께서 자신을 통해 가이사랴의 이방인 고넬료 일행을 구원하신 사실을 증언했다는 말입니다. 그 사실을 언급하면서 야고보는 '처음으로'라는 단어를 덧붙였습니다. 따라서 야고보의 이 말을, 하나님께서 이방인 가운데에서 고넬료 일행을 최초로 구원해 주신 것으로 해석한 책들이 의외로 많습니다. 그러나 그것은 사실이 아닙니다. 구약의 경우는 제쳐놓더라도 신약성경에서 가장 먼저 주님을 영접하고 세례 받은 이방인은, 유대

광야에서 빌립 집사로부터 복음을 전해 받은 에티오피아의 내시였습니다(행 8:26-38). 따라서 야고보가 언급한 '처음으로'는, 하나님께서 이방인을 구원 하신 사실을 예루살렘 공의회에서 가장 먼저 증언한 사람이 베드로였다는 의미로 받아들임이 타당할 것입니다.

이 시간 우리가 주목하고자 하는 것은 야고보가 하나님께서 이방인 고 넬료 일행을 구원해 주신 사실을 언급하면서, 그 사실을 '하나님이 그들을 돌보신 것'으로 표현한 것입니다. 우리말 '돌보다'로 번역된 헬라어 동사 '에 피스켑토마이ἐπισκέπτομαι'는 대단히 의미 깊은 단어로서, 슬픔이나 고통 혹 은 절망 속에 빠져 있는 사람을 직접 찾아가서 돌보아 주고 위로해 주는 것 을 의미합니다. 이를테면 당신의 백성을 찾으시고 구원하시며, 졸지도 않고 주무시지도 않으면서 당신의 백성을 품으시는 하나님의 모성애를 드러내는 단어입니다.

우리 속담에 "과부 사정은 과부가 안다"는 말이 있습니다. 과부 사정은 같 은 여자인 과부가 아니고서는 속속들이 알 도리가 없습니다. 나인 성에 독 자를 둔 과부가 있었습니다. 그 과부에게 독자가 유일한 희망이었을 것임은 두말할 나위가 없습니다. 어느 날 그 독자가 갑자기 죽어 버렸습니다. 동네 사람이 그 과부를 위로했지만 그들이 모두 독자를 잃어 본 과부들이 아니 라면, 그들 중에 과연 독자를 잃은 그 과부의 심정을 100퍼센트 이해하는 사람이 단 한 사람인들 있었겠습니까? 그 마을에 예수님께서 나타나셨습니 다. 그리고 그 과부를 불쌍히 여기시고 죽은 독자를 살려 주셨습니다. 누가 복음 7장 16절에 의하면, 그 광경을 본 동네 사람들은 깜짝 놀라면서 "하나 님께서 자기 백성을 돌보셨다"고 하나님을 찬양하였습니다. 야고보가 본문 에서 사용한 것과 동일한 동사 '에피스켑토마이'가 사용된 것입니다. 하나 님께서 독자를 잃은 그 과부의 애끊는 마음을 알아주셨다는 것입니다. 하나님께서 어떻게 여자인 그 과부의 마음을 아셨겠습니까? 하나님께서는 부성뿐 아니라 모성을 지닌 어머니 하나님이시기도 하기 때문입니다.

헬라어 동사 '에피스켑토마이'와 동일한 의미를 지닌 히브리어 동사는 '파카드פָּקַד'입니다. 아브라함의 아내 사라는 90세가 되기까지 자식을 낳지 못했습니다. 경수마저 끊어졌으니 아이를 갖는다는 것은 전혀 불가능한 일이었습니다. 그러나 창세기 21장은 이렇게 증언합니다.

> 여호와께서 말씀하신 대로 사라를 돌보셨고 여호와께서 말씀하신 대로 사라에게 행하셨으므로 사라가 임신하고 하나님이 말씀하신 시기가 되어 노년의 아브라함에게 아들을 낳으니(창 21:1-2).

하나님께서 90세가 되기까지 자식을 낳지 못한 사라를 돌보시고, 경수마저 끊어진 사라에게 아들을 주셨습니다. 여기에서 '돌보시다'로 번역된 단어가 히브리어로는 '파카드', 헬라어로는 '에피스켑토마이'입니다. 하나님께서 90세가 되기까지 자식이 없는 사라의 고독한 마음을 알아주셨다는 것입니다. 하나님께서 어떻게 그 늙은 여인 사라의 마음을 아셨겠습니까? 하나님께서 모성의 하나님이시기 때문입니다.

그렇다면 모성의 하나님께서는 여자의 마음만 알고 돌보시는 것입니까? 결코 아닙니다. 모성의 하나님께서는 남녀노소를 막론하고 모든 사람의 마음을 알고 돌보시는 분이십니다. 그래서 하나님께서는 베드로를 통해 가이사랴의 이방인 고넬료 일행을 찾아가시어 이방인으로 살아온 그들의 고달픈 마음을 쓰다듬어 주시고, 구원받은 당신의 자녀로 품어 주셨습니다. 모성의 하나님이시기에 가능한 일이었습니다.

하나님께서는 결코 남자가 아니십니다. 그렇다고 하나님께서 여자이신 것도 아닙니다. 하나님께서는 남성성과 여성성을 동시에 지닌 분이십니다. 하나님의 사랑은 인간의 부성애나 모성애와 같지도 않습니다. 서로 대칭 관계로 구별되어 있는 인간의 부성애나 모성애와는 달리, 하나님 안에서는 부성애와 모성애가 한데 어우러져 완벽한 조화와 균형을 이루고 있습니다. 그래서 하나님의 사랑만 완전무결한 사랑입니다. 일반적으로 대부분의 그리스도인들은 하나님을 남성으로 인식하면서 하나님의 부성애에만 익숙해져 있습니다. 그러나 우리가 어떤 상황 속에서든 참되고도 성숙한 그리스도인으로 살아가기를 원한다면, 지금부터 우리는 하나님의 모성애로도 채움 받아야 합니다.

이방인 고넬료 일행의 고달픈 마음을 아시고 그들을 찾아가 그들의 마음을 어루만지시며 당신의 영원한 품으로 품어 주신 모성의 하나님께서, 죄와 사망의 덫에서 신음하던 우리의 마음도 돌아보시고 우리 개개인을 찾아와 우리를 당신의 자녀로 품어 주셨습니다. 하나님께서 모성애를 지닌 어머니 하나님이기도 하시기에, 성자 하나님께서는 우리의 죄를 탓하시지 않고 도리어 우리를 살리시기 위해 십자가 위에서 당신의 생명과 우리의 생명을 맞바꾸어 주셨습니다. 하나님께서 모성의 하나님이시기에 우리가 아무리 실패하고 실수해도 쓸모없다 버리시기는커녕 너는 다시 시작할 수 있다고, 반드시 굳세게 일어설 수 있다고, 우리의 손을 잡으시고 힘을 북돋아 주시며 끊임없이 격려해 주십니다. 하나님께서 모성애를 지닌 모성의 하나님이시기에 때로 우리가 지쳐 넘어져 정신마저 잃을 때, 하나님께서는 당신의 등에 친히 우리를 업으시고 우리가 가야 할 길을 대신 걸어가 주십니다.

하나님의 이 모성, 하나님의 이 모성애야말로 인간을 향한 하나님의 위대한 선물이요 은총이 아닐 수 없습니다. 부성이 결코 넘볼 수 없는 이 모성의 필요성 때문에, 로마가톨릭은 예수님의 모친인 인간 마리아를 신격화하여 모성에 대한 갈구를 충족시키고 있습니다. 그러나 유한한 인간 마리아의 모성애가 어찌 온전한 모성과 부성을 동시에 지니신 하나님의 영원한 모성애를 흉내인들 낼 수 있겠습니까? 온전한 부성과 모성을 동시에 지니고 계시는 하나님만이 우리의 하나님이시요, 우리는 그 한 분 하나님을 바르게 알고 믿는 것만으로 족하고도 남습니다.

혹 어떤 의미에서든 지금 실패의 쓴잔을 마시고 계십니까? 끝이 보이지 않는 고통과 시련과 절망의 터널 속에 계십니까? 그렇다면 지금부터 하나님을 의지하여 다시 시작하십시오. 이미 우리에게 임해 계신 하나님께서는 우리를 반드시 책임져 주시는 아버지 하나님이실 뿐 아니라, 우리의 아픈 마음을 쓰다듬어 주시고 필요한 것을 채워 주시며 끊임없이 우리를 격려해 주시는 어머니 하나님이시기도 합니다. 알고 계십니까? 그 모성의 하나님, 어머니 하나님께서 당신의 따스한 품으로 지금 우리를 품고 계십니다.

하나님께서 부성의 아버지 되심을 감사드립니다. 하나님의 부성애를 의지하여 세상의 유혹을 이기게 해주시고, 자신에게 엄격한 그리스도인으로 살아가게 해주십시오. 부성의 하나님 아버지께서 동시에 모성을 지니신 어머니 하나님 되어 주심도 감사합니다. 하나님의 모성애를 힘입어 어떤 실패와 시련 속에서도 다시 일어서게 해주시고, 끝이 보이지 않는 절망과 고통의 터널 속에서도 소망을 잃지 않게 해주십시오. 이 세상 그 누구도 내 마음 알아주지 않는다 해도 모성의 하나님께서는 내 마음 다 아시고 또 돌보시며, 따뜻한 어머니의 품으로 나를 품고 계심을 깨달아, 어떤 상황 속에서든 날마다 새롭게 시작할 수 있는 용기를 지니게 해주십시오. 하나님의 부성애와 모성애가 내 마음속에서 온전히 통합을 이루게 해주셔서 나의 인격이, 나의 심령이, 나의 언행이, 하나님의 자녀다운 조화와 균형을 이루게 해주십시오. 그와 같은 나의 삶이 하나님의 부성애와 모성애를 세상에 투영하는 하나님의 화면이 되게 해주십시오. 아멘.

15. 말씀이 이와 일치하도다

사도행전 15장 12-21절

온 무리가 가만히 있어 바나바와 바울이 하나님께서 자기들로 말미암아 이방인 중에서 행하신 표적과 기사에 관하여 말하는 것을 듣더니 말을 마치매 야고보가 대답하여 이르되 형제들아 내 말을 들으라 하나님이 처음으로 이방인 중에서 자기 이름을 위할 백성을 취하시려고 그들을 돌보신 것을 시므온이 말하였으니 선지자들의 **말씀이 이와 일치하도다** 기록된바 이 후에 내가 돌아와서 다윗의 무너진 장막을 다시 지으며 또 그 허물어진 것을 다시 지어 일으키리니 이는 그 남은 사람들과 내 이름으로 일컬음을 받는 모든 이방인들로 주를 찾게 하려 함이라 하셨으니 즉 예로부터 이것을 알게 하시는 주의 말씀이라 함과 같으니라 그러므로 내 의견에는 이방인 중에서 하나님께로 돌아오는 자들을 괴롭게 하지 말고 다만 우상의 더러운 것과 음행과 목매어 죽인 것과 피를 멀리하라고 편지하는 것이 옳으니 이는 예로부터 각 성에서 모세를 전하는 자가 있어 안식일마다 회당에서 그 글을 읽음이라 하더라

종교는 관점에 따라 여러 형태로 분류됩니다. 한 종교가 지향하는 바가 무

엇인가, 그 종교가 추구하는 가치가 어떤 차원인가에 따라 '고등종교'와 '하등종교'로 나뉩니다. 자기 부인否認을 통해 영원한 가치를 추구하는 종교는 고등종교, 자기 부인은커녕 자기 욕망의 강화만을 꾀하면 하등종교입니다. 기독교는 무당을 찾아가서 굿을 하듯 자기 욕망의 성취를 위한 하등종교가 아닙니다. 거룩하신 하나님의 뜻이 하늘에서 이루어진 것처럼 자신의 삶을 통해 이 땅에서도 이루어지게끔 부단히 자신을 부인하는 고등종교입니다. 또 구원의 주체가 누구냐에 따라 '자력自力종교'와 '타력他力종교'로 구분됩니다. 자기 스스로의 능력으로 자신을 구원할 수 있다고 믿는 것이 자력종교인 반면, 자기 밖에 있는 구원자에 의해서만 구원받을 수 있음을 믿는 종교가 타력종교입니다. 그리스도인은 죄인인 자기에게는 자신을 스스로 구원할 만한 능력이 호리도 없음을 자각하고, 오직 십자가 위에서 자신의 죗값을 대신 치러주신 예수 그리스도만 자신을 죄와 사망에서 건져 주실 수 있는 구원자이심을 믿습니다. 그래서 기독교는 타력종교입니다.

계시啓示의 관점에서는 '자연종교'와 '계시종교'로 나뉩니다. 자연종교는, 인간이 지니고 있는 자연적인 본성 혹은 자연적인 능력으로 신을 알 수 있다는 입장입니다. 일명 이성理性종교라고도 불립니다. 신을 알아 가는 데 신의 도움이 전혀 필요 없으며 인간의 이성만으로 신을 온전히 이해하고 파악할 수 있다는 것입니다. 이에 반해 계시종교는 인간의 본성이나 능력 혹은 이성만으로 도저히 알 수 없는 하나님의 진리 혹은 신비를 하나님께서 인간에게 직접 밝혀 주심으로써 인간이 비로소 하나님을 알 수 있다는 입장입니다. 이런 관점에서 기독교는 계시종교입니다. 하나님께서 우리에게 당신을 먼저 밝혀 주시고 가르쳐 주셨기에 우리가 우리의 이성을 동원하여 하나님을 알 수 있게 되었기 때문입니다.

계시는 '일반계시'와 '특별계시'로 나뉩니다. 자연현상을 통해 인간이 하나님을 인식할 수 있는 것을 일반계시라 합니다. 우주가 얼마나 광활한지, 천둥과 번개가 얼마나 무서운지, 지진이나 쓰나미의 파괴력이 얼마나 가공스러운지 등을 통해 우리는 하나님의 위대한 힘을 알 수 있습니다. 또 아침이면 어김없이 떠오르는 태양, 봄이면 꽃이 피고 가을이면 낙엽이 지는 어긋남 없는 계절의 변화를 통해 우리는 하나님의 신비로운 창조의 질서를 읽을 수도 있습니다. 그러나 이와 같은 일반계시를 통해서는 하나님의 외적 능력 이외에는 알 수가 없습니다.

특별계시는 하나님께서 우리에게 주신 성경 말씀입니다. 우리는 성경 말씀을 통해서만 하나님의 내적 계시를 받을 수 있습니다. 오직 성경 말씀을 통해서만 하나님의 속성과 의도, 뜻과 섭리를 비로소 알 수 있다는 말입니다. 예를 들어 내가 어떤 연기자에게 매료되어 그의 작품을 빠짐없이 시청한다고 해도 결국 내가 알 수 있는 것은 그의 연기력 이상일 수 없습니다. 그의 작품만 시청해서는 그의 인간됨이나 인격, 속내나 생각은 전혀 알 수 없습니다. 그런 것들을 알 수 있는 길은 하나밖에 없습니다. 그 연기자를 직접 만나 대화를 나누고 사귀어 보는 것입니다. 이처럼 일반계시, 다시 말해 자연현상만을 통해서는 알 수 없는 하나님의 내적 계시는 하나님의 특별계시인 성경 말씀을 통해 알 수 있습니다. 그러므로 그리스도인과 하나님의 말씀은 불가분의 관계에 있습니다. 하나님의 말씀을 떠난 그리스도인은 존재할 수도 없습니다. 하나님의 말씀을 통해서만 하나님을 바르게 알고 믿을 수 있으며, 하나님의 말씀만 모든 것을 바르게 분별하고 판단하는 삶의 기준이 되기 때문입니다.

제1회 예루살렘 공의회의 주제는 주님을 영접한 이방인에 대한 할례 문제였습니다. 그리고 그 공의회의 의장은 예수님의 동생 야고보였습니다. 하나님께서 자신들을 통해 할례도 받지 않은 이방인들에게 어떻게 구원의 은총을 거저 베풀어 주셨는지를 입증하는 베드로와 바울 그리고 바나바의 증언이 모두 끝나자, 마침내 의장 야고보가 이방인의 할례에 대한 최종 판결을 내렸습니다. 야고보는 먼저, 하나님께서 베드로를 통해 가이사랴의 이방인 고넬료 일행을 구원해 주신 것을 '하나님께서 그들을 돌보셨다'고 표현했습니다. 우리말 '돌보다'로 번역된 헬라어 '에피스켑토마이'는 슬픔이나 절망 혹은 고통 속에 있는 당신의 백성을 직접 찾아가셔서 위로하고 품어 주시는 하나님의 모성적 사랑을 드러내는 단어라고 했습니다. 야고보는 이 단어를 사용함으로써 하나님께서는 선민의식에 젖어 있는 유대인들이 착각하는 것처럼 당신의 부성적 엄격함으로 이방인을 심판하는 분이 아니시라, 당신의 모성적 사랑으로 이방인마저 당신의 자녀로 품어 주시는 구원의 하나님이심을 분명히 한 것이었습니다.

그러나 야고보는 단순히 하나님께서 이방인 고넬료 일행을 구원해 주셨다는 베드로의 증언과, 베드로의 증언에 대한 자신의 주관적인 판단만을 내세워 이방인의 할례를 금하는 최종 판결을 내리지 않았습니다. 만약 그랬더라면 야고보가 당시 최고의 권위를 지닌 공의회 의장이었더라도 그의 판결은 얼마 지나지 않아 심각한 반발에 부딪히고 말았을 것입니다. 이방인들은 아무리 주님을 영접했더라도 율법을 좇아 반드시 할례를 받아야 한다고 주장하는 유대인들이 엄청나게 많았고, 바로 그들 때문에 예루살렘 공의회가 열리게 되었기 때문입니다. 야고보는 이방인에 대한 할례를 금하는 자신의 판결 근거를 다음과 같이 들었습니다.

선지자들의 말씀이 이와 일치하도다(15절 상).

야고보의 판결의 근거는 하나님의 말씀이었습니다. 하나님께서 이방인 고넬료 일행을 구원해 주신 사실을 입증한 베드로의 증언은, 하나님께서 선지자들을 통해 주신 말씀과 정확하게 일치한다는 것이었습니다. 우리말 '일치하다'는 의미의 헬라어 동사 '쉼프호네오συμφωνέω'는 '함께'를 뜻하는 '쉰σύν'과 '소리를 내다'는 뜻인 '프호네오φωνέω'의 합성어로서 '함께 같은 소리를 내다'는 의미입니다. 그러므로 베드로의 증언과 선지자들의 말씀이 일치한다는 것은, 하나님께서 이방인 고넬료 일행을 구원해 주셨다는 베드로의 증언은 베드로 개인의 말이 아니라, 선지자들을 통해 말씀하셨던 하나님의 말씀이시기도 하다는 의미였습니다.

야고보는 베드로의 증언이 하나님의 말씀 가운데 어느 말씀과 정확하게 일치하는지를 밝히기 위해 구약성경 아모스 9장 11-12절 말씀을 인용하였습니다. 그러나 본문 16-18절에 기록되어 있는 내용과 우리가 갖고 있는 구약성경 아모스 9장 11-12절 사이에는 단어상 약간의 차이가 있습니다. 그 이유는 본문에서 야고보가 인용한 구약성경은 히브리어 성경이 아니라 '70인역'이라 불리는 헬라어 번역본이기 때문입니다. 우리가 잘 알고 있는 것처럼 주전 722년 북왕국이, 그리고 주전 586년 남왕국이 멸망함으로 인해 수많은 유대인들이 지중해 세계로 흩어져 살게 되었습니다. 소위 디아스포라 유대인들이었습니다. 세월이 흘러가면서 그들은 자연히 그들이 정착한 현지 언어를 모국어로 사용하게 되었습니다. 주전 4세기부터 헬라어가 지중해 세계의 공용어가 된 이후에 이집트의 알렉산드리아에서 히브리어를 알지 못하는 디아스포라 유대인들과 이방인들을 위하여 히브리어 구약성경이 헬라어로 번역되었습니다. 그 번역 작업에 이스라엘 열두 지파에서 각 여섯 명씩 총 72명이 참여했다는 전승에 따라 그 헬라어 번역본을, 72명의 수를 반올림하여 '70인역'이라 부릅니다. 예루살렘 공의회 의장이었던 야고보가 이방인의 구원과 관련된 할례에 대한 최종 판결을 내리면서 히브리어 성경을 인용하지 않고, 이방인도 읽을 수 있는 헬라어 성경을 인용한 것은 우리로 하여금 이방인에 대한 야고보의 애정이 얼마나 깊었는지를 깨닫게 해줍니다.

> 선지자들의 말씀이 이와 일치하도다 기록된바 이 후에 내가 돌아와서 다윗의 무너진 장막을 다시 지으며 또 그 허물어진 것을 다시 지어 일으키리니(15-16절).

하나님께서 "다윗의 무너진 장막"을 다시 일으키시겠다고 말씀하신 것은, 이미 역사 속에서 사라져 버린 정치적인 옛 다윗 왕조를 다시 일으키시겠다는 말씀이 아니었습니다. 다윗의 족보를 통해 이 땅에 오실 예수 그리스도의 십자가 위에, 영원한 하나님 나라를 향한 통로인 신약시대의 교회를 이 땅에 세우시리라는 말씀이었습니다.

> 이는 그 남은 사람들과 내 이름으로 일컬음을 받는 모든 이방인들로 주를 찾게 하려 함이라 하셨으니(17절).

하나님께서 예수 그리스도를 통해 이 땅에 세우시는 교회는 이스라엘의 남은 유대인들뿐만 아니라 하나님께서 택하신 모든 이방인들, 다시 말해 만인을 위한 교회임을 하나님께서 직접 천명하신 것입니다.

> 즉 예로부터 이것을 알게 하시는 주의 말씀이라 함과 같으니라(18절).

이방인에 대한 하나님의 구원은 본래 계획에도 없던 것이 어느 날 갑자기

시행된 것이 아니었습니다. 그것은 "예로부터", 다시 말해 오래전부터 이루어져 온 하나님의 섭리였습니다. 하나님께서 400년에 걸친 이집트의 노예살이에서 이스라엘 백성을 구원해 주시지 않았습니까? 출애굽기 12장 38절에 의하면 그때 "수많은 잡족"이 이스라엘 백성과 함께 출애굽하였습니다. 하나님께서 이스라엘 백성뿐 아니라 수많은 이방인도 함께 구원해 주신 것이었습니다. 그 하나님께서 예수 그리스도의 십자가 위에 세우실 교회를 통해 이 땅의 이방인까지 구원해 주신다는 것은 너무나도 당연한 일이었습니다.

18절 마지막 부분인 "주의 말씀이라"는 문장의 헬라어 원문을 직역하면 현재형 시제문으로 '하나님께서 말씀하신다'가 됩니다. 하나님의 말씀은 과거 한순간의 기록물이 아니라, 시간과 공간을 초월하여 언제나 현재형으로 말씀하신다는 의미입니다. 그래서 야고보는 아모스 9장 11-12절 말씀을 인용하면서 하나님께서 이방인 고넬료 일행을 구원해 주셨다는 베드로의 증언과 하나님의 말씀이 일치한다고, 다시 말해 아모스를 통해 말씀하신 하나님께서 베드로의 증언을 통해 지금도 말씀하고 계신다고 선언한 것입니다.

중요한 사실은 오늘 본문과 아모스 9장 11-12절 사이에는 약 750년의 시차가 있다는 것입니다. 바꾸어 말해 아모스를 통한 하나님의 말씀은 본문의 시대에 이르러 약 750년 만에 이루어졌습니다. 750년이라면 참으로 장구한 세월입니다. 그러나 그 긴긴 세월 동안 하나님의 말씀은 결코 그 효력을 상실치 않았습니다. 오히려 750년이 지나 하나님의 때가 되었을 때 그 말씀은 인류의 역사 속에서 정확하게 이루어졌습니다. 왜 그리스도인들이 하나님의 말씀을 좇고 삶의 기준으로 삼아야 합니까? 하나님의 특별계시인 하나님의 말씀을 통해서만 하나님을 바르게 알 수 있을 뿐 아니라, 그 말씀은 아무리 세월이 흘러도 결코 그 효력을 상실치 않고 하나님의 때가 이르면 반드시 이루어지기 때문입니다.

《성숙자반》에서 "믿음은 하나님의 말씀이 약속어음임을 믿는 것"이라고 했습니다. 하나님께서 아브라함에게 '내가 너로 큰 민족을 이루고 네게 복을 주어 네 이름을 창대하게 하겠다'(창 12:2)고 약속하셨습니다. 그러나 아브라함이 그 약속을 믿고 가나안으로 갔을 때 하나님께서는 그에게 발붙일 땅 한 평 주시지 않았습니다. 그 대신 아직 태어나지도 않은 그의 후손에게 가나안을 주실 것이라고 말씀하셨습니다(행 7:4-5). 하나님께서 아브라함에게 주신 약속은 현찰이 아니라 약속어음이었던 것입니다. 그의 아들이 태어나기까지는 25년이 걸리는 약속어음이었고, 그의 후손들이 이집트 노예살이를 거쳐 가나안 땅에서 큰 민족을 이루기까지는 수백 년이 걸리는 약속어음이었습니다. 출애굽한 이스라엘 백성이 약속의 땅인 가나안에 입성한 것도 40년을 필요로 하는 약속어음이었습니다. 하나님께서 구약시대 선지자를 통해 이 땅에 메시아를 보내 주실 것을 마지막으로 약속하신 것은 말라기 선지자 때였습니다. 그리고 그로부터 400년이 지나 메시아이신 예수님께서 오셨습니다. 그 약속은 400년짜리 약속어음이었던 것입니다. 주님께서 다메섹 도상의 바울을 부르시고 당신의 택한 그릇으로 사용하시겠다고 약속하셨지만 그것도, 바울이 안디옥교회에서 실제로 목회 사역을 시작하기까지는 16년을 기다려야 하는 약속어음이었습니다. 그리고 오늘 본문의 시대에 이르러서야 이루어진 아모스를 통한 하나님의 말씀은 결제 기간이 750년에 달하는 약속어음이었습니다.

하나님을 믿는 우리는 언제나 하나님께 현찰을 요구합니다. 그러나 하나님께서는 우리에게 현찰이 아니라 늘 약속어음을 주십니다. 그 이유가 무엇이겠습니까? 현찰은 단순 거래 대상이지만 약속어음은 반드시 믿음을 전제로 하기 때문입니다. 상인은 누구든 현찰을 들고 오면 그가 어떤 사람인지 따지지 않고 물건을 팝니다. 이것은 단순 거래일 뿐입니다. 현금으로 거래하려는 사람에게 '당신은 인격이 모자라 거래할 수 없어' 혹은 '당신은 믿을 수 없는 사람이어서 거래를 사양해'라고 거절할 상인은 어디에도 없습니다.

그러나 약속어음으로 거래하려면 그것은 전혀 다른 문제가 됩니다. 약속어음은 상호 믿음의 관계가 전제될 때에만 주고받을 수 있습니다. 믿음이 전제되고 수반되지 않는 약속어음은 유가증권이 아니라 쓸모없는 종이쪽지에 불과합니다. 하나님께서 우리에게 현찰이 아니라 언제나 약속어음을 주시는 이유가 여기에 있습니다. 하나님께서 우리에게 원하시는 것은 단순 거래 행위가 아니라 깊은 믿음의 관계이기 때문입니다. 그 반면에 우리가 늘 하나님께 현찰을 요구하는 것은 우리는 하나님과 거래하기를 원하기 때문입니다. 우리의 기도는 매번 '하나님께서 이렇게 해주시면 나도 이렇게 하겠다'는 식입니다. 한마디로 우리가 필요할 때에만 하나님과 거래를 하자는 것입니다. 그런 거래 행위로는 하나님과 믿음의 관계가 구축될 수도 없고, 지속될 수도 없습니다. 그래서 우리를 사랑하시는 하나님께서는 우리와 깊은 믿음의 관계가 지속될 수 있도록 항상 약속어음을 주시는 것입니다.

이 사실을 깨닫지 못하면 우리는 하나님을 믿는다면서도 우리의 조급증 때문에 하나님을 오해하거나, 하나님과의 관계를 왜곡시켜 버리고 맙니다. 그러나 하나님의 모든 말씀이 약속어음임을 아는 사람에게는 성경 말씀이 송두리째 자신을 위한 약속어음 다발이 됩니다. 세상의 유가증권은 아무리 많아도 부도 처리될 수 있고, 또 그것 때문에 자기 인생은 말할 것도 없고 자식 인생마저 망칠 수도 있습니다. 그러나 하나님의 약속어음에는 부도가 없습니다. 하나님의 약속어음은 그 유효기간이 영원한 유가증권입니다. 이 사실을 깨달은 사람은 자신만 하나님의 말씀을 믿고 따르는 것이 아니라, 이 약속어음 다발 자체를 후손들에게 가장 귀한 유산으로 물려줄 것입니다. 이 유가증권은 아무리 많아도 후손들의 인생을 해치거나 망치지 않고 도리어 반듯하게 세워 줄 뿐 아니라, 하나님께서 작정하신 기일이 도래할 때마다 후손들의 삶 속에서 계속 결제될 것이기 때문입니다.

하나님께서 이사야 선지자에게 "외치라"고 명령하셨습니다. 이사야 선지자가 하나님께 대체 무엇이라 외쳐야 할지를 여쭈었습니다. 이에 하나님께서 이사야 선지자에게 다음과 같이 말씀하셨습니다.

> 모든 육체는 풀이요 그의 모든 아름다움은 들의 꽃과 같으니 풀은 마르고 꽃이 시듦은 여호와의 기운이 그 위에 붊이라 이 백성은 실로 풀이로다 풀은 마르고 꽃은 시드나 우리 하나님의 말씀은 영원히 서리라 하라 (사 40:6하-8).

속지 마십시오. 고운 것도 거짓되고 아름다운 것도 헛됩니다. 이 세상의 모든 것은 제아무리 그럴듯해 보여도 반드시 변하고 쇠퇴합니다. 아무리 세월이 흘러도 변치 않고 반드시 이루어지는 것은 오직 하나님의 말씀뿐입니다. 하나님의 말씀은 지난 수천 년 동안 인류의 역사 속에서 이루어져 왔고, 지금도 이루어지고 있고, 앞으로도 영원히 이루어질 영원한 약속어음입니다. 하나님께서 그 영원한 약속어음 다발을 우리에게 송두리째 상속해 주셨다는 것은 얼마나 엄청난 은총입니까?

기독교는 하나님의 진리 앞에서 부단히 자기 자신을 부인하는 고등종교입니다. 시도 때도 없이 우리가 필요할 때에만 하나님과 거래하려는 우리의 미련함을 버리십시다. 기독교는 십자가의 예수 그리스도가 우리의 구원자 되심을 믿는 타력종교입니다. 하나님의 말씀이 육신을 입고 이 땅에 오신 예수 그리스도—그 로고스Logos를 제쳐 놓고, 행여 나의 소유나 능력이 나를 구원할 수 있다고 착각하는 어리석음에 더 이상 빠지지 마십시다. 기독교는 계시종교이고 하나님의 특별계시인 성경 말씀은 온통 우리를 위한 하나님의 약속어음 다발입니다. 그 약속어음 다발을 상속받은 하나님의 자녀답게 하나님과 날마다 믿음의 관계를 심화시켜 가십시다. 그때 우리는 본문의 야고보와 베드로 그리고 바울과 바나바처럼 시간과 공간을 초월하여 영원히 부요한 사람이 될 것입니다. 하나님의 말씀은 우리가 살아생전에는 말할 것도 없고, 우리가 이 세상을 떠난 뒤에도 영원 속에서 계속 결제될 것이기 때문입니다.

인간은 자식을 사랑한다는 명분으로 자식이 원하는 대로 주다가 결국엔 자식을 망치는 경우가 허다합니다. 자식을 망치는 사람은 외부의 사람이 아니라 늘 그 자식의 친부모입니다. 그래서 인간의 자식 사랑은 대부분의 경우 무책임한 방기로 끝나버립니다.

그러나 하나님께서는 우리가 아무리 졸라도 우리가 원하는 현찰을 주시지 않고 언제나 약속어음을 주십니다. 우리가 원하는 대로 현찰을 주시면 우리는 우리가 필요할 때에만 하나님과 거래하려 할 것이기에, 약속어음을 주심으로써 거룩하신 하나님께서 미천한 우리와 깊은 믿음의 관계를 영원히 맺어 주시기 위함입니다. 하나님께서 우리를 사랑하시되, 이처럼 책임 있게 사랑해 주심을 감사합니다. 우리에게 아무 공로가 없건만, 예수 그리스도 안에서 이렇듯 엄청난 약속어음 다발을 거저 상속해 주심을 감사드립니다. 그 약속어음 다발은 우리가 살아생전에는 말할 것도 없고, 이 세상을 떠난 뒤에 영원 속에서도 반드시 이루어짐을 잊지 말게 해주십시오. 그 약속어음 다발을 상속받은 하나님의 자녀답게, 날이면 날마다 하나님과 믿음의 관계를 더욱 심화시켜 가는 지혜로운 사람이 되게 해주십시오.

그리하여 우리 모두 오늘 본문 속의 야고보와 베드로 그리고 바울과 바나바처럼, 시간과 공간을 초월하여 예수 그리스도 안에서 영원히 부요한 하나님의 자녀로 살게 해주십시오. 아멘.

16. 괴롭게 하지 말고 종교개혁 주일

사도행전 15장 12-21절

온 무리가 가만히 있어 바나바와 바울이 하나님께서 자기들로 말미암아 이방인 중에서 행하신 표적과 기사에 관하여 말하는 것을 듣더니 말을 마치매 야고보 가 대답하여 이르되 형제들아 내 말을 들으라 하나님이 처음으로 이방인 중에서 자기 이름을 위할 백성을 취하시려고 그들을 돌보신 것을 시므온이 말하였으니 선지자들의 말씀이 이와 일치하도다 기록된바 이 후에 내가 돌아와서 다 윗의 무너진 장막을 다시 지으며 또 그 허물어진 것을 다시 지어 일으키리니 이 는 그 남은 사람들과 내 이름으로 일컬음을 받는 모든 이방인들로 주를 찾게 하 려 함이라 하셨으니 즉 예로부터 이것을 알게 하시는 주의 말씀이라 함과 같으니라 그러므로 내 의견에는 이방인 중에서 하나님께로 돌아오는 자들을 **괴롭게 하지 말고** 다만 우상의 더러운 것과 음행과 목매어 죽인 것과 피를 멀리하라고 편지하는 것이 옳으니 이는 예로부터 각 성에서 모세를 전하는 자가 있어 안식일마다 회당에서 그 글을 읽음이라 하더라

제1회 예루살렘 공의회의 주제는 주님을 영접한 이방인에 대한 할례 문제

였습니다. 아무리 주님을 영접했더라도 이방인들은 율법을 좇아 반드시 할례를 받아야 한다고 주장하는 측과, 그것은 비복음적이라며 반대하는 측 사이에 오랜 시간에 걸쳐 열띤 공방이 벌어졌습니다. 그 후 베드로와 바나바 그리고 바울이 차례대로 일어나, 하나님께서 자신들을 통해 할례도 받지 않은 이방인들에게 어떻게 구원의 은총을 거저 베풀어 주셨는지를 입증하는 증언을 마쳤습니다. 그리고 마침내 공의회 의장이었던 야고보가 이방인의 할례에 대한 최종 판결을 내렸습니다.

야고보는 먼저, 하나님께서 베드로를 통해 가이사랴의 이방인 고넬료 일행을 구원해 주신 것을 '하나님께서 그들을 돌보셨다'고 표현했습니다. 우리말 '돌보다'로 번역된 헬라어 동사 '에피스켑토마이'는 슬픔이나 절망 혹은 고통 속에 빠진 당신의 백성을 친히 찾아가셔서 위로하고 품어 주시는 하나님의 모성적 사랑을 드러내는 단어라고 했습니다. 야고보는 그 단어를 사용함으로써 하나님께서는, 선민의식에 젖어 있는 유대인이 착각하는 것처럼 당신의 부성적 엄격함으로 이방인을 심판하는 분이 아니시라, 당신의 모성적 사랑으로 이방인마저 당신의 자녀로 품어 주시는 구원의 하나님이심을 분명히 했습니다.

그러나 야고보는 단순히 하나님께서 이방인 고넬료 일행을 구원해 주셨다는 베드로의 증언과, 베드로의 증언에 대한 자신의 주관적인 판단만을 근거로 이방인의 할례를 금하는 최종 판결을 내리지 않았습니다. 야고보의 판결 근거는 하나님의 말씀이었습니다. 야고보는 하나님께서 이방인에 대한 구원을 약속하신 아모스 9장 11-12절 말씀을 인용하였습니다. 그리고 하나님께서 이방인 고넬료 일행을 구원해 주셨다는 베드로의 증언은, 아모스 선지자를 통한 하나님의 말씀과 일치한다고 선언했습니다. 하나님께서 이방인 고넬료 일행을 구원해 주셨다는 베드로의 증언은 베드로 개인의 말이 아니라, 아모스 선지자를 통해 말씀하셨던 바로 그 하나님의 말씀이기도 하다는 선언이었습니다.

그 선언에 뒤이어 야고보는 이방인의 할례에 대해 다음과 같이 판결을 내렸습니다.

> 그러므로 내 의견에는 이방인 중에서 하나님께로 돌아오는 자들을 괴롭게 하지 말고(19절).

한글 성경에는 야고보가 명사형으로 "내 의견"이라고 말한 것으로 되어 있어, 마치 야고보가 이방인의 할례에 대한 자기 의견을 피력한 것처럼 보입니다. 그러나 이 부분이 헬라어 원문에는 동사형으로 서술되어 있고 그 의미도 사뭇 다릅니다. 야고보는 이렇게 말했습니다.

> 디오 에고 크리노διὸ ἐγὼ κρίνω.

우리말로 옮기면 '그러므로 내가 판결한다'는 의미입니다. 헬라어 동사는 주어에 따라 동사의 어미가 변화하므로 헬라어에서는 일반적으로 주어가 생략됩니다. 동사만 보아도 주어를 분별할 수 있기 때문입니다. 그런데도 굳이 주어를 별도로 기록할 때에는 그 주어를 강조하기 위함입니다. 지금 야고보는 공의회에 참석한 참관자의 입장에서 이방인의 할례에 대해 또 하나의 의견을 밝힌 것이 아닙니다. 그는 1인칭 주어를 사용하여 예루살렘 공의회 의장의 권위로, 더욱이 자신이 인용한 하나님의 말씀의 권위로 '내가 판결한다'고 선포했습니다. 지금부터 자신이 내리는 판결은 누구도 번복할 수 없는 최종 판결이라는 의미였습니다.

그 최종 판결 내용은, 주님을 영접한 이방인들을 괴롭게 하지 말라는 것이었습니다. 하나님께서 예수 그리스도 안에서 이미 당신의 자녀로 구원하신 이방인들에게 구원을 위한 필수적인 전제 조건으로 할례의 의무를 요구하는 것은 그들을 괴롭히는 범죄행위라고 단정한 것이었습니다. 헬라어 원문에는 '괴롭히다'는 동사가 현재형 부정사로 기록되어 있습니다. 헬라어 문법상 현재형 부정사는 지속적, 반복적, 습관적 동작을 나타냅니다. 그러므로 야고보의 판결은 그릇된 유대주의에 빠져 있는 유대인 그리스도인들이 할례를 빌미로 이방인 그리스도인들을 지속적, 반복적, 습관적으로 괴롭혀 온 범죄행위를 지금 당장 그만두라는 판결이었습니다. 유대인 그리스도인들이 이방인 그리스도인들에게 할례를 요구한 것이 그들을 얼마나 괴롭히는 행위였으면, 베드로 역시 10절에서 그들의 행위를 자신들도 능히 멜 수 없는 멍에를 이방인들의 목에 메우는 범죄행위로 단정했습니다. 대체 멀쩡하게 살아 있는 사람의 목에 스스로는 벗어날 수 없는 멍에를 덧씌우는 것보다 그 사람을 더 괴롭히는 범죄행위가 어디에 있겠습니까?

예수 그리스도를 믿는다면서도 그릇된 유대주의에 빠져 이미 구원받은 멀쩡한 하나님의 자녀들에게 구원을 위한 필수적인 조건으로 할례를 요구하는 유대인 그리스도인들의 행위를, 하나님의 자녀를 괴롭히는 범죄행위로 판정한 야고보의 판결은 참으로 명판결이었습니다. 당신의 모성적 사랑으로 그 이방인들을 당신의 자녀로 품어 주신 하나님의 심정을 그보다 더 잘 대변할 수는 없을 것이기 때문입니다. 역시 예수님 동생다운 판결이었고, 예루살렘 공의회 초대 의장다운 판결이었습니다. 그러나 하나님을 믿는다는 사람들이 하나님의 이름을 빙자하여 하나님을 믿는 사람들을 괴롭힌 것은 이때가 처음이었던 것은 아닙니다.

예루살렘성전 서북쪽에 있는 '양들의 문' 옆에 '베데스다'라는 이름의 못이 있었습니다(요 5:2). 그 못 주위에는 항상 수많은 병자들이 몰려 있었습니다. 천사가 가끔 못에 내려와 물을 휘젓는데, 그때 가장 먼저 못에 들어가는 사람은 무슨 병에 걸렸든지 깨끗하게 치유된다는 전승으로 인함이었습니다. 그곳에 38년 된 병자가 있었습니다. 그 병자는 일어나 앉지도 못한 채 밤낮 누워만 있어야 하는 중환자였습니다. 그 중환자는 천사가 하루에 수십 번씩 내려와 못의 물을 휘젓는다 해도 그 못은 그림의 떡일 수밖에 없었습니다. 그때마다 사지가 멀쩡한 병자가 먼저 뛰어들 것이기 때문이었습니다. 그곳에 모여 있는 사람들은 모두 병자라는 의미에서 다 불쌍한 사람들이었지만, 그중에서도 자기 몸을 운신하지도 못해 밤낮 누워만 있어야 하는 그 중환자가 가장 불쌍한 사람이었습니다. 다른 환자들은 천사가 못의 물을 휘저을 때 어떻게 하면 자신이 가장 먼저 뛰어 들어갈 수 있을지에 골몰할 뿐, 누구 한 명 그 중환자에게 관심을 두려 하지는 않았습니다.

그러나 예수님은 달랐습니다. 그곳에 나타나신 예수님께서는 거기에 운집해 있는 사람들 가운데 가장 잘나고 가장 지적이고 가장 부유한 병자를 찾지 않으셨습니다. 주님께서는 가장 불쌍한 그 중환자에게 다가가셨습니다. 그리고 '네가 낫기를 원하느냐'고 그에게 물으셨습니다. 중환자는 예수님에게, 천사가 못의 물을 휘저어도 자신이 못에 먼저 내려갈 수 있도록 자신을 도와주는 사람이 없음을 한탄했습니다. 그 중환자는 자기를 찾아오신 예수님께서 누구신지 알지 못하고 있었습니다. 예수님께서 그에게 말씀하셨습니다.

일어나 네 자리를 들고 걸어가라(요 5:8).

예수님의 그 말씀과 함께 말씀의 권능이 중환자에게 임했습니다. 그 중환자는 언제 아팠냐는 듯 자리에서 일어났습니다. 그리고 그동안 자신이 누워 있던 거적때기를 들고 걷기 시작했습니다. 생각해 보십시오. 38년 동안이나 누워 있던 중환자가 나음을 입고 자기 발로 걷게 되었다면 그 사람을 개인적으로 알든 모르든, 그 자리에 모여 있던 사람들이 그의 나음 받음을 함께 기뻐하며 축하함이 마땅하지 않겠습니까? 그러나 일단의 유대인들은 그 중환자가 새 생명을 입었음을 축하해 주기는커녕 안식일을 범했다며 도리어 그를 비난하고 괴롭혔습니다. 마침 그날이 안식일인데 그가 깔고 있던 거적때기를 들고 가는 것 자체가 안식일을 범한 범법 행위라는 이유에서였습니다. 38년 동안이나 중병에 갇혀 있다 나음을 입은 사람을 정죄하며 괴롭힌 그들은 하나님과 하나님의 말씀을 알지도 믿지도 않는 이방인들이 아니었습니다. 그들은 모두 하나님을 믿고 하나님의 말씀을 아는 유대교인들이었습니다. 그럼에도 그들은 새 생명을 얻은 중환자를 기뻐하기는커녕 하나님의 말씀을 빙자하여 그를 정죄하며 괴롭혔습니다.

예수님 당시의 서기관들과 바리새인들은 하나님의 말씀에 통달한 사람들이었습니다. 그들은 누구보다도 자신들이 하나님의 말씀을 더 잘 알고, 더 잘 믿고, 더 잘 준수한다고 믿어 의심하지 않았습니다. 그러나 예수님께서는 그들을 다음과 같이 질타하셨습니다.

> 화 있을진저 외식하는 서기관들과 바리새인들이여 너희는 교인 한 사람을 얻기 위하여 바다와 육지를 두루 다니다가 생기면 너희보다 배나 더 지옥 자식이 되게 하는도다(마 23:15).

바리새인들은 이방인 가운데서 개종자를 얻기 위한 전도 활동에 누구보다 열성적이었습니다. 그러나 예수님께서 보시기에는 그들은 지옥 자식에 불과했습니다. 그들은 자신들은 물론이요 새로운 개종자마저 정작 하나님 앞으로 나아가지는 못하도록 그들의 앞길을 가로막고 괴롭히는 범법자들에 지나지 않았기 때문입니다.

복음서를 자세히 보면 이처럼 하나님을 믿는다는 절대다수의 유대인들이 하나님의 말씀으로 사람들을 살리기는커녕, 하나님의 말씀을 빙자하여 사람들을 괴롭히는 짓을 서슴지 않았음을 쉽게 확인할 수 있습니다.

신약성경의 순서가 중요하다는 말씀을 드린 적이 있습니다. 신약성경은 복음서로 시작되고 있습니다. 복음이란 말씀이 육신을 입고 이 땅에 오신 성자 하나님 예수 그리스도께서 인간의 죗값을 치러 주시기 위한 십자가의 제물이 되어 돌아가셨다가 죽음을 깨뜨리고 부활하심으로써, 누구든지 그분을 믿기만 하면 죄와 사망의 덫으로부터 구원받은 하나님의 자녀가 된다는 것입니다. 자기 자신이 죄인임을 깨닫지 못한 사람은 모르려니와, 자신이 죄인임을 자각한 사람에게는 그것은 문자 그대로 복된 소식—복음이 아닐 수 없습니다. 그 복음서 다음에 사도행전이 이어지고 있습니다. 우리가 잘 아는 것처럼 사도행전은 복음의 토대 위에 교회가 어떻게 태동되고 확장되었는지를 보여 주는 교회의 역사책입니다.

복음서 그리고 사도행전—바로 이 순서가 중요합니다. 언제나 앞세워야 할 것은 복음, 예수 그리스도, 말씀이지, 교회 그 자체가 아닙니다. 교회가 중요한 것은 교회 그 자체가 중요해서가 아니라, 교회가 말씀을 앞세우는 말씀의 통로이기 때문입니다. 그러나 교회가 말씀보다 교회 그 자체를 중요시하면, 다시 말해 교회가 말씀과 교회의 순서를 뒤바꾸어 버리면, 교회는 하나님의 말씀으로 사람을 살리는 하나님의 통로가 아니라 하나님의 말씀을 빙자하여 사람을 죽이고 괴롭히는 이해 집단으로 전락한다는 것이 성경과 2천 년 교회 역사가 동일하게 던져 주는 교훈입니다.

하나님의 말씀을 믿는다는 유대교인들이 38년 된 중병으로부터 나음을 입은 사람을 기뻐하기는커녕 하나님의 말씀을 빙자하여 그를 정죄하며 괴롭힌 것은, 하나님의 말씀보다 유대교의 교리와 관습과 전통을 더 앞세웠기 때문입니다. 서기관들과 바리새인들이 이방인 개종자를 얻기 위해 누구보다도 열성적이었으면서도 정작 개종자가 하나님 앞으로 나아가지는 못하도록 앞길을 가로막고 괴롭히는 지옥 자식이 될 수밖에 없었던 것도, 하나님의 말씀보다 자기 종파의 교리와 관습과 전통을 더 중요하게 여겼기 때문입니다. 오늘 본문의 유대인들이 예수 그리스도를 영접한 그리스도인이면서도 주님의 은총으로 동일하게 구원 얻은 이방인 그리스도인들에게 구원을 위한 필수적인 전제 조건으로 할례를 요구하면서 지속적이고도 반복적이고 또 습관적으로 그들을 괴롭힌 것 역시, 복음은 제쳐 놓고 그릇된 유대주의를 여전히 금과옥조로 삼고 있었기 때문입니다.

누가복음 4장 18-19절을 보면 예수님께서는 이사야 61장 1-2절 말씀을 인용하여 당신께서 이 땅에 오신 이유를 밝히셨습니다.

> 주의 성령이 내게 임하셨으니 이는 가난한 자에게 복음을 전하게 하시려고 내게 기름을 부으시고 나를 보내사 포로 된 자에게 자유를, 눈먼 자에게 다시 보게 함을 전파하며 눌린 자를 자유롭게 하고 주의 은혜의 해를 전파하게 하려 하심이라.

한마디로 말해 예수님께서는 어떤 의미에서든 괴롭힘을 당하는 사람들에게 그들이 당하는 괴롭힘으로부터의 자유를 주시기 위해 이 땅에 오셨습니다. 그래서 예수님께서 죄와 사망의 괴롭힘으로부터 인간을 구원해 주시기 위해 당신 자신이 십자가의 제물로 돌아가셨을 뿐 아니라, 이 땅에 계시는 동안 줄곧 유대교 지도자 무리와 맞서실 수밖에 없었습니다. 예수님께서 보시기에 유대교 지도자 무리는 하나님의 말씀으로 밥 먹고 살면서도 하나님의 말씀을 앞세우기는커녕, 자신들의 종교적 기득권과 세속적 이권을 위해 하나님의 말씀으로 포장된 자신들의 교리와 전통과 관습의 멍에를 선량한 하나님의 백성에게 씌우고 괴롭히는 추악한 인간 집단에 지나지 않았기 때문입니다.

오늘은 지금부터 494년 전, 타락할 대로 타락한 중세 로마가톨릭교회에 맞서 마르틴 루터가 기치를 올렸던 종교개혁을 기념하는 주일입니다. 당시 로마가톨릭교회는 현재 로마에 있는 성 베드로 성당을 건축하는 비용을 조달하기 위해 돈으로 구원을 살 수 있다며 면죄부를 판매할 정도로 타락해 있었습니다. 조그마한 구멍가게도 지켜야 할 윤리가 있지 않습니까? 어떻게 구멍가게도 아닌, 하나님의 이름을 내세우는 거대한 로마가톨릭교회가 예수 그리스도의 십자가 구원을 돈으로 거래할 정도로 타락할 수 있었습니까? 그 해답은 지극히 간단합니다. 복음과 교회의 순서, 복음이 먼저이고 교회가 그다음이라는 이 순서를 뒤바꾸어 버렸기 때문입니다. 복음 즉 말씀을 위해 교회가 존재하는 것이 아니라, 교회를 위해 말씀이 존재하는 꼴이 되어 버린 것입니다. 하나님의 말씀은 로마가톨릭교회의 제도와 교리 그리고 전통과 관습을 유지하기 위한 보조 수단에 불과할 따름이었습니다. 그때 로마가톨릭교회는 더 이상 사람을 살리는 생명의 통로가 아니었습니다. 오히려 하나님의 이름으로 하나님의 백성을 괴롭히는 추악한 인간 집단에 지나지 않았습니다.

그 부패한 로마가톨릭교회에 맞선 마르틴 루터가 '오직 성경', '오직 말씀'을 외친 것은 로마가톨릭교회가 뒤바꾸어 놓은 말씀과 교회의 순서를 원상회복하자는 것이었습니다. 교회가 말씀을 앞세울 때에만, 교회가 말씀을 목적으로 삼을 때에만, 교회가 말씀을 위해 존재할 때에만, 더 이상 사람을 괴롭히지 않고 사람을 살리는 생명의 통로가 될 수 있음은 두말할 나위가 없습니다. 이런 관점에서 신·구교를 막론하고 마르틴 루터가 교회 역사에 끼친 공헌은 아무리 강조해도 지나침이 없을 것입니다.

마르틴 루터의 종교개혁 494주년을 맞아 올해도 교계에서는 여러 행사들이 있었습니다. 종교개혁을 기념하는 행사는 해가 거듭될수록 그 규모와 횟수가 더 늘어나고 있고, 또 교회 개혁의 구호는 해마다 더욱 강조되고 있습니다. 그럼에도 불구하고 오늘날 한국 교회는 494년 전 마르틴 루터가 맞섰던 중세 로마가톨릭교회보다 더 부패했다는 가슴 아픈 비판에 직면해 있습니다. 교회가 사람을 살리는 것이 아니라 도리어 사람을 괴롭히고 있는 것입니다. 대체 그 이유가 무엇이겠습니까? 교회는 건물이나 제도가 아니라 교회를 이루고 있는 사람들, 다시 말해 주님을 주인으로 모신 우리 자신이 교회이지 않습니까? 그런데도 교회가 타락했다는 것은 교회를 이루고 있는 우리 자신이 말씀을 앞세우지 않고, 매사에 말씀보다 자기 자신을 앞세우고 있기 때문 아닙니까?

우리 각자 우리 자신의 삶을 되돌아보십시다. 하나님을 믿는다면서도 우리의 경제적 소유나 소득이 누군가를 괴롭히고 있는 것은 아닙니까? 우리의 업무나 직책이 누군가를 괴롭히고 있는 것은 아닙니까? 무례하거나 혹은 무책임한 우리의 언행이 누구를 괴롭히고 있는 것은 아닙니까? 우리의 그릇된 종교적 열성이나 관습이 누군가를 괴롭히고 있는 것은 아닙니까? 돌처럼 굳은 우리의 이념이나 신념이 누군가를 괴롭히고 있는 것은 아닙니까? 그렇다면 개혁의 대상은 바로 우리 자신이요, 교회 개혁은 우리 자신으로부터 시작해야 하지 않겠습니까?

사랑하는 교우 여러분!

우리 모두 타인을 향해서가 아니라, 우리 자신을 향한 개혁가들이 되십시다. 하나님을 믿는다면서도 하나님의 말씀보다 앞서려는 우리 자신을 과감하게 부인하고, 언제 어디서나 말씀을 앞세우는 참된 그리스도인이 되십시다. 어떤 경우에도 복음서와 사도행전의 순서를 존중하는 진정한 사도행전의 삶을 일구어 가십시다. 그때 우리는 부지중에라도 하나님의 이름으로 사람을 괴롭히는 어리석음을 범치 않고 언제나 사람을 살리는 생명의 통로가 될 것이요, 그와 같은 우리가 모인 이 땅의 교회는 이 시대를 맑히고 밝히는 명실상부한 주님의 교회가 될 것입니다.

종교개혁 494주년을 기념하는 종교개혁 주일을 맞아 나의 종교적 열심과 열성이 누군가를 괴롭히고 있는 것은 아닌지, 나의 경제적 소유나 소득이 누군가를 괴롭히고 있는 것은 아닌지, 나의 업무나 직책이 누군가를 괴롭히고 있는 것은 아닌지, 나의 무례하거나 무책임한 언행이 누군가를 괴롭히고 있는 것은 아닌지, 나의 이념이나 신념이 누군가를 괴롭히고 있는 것은 아닌지, 나 자신의 삶을 되돌아보게 해주셔서 감사합니다. 개혁의 대상은 언제나 나 자신이고, 교회 개혁은 나 자신으로부터 시작됨을 늘 기억하게 해주십시오. 언제 어디서나 복음과 교회, 복음과 나 자신의 순서를 존중하게 해주십시오. 그 순서를 무시하는 순간부터 나의 신앙심이 깊으면 깊을수록, 나의 삶은 더 많은 사람을 괴롭히는 백해무익한 결과를 초래할 뿐임을 잊지 않게 해주십시오. 그리하여 우리 모두 사람을 살리는 진정한 그리스도인이 되게 해주시고, 우리의 모임인 이 땅의 가정과 교회가 명실상부한 주님의 교회로 회복되게 해주십시오. 아멘.

17. 편지하는 것이 옳으니 I

사도행전 15장 12-21절

온 무리가 가만히 있어 바나바와 바울이 하나님께서 자기들로 말미암아 이방인
중에서 행하신 표적과 기사에 관하여 말하는 것을 듣더니 말을 마치매 야고보
가 대답하여 이르되 형제들아 내 말을 들으라 하나님이 처음으로 이방인 중에
서 자기 이름을 위할 백성을 취하시려고 그들을 돌보신 것을 시므온이 말하였
으니 선지자들의 말씀이 이와 일치하도다 기록된바 이 후에 내가 돌아와서 다
윗의 무너진 장막을 다시 지으며 또 그 허물어진 것을 다시 지어 일으키리니 이
는 그 남은 사람들과 내 이름으로 일컬음을 받는 모든 이방인들로 주를 찾게 하
려 함이라 하셨으니 즉 예로부터 이것을 알게 하시는 주의 말씀이라 함과 같으
니라 그러므로 내 의견에는 이방인 중에서 하나님께로 돌아오는 자들을 괴롭게
하지 말고 다만 우상의 더러운 것과 음행과 목매어 죽인 것과 피를 멀리하라고
편지하는 것이 옳으니 이는 예로부터 각 성에서 모세를 전하는 자가 있어 안식
일마다 회당에서 그 글을 읽음이라 하더라

저희 교회가 설립한 양화진문화원은 문화를 통한 세상과의 소통을 위해

매주 목요일마다 '목요강좌'를 개설하고 있습니다. 그 일환으로 작년에는 '지성과 영성의 만남'이라는 타이틀로 매회 다른 주제를 놓고 '이어령·이재철 대담'이 한 달에 한 번씩 열렸습니다. 그 이후 교계에서는 지성과 영성이라는 말이 빈번하게 사용되고 있고, 신학교 중에는 지성적 뒷받침을 위해 인문학 붐이 일어난 신학교도 있습니다. 성숙한 그리스도인이 되기 위해서는 영성과 지성을 겸비해야 한다는 자각으로 인함입니다.

하나님께서 감각의 대상이시라면 인간은 하나님을 느끼기만 하면 됩니다. 하나님께서 형체를 지닌 분이시라면 인간은 하나님을 뵙는 것만으로도 족합니다. 그러나 하나님께서는 눈에 보이지 않는 영이십니다. 그래서 영이신 하나님과 관계를 맺기 위해서는 인간은 영성이 필요합니다. 영성은 '지금 자신과 함께하고 계시는 하나님에 대한 깨어 있음'이라고 말씀드린 적이 있습니다. 영성 훈련 프로그램을 수없이 거쳤어도, 지금 자기 삶의 현장에 자신과 함께하고 계시는 하나님에 대해 깨어 있지 못하다면 그 사람은 영성의 사람이 아닙니다. 그러나 영성 훈련 프로그램을 단 한 번 받아 본 적이 없어도, 늘 자기 곁에 계신 하나님에 대해 깨어 응답하는 사람이라면 그 사람은 참된 영성의 사람입니다.

중요한 사실은 하나님께서는 영이신 동시에 말씀, '로고스Logos'로 존재하신다는 것입니다. 그 로고스를 이해하려면 그 로고스의 '로직Logic' 즉 논리를 알아야 하는데, 그 논리를 이해하는 바탕이 지성입니다. 지성은 애당초 인간의 것이 아닙니다. 지성은 하나님으로부터 주어진 것입니다. 하나님께서는 당신의 형상을 따라 사람을 지으셨습니다. 하나님의 형상은 하나님의 품성과 속성을 뜻합니다. 하나님께서 당신의 형상을 따라 사람을 지으실 때 당신 품성과 속성 속에 포함되어 있는 당신의 지성도 함께 주셨습니다. 그러므로 인간은 하나님께서 주신 지성을 통해 로고스이신 하나님의 말씀을 바르게 분별할 수 있습니다.

예수님께서 말씀하셨습니다.

> 어찌하여 형제의 눈 속에 있는 티는 보고 네 눈 속에 있는 들보는 깨닫
> 지 못하느냐(마 7:3).

우리말 '깨닫다'로 번역된 헬라어 동사 '카타노에오κατανοέω'는 '지성으로 지각하다'는 의미입니다. 그러므로 예수님의 말씀은 남의 눈에 있는 티는 보면서도 어찌 네 눈 속에 있는 들보는 네 지성으로 지각하려 하지 않느냐는 꾸짖음이었습니다.

> 너희가 어찌 의복을 위하여 염려하느냐 들의 백합화가 어떻게 자라는가
> 생각하여 보라 수고도 아니하고 길쌈도 아니하느니라(마 6:28).

우리말 '생각하여 보라'로 번역된 헬라어 동사 '카타만다노καταμανθάνω'는 신약성경 중 이곳에서 단 한 번 사용된 단어로 '심사숙고하다'는 뜻입니다. 들의 백합화가 어떻게 자라는지 지성을 동원하여 단 한 번이라도 깊이 생각해 보라. 백합화가 스스로 씨를 뿌리고 길쌈하는 수고를 하더냐? 그런데도 하나님께서 솔로몬의 옷이 흉내를 낼 수 없을 정도로 아름답게 백합화를 입히시지 않느냐? 오늘 있다가 내일 아궁이에 던져지는 들풀도 하나님께서 이렇게 입히시거든 하물며 너희일까 보냐? 그런데도 너희들은 지천에 널려 있는 백합화를 보면서도 백합화보다 너희를 더 사랑하시는 하나님께서 너희를 책임져 주실 것을 어찌 너희 지성을 동원하여 단 한 번이라도 숙고해 보지 않느냐? 이 믿음이 적은 사람들아! 예수님의 말씀은 이런 의미였습니다.

마가복음에 의하면 예수님께서 오병이어로 5천 명을 먹이시고 또 칠병이어로 4천 명을 먹이신 후, 제자들에게 바리새인과 헤롯의 누룩을 주의하라고 말씀하셨습니다(막 8:15). 바리새인과 헤롯의 거짓 가르침을 주의하라는 말씀이었습니다. 그러나 제자들은 누룩이라는 말을 듣자마자, 마침 자신들이 도시락을 지참하지 않은 것을 예수님께서 지적하셨다고 속단했습니다. 그들은 예수님께서 오병이어와 칠병이어의 표적을 행하시는 것을 보고서도 그들의 관심은 여전히 육적인 것에만 국한되어 있었습니다. 그때 예수님께서 그 어리석은 제자들을 이렇게 꾸짖으셨습니다.

> 너희가 어찌 떡이 없음으로 수군거리느냐 아직도 알지 못하며 깨닫지 못하느냐 너희 마음이 둔하냐(막 8:17).

우리말 '둔하다'로 번역된 헬라어 동사 '포로오πωρόω'는 바른 분별력과 이해력을 상실한 비지성적 상태를 일컫는 단어입니다. 세계에서 가장 정확한 문법과 풍부한 표현력을 지닌 언어로 공인받는 프랑스어 성경은 '너희 마음이 둔하냐?'는 문장을 '너희 지성이 꽉 막혔느냐Votre intelligence est-elle fermée?'라고 번역했습니다. 조금이라도 지성적으로 혹은 이성적으로 생각해 보면 예수님께서 말씀하신 '누룩'이 도시락이 아님을 알 수 있는데, 왜 그렇게 하지 않느냐는 예수님의 꾸짖음이었던 것입니다.

예수님께서 이처럼 제자들에게 지성적 역할을 강조하신 것은 영성과 지성은 구별될 수 없기 때문입니다. 바른 영성은 반드시 바른 지성을 수반합니다. 영성은 지성을 통해 인간의 삶 속에서 구체화되고, 지성은 영성을 통해 바른 방향과 목표를 설정할 수 있습니다. 지성이 결여된 영성은 인간의 삶을 미궁 속으로 몰아넣는 맹신일 뿐이고, 영성과 무관한 지성은 인간을 해치는 흉기에 지나지 않습니다.

그렇다면 여기에서 대단히 중요하고도 근본적인 질문이 제기됩니다. 바른 영성이 반드시 바른 지성을 수반한다면, 그리스도인은 대체 어느 정도의 지성을 지녀야 하겠습니까? 어느 정도의 학력을 갖추어야 하고, 어느 수준까지의 학위를 취득해야 하고, 최소한 몇 권 이상의 독서량이 있어야 바른 영성을 추구하기에 걸맞은 지성일 수 있겠습니까? 어려운 가정 형편 때문에 학교교육을 제대로 받지 못해 세상 사람들로부터 지성인으로 인정받지 못하는 사람은 참된 영성의 그리스도인이 될 수 없는 것입니까? 명문 과정을 거쳐 박사 학위를 취득하고 세상에서 지성인으로 추앙받는 사람은 절로 바른 영성의 사람이 되는 것입니까?

2천 년 전 예수님께서 이스라엘 땅에 오셨을 때 지중해 건너편의 아테네에는 수많은 아카데미가 있었습니다. 그러나 예수님께서는 아테네의 그 어떤 아카데미에서도 수학하신 적이 없었습니다. 예루살렘에 상경하여 학위를 취득하신 적도 없었습니다. 그분은 이스라엘 변방 갈릴리의 달동네 나사렛에서 빈민으로 사셨습니다. 성경에 기록되어 있는 예수님의 설교나 비유 가운데, 당시 지성인이라면 반드시 읽어야 하는 헬라 고전을 인용한 곳이 단 한 곳도 없다는 것은 예수님께서 그런 필독서를 단 한 권도 읽으신 적이 없었음을 의미합니다. 예수님께서 당시 지중해 세계 공용어인 헬라어를 아셨다는 증거도 그 어디에서도 찾아볼 수 없습니다. 당시 유대 사회의 관점에서 본다면 공식적인 학력을 지니지 못한 예수님께서는 전혀 지성인이 아니었습니다. 예수님의 제자들은 또 어떻습니까? 예수님의 제자들 역시 무학無學이라는 면에서는 예수님과 동일했습니다. 무식한 갈릴리 어부거나 세리 출신인 제자들이 주님의 부르심을 받기 전, 하루 벌어 하루 먹고살기도 바쁜 틈에 교양도서 한 권인들 읽었겠습니까? 소크라테스나 플라톤 혹은 아리스토텔레스의 이름인들 알았겠습니까? 그들 가운데 몇 사람이나 문자를 제대로 해독할 수 있었겠습니까? 그들 모두 지성과는 거리가 멀어도 한참 먼 무식꾼들일 뿐이었습니다. 그런데 그 무식꾼 제자들을 향해, 당시의 관점으로는 역시 지성인이 아닌 예수님께서 너희들은 왜 지성으로 지각하려 하지 않느냐, 왜 단 한 번이라도 지성을 동원하여 깊이 생각해 보려 하지 않느냐, 왜 지성이 그토록 꽉 막혔느냐고 질타하셨습니다. 따라서 우리는 예수님께서 요구하시는 지성은 세상이 말하는 지성과 동일하지 않다는 사실을 확인하게 됩니다.

세상이 말하는 지성은 일정한 수준의 학력과 학위를 통해서 인정받습니다. 그것을 위해서는 반드시 일정량 이상의 전공 서적을 독파하지 않으면 안 됩니다. 그러나 예수님께서 무학인 제자들에게 요구하신 지성은 '건강한 상식'이었습니다. '상식'은 "사람으로서 지녀야 할 일반적인 지식, 이해력, 판단력, 분별력"을 뜻합니다. 하나님께서는 이 건강한 상식을 인간에게 주셨습니다. 굳이 건강한 상식이라고 말하는 것은 타락한 인간에 의해 왜곡된 그릇된 상식과 구별하기 위함입니다. 생각해 보십시오. 다른 사람의 눈에 있는 티끌을 볼 수 있을 정도라면 자기 눈 속에는 들보가 있을 수 있음을 지각하는 데에 반드시 소정의 학력이 필요합니까? 아닙니다. 건강한 상식만 있으면 지각할 수 있습니다. 오늘 있다가 내일 아궁이에 던져지는 들풀도 하나님께서 솔로몬의 옷보다 더 아름답게 입히신다면, 그 하나님께서 당신의 자녀인 우리를 반드시 책임져 주실 것을 숙고해 보는 데에 특정 학위가 필요합니까? 아닙니다. 건강한 상식만 지니고 있으면 얼마든지 생각할 수 있는 것입니다. 오병이어와 칠병이어의 능력으로 당신의 백성을 책임져 주시는 주님께서 당신의 백성에게 요구하시는 삶이 더 이상 육체의 양식을 목적으로 삼는 삶이 아님을 깨닫는 데 반드시 읽어야 할 필독서가 별도로 있습니까? 아닙니다. 하나님께서 주신 건강한 상식만 지니고 있으면 충분히 깨달을 수 있습니다.

바른 영성은 반드시 바른 지성을 수반합니다. 지성 없는 영성도, 영성이 결여된 지성도 불완전할 수밖에 없습니다. 영성과 지성이 두 수레바퀴처럼 함께할 때 우리의 신앙은 날로 성숙할 수 있습니다. 그러나 성경이 요구하는 지성, 예수 그리스도께서 요구하시는 지성은 세상의 학력이나 학위 혹은 독서량이 아닙니다. 그것은 하나님께서 주신 건강한 상식입니다. 영적이라는 것은 건강한 상식을 지녔다는 말입니다. 그래서 학교 문턱을 넘어서 본 적이 없는 사람도 깊은 영성의 사람이 될 수 있지만, 반대로 세상의 높은 학력이나 학위가 반드시 깊은 영성을 보장해 주는 것도 아닙니다. 바른 영성의 출발점은 세상의 학력이나 학위가 아니라, 하나님께서 주신 건강한 상식입니다.

젊은 가정주부로부터 받은 상담 편지를 당사자의 허락을 받아 여러분께 읽어 드리겠습니다.

안녕하세요? 목사님. 저는 두 아들을 키우는 지극히 평범한 교인입니다. 제가 이렇게 목사님께 신앙 상담을 요청드리는 이유는, '영적인 것'이 어떤 것인지 잘 모르겠어서입니다. 저는 딸만 둘인 집안의 장녀인데, 제 동생은 어려서부터 저보다 하나님께 더 속해 있으려는 노력을 아끼지 않는 아이였습니다. 그래서 늘 신앙적으로 저의 게으름과 부족함을 일러 주곤 했습니다. 그전에는 동생이 하는 얘기가 듣기는 싫었지만 틀리지 않다는 것을 알기에 마음으로 수긍이 되었습니다. 그러나 동생이 몇 해 전부터 《지옥에 가는 크리스천들》이라는 책을 읽고 ㅇㅇㅇ교회를 알게 된 이후로 동생이 하는 이야기가 납득이 되지 않아 마음이 많이 괴로웠지만, 제가 워낙 아는 것이 별로 없어 마음만 괴롭지 동생에게 제 생각을 제대로 말할 수도 없었습니다. 요즈음 들어 동생은 늘 영적인 것만 찾습니다. 아이들이 보는 만화에 요술, 마녀, 괴물, 인형 등이 나오면 영적으로 나쁘다 합니다. 산타할아버지는 예수님의 자리를 가리는 사탄의 계략이랍니다. 물론 저도 알고 있습니다. 그것들이 그리 좋지 않음을요. ……하지만 영원히 차단할 수도 없는 것이니, 우리 아이들이 스스로 분별할 수 있도록 차근차근 알려 주길 원했습니다. 그리고 산타할아버지도 어린 시절만 가질 수 있는 추억이니 굳이 제가 그것을 빼앗고 싶지는 않았습니다. 그러나 동생은 제가 영적으로 너무 둔감하여 그렇다는 겁니다. 맞습니다. 제가 둔감한 것은 맞는데…… 그러나 전 정말 동생이 말하는 그런 게 영적인 것인지를 잘 모르겠습니다.

사실 제 남편은 전도사입니다. 남편이 이재철 목사님의 책을 즐겨 읽어 저도 목사님을 알게 되었거든요. 얼마 전에 초등부 목회를 하던 남편이 행정부서로 발령이 났습니다. 저는 그것이 하나님의 선한 뜻이라 생각했지만, 동생은 그런 부서는 형부 목회에 도움이 되지 않는다며 속히 다른 부서로 발령 나도록 기도하라면서, 그런 것도 사모의 영적 능력이라고 했습니다. 저는 분명히 하나님께서 당신의 계획 가운데 남편을 그 부서로 부르셨고, 앞으로 어디로 가든 그것 또한 하나님의 계획이심을 믿고 있습니다. 하지만 동생은 그런 제가 영적이지 않다고 합니다. 사실 저는 동생이 아니라 동생에게 그런 것이 영적이라고 가르치는 ○○○교회를 믿을 수가 없습니다. 이단인지 아닌지도 모르겠고, 다른 교회와 목회자 비난이나 하고…… 동생 때문에 몇 번 인터넷 설교를 보았으나, 언제나 비난 가득한 설교를 한 번도 끝까지 들을 수가 없었습니다.

하고 싶은 말은 많지만 이제 글을 마칠까 합니다. 목사님, 제 동생은 정말 영적인 건가요? ○○○교회를 계속 다니게 그냥 놔두어도 되는 걸까요? 제가 어떻게 해야 하는 걸까요? 부족한 글을 끝까지 읽어 주셔서 감사합니다.

여러분이 보시기에는 어떻습니까? 이분의 동생이 과연 영적입니까? 영적이 아니라면 그 이유는 무엇입니까? 만약 여러분이 이 상담 편지를 받았다면 무엇이라 답하시겠습니까? 저는 이런 요지의 답을 드렸습니다. '영적이라는 것은 하나님께서 주신 건강한 상식으로 사는 것입니다. 지금 동생은 상식에서 벗어나 있으므로 전혀 영적이지 않습니다.' 바른 영성이 건강한 상식을 지니는 것이 왜 중요하겠습니까? 건강한 상식에서 벗어나거나 못 미치면, 방금 확인한 것처럼 피를 나눈 가족이라 해도 감화시키기는커녕 도리어 자신이 불신당할 수밖에 없기 때문입니다. 영성을 추구하는 사람이 건강한 상식을 지니는 것은 세상과 접촉점을 갖는 것입니다. 따라서 그리스도인은 하나님께서 주신 건강한 상식을 지님으로써 세상으로 영성을 흘려 보낼 수 있고, 나아가 상식에 머물지 않고 상식을 초월하는 삶을 삶으로써 세상의 신뢰를 받으며 세상을 변화시킬 수 있습니다. 바른 영성과 건강한 상식의 관계는 이렇듯 밀접하고도 중요합니다.

우리가 13주째 살펴보고 있는 제1회 예루살렘 공의회 주제는 주님을 영접한 이방인 크리스천에 대한 할례 문제였습니다. 그리고 지난 시간에 확인한 것처럼, 공의회 초대 의장이었던 야고보는 마침내 이방인 크리스천을 더 이상 괴롭게 하지 말라는 최종 판결을 내렸습니다. 이미 예수 그리스도 안에서 구원받은 하나님의 자녀에게 구원을 위한 필수적인 전제 조건으로 할례를 요구하는 것은 그들을 괴롭히는 범죄행위임을 분명히 한 것입니다. 그리고 야고보는 계속 이렇게 말했습니다.

> 다만 우상의 더러운 것과 음행과 목매어 죽인 것과 피를 멀리하라고 편지하는 것이 옳으니 이는 예로부터 각 성에서 모세를 전하는 자가 있어 안식일마다 회당에서 그 글을 읽음이라 하더라(20-21절).

공의회의 주제는 이방인 크리스천에 대한 할례 문제였지만, 공의회 의장이었던 야고보의 관심은 이방인 크리스천에게 국한되지 않고 유대인에게까지 확장되어 있었습니다. 당시 이스라엘 땅은 말할 것도 없고 지중해 세계 어느 곳이든 유대인 회당이 있는 곳에서는 안식일마다 모세의 율법이 낭독되고 강론되었습니다. 그래서 무릇 유대인이라면 어느 지역에서 살든 예외 없이 율법을 토대로 혐오하는 것들이 있었습니다. 첫째는 '우상의 더러운 것', 다시 말해 이교異教의 우상에게 제물로 바쳐진 음식을 먹는 행위였습니다. 둘째는 '음행'이었습니다. 이교의 신전에는 신전 창기들이 있어 신의 이름으로 아무 죄의식 없이 합법적으로 음행이 이루어졌습니다. 마지막으로 '목매어 죽인 짐승이나 피를 먹고 마시는 것'이었습니다. 목을 치지 않고 목매어 죽인 짐승은 피가 빠지지 않기에 그 짐승의 고기를 먹는 것은 곧 피를 함께 먹는 것을 의미했습니다. 유대인들은 피를 생명으로 간주했으므로 교살한 짐승을 먹거나 피를 통째로 마시는 것 역시 혐오스러운 짓이었습니다.

이방인과 유대인의 전통과 관습 그리고 사고방식이 전혀 다른 상황 속에서 만약 이방인 크리스천들이 유대인들이 혐오하는 짓을 거리낌 없이 행한다면, 같은 기독교 공동체 내에서도 이방인 크리스천과 유대인 크리스천이 물과 기름처럼 서로 융화하지 못할 것은 불을 보듯 뻔했습니다. 더욱이 그런 이방인 크리스천들이 활개 치는 교회라면, 교회가 교회 밖의 믿지 않는 유대인들을 교회 속으로 인도해 들인다는 것은 사실상 불가능한 일이었습니다. 그와 같은 이방인 크리스천들이 있는 한, 교회가 세상과의 접촉점을 지닌 보편적 교회가 되는 것은 더더욱 어려운 일이었습니다. 그래서 공의회 의장이었던 야고보는 이방인 크리스천들로 하여금 유대인들이 혐오하는 행위를 삼갈 것을 촉구하는 편지를 안디옥교회를 포함한 이방인 교회에 보내도록 하였습니다. 이방인 크리스천들이 유대인 크리스천들과 교회 안에서 서로 융화하고, 또 교회 밖 믿지 않는 유대인들과 접촉점을 가질 수 있게끔 건강한 상식을 지니기를 요청한 것이었습니다.

우리가 각목을 들고 싸우는 승려들을 보고 한심하게 여기는 까닭이 무엇입니까? 우리가 불경의 내용은 잘 모르지만 그분들의 행동이, 승려는 이렇게 살아야 한다는 우리의 상식에 한참 못 미치기 때문입니다. 우리가 불교 신자가 아니면서도 성철 스님이나 법정 스님을 존경하는 것은, 당신들께서 응당 누릴 수 있는 종교적 기득권과 권리를 미련없이 포기하고 일평생 고고하게 살았던 그분들의 삶이 우리의 상식을 초월하기 때문입니다.

그렇다면 오늘날 한국 교회가 왜 비난과 모욕의 대상으로 전락했는지 그 까닭을 알 수 있습니다. 이 땅의 교회가, 아니 교회를 이루고 있는 우리 자신이 상식에도 못 미치는 삶을 살고 있기 때문 아닙니까? 오늘날 이 땅의 교회에서 일어나고 있는 낯 뜨거운 사건들을 보십시오. 상식에 못 미쳐도 한참 못 미치지 않습니까? 이렇게 해서야 세상 사람들은 말할 것도 없고 피를 나눈 가족과도 대화가 단절되고 불신당하지 않겠습니까?

바른 영성의 삶은 하나님께서 주신 건강한 상식을 지니고 사는 것입니다. 우리 모두 주위 사람은 물론이요 세상과 소통할 수 있도록 하나님께서 주신 건강한 상식의 사람들이 되십시다. 그러나 상식에 머묾이 없이 자신이 응당 누릴 수 있는 기득권과 권리를 주님을 위해 기꺼이 포기하는, 상식을 초월하는 참된 영성의 그리스도인들이 되십시다. 그때부터 세상이 우리의 말을 경청하며 신뢰할 것이요, 우리는 비로소 사람을 감화시키며 이 세상을 밝히는 진리의 빛으로 살게 될 것입니다.

내가 하나님을 믿는다면서도 그동안 주위 사람들과는 말할 것도 없고, 내 가족과도 대화가 통하지 않았던 것은 내 삶이 상식에 못 미쳤기 때문임을 고백합니다. 내가 아무리 복음을 전해도 사람들이 감화를 받기는커녕 도리어 내 말에 귀를 막았던 것도, 내가 상식을 결여했기 때문임을 자복합니다. 이 땅의 교회가 비난과 모욕의 대상으로 전락한 것 역시 교회를 이루고 있는 나의 삶이 상식에 못 미쳐도 한참 못 미쳤기 때문임을 회개합니다. 주님의 자비로우심으로 용서해 주시기를 간구드립니다. 바른 영성의 삶은 건강한 상식을 지니는 것으로부터 시작됨을 잊지 않음으로, 세상과 소통하는 접촉점을 상실하지 않게 해주십시오. 그러나 상식의 삶에 안주하지 않고 주님을 위해 나 자신의 기득권과 권리를 기꺼이 포기할 줄 아는, 상식을 초월하는 참된 영성의 그리스도인이 되게 해주십시오. 그리하여 살아생전 가족과 주위 사람들은 말할 것도 없고 만나는 세상 사람들을 주님의 말씀으로 감화시키며, 주님 부르시는 날까지 이 어둔 세상 밝히는 빛으로 살아가는 기쁨을 우리 모두 다함께 누리게 해주십시오. 아멘.

18. 편지하는 것이 옳으니 II

사도행전 15장 12-21절

온 무리가 가만히 있어 바나바와 바울이 하나님께서 자기들로 말미암아 이방인 중에서 행하신 표적과 기사에 관하여 말하는 것을 듣더니 말을 마치매 야고보가 대답하여 이르되 형제들아 내 말을 들으라 하나님이 처음으로 이방인 중에서 자기 이름을 위할 백성을 취하시려고 그들을 돌보신 것을 시므온이 말하였으니 선지자들의 말씀이 이와 일치하도다 기록된바 이 후에 내가 돌아와서 다윗의 무너진 장막을 다시 지으며 또 그 허물어진 것을 다시 지어 일으키리니 이는 그 남은 사람들과 내 이름으로 일컬음을 받는 모든 이방인들로 주를 찾게 하려 함이라 하셨으니 즉 예로부터 이것을 알게 하시는 주의 말씀이라 함과 같으니라 그러므로 내 의견에는 이방인 중에서 하나님께로 돌아오는 자들을 괴롭게 하지 말고 다만 우상의 더러운 것과 음행과 목매어 죽인 것과 피를 멀리하라고 **편지하는 것이 옳으니** 이는 예로부터 각 성에서 모세를 전하는 자가 있어 안식일마다 회당에서 그 글을 읽음이라 하더라

다윗 왕과 좋은 관계를 맺고 있던 암몬 왕 나하스가 죽고 그의 아들 하눈

이 왕위를 계승했습니다. 그 소식을 접한 다윗 왕은 죽은 나히스를 문상하고 왕위를 계승한 하눈을 격려하기 위해 특별 조문단을 암몬에 파견했습니다. 다윗에게 무슨 다른 속셈이 있어서가 아니라, 전적으로 나하스 부자父子를 배려하는 다윗의 호의에 의해서였습니다. 조문객을 맞는 하눈 왕의 입장에서는 전혀 마다할 일이 아니었습니다. 그러나 다윗 왕의 조문단이 암몬에 도착했을 때, 암몬의 고위 관리들이 이제 막 왕위에 오른 하눈에게 이렇게 진언했습니다.

> 암몬 자손의 관리들이 그들의 주 하눈에게 말하되 왕은 다윗이 조객을 당신에게 보낸 것이 왕의 아버지를 공경함인 줄로 여기시나이까 다윗이 그의 신하들을 당신에게 보내 이 성을 엿보고 탐지하여 함락시키고자 함이 아니니이까 하니(삼하 10:3).

암몬의 고위 관리들이 다윗 왕의 조문단을, 다윗이 암몬을 정복하기 위해 위장으로 보낸 정탐꾼들로 오해한 것이었습니다. 하눈 왕은 '아니오. 나의 선왕先王과 다윗 왕은 그대들이 오해하는 것과 같은 관계가 아니었소. 나는 다윗 왕이 내 아버지와 나를 위해 순전한 마음으로 조문단을 보냈음을 믿고 있소. 그대들은 정성과 예를 다해 다윗 왕의 조문단을 맞아 주시오'라고 말하며 고위 관리들의 오해를 불식시켜 주지 않았습니다. 오히려 하눈 왕 역시 고위 관리들의 오해에 편승했습니다.

> 이에 하눈이 다윗의 신하들을 잡아 그들의 수염 절반을 깎고 그들의 의복의 중동 볼기까지 자르고 돌려보내매(삼하 10:4).

자신을 찾아온 다윗 왕의 조문단이 실제로는 자기 왕국을 정복하기 위한 정탐꾼이라면, 암몬의 왕으로서 하눈이 가만히 있어서는 안 될 일이었습니다. 그는 다윗 왕의 조문단을 구금하여 그들의 수염 절반을 밀어 버리고, 또 그들이 입고 있는 의복을 엉덩이까지 잘라 버린 뒤에 그들을 돌려보냈습니다. 오늘날에도 그렇지만, 특히 3천 년 전 중근동 지방에서 남자의 수염은 명예와 권위의 상징이었습니다. 동시에 남자의 수염은 자유인의 권리이기도 했습니다. 자유인이 아닌 노예는 함부로 수염을 기를 수 없었습니다. 따라서 당시 남자들에게 자신의 수염이 강제로 깎이는 것은 노예 취급당하는 것을 의미하기에 수치 중의 수치였습니다. 그런데도 하눈 왕은 다윗 왕이 보낸 조문단들의 수염을 절반씩 밀어 조롱거리로 만들었습니다. 그것도 모자라 그들이 입고 있는 의복을 엉덩이 부분까지 잘라 버렸습니다. 당시 유대인 남자들의 옷은 여자들 옷처럼 어깨에서부터 발목까지 내려가는 통치마 형태였습니다. 문제는 당시에는 지금처럼 속에 입는 내의가 없던 시절이었다는 것입니다. 그런데도 하눈 왕이 다윗 왕 조문단의 의복을 엉덩이 부분까지 잘라 버렸으니 그것은 그들에 대한 최대의 모독이었습니다. 하눈 왕이 다윗 왕의 조문단을 그토록 모독해서 보낸 것은, 누구든지 자기 왕국을 넘보는 사람은 가만히 두지 않겠다는 결연한 의지를 과시하기 위함이었습니다. 그러나 그것은 온당한 처사가 아니었습니다. 그것은 전적으로 하눈 왕의 자기 오해에서 비롯된 크나큰 과오였습니다.

다윗 왕은 자신이 선의로 보낸 조문단을 하눈 왕이 정탐꾼으로 몰아 그들에게 인륜적 만행을 저지르고 돌려보내자 분노했습니다. 자신의 조문단을 모독한 것은 곧 다윗 왕 자신과 자신의 왕국을 모독한 것이었기 때문입니다. 자신이 다윗 왕의 조문단에게 가한 행위를 다윗 왕이 묵과하려 하지 않는다는 사실을 알게 된 하눈 왕은 조급해졌습니다. 다윗 왕의 조문단을 정탐꾼으로 몰아 호기롭게 모독하여 돌려보내기는 했지만, 막상 다윗 왕과 자기 사이에 전쟁이 일어날 경우 자신의 군대가 다윗 왕의 군대에 비해 턱없이 약하다는 사실을 뒤늦게 파악했기 때문입니다. 그는 급히 대책을 수립하고 실행했습니다.

> 암몬 자손들이 자기들이 다윗에게 미움이 된 줄 알고 암몬 자손들이 사람을 보내 벧르홉 아람 사람과 소바 아람 사람의 보병 이만 명과 마아가 왕과 그의 사람 천 명과 돕 사람 만 이천 명을 고용한지라(삼하 10:6).

하눈 왕은 자기 군대의 열세를 만회하기 위해 인근 나라로부터 총 3만 3천 명의 용병을 고용했습니다. 3만 3천 명의 용병이라면, 그 많은 외국 용병을 고용하기 위해 하눈 왕이 얼마나 많은 국고를 지불해야만 했겠습니까? 그러나 결과는 하눈 왕의 뜻대로 되지 않았습니다. 다윗 왕과의 전쟁에서 암몬 군대와 용병들이 참패를 당했고, 하눈 왕은 자신의 생명과 왕위를 동시에 잃었을 뿐 아니라 그의 왕국마저 멸망당하고 말았습니다. 그 끔찍한 비극의 원인은 지극히 사소한 것이었습니다. 오해하지 말아야 할 것, 오해해서는 안 될 것을 오해한 것이었습니다. 이 어리석은 하눈 왕의 이야기는, 오해는 반드시 값비싼 대가를 초래한다는 귀중한 교훈을 일깨워 줍니다.

'오해'는 "사실과 다르게 해석하거나 잘못 아는 것"입니다. 영어로는 'misunderstanding'입니다. 잘못 이해했다는 뜻입니다. 프랑스어로는 'malentendu', 문자적으로 잘못 들었다는 말입니다. 일상생활 속에서 그리고 인간관계 속에서 일어나는 오해는 오해하는 당사자의 마음에 기인하고 있습니다. 마음이 바르지 못하거나 굽어 있으면 타인의 말이나 행동이 제대로 들리고 이해될 리가 없습니다. 자신의 마음이 굽어 있는 굴절의 정도만큼 상대의 말과 행동은 굴절될 수밖에 없습니다. 자기 마음속에서 굴절된 상대의 말과 행동은 상대방의 본래 말과 행동이 아닙니다. 그런데도 사람들은 자신에 의해 굴절된 상대의 말과 행동을 상대의 본래 말과 행동으로 단정하고 전혀 사리에 닿지 않는 방법으로 대응해 버립니다. 그래서 오해는 반드시 값비싼 대가를 치르게 됩니다.

다윗 왕이 암몬에 특별 조문단을 보낸 것은 죽은 나하스 왕과 그의 아들 하눈 왕을 위함이었습니다. 그것은 백 퍼센트 다윗의 선의였습니다. 하눈 왕과 그의 측근들은 다윗 왕의 선의를 선의 그대로, 감사하는 마음으로 받아들이면 될 일이었습니다. 그러나 그들의 마음은 다윗의 선의를 선의로 받아들이기에는 너무나도 굽어 있었습니다. 그들의 굽은 마음속에서 다윗 왕의 조문단은 암몬을 정복하려는 정탐꾼으로 굴절되어 버렸고, 하눈 왕은 다윗 왕의 조문단에게 당시 가할 수 있는 최대의 모욕을 안겨 되돌려 보냈습니다. 뒤늦게 자신의 잘못을 깨달은 하눈 왕이 황급히 국고를 털어 3만 3천 명의 외국 용병을 고용했지만 아무 소용이 없었습니다. 그는 오해해서는 안 될 것, 오해하지 말아야 할 것을 오해함으로써 자신의 생명과 왕위, 그리고 왕국을 모두 잃고 말았습니다. 그가 바른 마음을 지니고 있었던들 결코 치르지 않았어도 될 너무나도 값비싼 대가였습니다. 그리스도인이 예수 그리스도의 생명의 빛, 진리의 빛 속에서 늘 바른 마음을 견지하는 것은 이래서 중요합니다. 그때에만 타인을 오해하지 않을 수 있고, 그로 인한 값비싼 대가를 치르지 않아도 되기 때문입니다. 그러나 바른 마음으로 사람을 오해하지 않는 것만으로는 충분치 않습니다. 그에 더하여 한 가지가 더 있어야 합니다.

예수님께서는 조금도 굽지 않은, 온전한 마음을 지니고 계셨습니다. 그래서 예수님께서는 이 땅에 계시는 동안 누구를 오해하신 적이 없었습니다. 사람의 선함을 악하다고 오해하신 적도 없었고, 사람의 악함을 선하다고 오해하신 적도 없었습니다. 예수님께서는 언제나 사람을 있는 모습 그대로 보셨습니다. 예수님의 마음이 온전하셨기에 그 누구, 그 무엇도 예수님의 마음속에서 조금도 굴절될 수 없었기 때문입니다. 그러나 예수님께서는 온전한 마음으로 사람을 오해하지 않는 것으로만 그치시지 않았습니다.

예수님 당시 유대인 성인 남자들은 모두 1년에 반 세겔씩 성전세를 납부해야만 했습니다. 반 세겔은 두 드라크마, 즉 근로자 이틀분 임금에 해당하는 금액이었습니다. 성전세는 로마제국에 납부하는 국세나 관세와는 달리 성전에 바치는 종교세였습니다. 모든 유대인 성인 남자가 매년 의무적으로 이틀분 임금에 해당하는 반 세겔씩 납부해야 했으므로, 그 금액을 모두 합치면 엄청난 액수가 되었습니다. 그래서 유대교는 자체적으로 성전세를 전담하는 징수원을 별도로 두고 있었습니다. 어느 날 성전세 징수원이 베드로에게 예수님을 가리켜 '당신의 선생은 성전세를 내지 않느냐?'고 물었습니다. 성전세는 성인 남자의 의무 사항임을 잘 알고 있는 베드로였기에 주저하지 않고 '내신다'고 답했습니다. 그 사실을 아신 예수님께서 베드로와 다음과 같은 내용의 대화를 나누셨습니다.

……예수께서 먼저 이르시되 시몬아 네 생각은 어떠하냐 세상 임금들이 누구에게 관세와 국세를 받느냐 자기 아들에게냐 타인에게냐 베드로가 이르되 타인에게니이다 예수께서 이르시되 그렇다면 아들들은 세를 면하리라(마 17:25-26).

옛날 절대왕정 시대의 모든 세금은 왕이 백성을 상대로 징수했습니다. 왕의 자식들은 징수 대상에서 당연히 제외되었다는 말입니다. 그 관점에서 보자면 성전의 주인은 하나님이셨고, 예수님께서는 하나님의 독생자이셨으므로 성전세 징수 대상이 아니셨습니다. 그럼에도 예수님께서 베드로에게 성전세 징수원에게 가서 이 사실을 설명하고, 우리 선생님은 성전세 징수대상이 아님을 통보하라고 지시하시지 않았습니다.

> 그러나 우리가 그들이 실족하지 않게 하기 위하여 네가 바다에 가서 낚시를 던져 먼저 오르는 고기를 가져 입을 열면 돈 한 세겔을 얻을 것이니 가져다가 나와 너를 위하여 주라 하시니라(마 17:27).

예수님께서는 성전세를 납부하실 필요가 없었음에도 성전세 징수원들을 "실족하지 않게 하기 위하여" 베드로에게, 당신께서 바닷속 물고기 입안에 이미 예비해 두신 한 세겔을 건져 올려 예수님과 베드로 2인을 위한 성전세로 납부하라고 말씀하셨습니다. 우리말 '실족하다'로 번역된 헬라어 동사 '스칸달리조σκανδαλίζω'는 '오해하게 하여 걸려 넘어지게 하는 행동'을 뜻하는 단어입니다. 세상 사람들은 그때까지 예수님께서 이 땅에 강림하신 하나님의 독생자이심을 알지 못했습니다. 그 상태에서 예수님께서 성전세 납부를 거부하시면 사람들은 예수님을 불경한 사람으로 간주하고, 예수님께서 전하시는 복음 자체에 아예 귀를 막을 것이 뻔했습니다. 그리고 그것은 결국 복음을 외면한 그들을 하나님 앞에서 영원히 실족하게 하는 결과를 초래하게 될 것이었습니다. 그래서 예수님께서는 응당 납부하지 않아도 될 성전세를 굳이 납부하셨습니다. 당신의 언행이 일말의 오해라도 불러일으켜 사람을 실족시키는 일이 없게 하시기 위함이었습니다. 예수님께서는 진정으로 사람을 사랑하시는 사랑의 주님이셨습니다.

그 예수님으로부터 우리는 귀중한 깨달음을 얻게 됩니다. 사랑은 주님 안에서 바른 마음으로 사람을 오해하지 않고, 다른 사람으로 하여금 오해하게 하지 않는다는 깨달음입니다. 그런 사람이 참된 사랑의 통로가 될 수 있음은 두말할 나위가 없습니다.

제1회 예루살렘 공의회 주제는 주님을 영접한 이방인 크리스천에 대한 할례 문제였고, 공의회 초대 의장이었던 야고보는 이방인 크리스천들을 더 이상 괴롭게 하지 말라는 최종 판결을 내렸습니다. 그동안 상당수의 유대인 크리스천들이 이미 예수 그리스도 안에서 구원받은 이방인 크리스천들에게 구원을 위한 필수적인 전제 조건으로 할례를 요구하면서 그들을 괴롭혀 온 것은, 그들이 주님을 믿는다면서도 그들의 마음은 여전히 그릇된 유대주의로 굴절되어 있었기 때문입니다. 그릇된 유대주의로 굴절된 마음으로는 할례도 받지 않은 이방인들이 하나님의 선민인 자신들과 동일하게 구원받은 하나님의 자녀가 될 수 있다는 사실을 받아들일 수 없었습니다. 그릇된 유대주의로 굴절된 마음속에서는 예수 그리스도의 복음 자체가 굴절되기 마련이기에, 그들은 할례받지 않은 이방인들은 어떤 경우에도 구원받을 수 없다고 오해할 수밖에 없었습니다. 그러므로 더 이상 이방인 크리스천들을 괴롭게 하지 말라는 야고보의 최종 판결은, 유대주의로 굴절된 마음으로 더 이상 이방인 크리스천들이 받은 구원을 오해하지 말라는 의미이기도 했습니다. 하나님께서 당신의 자녀로 구원하신 이방인 크리스천들을 구원받지 못했다고 오해하는 것은 하나님의 복음을 오해하는 것이요, 그 오해는 오해의 당사자에게 반드시 값비싼 대가를 초래할 것이기 때문이었습니다.

그리고 야고보는 계속하여 이렇게 말했습니다.

다만 우상의 더러운 것과 음행과 목매어 죽인 것과 피를 멀리하라고 편지하는 것이 옳으니 이는 예로부터 각 성에서 모세를 전하는 자가 있어 안식일마다 회당에서 그 글을 읽음이라 하더라(20-21절).

유대인 크리스천들에게 더 이상 이방인 크리스천들을 오해하여 괴롭게 하지 말라고 최종 판결을 내린 야고보는 이방인 크리스천들에게는, 유대인 크리스천들이 혐오하는 행위를 삼갈 것을 촉구하는 편지를 보내도록 했습니다. 지난 시간에 살펴본 것처럼 이방인 크리스천들이 유대인 크리스천들과 교회 안에서 서로 융화하고, 또 교회 밖 믿지 않는 유대인들과 접촉점을 지닐 수 있게끔 건강한 상식을 지녀 주기를 요청한 것이었습니다. 건강한 상식을 지닌다는 것은 누군가를 불필요하게 오해하게 하지 않는 것을 의미합니다.

우상에게 제물로 바쳐진 음식을 먹고, 신전에서 신전 창기와 아무 죄의식 없이 행음하고, 교살한 짐승의 고기를 먹거나 피를 통째로 마시는 것과 같은 이방인들의 행위는 모두 유대인들이 혐오하는 짓이었습니다. 그러나 이방인들이 그와 같은 자신들의 행위에 대해 추호도 거리낌도 없었던 것은, 우상을 섬기는 그들의 마음이 그릇된 종교적 관습과 전통에 의해 굴절되어 있었기 때문입니다. 주님을 영접한 이방인 크리스천들 가운데에도 여전히 굴절된 이방인의 마음을 지닌 채 유대인이 혐오하는 짓을 아무 거리낌 없이 행하는 사람들이 있을 수 있었습니다. 그런 이방인 크리스천들은 유대인 크리스천들로 하여금 이방인은 구원받은 하나님의 자녀가 될 수 없다고 오해하게 할 것이요, 그것은 결국 유대인 크리스천들을 복음에서 격리시켜 실족시키는 결과를 초래할 것이 분명했습니다. 그래서 야고보 사도는 이방인 크리스천들에게 유대인 크리스천들과 예수 그리스도 안에서 융화할 수 있게끔 건강한 상식을 지녀 주기를, 다시 말해 유대인 크리스천들을 오해케 하여 실족시키지 않도록 당부하는 편지를 보내게 한 것이었습니다.

사도 바울은 본래 크리스천들을 반드시 타도해야 할 공적公敵으로 오해했던 사람이었습니다. 그의 마음이 하나님의 말씀을 떠난 유대교에 의해 굴절되어 있었기 때문입니다. 그러나 다메섹 도상에서 주님의 부르심을 받은 이후의 바울은 단 한 명도 악인을 선인으로, 선인을 악인으로 오해한 적이 없었습니다. 그는 언제나 악인과 선인, 어떤 경우에도 품어야 할 사람과 끝까지 맞서야 할 사람을 바르게 분별했습니다. 굴절되었던 그의 마음이 예수 그리스도의 생명의 빛, 진리의 빛 속에서 바르게 회복되었기 때문입니다. 그러나 바울에게는 그것이 다가 아니었습니다.

> 그러므로 만일 음식이 내 형제를 실족하게 한다면 나는 영원히 고기를 먹지 아니하여 내 형제를 실족하지 않게 하리라(고전 8:13).

바울이 이 글을 써 보낸 고린도에서는 모든 짐승은 반드시 먼저 신전에 제물로 바쳐진 뒤에야 그 고기가 시장에서 팔렸습니다. 시장에서 팔리는 모든 고기는 우상에게 바쳐졌던 제물인 셈이었습니다. 하지만 하나님을 믿는 바울에게 이교도 신전의 신상은 아무리 화려하고 웅장해도 단순한 돌이나 쇠붙이에 지나지 않았습니다. 그러므로 바울 자신의 개인적인 믿음으로는 돌이나 쇠붙이 앞에 잠시 놓였던 고기는 아무 거리낌 없이 먹을 수 있었습니다. 그러나 만약 그와 같은 자신의 행동이 단 한 사람이라도 복음을 오해하게 하여 하나님 앞에서 실족하게 하는 일이 발생한다면, 자신은 일평생 우상에게 제물로 바쳐진 고기는 입에도 대지 않겠다고 선언한 것이었습니다. 그는 사람을 오해하지도, 오해하게 하지도 않는 진정한 사랑의 통로 였습니다. 그 바울을 통해 인류의 역사가 새롭게 된 것은 결코 우연한 일이 아니었습니다.

예수님께서 어린아이를 가리키며 말씀하셨습니다.

> 누구든지 나를 믿는 이 작은 자 중 하나를 실족하게 하면 차라리 연자 맷돌이 그 목에 달려서 깊은 바다에 빠뜨려지는 것이 나으니라(마 18:6).

오늘날의 이 세상은 부모의 그릇된 욕심과 이기심이, 정상 궤도를 이탈한 입시 제도가, 무책임한 어른들에 의해 조장된 퇴폐 문화와 음란 산업이 수많은 어린이들과 청소년들을 실족시키고 있습니다. 주님께서는 그런 사람들은 "차라리 연자맷돌을 그 목에 매여 바다에 던져지는 것이 나으리라"(눅 17:2)고 경고하셨습니다. 어린이들을 오해케 하여 실족시키는 것은 곧 그들을 창조하시고 사랑하시는 하나님에 대한 범죄행위이기 때문입니다.

사랑은 주님의 생명과 진리의 빛 속에서 바른 마음으로 사람을 오해하지 않으며, 하나님께서 주신 건강한 상식으로 사람을 오해하게 하지 않는 것입니다. 그 사람만 어떤 경우에도 어린아이에서 어른에 이르기까지 단 한 사람도 실족게 하지 않고 언제나 사람을 살리는 온전한 사랑의 통로가 될 수 있습니다. 주님께서 오늘 본문을 통해 우리에게 요구하시는 것이 바로 이것입니다.

> 사랑은 주님의 생명과 진리의 빛 속에서 바른 마음으로 사람을 오해하지 않고, 또 하나님께서 주신 건강한 상식으로 사람으로 하여금 오해하게 하

지 않는 것임을 깨닫게 해주신 주님! 오해하지 말아야 할 것, 오해해시는 안 될 것을 오해함으로 값비싼 대가를 치렀던 하눈의 어리석음을 더 이상 반복하지 않도록 도와주십시오. 나의 욕심으로, 나의 언행으로, 내가 만든 제품이나 제도로, 나의 이념이나 신념으로, 어린아이에서부터 어른에 이르기까지 단 한 사람이라도 오해하게 하여 실족시키다가 나의 목에 연자맷돌을 매고 바다에 빠지는 비극을 겪지 않도록 지켜 주십시오. 나에게는 모든 것이 가하지만 만약 나의 행동이 내 형제를 실족시킨다면, 나는 영원히 고기를 입에 대지 않겠다는 바울의 결단이 우리의 결단이 되게 해주십시오. 마땅히 성전세를 납부할 필요가 없으셨지만, 사람들을 오해하게 하시지 않기 위해 기꺼이 성전세를 납부하신 주님의 마음을 본받게 해주십시오. 그리하여 사람을 오해하지 않고 사람으로 하여금 오해하게 하지 않는 우리의 삶이 온전한 사랑의 통로로 쓰임 받게 해주십시오. 그와 같은 우리의 삶이, 오해하고 오해하게 하는 삶 속에서 서로 상처를 주고받는 이 세상 사람들을 살리는, 이 시대를 위한 야고보의 편지가 되게 해주십시오. 아멘.

19. 사도와 장로와 온 교회가 감사 주일

사도행전 15장 22-29절

이에 **사도와 장로와 온 교회가** 그중에서 사람들을 택하여 바울과 바나바와 함께 안디옥으로 보내기를 결정하니 곧 형제 중에 인도자인 바사바라 하는 유다와 실라더라 그 편에 편지를 부쳐 이르되 사도와 장로 된 형제들은 안디옥과 수리아와 길리기아에 있는 이방인 형제들에게 문안하노라 들은즉 우리 가운데서 어떤 사람들이 우리의 지시도 없이 나가서 말로 너희를 괴롭게 하고 마음을 혼란하게 한다 하기로 사람을 택하여 우리 주 예수 그리스도의 이름을 위하여 생명을 아끼지 아니하는 자인 우리가 사랑하는 바나바와 바울과 함께 너희에게 보내기를 만장일치로 결정하였노라 그리하여 유다와 실라를 보내니 그들도 이 일을 말로 전하리라 성령과 우리는 이 요긴한 것들 외에는 아무 짐도 너희에게 지우지 아니하는 것이 옳은 줄 알았노니 우상의 제물과 피와 목매어 죽인 것과 음행을 멀리할지니라 이에 스스로 삼가면 잘되리라 평안함을 원하노라 하였더라

오늘 여러분께 정은 아가의 사진을 영상으로 먼저 보여 드린 이유는, 천사처럼 해맑고 티 한 점 없이 순진무구한 정은 아가의 예쁜 모습을 저의 언

어 구사 능력으로는 도저히 제대로 표현할 길이 없기 때문입니다. 백문불여 일견百聞不如一見임을 확인시켜 드린 셈입니다. 보면 볼수록 귀엽고 사랑스러운 정은 아가는 2010년 11월 21일에 태어났으니까, 바로 내일이 정은 아가의 돌날입니다. 그래서 정은 아가가 한복을 입고 찍은 제일 오른쪽 사진은, 내일 있을 돌잔치 예행연습으로 어제 촬영한 사진입니다. 정은 아가가 그토록 천사 같은 모습으로 자라는 가정은 얼마나 행복한 가정이겠습니까? 그리고 정은 아가의 아빠 엄마는 얼마나 이상적인 부부이겠습니까? 그러나 놀랍게도 정은 아가는 태어나자마자 부모에게 버림받고 현재 아동복지시설인 '성애원聖愛院'에서 보모들의 손에 의해 양육되고 있습니다.

부모에 의해 버려지는 아가들은 관할 구청의 확인을 거쳐 국가에서 운영하는 '아동센터'로 옮겨집니다. 그리고 그곳에서 필요한 과정을 거쳐 아동복지시설로 입소하게 되는데, 이때 아동센터에서 아가의 이름을 한글로 작명하여 아동복지시설로 보냅니다. 경기도 이천에 있는 성애원에서는 그런 아가가 입소될 경우, 아가의 신상명세서와 사진을 제게 보냅니다. 아동센터에서 해당 아가에게 지어 준 한글 이름에, 하나님의 말씀을 토대로 하여 한자 이름을 붙여 줌으로써 아가로 하여금 그 말씀을 일평생 삶의 지침으로 삼게 해주려는 성애원 원장님의 배려로 인함입니다. 그동안 제가 한자 이름을 붙여 준 아가들이나 아이들도 모두 정은 아가처럼 밝고 맑은 표정들이었습니다. 그러나 약 한 달 전에 정은 아가의 사진과 신상명세서를 받은 제 가슴이 찢어질듯 아팠던 것은 정은 아가의 신상명세서에 기록되어 있는 내용 때문이었습니다.

아동의 모母, ○○○(27세)는 미혼모로서 2010년 11월 21일 애인 ○○○ 와 함께 성바오로병원을 방문하여 응급 분만하였으며, 영아는 미숙아 및 선천성 매독 진단을 받고 신생아 중환자실로 입원됨. 2010년 11월 23일 모, ○○○는 영아를 유기하고 탈원하였고, 영아는 2010년 11월 21일부터 2010년 12월 30일까지 인큐베이터 케어를 받았으며, 현재 건강 상태가 호전되고 매독에 관한 추가 조치가 필요하지 않다는 의사 소견이 있어 동대문구청 가정복지과에서 아동센터에 입소 의뢰함.

천사 같은 정은 아가는 태어날 때부터 몹쓸 매독 환자로 태어났습니다. 어미의 태 속에서 핏덩이로 있을 때부터 매독 환자가 되어 버린 것입니다. 무책임한 어미 아비로 인해 몹쓸 매독균이 태 속의 핏덩이를 덮칠 때, 그 핏덩이가 말을 할 수 있었다면 매독균에 마구 유린당하는 고통을 절규하지 않았겠습니까? 정은 아가의 생모는 태 속의 핏덩이를 매독 환자로 만드는 것도 모자라 아가를 낳은 지 이틀째 되는 날 아가를 병원에 버려두고 도주해 버렸습니다. 그 여인은 철없는 10대 미혼모가 아니었습니다. 스물일곱 살이나 된 성인이었습니다. 돈이 없어 길바닥에서 해산해야 할 정도의 빈민인 것도 아니었습니다. 애인과 함께 당당하게 성바오로병원을 찾아 분만을 요구할 정도의 여유를 지니고 있었습니다. 그녀는 그녀의 신상에 대해 아무것도 알 수 없는 신원 미상의 인물도 아니었습니다. 그녀는 입원 당시 성바오로병원 원무실에 자신의 본명과 주민등록번호까지 버젓이 남겨 놓았습니다. 그런데도 정은 아가는 바로 그 생모에 의해 선천성 매독 환자로 태어난 지 이틀 만에 버림받고 말았습니다. 태어나기도 전부터, 그리고 태어나면서부터, 그토록 모진 시련과 아픔을 겪지 않을 수 없었던 정은 아가의 사진과 신상명세서를 보는 제 마음이 어찌 통증을 느끼지 않을 수 있었겠습니까?

그와 동시에 다른 한편으로는 감사한 마음이 들었습니다. 그렇듯 가련하게 버려진 정은 아가를 위해 여러 기관, 많은 분들이 수고하고 애써 주신 데

대한 감사의 마음이었습니다. 성바오로병원은 정은 아가의 생모가 이틀 만에 도주하였음에도 정은 아가를 내팽개치지 않고, 미숙아로 태어난 정은 아가를 한 달 이상 인큐베이터 속에서 보살펴 주고, 또 타고난 매독 증세를 완치시켜 주었습니다. 동대문구청 가정복지과에서는 정은 아가를 성바오로병원에서 퇴원시켜 2011년 1월 5일 아동센터에 입소시켰습니다. 정은 아가의 신상명세서에는 그날의 기록이 이렇게 남아 있습니다.

> 대상 아동은 출생 병력(미숙아, 저체중아, 자궁내 성장 지연, 선천성 매독)이 있
> 어 안전한 보호를 위하여 서울시 어린이병원으로 입소 당일 입원 조치함.

성바오로병원이 정은 아가의 매독 증세를 완치시켜 주었음에도 아동센터에서는 만일의 경우를 위해, 정은 아가를 다시 서울시 어린이병원에 입원시켜 검진을 받게 했습니다. 그 후에 아동복지시설인 성애원으로 정은 아가를 입소시켰고, 정은 아가는 성애원 보모들의 사랑 속에서 출생의 비극과 불행을 딛고 행복하게 자라 가고 있습니다. 그 덕분에 사진에서 보듯이 천사 같은 모습으로 내일 첫돌을 맞게 되었습니다. 얼마나 감격적이고도 감사한 일입니까?

태어난 지 채 1년이 되기도 전에 정은 아가가 거친 과정과 겪은 이야기는, 실은 이 세상 이야기의 축소판이기도 합니다. 이 세상에는 헤아릴 수 없을 만큼 많은 사람들이 있지만, 그 모든 사람들은 크게 두 부류로 분류됩니다. 정은 아가의 생모처럼 자기 마음대로 살기 위해 자기 자식을 포함하여 누군가에게 해를 끼치며 사는 사람들이 한 부류라면, 또 한 부류는 선천성 매독 환자로 버려진 정은 아가를 치료하고 보살펴 준 분들처럼 누군가를 위하고 살리는 사람들입니다. 오늘 본문 속에서도 우리는 그 두 부류의 사람을

만날 수 있습니다.

우리가 14주 동안 살펴본 제1회 예루살렘 공의회의 주제는 주님을 영접한 이방인 크리스천에 대한 할례 문제였습니다. 공의회 초대 의장이었던 예수님의 동생 야고보는 이방인 크리스천들의 할례 의무 이행을 주장하는 유대인 크리스천들에게 더 이상 이방인 크리스천들을 괴롭게 하지 말라는 최종 판결을 내렸습니다. 이미 예수 그리스도 안에서 구원받아 하나님의 자녀가 된 이방인 크리스천들에게 구원을 위한 필수적인 전제 조건으로 할례를 요구하는 것은 그들을 괴롭히는 범죄행위임을 분명히 한 것이었습니다. 아울러 이방인 크리스천들에게는 유대인들이 혐오하는 짓을 삼갈 것을 촉구하는 편지를 보내도록 하였습니다. 유대인 크리스천들에게 이방인 크리스천들을 괴롭게 하지 말라는 것은 할례받지 않은 이방인들은 구원받을 수 없다고 더 이상 오해하지 말라는 의미였고, 이방인 크리스천들에게 유대인들이 혐오하는 짓을 삼갈 것을 촉구한 것은 불필요하게 유대인들을 오해하게 하지 말라는 뜻이었습니다. 지난 시간에 말씀드린 것처럼 참된 사랑은 주님 안에서 바른 마음으로 누군가를 오해하지 않는 것이요, 하나님께서 주신 건강한 상식으로 누군가로 하여금 오해하지 않게 하는 것이기 때문입니다.

오늘의 본문은 야고보의 최종 판결 이후에 취해진 후속 조치에 관한 내용입니다.

이에 사도와 장로와 온 교회가 그중에서 사람들을 택하여 바울과 바나바와 함께 안디옥으로 보내기를 결정하니 곧 형제 중에 인도자인 바사바라 하는 유다와 실라더라(22절).

"사도와 장로와 온 교회"는 예루살렘 공의회에 참석했던 모든 사람들, 바꾸어 말하면 예루살렘 모교회에 소속된 교인들을 의미합니다. 그들 중에는 분명히 조금 전까지 공의회에서 이방인 크리스천들에 대한 할례를 주장하던 사람들이 상당수에 달했습니다. 그러나 그들은 야고보 사도의 최종 판결 앞에서 자신들의 주장을 깨끗하게 철회하였습니다. 할례도 받지 않은 이방인들에게 하나님께서 구원의 은총을 어떻게 베풀어 주셨는지를 입증하는 베드로와 바울 및 바나바의 증언을 들으면서 자신들의 생각이 틀렸음을 이미 깨달은 뒤였기 때문입니다. 그래서 예루살렘의 교인들은 모두 한마음으로, 안디옥교회로 귀환하는 바울과 바나바와 함께 유다와 실라를 안디옥에 파견하기로 했습니다. 공의회 초대 의장이었던 야고보는 자신의 최종 판결 내용을 편지로 써 보내게 했지만, 예루살렘 교인들은 예루살렘 모교회의 유다와 실라를 택하여 그들로 하여금 야고보의 최종 판결에 관한 편지를 직접 들고 안디옥교회로 가서, 안디옥교회의 이방인 크리스천들에게 그 편지 내용을 직접 전해 주게 하였습니다. 이방 지역에서 야고보의 최종 판결에 대한 권위를 보다 확고히 하기 위함이었습니다.

그 편에 편지를 부쳐 이르되 사도와 장로 된 형제들은 안디옥과 수리아와 길리기아에 있는 이방인 형제들에게 문안하노라(23절).

예루살렘 모교회가 작성한 편지의 수신자는 안디옥과 수리아와 길리기아였습니다. 수리아는 지금의 터키 땅인 옛 소아시아 남부에 위치한 지역으로 그 지역의 행정수도가 안디옥이었습니다. 그리고 길리기아는 소아시아 동남쪽에 위치한 지역이었습니다. 우리가 잘 알고 있는 것처럼 이방인에 대한 할례 문제가 처음으로 촉발된 곳은 안디옥교회였습니다. 그러나 이방인의 할례에 대한 공의회의 최종 판결 내용을 담은 편지의 수신자는 안디옥교회뿐 아니라, 안디옥을 넘어 수리아와 길리기아까지 포함하고 있습니다. 그것은 안디옥교회에서 촉발된 이방인 크리스천들의 할례 문제가 안디옥을 넘어 여러 지역으로 확산되고 있었음을 의미합니다.

> 들은즉 우리 가운데서 어떤 사람들이 우리의 지시도 없이 나가서 말로 너희를 괴롭게 하고 마음을 혼란하게 한다 하기로(24절).

바울과 바나바가 목회하던 안디옥교회는 평온한 교회였습니다. 그 평온하던 교회가 순식간에 평지풍파에 휩쓸리게 된 것은, 예루살렘에서 내려온 유대인 크리스천들이 안디옥의 이방인 크리스천들에게 할례를 받지 않으면 절대로 구원을 받을 수 없다고 거짓 가르침을 퍼뜨렸기 때문입니다. 이에 예루살렘 모교회 사도들이 작성한 편지는 그들을 가리켜 사람을 "괴롭게 하고 마음을 혼란하게" 하는 사람들로 단정했습니다. 우리말 '마음'으로 번역된 헬라어 '프쉬케ψυχή'는 본래 '영혼', '목숨', '생명'을 의미하는 단어입니다. 따라서 우리말 '마음을 혼란하게 하다'로 번역된 헬라어 원문을 직역하면 '영혼을 뒤엎다', '영혼을 약탈하다'는 의미입니다. 멀쩡하게 구원받은 사람에게 구원받지 못했다고 정죄하는 것이야말로 그 사람의 영혼을 뒤엎는 약탈 행위가 아니겠습니까?

그래서 사도들의 편지는 다음 시간에 상세히 살펴보겠지만, 이방인의 할례에 대한 공의회의 최종 판결을 전하기 위해 바울과 바나바와 함께 예루살렘 모교회의 유다와 실라를 직접 파송함을 알리는 내용으로 이어지고 있습니다.

거짓 가르침으로 안디옥교회 이방인 크리스천들을 괴롭히고 그들의 영혼을 약탈한 유대인들은, 내일 첫돌을 맞는 정은 아가를 선천성 매독 환자로 태어나게 하고, 그것도 모자라 이틀 만에 정은 아가를 버려두고 도주한 생모와 같습니다. 그런 사람들은 언제나 자기 멋대로, 자기 생각대로만 사는 사람들입니다. 그래서 그런 사람들은 일평생 자기 자식을 포함하여 주위 사람들을 괴롭히며 해치기 마련입니다. 반면에 이방인 크리스천에 대한 할례 금지를 만장일치로 가결하고 바울과 바나바와 함께 유다와 실라를 안디옥으로 직접 파송하기로 한 예루살렘 교인들은, 선천성 매독 환자로 태어나 생모에게 이틀 만에 버림받아 그대로 두었으면 필경 비참하게 죽었을 정은 아가를 치료하고 보살펴 내일 천사 같은 모습으로 첫돌을 맞게 해준 분들과 같습니다. 할례 문제로 영혼을 약탈당하고 괴로워하던 안디옥교회의 이방인 크리스천들이 예루살렘 모교회가 유다와 실라를 통해 직접 전해 준 공의회의 최종 판결 내용을 전해 듣고, 그들의 영혼이 정은 아가처럼 해맑게 회복되었음은 두말할 나위도 없습니다.

바로 이것이 감사 주일을 맞는 오늘 주님께서 본문을 통해 우리에게 주시는 메시지입니다. 내가 지금 무슨 생각으로 살고 있는가? 내가 지금 무슨 생각으로 누구에게 무엇을 주고 있느냐에 따라 매독균에 감염된 정은 아가처럼 누군가의 영혼이 나로 인해 약탈당할 수도 있고, 반대로 누군가에게 약탈당하던 영혼이 나로 인해 정은 아가처럼 천사의 모습으로 회복될 수도 있습니다. 무릇 참된 그리스도인이라면 후자의 삶을 살아야 함은 재론의 여지도 없습니다.

지난 수요일에 있었던 '감사 주일 맞이 교구 대항 찬양대회'에 참석한 한 노교우님이 그날 밤 쓴 글을 제게 보내오셨습니다. 그분의 허락을 얻어 그 글의 일부분을 읽어 드리겠습니다.

목사님! 그냥 잠을 잘 수가 없네요. 가을 깊은 곳에, 계절이, 세월이 이렇게 흘러감에 무시로 처연한 마음이 들기도 하는 요즘! 오늘 저녁, 감사 축제를 보며 참으로 가슴이 뿌듯한 감동과 감격에 차 있습니다. 전문가의 평가와는 거리가 있을 수 있겠지만, 어느 잊지 못할 오페라가, 어느 K-팝이 이보다 더 뜨거운 감동을 줄 수 있을까 싶습니다. 대체 어느 노년이 이렇게 아름다울 수가 있을까요? 시니어들의 하모니카 연주에 꿀꺽거리며 눈물을 삼켰습니다. 아기를 가슴에 안고 몸으로 마음으로 주님께 찬양드리는 젊은 부부의 모습, 어린 아가들의 재롱스러운 찬양이 주는 치명적 매력! 2, 30대 청년들의 진지한 찬양, 중년의 나이와 상관없이 머리에 붉은 장미를 단 모습, 그리고 브라스 밴드까지 동원하여 사람과 사람의 화합과 소통 가운데, 하나로 어우러져 주님을 찬양하는 정성과 열정이 더없이 귀하고 아름다웠습니다.

그날 밤 참석하신 분들은 모두 같은 심정이시겠지만, 남녀노소가 한마음으로 삼위일체 하나님께 감사의 찬양을 드리는 모습은 눈시울이 뜨거워질 정도로 감동적이었습니다. 그 감사의 동기는 태어날 때부터 죄의 바이러스에 영혼을 약탈당하고 죽음의 구렁텅이에 내버려졌던 우리를 예수 그리스도의 십자가 보혈로 살려 주시고, 올 1년 동안도 우리와 함께해 주셨던 하나님의 은혜입니다. 그렇다면 감사 주일을 맞아 하나님께 무엇을 감사의 예물로 드려 하나님의 그 은혜에 보답할 수 있겠습니까? 태어날 때부터 죄의 바이러스에 영혼을 약탈당한 우리를 살리시기 위해 당신 자신을 십자가의 제물로 내어놓으신 예수 그리스도를 본받아, 본문의 예루살렘 교인들처럼 영혼을 약탈당하고 죽음의 고통 속에서 신음하는 누군가를 살리는 삶을 사는 것 아니겠습니까?

저는 정은 아가를 위한 작명서에 먼저 잠언 31장 30-31절 말씀을 기록하였습니다.

고운 것도 거짓되고 아름다운 것도 헛되나 오직 여호와를 경외하는 여자는 칭찬을 받을 것이라 그 손의 열매가 그에게로 돌아갈 것이요 그 행한 일로 말미암아 성문에서 칭찬을 받으리라.

그리고 서두의 사진에서 보신 것처럼 정은 아가에게 한자로 '곧을 정貞'과 '향기 은馧'을 붙여 준 다음, '일평생 곧은 마음으로 하나님을 경외하여 하나님의 아름다운 향기가 되라'는 제 기도문을 적어 넣었습니다. 선천성 매독 환자로 태어나 죽음 속에 버려졌다가 많은 분들의 손길 덕분에 천사 같은 모습으로 내일 첫돌을 맞게 된 정은 아가가 이다음에 성인이 되어, 예전의 자기처럼 죽음의 고통 속에 버려진 사람들을 살리는 삶을 산다면 그보다 더 진한 하나님의 향기가 어디에 있을 수 있겠습니까?

내가 어떤 삶을 사느냐에 따라 정은 아가와 안디옥의 이방인 크리스천들처럼 누군가의 영혼이 약탈당할 수도 있고, 반대로 정은 아가와 안디옥의 이방인 크리스천들처럼 죽어 가던 영혼이 천사처럼 회복될 수도 있습니다. 언제나 사람을 살리는 진정한 크리스천으로 살기를 원한다면, 어떤 경우에도 사람을 이용하려 해서는 안 됩니다. 어떤 의미에서든 사람을 이용하려 하면, 그 결과는 자신의 의사와 상관없이 사람을 해치는 것으로 끝날 수밖에 없기 때문입니다. 언제나 사람을 살리는 진정한 크리스천으로 살아가기 위해서는 또, 피 흘리기까지 악과 불의에 맞서 싸우지 않으면 안 됩니다. 그렇게 하지 않고서는 세상의 악과 불의에 짓밟혀 고통당하는 사람을 살릴 길이 없기 때문입니다.

태어날 때부터 죄의 바이러스에 영혼을 약탈당하고 죽음의 구렁텅이에 버려져 있던 우리를 예수 그리스도의 십자가 보혈로 살려 주셨을 뿐 아니라, 지난 1년 동안도 우리와 함께해 주신 하나님의 은혜를 정녕 믿고 또 감사해 하십니까? 그렇다면 우리 멋대로, 우리 생각대로, 우리 마음 내키는 대로 사느라 부지불식간에 누군가의 영혼을 약탈해 온 우리의 어리석은 삶에 마침표를 찍으십시다. 그 대신 누군가에게 영혼을 약탈당해 죽음의 고통 속에서 신음하는 사람을, 천사의 모습으로 첫돌을 맞는 정은 아가처럼 회복시키고 살리는 본문 속 예루살렘 교인들이 되십시다. 그 일이 가능할 수 있게끔 어떤 경우에도 사람을 이용하려 하지 말고, 악과 불의와 타협하거나 악과 불의에 굴하지도 마십시다. 그때 단 한 영혼이라도 살리는 우리의 삶은 하나님의 향기가 될 것이요, 하나님께서 기뻐하시는 진정한 감사의 예물이 될 것입니다.

태어날 때부터 죄의 바이러스에 영혼을 약탈당하고 죽음의 고통 속에 버려져 있던 우리를, 주님께서 당신의 십자가 보혈로 살려 주시고 천사보다 더 귀한 하나님의 자녀로 삼아 주셨을 뿐 아니라, 올 한 해 동안도 우리와 함께해 주셨음을 진심으로 감사드립니다. 그러나 우리는 주님의 구원을 입고서도, 새 생명의 삶을 살려 하지는 않았습니다. 도리어 주위 사람들에게 죄의 바이러스를 전염시키고, 헛된 가르침으로 많은 사람들의 영혼을 약탈하는 범죄를 저질러 왔음을 회개하오니 용서해 주십시오.

오늘 감사 주일을 맞아 우리를 살려 주신 하나님께 드릴 참된 감사의 예물이 무엇인지 일깨워 주셔서 감사합니다. 오직 하나님을 경외하는 곧은 마음으로 어떤 경우에도 사람을 이용하려 하지 않고, 세상의 악과 불의에 굴하거나 타협하지 않도록 우리에게 참된 시혜와, 바른 믿음과, 굳센 용기를 주십시오. 그리하여 더 이상 우리 자신을 위해 타인의 영혼을 약탈하는 어리석음을 범치 않고, 우리 자신을 버려 죽음의 고통 속에서 신음하는 단 한 영혼이라도 살려 내는 이 시대의 예루살렘 교인들이 되게 해주십시오. 그와 같은 우리의 삶이 매일 하나님을 향한 감사의 예물인 동시에, 세상을 향한 하나님의 향기가 되게 해주십시오. 아멘.

20. 생명을 아끼지 아니하는 자 대림절 첫째 주일

사도행전 15장 22-29절

이에 사도와 장로와 온 교회가 그중에서 사람들을 택하여 바울과 바나바와 함께 안디옥으로 보내기를 결정하니 곧 형제 중에 인도자인 바사바라 하는 유다와 실라더라 그 편에 편지를 부쳐 이르되 사도와 장로 된 형제들은 안디옥과 수리아와 길리기아에 있는 이방인 형제들에게 문안하노라 들은즉 우리 가운데서 어떤 사람들이 우리의 지시도 없이 나가서 말로 너희를 괴롭게 하고 마음을 혼란하게 한다 하기로 사람을 택하여 우리 주 예수 그리스도의 이름을 위하여 **생명을 아끼지 아니하는 자**인 우리가 사랑하는 바나바와 바울과 함께 너희에게 보내기를 만장일치로 결정하였노라 그리하여 유다와 실라를 보내니 그들도 이 일을 말로 전하리라 성령과 우리는 이 요긴한 것들 외에는 아무 짐도 너희에게 지우지 아니하는 것이 옳은 줄 알았노니 우상의 제물과 피와 목매어 죽인 것과 음행을 멀리할지니라 이에 스스로 삼가면 잘되리라 평안함을 원하노라 하였더라

인간의 삶이라고 다 똑같은 삶은 아닙니다. 인간의 삶이 끝났을 때 사람들이 진심으로 아끼는 삶이 있는가 하면, 반대로 아무도 아끼지 않는 삶도 있

습니다. 흔히 권세 있고 지위 높고 소유가 많은 사람의 삶은 사람들이 아끼는 삶이라 생각하기 쉽습니다. 그러나 구약성경 역대하 21장은 반드시 그렇지만은 않다는 사실을 증언해 주고 있습니다. 유다 왕국 여섯 번째 왕 여호사밧에게는 일곱 명의 아들들이 있었습니다. 그 여호사밧이 60세의 나이로 세상을 떠나면서 마지막으로 취한 조치는 다음과 같았습니다.

> 여호사밧의 아들 여호람의 아우들 아사랴와 여히엘과 스가랴와 아사랴와 미가엘과 스바댜는 다 유다 왕 여호사밧의 아들들이라 그의 아버지가 그들에게는 은금과 보물과 유다 견고한 성읍들을 선물로 후히 주었고 여호람은 장자이므로 왕위를 주었더니(대하 21:2-3).

여호사밧 왕은 죽으면서 장자를 제외한 여섯 아들들에게는 금은보화와 몇몇 성읍들을 유산으로 물려주었고, 장자 여호람에게는 자신의 왕국을 통째로 물려주었습니다. 아버지의 유언에 따라 유다 왕국 일곱 번째 왕으로 등극한 여호람은 명실공히 유다 왕국의 삼권을 장악한 제일인자가 되었습니다. 유다 왕국에서 가장 존귀한 신분이 된 것입니다. 존귀한 신분이라면 그의 삶도 존귀했을 것이요, 존귀한 삶을 살던 그가 세상을 떠났을 때 많은 사람들이 그의 삶을 아끼지 않았겠습니까? 그러나 성경은 정반대의 사실을 전해 주고 있습니다.

> 여호람이 삼십이 세에 즉위하고 예루살렘에서 팔 년 동안 다스리다가 아끼는 자 없이 세상을 떠났으며 무리가 그를 다윗 성에 장사하였으나 열왕의 묘실에는 두지 아니하였더라(대하 21:20).

32세에 즉위한 여호람은 불과 8년 만인 40세에 숨을 거두었습니다. 그의 아버지 여호사밧 왕에 비한다면 20년이나 더 젊은 나이에 세상을 떠났습니다. 얼마나 애석한 일입니까? 그러나 그는 아무도 "아끼는 자 없이" 비참하게 숨을 거두었습니다. 더욱이 그는 분명히 왕이었지만 그의 시신은 왕들의 묘실에도 안치되지 못했습니다. 그 이유가 무엇이었겠습니까?

여호람이 그의 아버지의 왕국을 다스리게 되어 세력을 얻은 후에 그의 모든 아우들과 이스라엘 방백들 중 몇 사람을 칼로 죽였더라(대하 21:4).

왕위에 오른 여호람이 자신의 권력을 공고히 함과 동시에 가장 먼저 행한 일은 자신의 동생 여섯 명과 그 측근들을 죽이는 것이었습니다. 여호람 자신은 아버지로부터 유다 왕국을 통째로 물려받았습니다. 그러나 그것도 모자라 동생들이 유산으로 받은 금은보화와 몇몇 성읍들마저 독차지하기 위해 끔찍한 살인극을 저질렀습니다. 그와 같은 그의 삶이 하나님 보시기에 아름다울 리가 없었습니다. 역대하 21장 6절은 '그가 여호와 보시기에 악을 행하였다'고 증언하고 있습니다. 그러므로 여호람이 유다 왕국에서 가장 존귀한 왕의 신분이었음에도 아무도 아끼는 사람 없이 죽어 그의 시신이 왕들의 묘실에도 안치되지 못한 것은, 하나님 보시기에 그리고 사람 보기에 악한 삶을 살아온 여호람 자신의 자승자박이었습니다. 생전의 여호람 주위에는 밤낮수많은 사람들이 있었을 것입니다. 그를 만나기 위해 안달하는 사람들도 매일 부지기수였을 것입니다. 그러나 그들은 여호람을, 더 정확히 말하면 여호람이 장악하고 있는 권력을 이용하려는 사람들이었을 뿐입니다. 그래서 여호람의 나이 불과 40세에 그의 코끝에서 호흡이 멎는 순간, 그는 아무도 그를 아끼는 사람 없이 비참하게 죽고 말았습니다. 비극 중의 비극이었습니다.

여호람이 가장 존귀한 신분이었음에도 그렇듯 비참한 최후를 맞은 것은, 그는 왕위에 있는 내내 자신을 위해 자기를 아끼는 사람이었기 때문입니다. 다시 말해 자기 욕망, 자기 이기심, 자기 권력, 자기 명예를 아끼기 위해 하나님과 사람 앞에서 악마저 서슴지 않았기에 아무도 그를 아끼지 않는 비참한 최후를 맞을 수밖에 없었습니다. 그러나 오늘의 본문은 여호람의 삶과는 전혀 상반된 삶을 보여 주고 있습니다.

주님을 영접한 이방인 크리스천의 할례 문제를 다룬 제1회 예루살렘 공의회가 끝나자, 예루살렘 모교회는 공의회 초대 의장이었던 야고보 사도의 최종 판결에 대한 후속 조치에 들어갔습니다. 즉 안디옥과 수리아와 길리기아의 이방인 크리스천들에게 율법을 좇아 할례를 행할 필요가 전혀 없음을 알림과 동시에, 유대인들이 혐오하는 짓을 삼갈 것을 촉구하는 편지를 보내는 것이었습니다. 이방인 크리스천에 대한 할례 문제가 처음 촉발된 곳은 바울과 바나바가 공동 목회하던 안디옥교회였습니다. 어느 날 예루살렘에서 내려온 유대인 크리스천들이, 이방인들은 아무리 교회에 다녀도 율법을 좇아 할례를 받지 않는 한 절대로 구원받을 수 없다는 거짓 가르침을 퍼뜨림으로써, 평온하기만 하던 안디옥교회는 삽시간에 평지풍파에 휩쓸리고 말았습니다. 바울과 바나바는 안디옥의 이방인 크리스천들에게, 그 유대인들의 주장은 전혀 비복음적인 거짓 가르침임을 밝혔습니다. 그러나 안디옥의 이방인 크리스천들은, 자신들의 구원과 직결되었다는 할례 문제에 관해서만큼은 평소 그토록 신뢰하던 바울과 바나바의 말을 곧이곧대로 받아들이려 하지 않았습니다. 그들은 바울과 바나바를 예루살렘으로 보내어 할례 문제에 대한 사도들의 판결을 받아 오도록 했습니다. 이것이 바울과 바나바가 예루살렘을 찾은 이유였고, 그들의 방문을 계기로 이방인 크리스천의 할례와 관련하여 제1회 예루살렘 공의회가 개최된 까닭이었습니다.

그렇다면 공의회를 끝내고 안디옥으로 귀환하는 바울과 바나바 편에 공의회 판결 내용을 담은 편지를 보내어도 될 일이었습니다. 그러나 지난 시간에 살펴본 것처럼 예루살렘 모교회는, 예루살렘 모교회의 유다와 실라를 택하여 그들로 하여금 편지를 직접 들고 바울과 바나바와 함께 안디옥을 방문토록 하였습니다. 그것은 두 가지 이유 때문이었습니다. 첫 번째 이유는, 안디옥 이방인 크리스천들이 할례 문제에 관해서만큼은 그들의 목회자인 바울과 바나바의 말을 곧이곧대로 들으려 하지 않았기 때문입니다. 두 번째 이유는, 이방인은 반드시 할례를 받아야 한다며 안디옥교회에 평지풍파를 일으킨 문제의 유대인들이 여전히 안디옥에 있었기 때문입니다. 그 상황에서 바울과 바나바만 안디옥으로 내려가 사도들의 편지를 전한다면, 안디옥의 이방인 크리스천들은 그 편지 내용에 대해서도 의구심을 품을 수 있었고, 특히 문제의 유대인들은 그 편지 내용을 반박하며 또 다른 문제를 일으킬 수도 있었습니다. 그래서 예루살렘 모교회는 예루살렘 모교회의 유다와 실라로 하여금 바울과 바나바와 함께 안디옥을 직접 찾아가서 편지를 낭독게 했습니다. 공의회의 판결에 대해 그 누구도 이의를 제기할 수 없도록 확실하게 쐐기를 박기 위함이었습니다.

본문 25-26절을 보시겠습니다.

사람을 택하여 우리 주 예수 그리스도의 이름을 위하여 생명을 아끼지 아니하는 자인 우리가 사랑하는 바나바와 바울과 함께 너희에게 보내기를 만장일치로 결정하였노라.

이 구절 첫머리의 "사람을 택하여"는 방금 말씀드린 것처럼, 예루살렘 모교회가 유다와 실라를 택하여 바울과 바나바와 함께 안디옥으로 보낸다는 의미입니다. 본문에는 바울의 이름이 바나바의 이름 뒤에 기록되어 있습니다. 사도행전 13장 13절에서부터 바나바의 이름 앞자리를 차지한 바울의 이름이, 루스드라에 이어 예루살렘 공의회와 관련하여서는 바나바의 이름 뒤에 기록된 이유에 대해서는 8주 전에 상세하게 말씀드린 적이 있었습니다.

오늘 우리가 주목하고자 하는 것은 예루살렘의 사도들이 안디옥의 이방인 크리스천들을 위하여 쓴 편지에 바울과 바나바에 대해 언급한 내용입니다. 사도들은 바울과 바나바를 가리켜 "우리가 사랑하는 바나바와 바울"이라고 표현하였습니다. 위대한 사도들로부터 사랑받는다면 그 자체만으로도 얼마나 대단한 일입니까? 그러나 사도들의 표현은 그것으로 그치지 않았습니다. 사도들은 바울과 바나바를 가리켜 "우리 주 예수 그리스도의 이름을 위하여 생명을 아끼지 아니하는 자"라고 말했습니다. 이것은 예루살렘 교인들의 말이 아닙니다. 초대교회 최고 지도자인 사도들이 한 말입니다. 위대한 사도들이 바울과 바나바를 그렇게 평했다는 것은, 곧 하나님 보시기에 바울과 바나바가 '주 예수 그리스도의 이름을 위하여 생명을 아끼지 않는 사람'이었다는 말 아니겠습니까? 그렇다면 그리스도인에게 '주 예수 그리스도의 이름을 위하여 생명을 아끼지 않는 사람'이라는 하나님의 평가를 받는 것보다 더 큰 찬사가 어디에 있겠습니까?

우리말 '아끼지 않다'로 번역된 헬라어 동사 '파라디도미παραδίδωμι'는 '넘겨주다'는 뜻과 함께 '내버리다, 포기하다, 단념하다'는 의미를 지니고 있습니다. 바울과 바나바는 주님을 위해서라면 자신들의 생명마저 기꺼이 포기하는 사람들이었습니다. 그래서 바울 스스로 이렇게 고백하기도 했습니다.

내가 달려갈 길과 주 예수께 받은 사명 곧 하나님의 은혜의 복음을 증언하는 일을 마치려 함에는 나의 생명조차 조금도 귀한 것으로 여기지 아니하노라(행 20:24).

이처럼 주 예수 그리스도의 이름을 위하여 생명을 아끼지 않고, 복음을 위하여 생명을 조금도 귀한 것으로 여기지 않던 바울의 최후는 어떠했습니까? 그는 네로 황제에 의해 참수형을 당하고 말았습니다. 당시 참수형은 흉악범에게 내려지는 극형이었습니다. 참수형의 극형을 당하는 흉악범은 아끼는 사람 없이, 도리어 숱한 구경꾼들의 조롱 속에서 목이 떨어져 죽어야만 했습니다. 그래서 흉악범으로 참수형을 당한 바울 역시 아끼는 사람 없이 형장의 이슬로 영영 사라져 버리고 말았습니까? 결코 아닙니다. 그의 삶은 2천 년이 지난 오늘날까지 뭇사람들에 의해 아낌을 받고 있고, 그의 글은 하나님의 말씀으로 성경에 기록되어 하나님에 의해 영원히 아낌을 받고 있습니다.

유다 왕국 일곱 번째 왕 여호람은 왕관을 쓴 존귀한 신분으로 살다가 화려한 왕궁 내실에서 왕의 신분으로 죽었지만, 아끼는 사람 없이 비극적인 최후를 맞아야만 했습니다. 그러나 바울은 흉악범의 신분으로 참수형을 당해 끔찍하게도 목이 잘려 죽었지만, 그는 지금까지 하나님과 사람들에 의해 아낌을 받는 영원한 사도로 살아 있습니다. 그 두 사람의 대조적인 삶은 우리에게 소중한 깨달음을 던져 주고 있습니다. 코끝에 호흡이 있는 동안 자기를 위해 자신을 아끼는 사람은 아끼는 사람 없는 비극적인 최후를 맞지만, 주님을 위하여 자기를 아끼지 아니하는 사람은 하나님과 사람에 의해 영원히 아낌을 받는다는 깨달음입니다.

주님께서 말씀하셨습니다.

누구든지 자기 목숨을 구원하고자 하면 잃을 것이요 누구든지 나와 복음을 위하여 자기 목숨을 잃으면 구원하리라 사람이 만일 온 천하를 얻고도 자기 목숨을 잃으면 무엇이 유익하리요(막 8:35-36).

자기 목숨을 아끼고 지키면 그만큼 목숨이 더 확실하게 보장되지 않겠습니까? 그런데도 왜 그런 사람은 도리어 목숨을 잃는다는 것입니까? 주님과 복음을 위하여 자기 목숨을 버리면 한 번뿐인 인생은 그것으로 끝장이지 않겠습니까? 어떻게 그런 사람의 생명이 도리어 보장된다는 말입니까?

인간 육체의 생명은 영원하지 않습니다. 인간 육체는 이 땅에서 지극히 제한된 시간 동안만 사는 것입니다. 그리고 그 시간은 출생과 동시에 단축되기 시작합니다. 그 누구도 예외일 수 없습니다. 단지 사람마다 차이가 있다면, 각자의 제한된 시간을 무엇을 위해 단축하고 있느냐는 차이밖에 없습니다. 사람이 자기를 위하여 자기 목숨을 아낀다는 것은, 자기에게 주어진 제한된 시간을 자기 욕망을 위해 단축시키는 것을 의미합니다. 매 순간 단축되고 있는 자기 시간을 자기 욕망과 맞바꾸고 있는 것입니다. 그 결과로 당사자에게 남는 것이 무엇이겠습니까? 인간의 육체는 호흡이 멎음과 동시에 한 줌의 흙이나 재로 사라져 버리고 맙니다. 그래서 자기를 위해 자기 생명을 아끼는 삶은 왕좌에 앉은 여호람처럼, 생전에 천하를 얻는다 해도 결국엔 속이 텅 빈 물거품과 같이 아무것도 남지 않습니다. 그 허망한 물거품 인생을 그 누구도 아끼거나 아까워하지 않는 것은 조금도 이상한 일이 아닙니다. 반면에 주님과 복음을 위하여 자기 목숨을 잃는다는 것은, 자신의 제한된 시간을 주님을 위하여 단축시키는 것을 의미합니다. 매 순간 단축되고 있는 자신의 시간을 주님과 맞바꾸는 것입니다. 이를테면 자신의 시간이 단축되는 만큼 주님의 영원한 생명으로 자신을 채워 가는 것입니다. 그렇기에 그의 육체가 흙이 된 이후에도 이미 영원으로 채워진 그의 삶은, 본문의 바울과 바나바처럼 하나님과 사람에 의해 영원히 아낌을 받게 됩니다.

이와 같은 사실은 예수님의 삶을 통해 보다 극명하게 드러났습니다. 이 땅에 오신 예수님께서는 의지할 데 없는 갈릴리 빈민들을 위해, 육체의 질병으로 고통당하는 병자들을 위해, 악령에 시달리고 하나님의 말씀에 기갈 든 가련한 영혼들을 위해, 죄와 사망의 덫에서 스스로 헤어 나오지 못하는 불쌍한 인간들을 위해 당신 자신을 아끼지 않으셨습니다. 인간의 죗값을 대신 치르시기 위해 당신 자신을 십자가의 제물로 송두리째 내어놓으실 정도로 당신 자신을 아끼지 않으셨습니다. 그것은 예수님의 개인적인 취미로 인함이 아니었습니다. 그것이 예수님의 개인적인 뜻이었던 것도 아니었습니다. 그 모든 것은 전적으로 하나님의 뜻을 이루시기 위함이었습니다. 그러므로 예수님께서 인간을 위해 당신 자신을 아끼지 않으셨던 것은 결국, 예수님을 통해 뜻을 이루고자 하시는 하나님을 위하여 당신 자신을 아끼지 않으셨던 것입니다. 그리고 그 결과는 무엇이었습니까? 바울이 당했던 참수형—순식간에 목이 잘려 죽는 참수형보다 더 비참한, 십자가에 못박혀 오랜 시간 동안 사지가 찢어지는 고통 속에서 죽어야 하는 십자가의 죽음으로 처참하게 돌아가셨지만, 예수님께서는 죽음을 깨뜨리고 부활하시어 영원한 생명의 구주가 되셨습니다. 예수님께서 이 땅에 계시는 동안 당신의 시간을 오직 하나님만을 위하여 단축하셨기에, 당신의 모든 시간을 하나님과만 맞바꾸셨기에, 예수님 속에 하나님의 영원한 생명이 온전히 담겨질 수 있었기 때문입니다.

오늘은 그 예수님께서 이 땅에 오신 성탄을 기리고, 예수님의 다시 오심을 대망하는 대림절 첫째 주일입니다. 예수님께서는 하나님의 독생자, 성자 하나님 아니십니까? 그 성자 하나님께서 어떻게 비천한 인간의 모습으로 이 땅에 오실 수 있었습니까? 또 성자 하나님께서 이 땅에 오셨던 목적은 무엇이었습니까? 이 질문에 대하여 사도 바울이 답변을 주고 있습니다.

자기 아들을 아끼지 아니하시고 우리 모든 사람을 위하여 내주신 이가 어찌 그 아들과 함께 모든 것을 우리에게 주시지 아니하겠느냐(롬 8:32).

하나님의 독생자이신 예수님께서 비천한 인간의 몸을 입고 이 땅에 오셔서 인간을 위한 십자가의 제물로 돌아가신 것은, 하나님 아버지께서 인간을 위해 당신의 독생자를 아끼지 않으셨기 때문입니다. 만약 하나님께서 당신의 독생자를 손톱만큼이라도 아끼셨다면 그것은 인류의 역사 속에서 절대로 성취될 수 없는 일이었습니다. 사도 바울에 의하면 하나님께서 당신의 독생자를 아끼지 않으시고 우리에게 내어 주신 것은, 그 아들과 함께 우리에게 모든 것을 주시기 위함이랍니다. 대체 하나님께서 우리에게 주기 원하시는 '모든 것'은 구체적으로 무엇이겠습니까? 세상의 속된 인간들이 원하는 부귀영화와 금은보화이겠습니까? 아닙니다. 결코 그런 것이 아닙니다. 그런 것을 위하여 자기 생명을 아끼지 않는 사람은, 아끼는 사람 없이 그 인생이 끝날 수밖에 없습니다. 사도 바울은 계속하여 이렇게 증언합니다.

누가 능히 하나님께서 택하신 자들을 고발하리요 의롭다 하신 이는 하나님이시니 누가 정죄하리요 죽으실 뿐 아니라 다시 살아나신 이는 그리스도 예수시니 그는 하나님 우편에 계신 자요 우리를 위하여 간구하시는 자시니라(롬 8:33-34).

하나님께서 당신의 아들 예수 그리스도를 아끼시지 않고 우리를 위하여 내어 주신 것은, 죽음을 깨뜨리고 부활하시어 하나님 우편에서 우리를 위하여 기도하시는 예수 그리스도 안에서 우리에게 그 누구도 결코 정죄할 수 없는 하나님의 영원한 의, 하나님의 영원한 구원, 하나님의 영원한 생명, 하나님의 영원한 나라를 주시기 위함이었습니다. 그래서 누구든지 그 삼위일체 하나님을 위하여 자기 생명을 아끼지 아니하면, 바로 그 삼위일체 하나님에 의해 영원히 아낌을 받게 되는 것입니다.

유다 왕국 천하를 얻고서도 단지 더 갖기 위해 동생들을 죽인 여호람의 이야기는 남의 이야기가 아닙니다. 하나님을 믿는다면서도 가족 간에 서로 등지고 사는 그리스도인들은 의외로 많습니다. 하나님께서 맺어 주신 가족 관계보다 세상의 것을 더 아끼기 때문입니다. 하나님으로부터 유다 왕국의 왕이 되는 은혜를 입고서도 자기 욕망을 아끼느라 하나님 보시기에 악을 행한 여호람은, 하나님의 구원을 입고서도 자기 자신을 더 아끼며 자신의 제한된 시간을 물거품처럼 허망한 자기 욕망과 맞바꾸고 있는 우리 자신들의 모습 아닙니까? 그렇게 살아서야 우리가 이 세상에서 여호람처럼 부귀영화를 누린들, 여호람처럼 아끼는 사람 없이 그 인생이 허망하게 끝나지 않겠습니까?

대림절 첫째 주일을 맞이하여 우리 모두 주 예수 그리스도의 이름을 위하여 우리의 생명을 아끼지 않는 본문의 바울과 바나바가 되십시다. 예수님을 본받아 하나님의 뜻을 위하여 우리의 생명을 조금도 귀한 것으로 여기지 않는 예수님의 참된 제자가 되십시다. 그때 우리의 삶은 하나님과 사람들에 의해 영원히 아낌을 받는 영원한 생명의 삶으로 일구어져 갈 것입니다. 결코 잊지 마십시오. 자기를 위해 자기 생명을 아끼는 것은 절대로 자신을 아끼는 것이 아니요, 삼위일체 하나님을 위해 자기 생명을 아끼지 않는 것은 실은 자기 생명을 영원히 아끼는 유일한 길입니다.

하나님께서 당신의 독생자를 아끼지 아니하셨기에, 성자 하나님이신 예수님께서 비천한 인간의 몸을 입고 이 땅에 오셨습니다. 하나님께서 인간을 위해 당신의 독생자를 아끼지 아니하셨기에, 예수님께서도 인간의 죗값을 대신 치러 주시기 위해 당신을 십자가의 제물로 내어놓으시기까지 당신 자신을 아끼지 아니하셨습니다. 예수님께서 당신 자신을 아끼지 아니하셨기에, 영원한 부활의 구주가 되시어 그 누구도 결코 정죄할 수 없는 하나님의 영원한 의, 하나님의 영원한 구원, 하나님의 영원한 생명, 하나님의 영원한 나라를 주셨습니다.

그 예수님의 성탄을 기리는 대림절 첫째 주일을 맞아, 나를 위해 나를 아끼는 것은 도리어 아끼는 사람 없이 나를 허망하게 죽이는 어리석은 짓이요, 삼위일체 하나님을 위해 나를 아끼지 않는 것은 실은 나를 영원히 아끼는 지혜임을 일깨워 주셔서 감사합니다. 이제부터 하나님을 믿는다면서도 자신을 아껴 온 어리석은 여호람의 삶을 버리고, 하나님을 위해 자기 생명을 아끼지 않는 바울과 바나바가 되게 해주십시오. 그리하여 우리의 삶이 날마다 예수님께서 태어나시는 베들레헴 외양간이 되게 해주십시오. 아멘.

21. 성령과 우리는 대림절 둘째 주일

사도행전 15장 22-29절

이에 사도와 장로와 온 교회가 그중에서 사람들을 택하여 바울과 바나바와 함께 안디옥으로 보내기를 결정하니 곧 형제 중에 인도자인 바사바라 하는 유다와 실라더라 그 편에 편지를 부쳐 이르되 사도와 장로 된 형제들은 안디옥과 수리아와 길리기아에 있는 이방인 형제들에게 문안하노라 들은즉 우리 가운데서 어떤 사람들이 우리의 지시도 없이 나가서 말로 너희를 괴롭게 하고 마음을 혼란하게 한다 하기로 사람을 택하여 우리 주 예수 그리스도의 이름을 위하여 생명을 아끼지 아니하는 자인 우리가 사랑하는 바나바와 바울과 함께 너희에게 보내기를 만장일치로 결정하였노라 그리하여 유다와 실라를 보내니 그들도 이 일을 말로 전하리라 **성령과 우리는** 이 요긴한 것들 외에는 아무 짐도 너희에게 지우지 아니하는 것이 옳은 줄 알았노니 우상의 제물과 피와 목매어 죽인 것과 음행을 멀리할지니라 이에 스스로 삼가면 잘되리라 평안함을 원하노라 하였더라

지난 11월 24일 올해 마지막 '목요강좌'가 열렸습니다. 그날은 마태복음 4장 1-11절을 토대로 '말씀과 빵'이란 주제를 놓고 '이어령·이재철 공개 대담'이

있었습니다. 마태복음 4장 1–11절은 사탄이 예수님을 시험한 내용을 담고 있습니다. 사탄이 예수님을 시험한 곳은 도심 한복판이나 목가적 풍경의 촌락이 아니었습니다. 예수님과 사탄의 대결 장소는 잘 아시다시피 아무것도 없는 광야였습니다. 실제로 유대 광야를 찾아가 보면 끝도 없이 이어진 황토빛 능선 이외에는 풀 한 포기, 물 한 방울 보이지 않는 삭막한 죽음의 땅입니다.

그 광야에서 무려 40일을 밤낮으로 금식하신 예수님께 사탄은, 네가 정말 하나님의 아들이라면 돌들로 빵을 만들어 보라고 시험했습니다. 네가 정말 하나님의 아들이라면 높은 곳에서 뛰어내려 너 자신을 증명해 보이라고도 했고, 자신에게 경배하면 천하만국과 그 영광을 주리라고 시험하기도 했습니다. 예수님께 대한 사탄의 세 가지 시험은, 아무것도 보이지 않는 광야이기에 확실하게 눈에 보이는 것을 추구하라는 유혹이었습니다. 그러나 예수님께서는 "기록되었으되 사람이 떡으로만 살 것이 아니요 하나님의 입으로부터 나오는 모든 말씀으로 살 것이라 하였느니라"(마 4:4), "기록되었으되 주 너의 하나님을 시험하지 말라 하였느니라"(마 4:7), "사탄아 물러가라. 기록되었으되 주 너의 하나님께 경배하고 다만 그를 섬기라 하였느니라"(마 4:10) ─ 이처럼 하나님의 말씀으로 사탄의 유혹을 일축하셨습니다. 예수님께서는 아무것도 보이지 않는 광야이므로 오직 영원하신 하나님만 목적으로 삼겠다고 선언하신 것이었습니다.

예수님께서 영원하신 하나님만 목적으로 삼으셨다고 해서 세상의 빵은 아예 입에 대지도 않으셨던 것은 아닙니다. 예수님께서는 '빵은 필요 없다'고 말씀하신 것이 아니라 '빵만으로는 살 수 없다'고 말씀하였습니다. 빵을 목적으로 삼는 삶은 그 명분이 어떠하든 결과적으로 인간의 고깃덩어리를 목적으로 삼는 것이요, 인간의 고깃덩어리는 예외 없이 썩어 없어지기 때문입니다. 그러므로 예수님께서는 세상의 빵은 단지 수단일 따름이요, 인간의 고깃덩어리가 썩어진 뒤에도 인간을 영원히 살리는 것은 오직 영원하신 하나님의 말씀뿐임을 분명히 하신 것이었습니다.

중요한 사실은 예수님과 사탄의 대결을 전해 주는 마태복음 4장 1절이 "그때에"라는 부사로 시작되고 있다는 것입니다. '그때'란 예수님께서 요단강에서 세례를 받으신 때입니다. 세례를 받으신 예수님께서 가장 먼저 행하신 것이 광야에서 사탄과 대결하신 것이었습니다. 이와 같은 사실은 우리로 하여금 무릇 세례 교인이라면 어떤 마음가짐으로 살아야 할 것인지를 일깨워 주고 있습니다. 인생은 한 치 앞도 내다볼 수 없다는 의미에서 실은 아무것도 보이지 않는 광야입니다. 인생이 아무것도 보이지 않는 광야이기에 사탄은 끊임없이 확실하게 눈에 보이는 세상의 것을 추구하라고 우리를 유혹합니다. 그러나 참된 그리스도인, 참된 세례 교인은 인생이 한 치 앞도 보이지 않는 광야이기에 영원하신 하나님, 하나님의 영원하신 말씀을 목적으로 삼습니다. 눈에 보이는 세상의 것은 언젠가 형체도 없이 썩어져 버릴 인간의 고깃덩어리를 위할 뿐인 데 반해, 우리를 영원히 살리실 분은 삼위일체 하나님 한 분이심을 알기 때문입니다. 이런 관점에서 마지막 목요강좌의 주제 '말씀과 빵'에서 '말씀'과 대비되는 '빵'은 단순히 육체의 양식이 아니라, 세상의 모든 것을 통칭하는 용어였습니다.

그날 목요강좌가 끝날 무렵 한 방청객이 이어령 선생님께 이런 질문을 던졌습니다.

안철수 씨가 신드롬을 일으키고 있는데, 저 개인적으로는 바람직한 현상이라고 봅니다. 안철수 씨가 비록 예수님을 믿는 사람은 아니지만, 요즈음처럼 믿을 만한 정치인이 없는 가운데 그는 믿음을 주고 있습니다. 어떻게 생각하십니까?

그날의 주제는 '말씀과 빵' 즉 '빵'보다 우선인 '말씀'이었는데, 그분의 질문은 '빵'에 관한 질문이었습니다. 그 질문에 대해 이어령 선생님은 다음과 같은 요지의 답변을 하셨습니다.

사탄이 자신을 경배하면 지상의 왕국을 주리라고 유혹했지만 예수님께서는 거절하셨습니다. 그 예수님께서 지금 여기에 오신다고 가정합시다. 그때도 예수님께 안철수 씨 얘기를 물으시겠습니까? 지상의 왕국을 다 준대도 거절하신 분에게, 누구에게 투표할 것인지를 물으시겠습니까? 2천년 전 이스라엘 백성들은 정치적인 메시아를 고대하였습니다. 그래서 그들은 예수님께서 지배자 로마제국과 사악한 헤롯 왕가를 제압하고 정치적인 독립을 주시기를 기대했지만, 그들의 기대가 빗나가자 예수님을 십자가에 못박아 죽여 버리고 말았습니다. 예수님께서 오늘 이 땅에 오신다고 해도 우리 역시, 틀림없이 우리 손으로 예수님을 십자가에 매달고 말 것입니다. 사람마다 자신이 원하는 방식의 통일과 정치를 예수님께 요구할 것이기 때문입니다. 교회에 다니면서 가장 슬픈 것은, 교회 바깥 질문과 교회 안 질문이 크게 다르지 않다는 점입니다. 무상급식이니 뭐니 모두 빵 이야기 아닙니까? 사람이 빵만으로 사는 것이 아니라 하나님의 말씀으로 살아가야 한다면, 요즘 정치 현상을 제게 묻기 전에 하나님의 말씀을 먼저 생각해 보시기 바랍니다. 하나님 말씀 앞에서 세상에 휘몰아치는 현상은 아무 힘도 없음을, 그것이 어떤 세력이든 뜬구름일 뿐임을 안다면 바른길을 택할 수 있고 바른 현실 참여도 가능합니다. 단 하나님의 말씀 없이 빵만 놓고 이야기하면 바른길을 제대로 찾을 수 없습니다.

이어령 선생님의 답변 요지는 세상 모든 것의 통칭인 '빵'이 중요하지 않다는 말이 아니라, '말씀'과 '빵'의 우선순위를 분명히 하자는 것이었습니다. 그렇지 않을 경우 '말씀'은 '빵'을 위한 수단으로 왜곡될 수밖에 없고, 왜곡된 말씀은 더 이상 세상과 사람을 살리는 생명의 말씀일 수 없습니다. 생명의 말씀이 곧 하나님이심은 두말할 나위도 없습니다. 그날 방청객의 질문과 이어령 선생님의 답변은 저로 하여금 오래전 경험을 생각나게 했습니다.

매일 술에 절어 허랑방탕하게 살던 저를 어느 날 성령님께서 어루만져 주셨습니다. 그때 제 나이가 우리 나이로 36세였습니다. 그 이듬해인 1985년, 저는 37세의 나이로 신학교에 입학했습니다. 신학교로 제 인생 행로를 확실하게 바꾸지 않으면 허랑방탕한 옛 삶을 되풀이할 것이 뻔했기 때문입니다. 정확히 말씀드리자면 제가 신학교에 입학했다기보다는, 하나님께서 저의 약한 의지를 그런 식으로 붙들어 주신 것이었습니다. 그러나 신학교 입학 두 달 만에 저는 자퇴를 심각하게 고민한 적이 있었습니다. 1979년 10월 26일 박정희 대통령이 김재규 중앙정보부장에게 피살된 이후, 신군부가 정권을 장악해 가는 과정에서 1980년 5월 18일 비극적인 광주항쟁이 발생했습니다. 그 이후 해마다 5월이 되면 전국 대학교를 중심으로 광주항쟁을 기리는 대규모 시위가 벌어지곤 했습니다. 당시 제가 입학한 신학교에서도 5월에 접어들자 거의 매일 시위가 있었습니다.

신학생들도 세상의 불의에 얼마든지 항거하고 시위할 수도 있고, 또 해야 합니다. 그러나 제게 충격이었던 것은 신학생 시위대가 사용하는 구호와 방법이었습니다. '살인마 전두환 물러가라'는 구호에서부터 돌과 화염병을 던지는 시위 방법까지 일반 대학교와 아무런 차이가 없었습니다. 5월 18일 당일에는 학생회가 초청한 외부 강사가 교내 광장에 운집한 신학생 시위대에게 선포하는 설교를 들었습니다. 목사님인 그 외부 강사의 설교는 돌과 화염병 투척을 정당화하는 내용이었습니다. 모세가 이스라엘 백성을 해방시키기 위해 이집트로 되돌아갔을 때 이집트에 내렸던 개구리 재앙, 메뚜기 재앙들이 무엇이겠느냐? 모세가 이스라엘 백성들로 하여금 개구리와 메뚜기를 잡아오게 해서 '우리를 해방시키라'며 파라오의 왕궁을 향해 던졌다는 말 아니겠느냐? 그때의 개구리와 메뚜기가 오늘날의 돌과 화염병이므로 신학생들은 돌과 화염병 투척에 대해 조금도 갈등을 느낄 필요가 없다는 것이었습니다.

나이 37세에 더 이상 인생을 허비하지 않고 새로운 삶을 살기 위해 모든 것을 포기하고 입학한 신학교가 세상과 전혀 구별되지 않는다면, 과연 내가 이곳에 있어야 할 이유가 무엇인가? 저로서는 심한 갈등을 겪지 않을 수 없었습니다. 그러나 저는 그때 그 갈등을 극복하게 해주신 하나님께 깊이 감사드리고 있습니다. 그와 같은 갈등의 과정을 거치면서 하나님께서는 도리어 저로 하여금 그리스도인이 그리스도인으로 이 세상 속에서 살아간다는 것은 무엇을 의미하는지, 그리스도인이 하나님 그리고 세상과의 관계를 어떻게 설정해야 하는지를 분명하게 깨닫게 해주셨습니다.

제1회 예루살렘 공의회가 끝나는 즉시 예루살렘 모교회는, 공의회 초대 의장 야고보 사도가 내린 최종 판결에 대한 후속 조치에 착수했습니다. 즉, 안디옥과 수리아와 길리기아의 이방인 크리스천들에게 율법을 좇아 할례를 받을 필요가 없음을 알림과 동시에, 유대인들이 혐오하는 짓을 삼갈 것을 촉구하는 편지를 보내는 것이었습니다.

사람을 택하여 우리 주 예수 그리스도의 이름을 위하여 생명을 아끼지 아니하는 자인 우리가 사랑하는 바나바와 바울과 함께 너희에게 보내기를 만장일치로 결정하였노라(25-26절).

여기에서 '택한 사람'이란 지난 시간에 살펴본 것처럼 예루살렘 모교회의 유다와 실라였습니다. 예루살렘 모교회는 유다와 실라를 택하여 바울과 바나바와 함께 안디옥으로 내려가서 그곳의 이방인들에게 공의회 판결 내용을 담은 편지를 직접 전하게 했습니다. 공의회 판결 내용에 대해 그 누구도 이의를 제기할 수 없도록 쐐기를 박기 위함이었습니다. 본문은 유다와 실라를 보내기로 한 결정이 "만장일치"로 이루어졌음을 밝혀 주고 있습니다. 우리말 '만장일치'로 번역된 헬라어 '호모뒤마돈ὁμοθυμαδόν'은 '한마음으로'라는 뜻입니다. 모두 한마음이 되어 유다와 실라를 보내기로 만장일치로 결정한 사람들은 구체적으로 누구였습니까?

이에 사도와 장로와 온 교회가 그중에서 사람들을 택하여 바울과 바나바와 함께 안디옥으로 보내기를 결정하니 곧 형제 중에 인도자인 바사바라 하는 유다와 실라더라(22절).

만장일치로 그 결정을 내린 사람들은 사도와 장로와 온 교회였습니다. 이를테면 예루살렘의 모든 교인들이었습니다. 다시 말해 예루살렘 공의회에 참석했던 모든 교인들이었습니다. 그들이 모두 한마음이 되어 공의회 판결 내용을 담은 편지를 유다와 실라 편에 보낼 것을 만장일치로 결정했다는 것은, 그들 모두가 이방인 크리스천의 할례를 금하는 공의회 판결 내용 자체를 만장일치로 받아들였다는 말이었습니다.

그러나 그들이 모두 처음부터 이방인 크리스천에 대한 할례를 반대했던 깃은 아닙니다. 그들 가운데 상당수는 이방인 크리스천에 대한 할례를 주장하던 사람들이었습니다. 애당초 바울과 바나바가 예루살렘 모교회에 당도하여 하나님께서 할례도 받지 않은 이방인들을 구원해 주셨음을 증언하기 시작하자, 바리새파 유대인들이 벌떡 일어나 바울과 바나바의 말을 제지하며 이방인 크리스천의 할례를 주장했습니다. 그들의 주장이 얼마나 강경했던지, 그리고 그들에게 동조하는 유대인들이 얼마나 많았던지 사도들은 이방인 크리스천의 할례 문제를 놓고 서둘러 제1회 예루살렘 공의회를 개최해야만 했습니다. 공의회가 시작된 뒤에도 할례를 주장하는 측과 반대하는 측 사이에 오랜 시간에 걸쳐 열띤 공방이 벌어졌습니다. 공의회 말미에 베드로와 바울 및 바나바가 하나님께서 자신들을 통해 이방인들을 구원하셨음을 증언하고, 그에 뒤이어 야고보 사도가 이방인 크리스천의 할례를 금하는 최종 판결을 내렸다 할지라도, 어디에나 반대자가 늘 있기 마련임을 감안하면, 어떻게 그곳에 있는 모든 교인들이 단 한 사람의 반대도 없이 모두 한마음이 되어 야고보의 최종 판결을 만장일치로 받아들일 수 있었습니까?

> 성령과 우리는 이 요긴한 것들 외에는 아무 짐도 너희에게 지우지 아니하는 것이 옳은 줄 알았노니(28절).

이방인 크리스천들에게 유대인이 혐오하는 짓을 삼갈 것을 촉구하는 것 이외에는 "아무 짐"을, 다시 말해 할례의 짐을 지우지 않기로 했다는 것입니다. 그런데 본문의 주어는 '우리'가 아니라 "성령과 우리"입니다. 그와 같은 결정은 성령님의 빛 속에서 이루어졌다는 것입니다. 인간적으로만 본다면 방금 전까지 완강하게 자기주장을 펼치던 사람들이 모두 자기주장을 버리고 반대 측과 한마음이 되어 반대 측의 의견을 만장일치로 받아들인다는 것은 절대로 불가능한 일이었습니다. 그러나 그들은 성령님과 함께하는 사람들, 성령님의 빛 속에 거하는 사람들이었습니다. 인간적으로는 불가능한 일이 성령님의 빛 속에서는 얼마든지 가능했습니다. 성령님의 빛 속에 거하는 사람은 매사를 하나님의 관점으로 판단하는 사람이기 때문입니다.

사탄이 예수님을 유혹한 '빵'은 단순히 육체의 양식이 아니라, 이 세상 모든 것의 통칭이라고 했습니다. 그러므로 그 속에는 인간의 관습도 포함되어 있습니다. 유대인 크리스천들이 하나님보다 '빵'을 중시했을 때 그들에게는 반드시 고수해야 할 종교적 관습, 다시 말해 '빵'의 논리가 있었습니다. 그 '빵'의 논리를 따르는 한 할례받지 아니한 이방인 크리스천들은 자신들과 결코 식탁을 함께할 수 없는 문자 그대로 이방인일 뿐이었습니다. 그러나 성령님의 빛 속에서 하나님의 관점으로 보았을 때, 예수 그리스도의 십자가 보혈 속에서 구원받은 이방인들 역시 자신들과 동일하게 하나님의 식탁으로 초대받은 다 똑같은 하나님의 자녀들이었습니다. 그들이 성령님의 빛 속에서 이 사실을 깨달았을 때 자신들의 주장을 버리고 모두 한마음이 되어 반대 측의 주장을 하나님의 뜻으로 받아들인 것은 조금도 이상한 일이 아니었습니다.

2천 년 전 예루살렘 모교회는 번듯한 예배당 하나 없었습니다. 오늘날처럼 동시에 수많은 교인들이 운집하는 대형 교회였던 것도 아닙니다. 그럼에도 예루살렘 모교회가 시간과 공간을 초월하여 모든 교회의 본이 되는 것은, 이처럼 그 교회를 이루고 있는 사람들이 성령님과 함께하는 사람들이었기 때문입니다. 그들 개개인에게도 자기 의견, 자기주장이 있었습니다. 옳다고 믿는 한 자기주장을 굽히지 않는 고집도 있었습니다. 그러나 동시에 그들은 성령님의 빛 속에서 하나님의 관점으로 세상을, 자기 자신을, 자기 뜻을, 자신의 반대자를 볼 줄 아는 사람들이었습니다. 그리고 하나님의 뜻 앞에서 자기주장을 기꺼이 버릴 줄 아는 사람들이었습니다. 이것이 예루살렘 모교회의 위대함이었습니다.

누구든지 '나는 성령님의 빛 속에 거하노라'고 선언한다고 해서 '성령의 사람'인 것은 아닙니다. 성령의 사람 됨 여부는 한 가지, 성령의 열매에 의해서만 판가름 납니다. 성령의 열매의 핵심은 '사랑'입니다. 성령의 사람이 하나님의 공의를 위해 진노할 수도 있고, 불의에 맞서 피 흘리기까지 싸울 수도 있습니다. 그러나 그 궁극적인 목적은 사람을 사랑하기 위함입니다. 사랑은 그 수단과 방법부터 세상의 것과 동일하지 않습니다. 그래서 성령의 사람만 세상의 모든 갈등을 극복하고 통합시킬 수 있습니다. 예루살렘의 유대인 크리스천들이 '빵'의 논리에 집착했을 때 이방인 크리스천들은 상종해서는 안 될 짐승 같은 인간에 지나지 않았지만, 성령님의 빛 속에서는 그 똑같은 이방인 크리스천들이 마땅히 사랑해야 할 형제자매들이었습니다. '빵'의 논리로 인해 자칫 분열될 뻔한 유대인 크리스천과 이방인 크리스천의 공동체가, 유대인 크리스천들이 성령님의 빛 속으로 되돌아감으로써 사랑 안에서 명실 공히 하나로 통합될 수 있었습니다.

오늘날 우리 사회에서 진보 진영과 보수 진영의 대립과 갈등과 다툼은 날이 갈수록 더 심해지고 격화되고 있습니다. 그 모든 대립과 갈등과 다툼의 원인은 무슨 이유를 갖다 붙여도 결국엔 한 가지, 바로 '빵' 문제입니다. 그러나 저 개인적으로는 보수 진영이나 진보 진영이나 그 어느 쪽의 주장에도 선뜻 동의하거나 동조하기가 어렵습니다. 저마다 자신이 신봉하는 '빵'의 논리에 집착하는 그들의 주장에는 가장 중요한 인간에 대한 사랑, 인간 존중, 인간 배려가 결여되어 있기 때문입니다. 그래서 그들의 주장이나 말은 서로 상대를 죽이기 위한 폭력 혹은 흉기와 다르지 않습니다. 심히 안타까운 사실은 그리스도인마저 세상의 '빵'의 논리를 그대로 고수한 채 교회 안으로 들어온다는 것입니다. 그렇게 해서는 보수주의자에게는 하나님의 말씀은 보수주의를 위한 도구로, 진보주의자에게는 하나님의 말씀이 진보주의를 위한 도구로 왜곡될 수밖에 없습니다. 서로 왜곡된 말씀을 내세워서는, 그리스도인은 세상을 통합하기는커녕 오히려 세상의 분열과 다툼을 고착화시키고 심화시키는 사탄의 하수인으로 전락할 수밖에 없습니다.

혹 자신을 보수주의자로 생각하고 계십니까? 그것은 귀한 일입니다. 5천년 역사를 지닌 우리에게는 지켜야 할 소중한 가치가 너무나도 많습니다. 그러나 자신이 신봉하는 '빵'의 논리를 내세우기 위한 보수주의자가 아니라, 사람을 사랑하기 위한 보수주의자가 되십시오. 혹 자신을 진보주의자라로 여기고 계십니까? 그것도 귀한 일입니다. 우리 사회의 불균형과 부조리와 불의는 이미 도를 넘었습니다. 그러나 자신이 집착하는 '빵'의 논리를 구현하기 위한 진보주의자가 아니라, 사람에 대한 사랑을 실천하기 위한 진보주의자가 되십시오. 그래야 보수주의자든 진보주의자든 세상을 통합시키는 진정한 그리스도인이 될 수 있습니다.

마태복음 4장 1절은 다음과 같이 증언하고 있습니다.

그때에 예수께서 성령에게 이끌리어 마귀에게 시험을 받으러 광야로 가사.

세례를 받으신 예수님께서 사탄과 대결하기 위해 광야로 가실 때 예수님 홀로 가신 것이 아니었습니다. 예수님께서는 성령님께 이끌리어 광야로 가셨습니다. 성령님과 동행하신 것입니다. 예수님께서는 그 성령님의 빛 속에서, 아무것도 보이지 않는 광야이기에 '빵'의 논리를 좇아 눈에 보이는 것을 추구하라는 사탄의 유혹을 일언지하에 거절하시고 영원하신 하나님을 목적으로 삼으셨습니다. 그것은 인간을 구원하기 위해 이 땅에 오신 예수님께서 인간을 사랑하시는 길이기도 했습니다. 예수님께서 성령님의 빛 속에서 하나님을 목적으로 삼지 않으셨던들, 하나님의 뜻에 따라 인간을 위해 당신 자신을 십자가의 제물로 내어놓으실 수는 없었기 때문입니다. '빵'의 논리로 는 상상도 할 수 없는 일이었습니다. 이처럼 예수님께서는 진정한 성령의 사 람이셨습니다. 예수님께서도 성령님의 빛 속에서 '빵'의 논리를 극복하셨다 면, 하물며 하찮은 우리야 두말해 무엇하겠습니까?

우리가 사는 이 세상이 한 치 앞도 보이지 않는 광야이기에 사탄은 오늘 도 '빵'의 논리를 좇아 확실하게 눈에 보이는 것을 추구하라고 집요하게 우 리를 유혹하고 있습니다. 그러나 더 이상 속지 마십시다. '빵'의 논리로는 결 국 죽음의 광야에서 다 같이 죽을 뿐입니다. 예수님의 성탄을 기리고 다시 오실 주님을 대망하는 대림절 둘째 주일을 맞아, 우리 모두 광야의 예수님 을 본받아 성령님의 빛 속에 거하십시다. 성령님의 빛 속에서 아무것도 보 이지 않는 광야 길을 걸으며, 오직 영원하신 하나님만을 목적으로 삼으십 시다. 성령님의 빛 속에서 하나님의 사랑을 덧입어 사람을 사랑하는 성령의 사람이 되십시다. 그때 우리는 진보주의자든 보수주의자든 상관없이, 생명 없는 '빵'의 논리로 죽어 가는 세상 사람들을 살리고 통합하는 주님의 참된 제자들이 될 것입니다.

세례를 받으신 예수님께서는 아무것도 보이지 않는 광야에서, 아무것도 보이지 않으므로 '빵'의 논리를 좇아 확실하게 눈에 보이는 것을 추구하 라는 사탄의 유혹을 일언지하에 거절하시고, 아무것도 보이지 않는 광야 이기에 영원하신 하나님을 목적으로 삼으심으로써, 한 치 앞도 보이지 않 는 광야 같은 이 세상에서 우리가 세례 받은 그리스도인으로 어떻게 살아야 할 것인지를 몸소 보여 주셨습니다. 그러나 우리는 그동안 보이지 않는 하나님보다, 눈에 보이는 '빵'의 논리를 더 신봉했습니다. 하나님을 믿는다는 우리에게 하나님의 말씀은 더 많은 '빵'을 얻기 위한 수단에 불과했고, 우리가 내세우는 '빵'의 논리는 아무리 그럴듯해 보여도 결국은 인간에 대한 사랑이 배제된 폭력과 흉기일 뿐이었습니다. 그 결과 우리는 예수님의 제자가 아니라, 실은 이 세상의 대립과 갈등을 조장하고 부추기는 사탄의 하수인에 지나지 않았습니다. 이 모든 잘못을 회개하오니, 하나님 아버지의 자비하심으로 용서해 주십시오.

주님의 성탄을 기리는 뜻깊은 대림절 두 번째 주일을 맞이하여, 우리 모두 광야의 주님을 본받아 성령님의 빛 속에 거하는 성령의 사람이 되게 해주십시오. 성령님의 빛 속에서 사람을 사랑하기 위해 보수주의자가 되고, 사람에 대한 사랑을 실천하기 위해 진보주의자가 되게 해주십시오. 그리하여 자칫 '빵'의 논리 속에서 분열될 뻔했던 유대인 크리스천과 이방인 크리스천 공동체가 성령님의 빛 속에서 사랑으로 통합되었듯이, 성령님의 빛 속에서 사람을 사랑하는 우리로 인해 분열과 대립과 다툼으로 치닫는 이 세상이 치유되고 회복되고 통합되게 해주십시오. 주님 부르시는 그날까지 다시는 '빵'의 논리에 빠지지 않고, 오직 삼위일체 하나님을 목적으로 삼는 주님의 참된 제자로 살아가게 해주십시오. 아멘.

22. 기뻐하더라 대림절 셋째 주일

사도행전 15장 30-35절

그들이 작별하고 안디옥에 내려가 무리를 모은 후에 편지를 전하니 읽고 그 위로한 말을 **기뻐하더라** 유다와 실라도 선지자라 여러 말로 형제를 권면하여 굳게 하고 얼마 있다가 평안히 가라는 전송을 형제들에게 받고 자기를 보내던 사람들에게로 돌아가되 바울과 바나바는 안디옥에서 유하며 수다한 다른 사람들과 함께 주의 말씀을 가르치며 전파하니라

주님을 영접한 이방인 크리스천의 할례 문제를 놓고 열렸던 제1회 예루살렘 공의회가 끝난 후, 예루살렘 모교회는 유다와 실라로 하여금 바울과 바나바와 함께 안디옥으로 내려가 그곳의 이방인 크리스천들에게 공의회 최종 판결 내용이 담긴 편지를 직접 전달하게 했습니다. 공의회의 판결 내용에 대해 그 누구도 이의를 제기할 수 없도록 쐐기를 박기 위함이었습니다.

그들이 작별하고 안디옥에 내려가 무리를 모은 후에 편지를 전하니(30절).

"그들"이란 안디옥교회의 공동 목회자인 바울과 바나바, 그리고 예루살렘 모교회의 유다와 실라입니다. 그들은 함께 안디옥으로 내려가 교인들에게 사도들의 편지를 전달했습니다.

　　읽고 그 위로한 말을 기뻐하더라(31절).

"위로한 말" 앞에 숫자 1이 붙어 있어 아래쪽 주註란 1번을 보면 "또는 권면"이라고 기록되어 있습니다. 공의회의 판결 내용을 그런 식으로 표현한 것입니다. 안디옥의 이방인 크리스천들은 유다와 실라로부터 건네받은 공의회 판결 내용을 읽고 모두 기뻐하였습니다.

　　유다와 실라도 선지자라 여러 말로 형제를 권면하여 굳게 하고(32절).

"권면"이라는 단어가 아래쪽 주란에는 "또는 위로"라고 표기되어 있습니다. 예루살렘에서 내려간 유다와 실라도 여러 말로 안디옥의 이방인 크리스천들을 권면하고 위로해 주었습니다. 그 구체적인 내용이 무엇이었겠습니까? 안디옥에 보낸 사도들의 편지 속에는 이런 내용이 있습니다.

　　그리하여 유다와 실라를 보내니 그들도 이 일을 말로 전하니라(27절).

"이 일을 말로 전하니라"는 것은 공의회 판결 내용을 설명할 것이라는 말입니다. 유다와 실라는 머나먼 안디옥까지 찾아가 단지 공의회 판결 내용이 담긴 편지를 전해 주는 배달부 역할만 한 것이 아니었습니다. 그들은 공의회와 관련된 모든 내용을 안디옥의 이방인 크리스천들에게 소상하게 설명해 줌으로써 그들의 기쁨을 더 한층 공고히 해주었습니다.

안디옥의 이방인 크리스천들이 공의회 판결 내용을 읽고 또 들은 후, 너나 할 것 없이 기뻐한 이유가 무엇이겠습니까?

성령과 우리는 이 요긴한 것들 외에는 아무 짐도 너희에게 지우지 아니하는 것이 옳은 줄 알았노니(28절).

여기에서 "짐"이란 할례로서, 예루살렘 공의회가 이방인 크리스천이 할례를 행할 의무가 없음을 공식적으로 천명한 것입니다. 할례는 할례만의 문제가 아니었습니다. 율법을 좇아 할례를 받아야만 구원을 얻을 수 있다면 그것은 구원의 조건이 인간의 행위라는 말입니다. 죄인인 인간이 자신의 행위로 지엄하신 하나님의 심판을 면하고 구원받는다는 것은, 노인이 젖먹이 어린아이로 되돌아가겠다는 것처럼 애당초 불가능한 일입니다. 따라서 이방인 크리스천에게 할례의 짐을 지우지 않는다는 것은 이방인 역시 오직 하나님의 은혜로만 구원 얻는다는, 만인을 위한 복음의 재천명이었습니다. 그것도 사람들의 모임인 공의회만의 재천명이 아니라, 주어를 '성령과 우리'라고 함으로써 그것이 곧 성령 하나님의 뜻임을 선언한 것이었습니다. 그 선언 앞에서, 율법을 좇아 할례를 받지 않으면 이방인은 절대로 구원을 얻을 수 없다는 거짓 교사의 가르침에 가슴앓이를 하던 안디옥의 이방인 크리스천들이 얼마나 크게 기뻐했을지는 능히 짐작할 수 있습니다.

그러나 안디옥의 이방인 크리스천들이 누린 그 큰 기쁨은 거저 주어진 것이 아니었습니다. 그것은 많은 사람들의 수고와 헌신과 자기 버림의 결과였습니다. 예루살렘 모교회에는 이방인의 할례를 강경하게 주장하는 유대인들이 많았습니다. 그래서 이방인 크리스천의 할례 문제를 놓고 제1회 예루살렘 공의회가 열렸을 때, 이방인의 할례를 주장하는 측과 반대하는 측 사이에 오랜 시간에 걸쳐 열띤 공방이 벌어졌습니다. 그 상태가 계속되었다면 공의회의 결론이 어떻게 났을는지는 아무도 장담할 수 없었습니다. 그때 공의회의 분위기를 반전시킨 사람이 베드로와 바울 그리고 바나바였습니다.

그 세 사람에게는 공통점이 있었습니다. 세 사람 모두 그 이전에 이방인을 구원하기 위한 하나님의 도구로 쓰임 받았다는 공통점이었습니다. 베드로는 성령님의 인도하심 속에서, 평소 이방인에 대해 지니고 있던 자기 생각을 버리고 가이사랴의 이방인 고넬료 집을 찾아가 그곳에 모인 이방인들에게 복음을 전하고 세례를 베풀었습니다. 그로 인해 베드로는 예루살렘의 유대인 크리스천들로부터 혹독한 비난을 받아야만 했습니다. 바울과 바나바는 이방인 교회인 안디옥교회의 공동 목회자였을 뿐 아니라, 최소한 1년여 이상에서 최대 2년으로 추정되는 제1차 전도 여행 기간 동안 여러 이방 도시를 찾아다니며 수많은 이방인들에게 복음을 전했습니다. 그 대가로 바울과 바나바는 가는 곳마다 현지의 유대인들로부터 상상을 초월하는 박해를 당했습니다. 가는 곳마다 유대인들의 모함으로 쫓겨나는 것은 다반사였고, 루스드라에서는 바울이 유대인들로부터 얼마나 심한 돌팔매질을 당했던지, 사람들은 그가 죽은 줄 알고 그를 끌어다가 성 밖에 내다버리기까지 했습니다. 그런 바울과 바나바였기에 자신들이 목회하던 안디옥에서 촉발된 이방인 크리스천의 할례 문제를 근본적으로 해결하기 위해 머나먼 예루살렘을 기꺼이 찾아갔습니다.

이처럼 이방인의 구원을 위하여 수고하고 헌신하고 자기 버림을 주저하지 않았던 베드로와 바울과 바나바였으므로, 그들은 공의회에서 하나님께서 자신들을 통해 할례도 받지 않은 이방인들에게 어떻게 구원의 은총을 거저 베풀어 주셨는지를 분명하게 입증할 수 있었습니다. 그 입증의 토대 위에서 공의회 의장이었던 야고보는 더 이상 이방인 크리스천들에게 그들을 괴롭히는 할례의 짐을 지우지 말라는 판결을 내렸고, 공의회에 참석한 모든 사람들은 그 판결 내용을 만장일치로 수용하였습니다. 판결 내용에 대해 만장일치였다는 것은 조금 전까지 이방인의 할례를 강경하게 내세우던 유대인들이 자신들의 주장을 버렸음을 의미했습니다. 그들 또한 성령님의 역사 속에서 자기 자신을 버린 것이었습니다. 그뿐 아니었습니다. 예루살렘 모교회의 유다와 실라는 공의회 판결 내용이 담긴 편지를 들고 직접 안디옥을 찾아갔습니다. 안디옥은 예루살렘에서 480킬로미터 떨어져 있습니다. 왕복 960킬로미터입니다. 당시 뭍에서의 여행 수단은 도보였기에, 쉬지 않고 걸어도 한 달 이상을 꼬박 걸어야 다녀올 수 있는 멀고도 힘든 길이었습니다. 그 힘든 길을 유다와 실라는 돈을 벌기 위해 혹은 유람을 위해 다녀온 것이 아니었습니다. 그것은 안디옥의 이방인 크리스천들을 위한 수고와 헌신과 자기 버림의 길이었습니다.

이상 살펴본 것처럼 이방인의 구원을 위한 하나님의 통로로 쓰임 받은 베드로와 바울과 바나바의 수고와 헌신과 자기 버림이 없었던들, 이방인의 할례를 강경하게 주장하던 예루살렘 유대인 크리스천들의 자기 버림이 없었던들, 예루살렘에서 일부러 안디옥을 찾은 유다와 실라의 수고와 헌신과 자기 버림이 없었던들, 안디옥의 이방인 크리스천들이 본문 속에서처럼 기뻐할 수는 없었을 것입니다. 그들이 기뻐하는 모습을 보면서 그들을 위해 수고하고 애쓴 바울과 바나바, 그리고 유다와 실라 역시 기뻐하였을 것임은 물론입니다.

여기에서 우리는 귀중한 깨달음을 얻게 됩니다. 주님을 위해 수고하고 헌신하며 자기를 버린다는 것은 곧, 누군가 사람을 위해 수고하고 헌신하며 자기를 버리는 것을 의미한다는 것입니다. 그러므로 그와 같은 삶은 누군가의 기쁨으로 드러나지 않을 수 없고, 그 누군가의 기쁨은 결과적으로 그를 위해 수고하고 헌신하며 자기를 버린 당사자의 기쁨으로 되돌아오게 됩니다. 이것을 뒤집으면 무슨 말이 되겠습니까? 내가 주님을 믿는 그리스도인임에도 내 주위 사람이 나로 인해 기쁨을 얻지 못한다면, 그것은 내가 주님을 위해 수고하고 헌신하며 자신을 버린다고 말만 할 뿐, 실제로 내 주위 사람을 위해 수고하고 헌신하며 자기를 버리지는 않고 있음을 의미합니다. 따라서 내게도 참된 기쁨이 있을 리가 없습니다.

안디옥의 이방인 크리스천들은 그들의 목회자인 바울과 바나바, 예루살렘에서 내려온 유다와 실라, 그리고 예루살렘의 유대인 크리스천들의 수고와 헌신과 자기 버림을 통해 큰 기쁨을 얻었습니다. 그러나 그들이 그 기쁨을 누리는 것만으로 끝났다면 과연 그들이 성숙한 크리스천들이라 할 수 있겠습니까? 그들이 참된 크리스천들이라면, 그들 역시 누군가를 위해 수고하고 헌신하며 자기를 버림으로 그 누군가에게 기쁨을 주는 성숙함을 지녀야 하지 않겠습니까? 그렇다면 그들이 수고하고 헌신하며 자기를 버려야 할 일차적인 대상은 누구이며, 그 대상을 위해 그들이 수고하고 헌신하며 자기를 버려야 할 구체적인 내용은 무엇이었겠습니까?

성령과 우리는 이 요긴한 것들 외에는 아무 짐도 너희에게 지우지 아니하는 것이 옳은 줄 알았노니(28절).

우리말 '요긴한 것들'로 번역된 헬라어 '에파낭케스ἐπάναγκες'는 성경에서 본문에 단 한 번 사용된 단어로 '부득이' 혹은 '불가피하게'라는 의미입니다.

이방인 크리스천들이 율법을 좇아 할례를 행할 필요는 없지만, 그러나 이방인 크리스천들에게 불가피하게 촉구할 사항은 있다는 말입니다. 그 내용은 29절 상반절이 밝혀 주고 있습니다.

> 우상의 제물과 피와 목매어 죽인 것과 음행을 멀리할지니라.

이미 우리가 잘 알고 있는 것처럼 유대인이 혐오하는 짓을 삼갈 것을 촉구하는 내용이었습니다. 신전의 제물로 바쳐진 음식을 먹는 행위, 이방 신전의 창기와 음행하는 행위, 짐승의 피를 마시거나 교살한 짐승의 고기를 먹는 행위는 이방인들에게는 아무 거리낌 없는 일상사였지만, 유대인들에게는 그 모든 것이 혐오의 대상이었습니다. 그러므로 예루살렘 공의회가 이방인 크리스천들에게 그와 같은 행위를 삼갈 것을 촉구한 것은 그것이 구원을 위한 전제 조건이어서가 아니라, 이방인 크리스천들이 기독교 신앙 공동체 안에서 유대인 크리스천들과 서로 융화하고, 또 교회 밖 유대인들과 소통할 수 있는 접촉점을 지닐 수 있게끔 건강한 상식을 지니게 해주기 위함이었습니다. 건강한 상식을 지니지 않는 것은 누군가로 하여금 불필요하게 오해하게 하는 것이요, 결과적으로 그 사람과의 바른 관계를 불가능하게 만들기 때문입니다.

안디옥의 이방인 크리스천들이 예전에 일상사로 여기던 것들을 그리스도인이 되었기 때문에 스스로 삼간다는 것은, 먼저는 주님을 위해 수고하고 헌신하며 자기를 버리는 것을 의미했고, 다음으로는 자신들과 더불어 공동체를 이루고 있는 유대인 크리스천들을 위해 수고하고 헌신하며 자기를 버리는 것을 뜻했습니다. 이방인 크리스천들이 유대인 크리스천들을 위해 그렇듯 수고와 헌신과 자기 버림의 삶을 살 때, 이방인의 할례를 강경하게 내세우던 자신들의 주장을 버린 유대인 크리스천들이 주님 안에서 그처럼 변화되어 가는 이방인 크리스천들의 모습을 보며 큰 기쁨을 얻지 않았겠습니까? 또 유대인 크리스천들의 그 기쁨은, 그들을 위해 수고하고 헌신하며 자기 버림을 주저하지 않는 이방인 크리스천들의 기쁨으로 되돌아오지 않겠습니까?

> 우상의 제물과 피와 목매어 죽인 것과 음행을 멀리할지니라 이에 스스로 삼가면 잘되리라 평안함을 원하노라 하였더라(29절).

이방인 크리스천들이 유대인 크리스천들을 위해 삼갈 것을 스스로 삼가면, 다시 말해 유대인 크리스천들을 위해 스스로 수고하고 헌신하며 자기를 버리면 "잘되리라"는 말로 사도들이 안디옥의 이방인 크리스천들에게 보낸 편지는 끝을 맺고 있습니다. 그 뒤의 "평안함을 원하노라"는 구절은 의례적인 관용구이기 때문입니다. 본문의 '잘되리라'는 만사형통할 것이라든지, 반드시 성공할 것이라는 말이 아닙니다. 헬라어 '유 프락세테εὖ πράξετε'는 '잘 행할 것이다'는 의미입니다. 즉, 사람을 위해 수고하고 헌신하며 자기를 버림으로 누군가를 기쁘게 하고 그의 기쁨을 결과적으로 자신의 기쁨으로 삼는 성숙한 그리스도인의 삶을 잘 이행할 수 있으리라는 말입니다.

그리스도인이 그와 같은 삶을 살아야 하는 까닭은 두말할 것도 없이 우리 주님께서 우리를 위해 수고하고 헌신하셨을 뿐 아니라, 우리의 죗값을 대신 치러 주시기 위해 십자가에서 당신 자신을 송두리째 버려 주셨기 때문입니다. 그리스도인은 스스로 그리스도인이라고 선언하는 사람이 아니라, 예수 그리스도를 주인으로 모시고 그분을 본받아 사는 사람입니다. 따라서 그리스도인이 자신을 위해 수고와 헌신과 자기 버림을 마다치 않으신 주님을 본받아, 누군가를 위해 수고와 헌신과 자기 버림의 삶을 사는 것은 그리스도인 됨의 기본입니다.

크리스천이 누군가를 위해 수고하고 헌신하며 자기를 버린다는 것, 이타적인 삶을 산다는 것은 거창한 것이 아닙니다. 그것은 다른 사람을 '배려'하는 것입니다. 누군가를 배려한다는 것 자체가 그를 위한 수고와 헌신과 자기 버림이 전제되어 있기 때문입니다. 자기중심, 자기 우선의 이기적인 삶을 사는 사람에게 타인을 위한 배려란 근본적으로 불가능한 이유가 여기에 있습니다. 그러므로 배려에는 큰 배려, 작은 배려가 따로 없습니다. 남을 배려한다는 것 자체가 자기중심, 자기 우선의 이기적인 삶에서 이미 탈피하였음을 뜻하기 때문입니다. 남을 배려하는 사람이 있는 곳에 기쁨이 수반되는 것은 지극히 자연스러운 일입니다. 누군가 다른 사람을 위해 배려하는 사람으로 인해 배려받는 사람이 기쁨을 얻게 되고, 배려받는 사람의 기쁨이 결과적으로 배려하는 사람의 기쁨으로 되돌아오는 까닭입니다.

저희 가족의 이야기를 드리는 것을 양해해 주시기 바랍니다. 저희 가족이 합정동으로 이사 온 해가 1986년이니까, 올해로 합정동 주민이 된 지 26년째입니다. 그리고 20년 이상 한 세탁소만 이용하고 있습니다. 일반적으로 세탁소는 전화만 하면 세탁물 수거와 배달을 모두 해주는 반면, 그 세탁소는 세탁물을 맡길 때만은 저희가 직접 세탁물을 들고 가야만 했습니다. 그것은 꽤 번거로운 일이었지만, 보기 드물게 착하고 소박한 주인 아주머님과 한 번 인연을 맺은 터라 문제 삼지 않았습니다. 5년 전 현재 살고 있는 아파트로 이사하자 근처 세탁소들이 유인물을 돌렸습니다. 내용을 보니 세탁물 수거와 배달은 기본이었고, 셔츠 한 장당 세탁비도 500원이나 쌌습니다. 저희 가족이 이용하는 세탁소의 세탁비가 분명히 비쌌지만, 아파트 주민을 잡기 위해 자기 살을 깎아 먹으면서까지 무한 경쟁에 나서지 않는 그 세탁소 주인 부부의 용기를 북돋아 주기 위해 개의치 않았습니다. 작년 초에는 세탁소 주인 아주머님이 중풍으로 쓰러지고 말았습니다. 나이 든 남편 홀로 세탁소를 지키다 보니 세탁물을 맡길 때는 말할 것도 없고, 찾을 때 역시 직접 가야만 했습니다. 여간 불편한 일이 아니었습니다. 그로 인해 평소의 고객들이 줄어들 수밖에 없었습니다. 그래도 저희 가족은 중풍으로 쓰러진 아주머님이 속히 완쾌되기를 바라는 마음으로 계속 그 세탁소를 이용했습니다. 아주머님은 1년 만에 중풍증에서 완전히 회복되어 남편과 함께 다시 세탁소를 지키게 되었습니다. 지난달에는 세탁비를 계산하려니 셔츠 한 장당 세탁비가 천 원 인상되었다고 했습니다. 한꺼번에 큰 폭으로 인상된 것이었습니다. 그래도 그럴 만한 이유가 있으리라 믿으며 더 이상 묻지 않았습니다. 저희 가족이 합정동을 떠나거나 그 세탁소가 문을 닫지 않는 한, 앞으로도 저희 가족은 계속 그 세탁소를 이용할 것입니다. 이런 마음으로 그 세탁소를 대하다 보니 주인 부부는 길에서 저희 가족을 만나도 마치 친형제를 만난듯 기뻐하고, 저희 가족을 기뻐하는 그분들의 모습은 도리어 저희 가족의 기쁨이 되고 있습니다. 저희 가족이 그 세탁소를 위해 배려하는 것은 지극히 작은 일에 지나지 않습니다. 그러나 저희 가족이 그리스도인이 아니라면, 아무리 작은 일이라도 20년 이상 한 세탁소를 지속적으로 배려하지는 않을 것입니다. 저희 가족이 그리스도인이기에 주님을 위한 마음이 그렇듯 작지만 이웃을 위한 지속적인 배려로 드러나고, 그 배려의 결과로 이웃 간에 서로 기쁨이 수반되는 것입니다.

오늘날 우리 사회는 더 이상 교회를 달가워하거나 그리스도인들을 기뻐하지 않습니다. 도리어 기독교를 개독교로 모독하고, 그리스도인들을 이기적이고도 독선적인 인간으로 서슴없이 매도하고 있습니다. 많은 그리스도인들이 주님을 위해 산다고 말은 하면서도, 정작 사람을 배려하지는 않기 때문입니다. 그래서 교회가 주위 사람들에게 기쁨을 주기는커녕 주위 사람들이 기피하는 혐오 기관으로 전락한 지 오래입니다. 우리 교회가 창립된 지 6년 5개월 만에 양화진뿐 아니라 인근 지역까지 몰라보게 달라졌기에, 우리 교회의 출현을 기뻐하는 주민들이 많습니다. 그러나 가슴 아프게도 우리 교회를 싫어하는 주민들도 적지 않습니다. 우리 교회를 싫어하는 주민들의 이유는 한 가지입니다. 우리 교인들의 무단 주차입니다. 골목 아무 데나 주차하는 무단 주차만 없다면 우리 교회를 싫어하는 주민이 있을 까닭이 없습니다.

교회가 세상의 빛이라면 합정동에 있는 우리 교회는 합정동에서부터 빛이어야 하고, 그 빛은 합정동 주민에 대한 배려로 나타나야 하지 않겠습니까? 이런 의미에서 현재 실시하고 있는 '지역주민과 소통하는 1·2·3 차량 캠페인'에 교우님들께서 적극 동참해 주고 계심을 깊이 감사드립니다. 그리고 캠페인 기간이 끝난 뒤에도 매 주일 교회에 오실 때는 캠페인 내용을 생활화해 주시기를 부탁드립니다. 가능한 한 대중교통을 이용해 주시고, 승용차를 이용하실 경우에는 구역 식구들과 카풀제를 실시해 주시기 바랍니다. 상대적으로 주차 공간에 여유가 있는 4부 예배에 많이 참석해 주시고, 아침에 일찍 일어나시는 분들은 3주 후 신년 초부터 실시되는 7시 예배에 참석해 주시면 감사하겠습니다. 그래서 주민들이 혐오하는 주민주차지역의 무단 주차만은 삼가 주실 것을, 이방인 크리스천들에게 유대인이 혐오하는 짓을 삼갈 것을 촉구한 본문 속 사도들의 심정으로 간곡히 당부드립니다. 우리가 주민들을 배려하는 마음을 지니고 또 실행할 때 주민들은 우리가 이곳에 있음을 기뻐할 것이요, 우리로 인해 기뻐하는 주민들의 기쁨은 결과적으로 주님 안에서 우리의 기쁨으로 되돌아올 것입니다.

안디옥의 이방인 크리스천들이 누린 기쁨은 절로 주어진 것이 아니라, 수

많은 유대인 크리스천들이 그들을 위해 배려한 결과였습니다. 유대인들이 혐오하는 짓을 이방인 크리스천들이 스스로 삼가는 것도 유대인들을 배려하기 위함이요, 그로 인해 유대인 크리스천들이 기뻐했을 것임은 두말할 나위도 없습니다. 그들은 남을 배려하는 삶이야말로 주님 안에서 배려하는 사람과 배려받는 사람 모두의 기쁨으로 귀결됨을 자신들의 삶으로 우리에게 확인시켜 주었습니다. 오늘은 죄와 사망의 덫에서 죽어 가는 인간을 배려하시려 이 땅에 오신 예수님의 성탄을 기리는 대림절 셋째 주일입니다. 우리 모두 주님을 본받아, 우리가 어디에 있든 주위 사람을 배려하는 성숙한 그리스도인들이 되십시다. 그때 우리 주위를 주님의 기쁨으로 채워 가는 우리로 인해 세상 사람들은 교회와 그리스도인들을 기뻐할 것이요, 이 세상은 살 만한 에덴동산으로 변모될 것입니다.

내가 주님을 믿는데 왜 주위 사람과의 관계에서 기쁨이 없는지, 그 이유를 깨닫게 해주셔서 감사합니다. 주님을 믿는 것은 단순한 입의 선언을 의미하는 것이 아니요, 주일예배에 참석하여 헌금하고 봉사하는 것만도 아니요, 나를 살리시기 위해 십자가의 수고와 헌신과 자기 버림을 마다치 않으신 주님을 본받아 누군가를 위해 수고와 헌신과 자기 버림의 삶을 사는 것이요, 그것은 곧 사람을 배려하는 것임을 잊지 않게 해주십시오. 죄와 사망의 덫에 빠져 죽어 가던 우리를 배려해 주시기 위해 이 땅에 오신 주님의 성탄을 기리는 대림절 셋째 주일을 맞이하여, 우리 모두 자식을 배려하는 부모가, 부모를 배려하는 자식이, 아내를 배려하는 남편이, 남편을 배려하는 아내가, 형제를 배려하고 자매를 배려하는 형제자매가, 교인을 배려하는 목사가, 목사를 배려하는 교인이, 교인을 배려하는 교인이, 세상을 배려하는 교인이, 친구를 배려하는 친구가, 이웃을 배려하는 이웃이 되게 해주십시오. 그리하여 우리로 인해 우리 주위 사람들이 기뻐하며, 우리로 인해 기뻐하는 주위 사람들의 기쁨이 주님 안에서 우리 자신의 기쁨이 되게 해주십시오. 주님 때문에 사람을 배려하는 우리 그리스도인들로 인해 모독의 대상으로 전락한 이 땅의 교회가 신뢰를 회복하게 해주시고, 어디든 우리가 두 발 딛고 있는 곳이 사람들이 살 만한 에덴동산으로 변모되게 해주십시오. 아멘.

23. 유다와 실라도 선지자라 대림절 넷째 주일

사도행전 15장 30-35절

그들이 작별하고 안디옥에 내려가 무리를 모은 후에 편지를 전하니 읽고 그 위
로한 말을 기뻐하더라 **유다와 실라도 선지자라** 여러 말로 형제를 권면하여 굳게
하고 얼마 있다가 평안히 가라는 전송을 형제들에게 받고 자기를 보내던 사람
들에게로 돌아가되 바울과 바나바는 안디옥에서 유하며 수다한 다른 사람들과
함께 주의 말씀을 가르치며 전파하니라

지상에 있는 모든 교회의 모형인 초대교회의 특징 중 하나는, 교회를 이
루고 있는 교인들이 유무상통有無相通의 삶을 산 것입니다. 사도행전 4장
32절의 증언입니다.

믿는 무리가 한마음과 한뜻이 되어 모든 물건을 서로 통용하고 자기 재
물을 조금이라도 자기 것이라 하는 이가 하나도 없더라.

많이 가졌거나 혹은 적게 가졌거나 따지지 않고 모든 교인들이 서로 지닌 것을 통용, 다시 말해 함께 두루 사용하였습니다. 서로 나눔의 삶을 살았다는 말입니다. 우리말 '통용'으로 번역된 헬라어 '코이노스κοινός'는 '공동의'라는 의미를 지닌 형용사입니다. 따라서 직역하면, 초대교회 교인들은 자신들의 소유를 서로 나눌 수 있게끔 공동의 상태에 두었다는 말이 됩니다.

마가복음 7장은 예수님을 올무에 빠뜨리기 위해 호시탐탐 기회를 노리던 바리새인들과 서기관들이, 예수님의 제자들이 손을 씻지 않고 빵을 먹는다고 시비 거는 이야기를 전해 주고 있습니다. 유대인들은 식사하기 전에 철저하게 손을 씻었습니다. 위생을 위해서라기보다는 종교적 전통을 따르기 위함이었습니다. 손을 씻지 않고 음식에 손을 대는 것은 음식을 부정하게 하는 행위요, 부정한 음식을 먹는 것은 곧 자기 자신을 더럽히는 행위로 간주했습니다. 그 전통은 성경에서 유래된 것이 아니라, 인간에 의해 만들어진 인간의 전통이었습니다. 그러나 유대인들은 그 인간의 전통을 누구도 침범할 수 없는 하나님의 말씀처럼 떠받들었습니다. 따라서 예수님의 제자들이 손을 씻지 않고 빵을 먹는 것은 그들에게 더없이 좋은 시빗거리였습니다.

> 이에 바리새인들과 서기관들이 예수께 묻되 어찌하여 당신의 제자들은 장로들의 전통을 준행하지 아니하고 부정한 손으로 떡을 먹나이까 (막 7:5).

바리새인들과 서기관들은 제자들의 씻지 않은 손을 "부정한" 손이라고 매도했습니다. 더러운 손이라는 의미였습니다. 중요한 사실은 우리말 '부정한' 혹은 '더러운'으로 번역된 헬라어 형용사가 원문에 '코이노스'로 기록되어 있다는 것입니다. 초대교회 교인들이 유무상통의 삶을 살았음을 증언하는 사도행전 4장 32절에서 '공동의'라는 의미로 사용된 '코이노스'가 마가복음 7장에서는 '더러운'의 의미로 사용되었습니다. '코이노스'라는 단어가 본래 '공동의'라는 의미와 '더러운'의 의미를 동시에 지니고 있기 때문입니다. 이 얼마나 중요한 메시지입니까?

누구든지 자기 물건을 자기 혼자만 사용하면 보다 깨끗하게 사용할 수 있습니다. 그러나 동일한 물건을 누군가와 공동으로 사용하면, 공동으로 사용하는 사람이 많을수록 그 물건은 쉬 더러워지기 마련입니다. 이런 관점에서 헬라어 '코이노스'가 '공동의'라는 의미와 '더러운'의 의미를 동시에 지니고 있다는 것은, 헬라어가 얼마나 논리적인 언어인지를 새삼스럽게 느끼게 해줍니다. 더 놀라운 것은 이 '코이노스'와 연관된 단어가 우리가 잘 알고 있는 '코이노니아κοινωνία'라는 사실입니다. '코이노니아'를 흔히 '친교' 혹은 '교제'로 번역합니다. 그러나 《새신자반》에서 말씀드린 것처럼 그것은 적절한 번역이 아닙니다. '코이노니아'는 친교나 교제보다 훨씬 더 깊은 마음의 나눔까지 포함하는 단어입니다. 그래서 한글 성경 고린도후서 13장 13절은 '코이노니아'를 '교통交通'이라고 번역하였습니다. 피상적이거나 외적 사귐이 아니라 생각과 뜻과 마음이 모두 통하는 깊은 사귐이라는 뜻입니다.

사람 간의 참된 '교통'을 뜻하는 '코이노니아'와 연관된 단어가 '공동의' 혹은 '더러운'의 의미를 지닌 '코이노스'라는 것은 또 얼마나 귀중한 메시지입니까? 내가 누군가와 교통하는 '코이노니아'의 삶을 산다는 것은 그 사람과 공동의 삶을 추구하는 것이요, 공동의 삶을 추구한다는 것은 자신의 인생에 그 사람의 인생 때를 묻히는 것을 의미합니다. 자기 물건에 누군가의 손때가 묻는 것을 꺼리는 사람은 자신의 물건을 그 누구와도 공동으로 통용할 수 없는 것처럼, 자기 인생에 누군가의 인생 때가 묻는 것을 원치 않는 사람은 그 누구와도 진정한 교통을 이룰 수 없습니다. 그러므로 '공동의'라는 의미와 '더러운'의 의미를 동시에 지닌 '코이노스'와 '교통'을 뜻하는 '코이노니아'가 같은 어군에 속해 있다는 것은 지극히 자연스러운 일입니다.

초대교회는 오늘날의 교회와 비교하자면 규모나 제도 그리고 프로그램의 면에서 교회라 부르기가 민망할 정도로 초라했습니다. 그럼에도 그 작은 초대교회가 인류의 역사를 새롭게 할 수 있었던 것은, 초대교회를 이루는 교인들이 누군가와 교통하는 '코이노니아'의 삶을 위하여 자기 자신을 '코이노스' 하기를 주저하지 않았기에 삼위일체 하나님께서 그들을 통해 역사하신 결과였습니다.

올 2학기 구역 성경공부 마지막 교안은 룻기였습니다. 룻기의 내용은 대단히 간략합니다. 청상과부가 된 이방 여인 룻이 자기 나라와 민족을 등지면서까지 역시 과부인 유대 여인 시어머니 나오미를 봉양했고, 며느리 룻의 효심에 감동한 시어머니 나오미의 주선으로 룻이 개가하여 아들 오벳을 낳았다는 것입니다. 이것은 대수로운 이야기가 아닙니다. 어느 나라에서든 들을 수 있는 흔한 이야기입니다. 그러나 그 흔한 이야기를 전해 주는 룻기는 보기 드문 결론으로 막을 내리고 있습니다. 즉, 룻이 개가하여 낳은 오벳의 손자가 이스라엘의 역사를 새롭게 한 다윗이라는 것입니다. 룻이 하나님을 경외함으로 시어머니를 봉양하지 않았던들, 이스라엘의 역사를 새롭게 하는 다윗이 그녀의 핏줄을 타고 이 땅에 태어날 수는 없었을 것이라는 말입니다. 이를테면 이스라엘의 역사를 새롭게 한 다윗이 룻의 증손자로 이 땅에 태어나게 된 것은, 룻의 삶을 기뻐하신 하나님께서 역사하신 결과라는 것입니다. 그 이유가 대체 무엇이었겠습니까?

자식도 없이 청상과부가 된 룻은 애초 시어머니의 권유에 따라 얼마든지 자기 친정으로 되돌아갈 수 있었습니다. 그랬더라면 친정 부모의 보살핌 속에서 편안하게 살았을 것입니다. 그러나 룻은 시어머니의 만류를 뿌리치고 시어머니를 봉양하는 길을 선택했습니다. 젊은 룻이 나이 든 시어머니 나오미와 함께 살겠다는 것은 시어머니와 교통하는 '코이노니아'의 삶을 살겠다는 결단이었습니다. 그리고 그것은 자신의 인생에 시어머니의 인생 때가 묻는 것을 기꺼이 받아들이겠다는 결단이었습니다. 룻은 바로 그것이 바른 믿음의 삶임을 믿었던 것입니다. 그때 하나님께서는 바로 그 룻을 통해 이스라엘의 역사를 새롭게 하는 다윗이 태어나게 하신 것이었습니다.

룻의 경우와 초대교회의 경우에서 확인한 것처럼 하나님께서는 왜, 누군가와 교통하는 '코이노니아'의 삶을 구현하기 위해 자신을 기꺼이 '코이노스' 하는 사람을 통해 역사하시고 또 당신의 뜻을 이루시는 것입니까? 삼위일체 하나님께서 그런 분이시기 때문입니다.

삼위일체 하나님께서 우리를 당신의 자녀로 삼으시고 당신의 나라를 상속해 주셨다는 것은 무슨 의미입니까? 하나님께서는 더러운 죄인인 우리로 하여금 당신의 나라를 당신과 함께 누릴 수 있도록 우리와 교통하시는 '코이노니아'의 하나님이시라는 의미입니다. 그것이 가능할 수 있도록 하나님께서 취하신 방법은 무엇이었습니까? 성자 하나님께서 비천한 인간의 몸을 입고 이 땅에 오심으로 당신 자신을 '코이노스' 하신 것이었습니다. 예수님께서 이 땅에 계시는 동안 당신을 세상으로부터 격리시켜 홀로 고고하게 사신 것이 아니었습니다. 예수님께서는 세상 속에서 불쌍하고 비천한 인간들과 교통하는 '코이노니아'의 삶을 사시느라 당신 자신을 '코이노스' 하셨습니다. 가난한 빈민들과 함께 빵을 나누시고, 당신을 찾는 온갖 병자를 당신의 손으로 만져 주시느라 그분의 손은 항상 '코이노스'의 손이었습니다. 그리고 끝내 인간의 죗값을 대신 치러 주시기 위해 당신 자신을 십자가의 제물로 송두리째 내어놓으심으로 머리끝에서부터 발끝까지 당신의 사지백체를 온통 '코이노스' 시키셨습니다. 이렇듯 예수님께서 우리를 위해 당신 자신을 기꺼이 더럽히신 '코이노스'의 주님이셨기에, 그 주님 안에서 우리는 하나님의 나라를 얻고 거룩하신 하나님과 감히 '코이노니아'를 누리는 하나님의 자녀가 된 것입니다. 삼위일체 하나님께서 이런 분이시기에 누군가와 '코이노니아'의 삶을 살기 위해 자신을 '코이노스' 할 줄 아는 사람을 통해 역사하시고, 또 당신의 뜻을 이루시는 것입니다.

그렇다면 우리는 그리스도인을 새롭게 정의할 수 있습니다. ─ "그리스도인은 우리와 '코이노니아'를 이루기 위해 당신을 '코이노스' 하신 삼위일체 하나님을 본받아, 누군가와 교통하는 '코이노니아'의 삶을 살기 위해 기꺼이 자신을 더럽힐 줄 아는 '코이노스'의 사람이다."

안디옥의 이방인 크리스천들은 바울과 바나바 그리고 유다와 실라로부터 이방인 크리스천의 할례 문제에 대한 예루살렘 공의회 판결 내용을 접하고 모두 기뻐하였습니다.

유다와 실라도 선지자라 여러 말로 형제를 권면하여 굳게 하고(32절).

예루살렘 모교회가 예루살렘 공의회 판결 내용을 안디옥의 이방인 크리스천들에게 직접 전하기 위해 파송한 유다와 실라 역시 하나님의 말씀을 맡은 선지자들이었습니다. 그들은 공의회 내용을 편지로 전달하고 말로 설명한 이후에도, 여러 말로 안디옥 이방인 크리스천들을 위로하고 권면하여 그들의 믿음을 더욱 굳게 다져 주었습니다.

얼마 있다가 평안히 가라는 전송을 형제들에게 받고 자기를 보내던 사람들에게로 돌아가되(33절).

그리고 기한이 차자 유다와 실라는 안디옥 이방인 크리스천들의 전송을 받으며 자신들을 파송한 예루살렘 모교회로 되돌아갔습니다. 그런데 이상하게도 34절은 본문 없이 "없음"이라고만 기록되어 있고, 그 대신 숫자 '3'이 붙어 있어 아래쪽 주란 3번을 보면, "어떤 사본에, '실라는 그들과 함께 유하기를 작정하고'가 있다"는 내용이 수록되어 있습니다.

오래전에 말씀드린 것처럼 성경에는 원본이 없습니다. 사람들이 필사한 사본들만 전해지고 있습니다. 그 많은 사본들 중에 어느 사본이 가장 원본에 가까운 사본인지 구별해 내는 학문을 '사본학寫本學'이라 합니다. 그리고 사본학에는 학자 간에 이견이 있긴 하지만, 동일한 본문에 대한 상이한 사본이 있을 때 어느 사본을 원본에 가까운 사본으로 판정할 것인가에 대한 원칙이 있습니다. 이를테면 시기적으로 오래된 것, 긴 내용보다는 짧은 내용, 쉬운 내용보다는 어려운 내용이어야 한다는 것과 같은 원칙입니다. 필사자들이 어떤 사본을 다시 필사할 때 난해한 부분이 있으면 쉽게 풀어서 설명한다든지, 혹은 어려운 단어를 쉬운 단어로 고쳐 쓸 수 있다는 것입니다. 그런 관점에서 동일한 구절인 경우 긴 내용보다는 짧은 내용, 쉬운 내용보다는 어려운 내용이 원본에 더 가까운 것으로 판단한다는 것입니다. 이 원칙을 따른다면 대부분의 사본에는 없는 내용인 주란 3번의 내용이 어떤 사본에 기록되어 있다는 것은, 어느 필사자가 본 단락을 필사하면서 문제의 내용을 첨가했다는 말이 됩니다. 그것이 사실이라면 그 필사자는 왜 그렇게 했겠습니까? 40-41절에서 그 해답을 얻을 수 있습니다.

바울은 실라를 택한 후에 형제들에게 주의 은혜에 부탁함을 받고 떠나 수리아와 길리기아로 다니며 교회들을 건고하게 하니라.

앞으로 살펴보겠지만, 그동안 좋은 팀워크를 이루었던 바울과 바나바는 2차 전도 여행을 앞두고 누구를 대동할 것인지를 놓고 서로 결별하고 맙니다. 바나바는 1차 전도 여행 때처럼 마가를 대동하자고 한 반면, 바울은 1차 전도 여행 초기에 버가에서 전도팀을 무단이탈한 무책임한 마가와 다시 동행할 수는 없다고 반대했기 때문입니다. 그로 인해 바울은 실라를 선택하여 그와 함께 2차 전도 여행을 떠났습니다. 언뜻 보면 유다와 실라가 예루살렘으로 되돌아갔다는 33절의 증언과, 바울이 실라를 대동하고 2차 전도 여행을 출발했음을 전해 주는 40-41절의 증언은 서로 상충하는 것 같습니다. 그래서 문제의 필사자는 그 두 구절을 자연스럽게 연결하기 위하여 '실라는 예루살렘으로 돌아가지 않고 안디옥에 계속 머물기를 작정했다'는 내용을 첨가한 셈이었습니다. 그러나 사본학자들은 그 내용이 첨가된 사본은 사본학의 원칙상 신빙성이 없는 것으로 판정하여 성경 본문으로 채택하지 않는 대신, 주란을 통해 그런 사본도 있다는 정보만을 제공하고 있습니다. 이처럼 성경의 사본 가운데 상이한 내용의 사본들이 존재한다면, 우리가 지닌 성경을 과연 전적으로 신뢰할 수 있느냐는 의구심이 대두됩니다. 그러나 그런 걱정은 하지 않아도 됩니다. 수많은 성경 사본들 가운데 절대다수의 내용은 정확하게 일치하는 반면 상이한 내용은 지극히 제한적일 뿐아니라, 그 내용 또한 방금 살펴본 것처럼 구원과 관련된 중요한 내용들이 아니기 때문입니다.

다시 33절로 돌아가겠습니다. 유다와 실라는 분명히 안디옥을 출발하여 예루살렘으로 돌아갔습니다. 그럼에도 바울이 실라를 선택하여 2차 전도 여행을 떠났다는 것은 예루살렘에 있는 실라로 하여금 다시 안디옥으로 내려오게 했다는 말입니다. 왜 실라였습니까? 그때 안디옥에도 많은 그리스도인들이 있었는데 왜 그들 가운데 한 사람을 택하지는 않았습니까? 예루살렘 모교회에 소속된 사람이 필요했다면 왜 유다를 선택하지는 않았습니까? 바울은 예루살렘에서 유다와 실라를 만났습니다. 동일한 시점에 두 사람을 똑같이 만난 것입니다. 두 사람은 모두 선지자였습니다. 22절에서 유다와 실라의 이름이 등장한 이후 성경은 계속 유다의 이름을 실라 앞에 기록하고 있습니다. 유대인의 관습상 유다의 서열이 실라보다 앞선다는 의미입니다. 게다가 22절은 유다를 예루살렘 모교회의 "인도자"라 소개하고 있습니다. 그는 예루살렘 모교회의 일반 교인이 아니라 교인들을 이끌어 가는 직책을 지니고 있었습니다. 서열로 보나 직책으로 보나 유다가 실라보다 앞선 사람이었습니다. 그렇다면 바나바처럼 경륜을 갖춘 유다가 실라보다 바울에게 더 큰 도움을 주는 동역자가 될 수 있었습니다. 그러나 바울은 유다가 아닌 실라를 2차 전도 여행을 위한 자신의 파트너로 삼았습니다. 그 이유가 무엇이었겠습니까? 우리가 그 이유를 다 알 수는 없다 해도, 적어도 한 가지 이유만은 분명하게 알 수 있습니다.

전도가 무엇입니까? 예수님께서 보여 주신 인간과 교통하신 '코이노니아'의 길, 그 '코이노스'의 도道를 보여 주고 전하는 것입니다. 전도자 자신이 먼저 그 도 위에서 그 도의 삶을 사는 것입니다. 그 도 위에서 세상 사람과 교통하는 '코이노니아'의 삶을 사는 것입니다. 그것이 가능하게끔 자기 자신을 기꺼이 더럽히는 '코이노스'의 길을 추구하는 것입니다.

바울이 다시 마가를 데리고 2차 전도 여행을 떠나자는 바나바와 결별한 이유가 무엇이었겠습니까? 1차 전도 여행 당시 마가가 버가에서 무단이탈하여 집으로 돌아가 버린 이유가 무엇이었습니까? 버가에 당도하자마자 바울이 풍토병에 걸렸을뿐더러, 바울이 다음 행선지로 정한 곳이 산적 떼가 출몰하는 험산준령의 타우루스 산맥 너머의 비시디아 안디옥인 것을 알고 지레 겁을 먹었기 때문입니다. 바울이 보기에 마가는, 주님의 도 위에서 누군가와의 '코이노니아'를 위해 자신을 더럽힐 줄 아는 '코이노스'의 삶을 살 준비가 전혀 되어 있지 않았습니다. 바로 여기에서 우리는 바울이 실라를 택한 한 가지 이유를 알 수 있습니다. 바울이 보기에는 실라가, 주님의 도 위에서 누군가와 교통하는 '코이노니아'를 위해 자신을 기꺼이 더럽히는 '코이노스'의 삶에 누구보다도 적극적이었던 것입니다. 1차 전도 여행도 그랬지만, 바울이 실라를 대동한 2차 전도 여행 역시 자신들을 '코이노스'시키지 않으면 안 되는 '코이노스'의 연속이었습니다. 그러나 주님의 도를 전하기 위해 기꺼이 자신을 '코이노스'시키기를 주저하지 않는 그 두 사람은, 2천 년 기독교 역사상 아시아에서 유럽으로 건너가 유럽인들에게 복음을 전하는 최초의 전도자가 되었습니다. 인간과의 '코이노니아'를 위해 당신 자신을 '코이노스'시키신 주님께서 두 사람을 통해 친히 역사하신 결과였습니다.

올해 마지막 주일인 다음 주일은 12월 25일, 바로 성탄일입니다. 성탄일의 의미를 생각한다면 실은 오늘이 올해의 마지막 주일인 셈입니다. 올해 우리 교회의 표어는 시편 27편 14절에 의거한 '여호와를 기다릴지어다'입니다. 우리는 지난 1년 동안 하나님께서 우리의 삶과 우리 교회를 통해 당신의 뜻을 이루시기를, 당신께서 원하시는 모습으로 우리를 가다듬어 주시기를, 오직 당신의 섭리에 따라 우리를 이끌어 주시기를 기도하며 기다려 왔습니다. 그 기다림 중에 우리의 인생이 봄날을 맞았을 수도 있고 몰아치는 비바람에 휘청거렸을 수도 있으며, 자신의 계획대로 인생이 전진했을 수도 있고 도리어 후진했을 수도 있습니다. 우리가 지난 1년 동안 어떤 삶의 상황을 거쳐 왔든 간에 올 한 해를 매듭지으며 우리가 분명하게 깨닫는 것은, 하나님께서 우리로 하여금 기다리게 하셨음은 우리가 한 사람이라도 더 많은 사람과 교통하는 '코이노니아'의 삶을 살 수 있게끔 우리 자신을 '코이노스'의 사람으로 빚어 주시기 위함이었다는 사실입니다.

시편 27편은 룻의 증손자인 다윗의 시입니다. '여호와를 기다리라'고 노래한 다윗 자신이 오랫동안 여호와를 기다린 적이 있습니다. 다윗을 질투한 사울 왕이 3천 명의 특공대를 거느리고 다윗을 집요하게 죽이려 했을 때, 다윗은 근 10년 동안 도망 다니면서 하나님을 기다려야만 했습니다. 그때 하나님께서 도망 다니는 다윗으로 하여금 무엇을 하게 하셨습니까? 환난당한 사람들과 빚진 사람들 그리고 원통한 일을 당한 사람들을 다윗에게 보내어 그들과 함께 살게 하셨는데, 그 수가 무려 400명이나 되었습니다(삼상 22:2). 그들은 도망 다니는 다윗에게 도움은커녕 큰 짐이 되는 사람들이었습니다. 환난당하고 빚지고 원통한 일을 당한 사람들과 '코이노니아'의 삶을 살기 위해서는 다윗은 자신을 '코이노스'시키지 않을 수 없었습니다. 그러나 다윗은 그들을 마다하지 않고 하나님의 뜻에 순종하여 그들을 거두었습니다. 다윗이 그런 사람들을 얼마나 잘 거두었던지 얼마 지나지 않아 그 수는 600명으로 늘어났습니다(삼상 23:13). 결국 하나님께서 다윗을 근 10년이나 기다리게 하신 것은 다윗이 많은 사람들과 교통하는 '코이노니아'의 삶을 살 수 있게끔 그를 '코이노스'의 사람으로 빚어 주시기 위함이었습니다. 그리고 하나님 보시기에 다윗이 확실한 '코이노스'의 사람이 되었을 때 하나님께서는 그를 이스라엘 왕좌에 앉히시고, 그를 통해 이스라엘의 역사를 새롭게 하셨습니다.

오늘은 우리와 교통하는 '코이노니아'의 삶을 사시려 당신 자신을 '코이노스'시키신 주님의 성탄을 기다리는 대림절 넷째 주일입니다. 우리 모두 주님을 본받아, 한 사람이라도 더 많은 사람과 교통하는 '코이노니아'의 삶을 살기 위해 기꺼이 자신을 더럽힐 줄 아는 '코이노스'의 사람들이 되십시다. '코이노스'의 사람으로 올 한 해를 매듭짓고, '코이노스'의 삶으로 새해를 맞이하십시다. 그때 '코이노스'의 주님께서 '코이노스'의 삶을 사는 우리를 통해 이 시대를 위한 당신의 뜻을 이루심은 물론이요, 나아가 2주 후에 맞게 될 새해를 친히 진정한 새해로 일구어 주실 것입니다.

삼위일체 하나님께서 하나님의 고고함만을 지키려 하셨다면, 우리는 결코 하나님의 구원을 입을 수 없었을 것입니다. 이 땅에 오신 주님께서 신선 같은 삶을 도모하셨더라도, 우리에게는 구원의 소망이 전혀 없었을 것입니다. 더러운 죄인들과 교통하시는 '코이노니아'를 위해 거룩하신 성자 하나님께서 비천한 인간의 몸을 입고 이 땅에 오시어, 죄인들을 품어 주시고 온갖 병자들을 만져 주시느라 당신을 더럽히기를 주저하지 않으셨습니다. 그리고 인간의 죗값을 대신 치러 주시기 위해 당신 자신을 십자가의 제물로 온통 더럽히셨습니다. 그리고 지난 1년 동안 우리로 하여금 하나님을 기다리게 하시면서, 하나님께서 우리에게 원하시는 것은 우리가 누군가와 교통하는 삶을 살기 위해 우리 자신을 더럽힐 줄 아는 참된 '코이노스'의 사람이 되는 것임을 일깨워 주셨습니다. 주님의 성탄을 기리고 다시 오심을 대망하는 대림절 넷째 주일을 맞아, 우리 모두 확실하게 주님을 본받는 '코이노스'의 사람으로 살아가게 해주십시오.

내가 지닌 것으로 나 홀로 고고하게 살려 하면 나의 인생은 결국 공동묘지에서 더럽게 썩어 없어질 뿐이지만, 누군가와 교통하는 '코이노니아'의 삶을 살기 위해 나 자신과 내가 지닌 것이 더럽혀지는 것을 마다하지 않으면, 나는 이 세상을 새롭게 하는 주님의 영원한 도구로 쓰임 받게 됨을 잊지 말게 해주십시오. 사람을 사랑하는 것은, 내 인생에 그 사람의 인생

때를 묻혀 가는 것임을 늘 기억하게 해주십시오. '코이노스'의 주님을 좇아 '코이노스'의 사람으로 살아가는 우리 모두 이 시대를 새롭게 하는 룻과 다윗 그리고 바울과 실라가 되게 해주십시오. 그리고 2주 후에 맞는 새해가, 주님을 위해 우리 자신을 기꺼이 더럽힘으로 주님 안에서 정녕 새로워지는 진정한 새해가 되게 해주십시오. 아멘.

24. 다시 가서 방문하자

사도행전 15장 36-41절

며칠 후에 바울이 바나바더러 말하되 우리가 주의 말씀을 전한 각 성으로 **다시 가서** 형제들이 어떠한가 **방문하자** 하고 바나바는 마가라 하는 요한도 데리고 가고자 하나 바울은 밤빌리아에서 자기들을 떠나 함께 일하러 가지 아니한 자를 데리고 가는 것이 옳지 않다 하여 서로 심히 다투어 피차 갈라서니 바나바는 마가를 데리고 배 타고 구브로로 가고 바울은 실라를 택한 후에 형제들에게 주의 은혜에 부탁함을 받고 떠나 수리아와 길리기아로 다니며 교회들을 견고하게 하니라

사자성어 가운데 '전광석화電光石火'라는 말이 있습니다. '전광'은 번갯불, 즉 번개가 번쩍이는 빛을 의미합니다. '석화'는 부싯돌을 마주 칠 때 일어나는 불꽃을 뜻합니다. 전광과 석화의 공통점은 순식간에 사라져 버린다는 것입니다. 번갯불이 한 시간 동안 하늘을 밝힌다거나, 부싯돌의 불꽃이 하루 종일 타오르는 경우는 없습니다. 만약 요즈음의 디지털 스톱워치로 측정한

다면 번갯불과 부싯돌의 불꽃이 번쩍했다가 사라지는 데에는 0.1초도 걸리지 않을 것입니다. 그래서 전광석화는 눈 깜짝할 사이처럼 지극히 짧은 시간을 뜻합니다.

전광석화에 비한다면 하루, 한 달, 일 년은 적어도 산술적으로는 엄청나게 긴 시간입니다. 그러나 현실 속에서는 그것은 사실이 아닙니다. 여드레 전에 끝나 버린 2011년을 되돌아보십시다. 그 일 년, 열두 달, 365일이 엄청나게 긴 시간이었습니까? 아니었습니다. 눈 깜짝할 사이에 전광석화처럼 지나가 버렸습니다. 1년이 전광석화처럼 지나가 버렸으면, 10년은 최소한 그 10배 정도의 길이는 됩니까? 그런 것도 아닙니다. 10년 전을 되돌아보아도, 아니 20년 전을 되돌아보아도 동일하게 전광석화처럼 지나가 버렸습니다. 이것이 시간의 속성입니다. 남아 있는 시간은 시간의 본래 속도대로 다가오고, 먼 시간일수록 도리어 더 더디게 다가옵니다. 그러나 일단 지나간 시간은 한 달이든, 1년이든, 10년이든 동일하게 전광석화와 같습니다. 80년 혹은 90년 긴 세월을 산 분도 자신의 일생을 되돌아보며 전광석화와 같이 지나가 버렸다고 한탄하는 이유가 여기에 있습니다. 인간의 인생이 전광석화처럼 지나가 버린다면, 이 세상에서 아무리 많은 것을 지니고 부귀영화를 누린다 한들 인생보다 더 허무한 것이 어디에 있겠습니까? 전광석화처럼 허무하게 끝나 버리는 인생을 인식하지 못했다면 모르되, 인생의 허무함을 인식하고서야 허무한 인생길을 마냥 달려갈 수는 없지 않겠습니까?

인생이 전광석화처럼 허무하게 끝나 버릴 수밖에 없는 것은, 모든 인간에게 죽음이 있기 때문입니다. 인간에게 죽음이 없다면 인간의 일생이 전광석화처럼 느껴질 까닭이 없습니다. 모든 인간은 태어나서부터 코끝에서 호흡이 멎는 순간까지 제한된 시간만 사는 존재이기에, 그 제한된 시간 속에서 지나간 시간은 그 시간의 길이와는 상관없이 모두 전광석화처럼 느껴지는 것입니다. 인생을 전광석화의 허무함 속에 가두어 버린 죽음은 인간의 죄의 결과였습니다. 본래 인간은 죽지 않는 영원한 존재였습니다. 그러나 인간의 죄가 인간의 죽음을 초래했고, 죽음으로 말미암아 출생과 죽음 사이에 갇히게 된 인간의 일생은 그 제한된 시간으로 인해 전광석화처럼 허무한 인생을 살지 않을 수 없게 되었습니다. 따라서 인간이 죽음을 깨뜨릴 수 있다면 인간은 허무함의 덫에서 벗어날 수 있습니다. 그러나 인간 스스로는 그 누구도 죽음을 깨뜨릴 수 없습니다. 모든 인간은 죽음의 밥이기 때문입니다. 인간 스스로 죽음을 깨뜨릴 수 없다고 해서 인간에게 죽음을 넘어설 길마저 없는 것은 아닙니다. 하나님께서 이 땅에 보내 주신 예수 그리스도께서 그 길이십니다.

> 하나님이 세상을 이처럼 사랑하사 독생자를 주셨으니 이는 그를 믿는 자마다 멸망하지 않고 영생을 얻게 하려 하심이라(요 3:16).
> 영접하는 자 곧 그 이름을 믿는 자들에게는 하나님의 자녀가 되는 권세를 주셨으니(요 1:12).

하나님의 독생자이신 예수 그리스도께서 인간의 죗값을 대신 치르시기 위한 십자가의 제물로 돌아가셨다가 사흘째 되는 날 죽음을 깨뜨리고 부활하심으로, 죽음의 밥인 인간이 죽음을 넘어설 수 있도록 영원한 길이 되셨습니다. 그러므로 누구든지 예수 그리스도를 믿으면, 예수 그리스도 안에 있으면, 영원한 하나님의 나라에서 영원한 하나님의 자녀가 되기에 전광석화와 같은 인생의 허무함으로부터 탈피할 수 있습니다. 예수 그리스도 안에서 영원한 하나님 나라의 자녀가 된다는 것은, 인간의 유한한 생명이 예수 그리스도 안에서 영원한 생명에 접속된 것을 의미하므로, 비록 인간의 육체가 이 땅에서 누리는 시간이 지극히 제한된 길이의 시간이라 할지라도 그 시간 역시 이미 영원한 생명에 접속되어 있기에, 그 시간의 의미 또한 영원한 의미로 승화되기 때문입니다. 이것을 바꾸어 말하면 하나님의 나라, 천국은 그리스도인이 육체의 호흡이 멎은 뒤에야 들어가는 곳이 아니라는 것입니다. 그리스도인은 예수 그리스도의 영원한 생명 속에서, 이 땅에서부터 천국을 얻고 누리고 사는 사람입니다. 그렇다면 그리스도인인 우리가 이 땅에서 어떻게 구체적으로 천국을 얻고 누리며 살 수 있겠습니까?

예수님께서 마태복음 20장 '포도원의 품꾼들' 비유를 통해 그 해답을 친히 주셨습니다. 대부분의 사람들이 '포도원의 품꾼들' 비유를 읽으면서 천국을 '포도원'으로 대변되는 특정한 공간으로 잘못 이해하고 있습니다. 그러나 예수님께서는 그렇게 말씀하시지 않았습니다.

> 천국은 마치 품꾼을 얻어 포도원에 들여보내려고 이른 아침에 나간 집주인과 같으니(마 20:1).

예수님께서는 천국은 특정 공간을 뜻하는 포도원이 아니라 포도원의 주인, 즉 하나님이시라고 말씀하셨습니다. 우리가 이 땅에서 누릴 수 있는 하나님의 나라, 천국은 특정 공간에 국한되어 있지 않습니다. 하나님께서 곧 천국이십니다. 하나님께서 계시는 곳이면 그곳이 어디이든 천국입니다. 다시 말해 내가 하나님을 모시고 하나님의 뜻을 실천하면 천국은 내 마음속에 이미 임한 것이요, 내 삶 자체가 천국이 됩니다. 그렇다면 우리가 이 땅에서 천국을 누리기 위해 실천해야 할 하나님의 뜻은 또 무엇이겠습니까? 예수님께서는 '포도원의 품꾼들' 비유를 통해 다음과 같이 설명하셨습니다.

포도원 주인이 이른 아침에 만난 품꾼들을 하루 한 데나리온 품삯의 조건으로 자기 포도원에서 일하게 했습니다. 포도원 주인이 아침 9시에 다시 나갔다가 장터에서 일 없이 놀고 있는 사람들을 만나 그들도 자기 포도원에서 일하게 했습니다. 낮 12시와 오후 3시에 만난 품꾼들도 그렇게 하도록 해주었습니다. 오후 5시가 되었습니다. 포도원 일을 파하기 한 시간 전이었습니다. 그 시간에 또다시 외출한 포도원 주인은 그때까지도 일 없이 서성거리는 사람들을 만났습니다. 포도원 주인이 그들에게, 당신들은 왜 일하지 않고 종일토록 놀고 있는지를 물었습니다. 그들은 어디서든 일하고 싶지만 아무도 자신들을 써주지 않는다고 한탄하였습니다. 그 말을 들은 포도원 주인은 그들 역시 자기 포도원으로 데리고 가 일하게 해주었습니다. 마침내 하루 일을 파하고 품삯을 계산할 시간이 되었습니다. 포도원 주인은 자신의 청지기에게 가장 늦게 일을 시작한 품꾼들, 오후 5시부터 한 시간밖에 일하지 않은 품꾼들에게 하루분 임금에 해당하는 한 데나리온씩을 지불하게 했습니다. 이에 그들보다 더 많은 시간 일한 나머지 품꾼들은 마음속으로 쾌재를 불렀습니다. 고작 한 시간밖에 일하지 않은 사람들에게 하루분 품삯이 지불되었다면, 그보다 훨씬 더 긴 시간 동안 일한 자신들에게는 분명히 인센티브가 주어지리라 기대했기 때문입니다. 그러나 포도원 주인의 계산은 그들의 기대와 달랐습니다. 포도원 주인은 나머지 품꾼들에게도 일률적으로 한 데나리온씩을 지불하게 했습니다. 그러자 먼저 와서 일한 사람들이 원망을 터뜨렸습니다. 오후 5시에 와서 겨우 한 시간 일한 사람과 무더위 속에서 하루 종일 일한 자신들을 어떻게 동일하게 취급할 수 있느냐는 원망이었습니다. 언뜻 일리가 있어 보이는 원망이었습니다. 그러나 포도원 주인의 계산은 정확했습니다. 포도원 주인이 그들 중 한 명에게 이렇게 말했습니다.

친구여 내가 네게 잘못한 것이 없노라 네가 나와 한 데나리온의 약속을
하지 아니하였느냐 네 것이나 가지고 가라 나중 온 이 사람에게 너와 같
이 주는 것이 내 뜻이니라 내 것을 가지고 내 뜻대로 할 것이 아니냐 내
가 선하므로 네가 악하게 보느냐(마 20:13하-15).

포도원 주인은 아무것도 잘못한 것이 없었습니다. 그는 이른 아침부터 일
한 품꾼들에게 그들과 약속한 대로 한 데나리온씩을 주었습니다. 포도원 주
인이 오후 5시부터 고작 한 시간밖에 일하지 않은 품꾼들에게도 한 데나리
온씩 준 것은 그 자신의 뜻으로 인함이었습니다. 자기 것으로 자기 뜻에 따
라 선한 일을 한 포도원 주인을 가리켜, 약속한 품삯을 정확하게 받은 먼
저 온 품꾼들이 당신은 악한 사람이라고 비난할 일이 전혀 아니었습니다.

예수님께서 말씀하신 이 이야기 속의 포도원 주인, 즉 하나님의 뜻은 무
엇입니까? 당신의 자녀들이 동일하게 일용할 양식을 먹게 하시는 것입니다.
오후 5시에 와서 한 시간밖에 일하지 않은 품꾼이라고 해서 그 품꾼과 그
가 부양하는 가족들이 10분의 1의 양식만 먹어도 되는 것은 아닙니다. 그
들이 살아 있는 한 그들 역시 생존하기 위해서는 일용할 양식을 먹어야 합
니다. 그래서 이른 아침부터 일을 시작한 품꾼들에게 한 데나리온의 품삯
을 약속한 포도원 주인은 오전 9시, 낮 12시, 오후 3시, 오후 5시에 온 품
꾼들에게도 시간을 따지지 않고 동일하게 한 데나리온씩 지불했습니다. 그
들 모두가 그들의 가족과 함께 동일하게 일용할 양식을 먹을 수 있게 해주
기 위함이었습니다.

여기에서 우리는 누가 포도원 주인의 뜻을 좇아 이 땅에 천국을 일구는
천국의 통로가 될 수 있는지 생각해 보아야 합니다. 이른 아침부터 일한 품

꾼들 가운데에는 다른 사람보다 더 많이 일한 만큼 그에 상응하는 인센티브를 받아야 마땅하다고 주장하는 사람들이 있을 수 있습니다. 그들은 자본주의 논리를 신봉하는 사람들입니다. 자본주의 논리로 이 땅에 하나님의 나라를 일굴 수 있습니까? 오늘날 신자유주의 경제체제하에서 온 세계가 몸살을 앓고 있듯이, 자본주의 논리는 빈익빈 부익부의 양극화 현상을 더욱 심화시킬 뿐입니다. 또 이런 사람들도 있을 수 있습니다. 아, 이 포도원 주인은 저녁 5시에 가서 한 시간만 일해도 하루분 임금을 주는구나. 그렇다면 구태여 아침 일찍부터 고생할 필요가 없지. 하루 종일 놀다가 저녁 5시에 와서 한 시간만 적당히 때우고 하루분 임금을 받아 가자. 이런 사람들은 공산주의에 젖은 사람들입니다. 공산주의로 이 땅에 하나님의 나라를 구현할 수 있습니까? 그것도 불가능합니다. 이미 역사 속에서 증명되었듯이 인간의 가장 큰 강점인 근면과 성실을 상실케 하는 공산주의로는 포도원 자체가 붕괴할 뿐입니다.

마지막으로 이런 사람들이 있을 수 있습니다. 하루 종일 일자리를 찾아도 찾지 못한 채 하루가 끝나 가는 마지막 시간에 오직 포도원 주인의 선의로 한 시간만 일하고도, 사랑하는 가족들을 위한 일용할 양식을 풍족하게 구할 수 있는 한 데나리온을 받은 사람들입니다. 가슴 가득히 일용할 양식을 품고 사랑하는 가족들이 기다리는 집으로 향하는 그들의 마음은 포도원 주인에 대한 감사와 감격으로 충만하지 않았겠습니까? 그 사람들이 이튿날부터 어떻게 했겠습니까? 매일 오후 5시쯤 나가서 한 시간만 일하고 계속 하루분 임금을 받으려 했겠습니까? 그럴 리 없습니다. 아니면 아침 일찍 나가 하루 종일 일하고 자신이 일한 만큼 더 많은 인센티브를 요구했겠습니까? 그럴 리도 없습니다. 그들은 자신들에게 선의를 베푼 주인에게 감사하는 마음으로 그리고 주인이 일하고 싶어도 일할 자리를 얻지 못하는 사람들에게 계속 선의를 베풀 수 있게끔, 이른 아침부터 저녁 늦게까지 누구보다도 최선을 다해 일하고도 그 어떤 권리나 기득권을 주장하지 않았을 것입니다. 그것이 포도원 주인의 선의에 보답하는 길일 뿐 아니라, 주인의 선의에 동참하는 길이기 때문입니다. 그래서 주님께서는 그 비유를 이렇게 마무리하셨습니다.

> 이와 같이 나중 된 자로서 먼저 되고 먼저 된 자로서 나중 되리라
> (마 20:16).

아침 일찍 와서 포도원에서 오래 일했다고 포도원 주인의 마음을 누구보다 잘 아는 것은 아니었습니다. 오히려 그들은 오래 일했다는 이유 때문에 주인의 선의를 왜곡하고 주인을 원망했습니다. 그러나 마지막 5시에 온 사람들은 주인의 선의를 온몸으로 확인했기에 주인의 마음과 뜻을 누구보다도 잘 알고, 이튿날부터 주인의 선의가 더 많은 사람에게 전해질 수 있도록 최선을 다했을 것이요, 그로 인해 많은 사람들이 매일 일용할 양식을 누리게 되었을 것입니다.

그리스도인은 두말할 것도 없이 세 번째 부류의 사람입니다. 그리스도인은 자신의 기득권이나 권리, 자신의 수고에 대한 인센티브를 주장하는 자본주의자가 아닙니다. 나태함과 의타심으로 자신이 속한 포도원을 자기 손으로 허물어뜨리는 공산주의자도 아닙니다. 그리스도인은 전광석화와 같이 허무하게 끝나 버릴 자신의 인생을 예수 그리스도 안에서 영원한 하나님의 나라에 접속시켜 주신 하나님의 뜻을 깨달아, 자신을 통해 한 사람이라도 더 많은 사람에게 하나님의 나라가 전해질 수 있게끔 자신의 기득권과 권리를 자발적으로 포기하는 사람입니다. 그런 사람의 삶 속에 하나님의 나라는 구현되고, 그런 사람의 삶을 통해 이 땅에 하나님의 나라는 확장됩니다. 마태

복음 20장 1절 말씀처럼 하나님의 나라는 곧 하나님이시고, 하나님은 그런 사람을 통해 역사하시기 때문입니다.

아무리 신앙 연륜이 길어도 자기중심의 삶을 살려는 사람은 하나님의 통로로 쓰임 받을 수 없습니다. 그 속이 자기로 꽉 차 있는 사람의 심령 속에는 하나님께서 임하실 틈이 없기 때문입니다. 그러나 비록 신앙 연륜이 짧다 해도 하나님께서 쓸모없는 자신을 부르신 것은 하나님 나라의 통로로 쓰시기 위함임을 깨닫고 자발적으로 자신을 비운다면, 그 사람이 이 세상에서 아무리 보잘것없는 존재라 할지라도 하나님께서는 그를 통해 역사하십니다. 그리고 그 결과로 전광석화처럼 허무하게 끝날 수밖에 없는 그의 인생은 하나님에 의해 영원한 의미로 새롭게 승화되게 됩니다. 그래서 나중 된 사람이 먼저 되고, 먼저 된 사람이 나중 됩니다. 오늘 본문의 바울이 그 좋은 예입니다.

3주 전에 살펴본 것처럼 바울과 바나바와 함께 예루살렘에서 안디옥으로 내려와 예루살렘 공의회 판결 내용을 담은 편지를 안디옥 교인들에게 전하고, 또 여러 말로 그들의 믿음을 다져 주던 유다와 실라가 안디옥에서의 임무를 마치고 예루살렘으로 되돌아갔습니다. 본문 35절이 그 이후의 일을 전해 주고 있습니다.

바울과 바나바는 안디옥에서 유하며 수다한 다른 사람들과 함께 주의 말씀을 가르치며 전파하니라.

바울과 바나바는 종전처럼 여러 사람들과 함께 안디옥 사람들에게 복음을 전하고 가르쳤습니다. 이때 바울과 바나바와 함께 복음을 전한 사람들이 누구인지는 사도행전 13장 1절을 통해 알 수 있습니다.

안디옥교회에 선지자들과 교사들이 있으니 곧 바나바와 니게르라 하는 시므온과 구레네 사람 루기오와 분봉왕 헤롯의 젖동생 마나엔과 및 사울이라.

안디옥교회 지도자 명단입니다. 그 지도자들이 모두 한데 어울려 안디옥 사람들에게 복음을 가르치고 전한 것이었습니다. 그리고 며칠이 지났을 때였습니다.

며칠 후에 바울이 바나바더러 말하되 우리가 주의 말씀을 전한 각 성으로 다시 가서 형제들이 어떠한가 방문하자 하고(36절).

바울이 바나바에게 1차 전도 여행 때 복음을 전했던 각 성읍을 다시 찾아 방문하자고 제안했습니다. 1차 전도 여행 때 복음을 영접한 그리스도인들을 만나 그들의 믿음을 더욱 다져 주고, 또 새로운 전도의 기회를 얻기 위함이었습니다. 그때 바울은 바나바와 함께 안디옥교회의 공동 목회자였습니다. 그들의 수고와 헌신으로 교회는 크게 부흥했고, 1차 전도 여행을 성공적으로 마쳤을 뿐 아니라, 한때 평지풍파를 일으켰던 이방인 크리스천에 대한 할례 문제도 예루살렘 공의회를 통해 해소되었습니다. 이를테면 안디옥교회는 그 어느 때보다 안정된 때였고, 바울 개인적으로는 안정된 삶이 보장되어 있었습니다. 반면에 도보나 선박을 이용해야 하는 당시의 전도 여행은 험난한 고생길에 자기를 내던지는 것과도 같았습니다. 그럼에도 바울이 안디옥의 안정된 삶을 버리고 또다시 전도의 길에 나서려 했던 것은, 교회를 짓밟는 폭도였던 자신을 구원해 주신 하나님의 뜻은 뭇사람을 구원하는 하나님의 통로로 쓰시기 위함임을 분명하게 인식하고 있었기 때문입니다.

그래서 그는, 다음 주일부터 상세하게 살펴보겠지만 이때 실제로 2차 전도 여행을 떠났습니다. 자신이 구가하는 하나님의 나라를 한 사람이라도 더 많은 사람에게 전하는 하나님의 통로로 살기 위해 안디옥에서 마땅히 누릴 수 있는 자신의 권리와 기득권을 자발적으로 포기한 것이었습니다. 지난 주일에 확인한 것처럼(본서의 부록 가운데 '내 상의 무엇이냐' 설교 참조—편집자) 바울은 전도지에서 하나님의 복음을 훼손하지 않기 위하여, 필요한 재정을 교인들에게 응당 요구할 수 있는 자신의 권리를 포기하는 것 자체를 하나님의 상으로 여겼습니다. 바로 그 바울로 인해, 그 바울의 2차 전도 여행으로 인해 로마제국이, 유럽 대륙이 송두리째 복음화되는 일대 전기를 맞게 됩니다. 하나님께서 당신의 마음과 뜻을 알아 당신의 통로로 살기 위해 자기 권리와 기득권을 자발적으로 포기할 줄 알았던 바울을 통해 친히 역사하셨기 때문입니다. 그때 하나님의 도구, 하나님 나라의 도구로 쓰임 받는 당사자 바울의 내적 기쁨이 얼마나 컸을는지는 충분히 짐작하고도 남습니다.

바울은 예수님의 직계 제자가 아니었습니다. 예수님께서 이 땅에 계시는 동안에는 바울은 예수님을 알지도 못했습니다. 바울은 누구보다 늦게 부르심을 받았지만, 자기 권리와 기득권을 자발적으로 포기하면서까지 하나님 나라의 확장을 위해 가장 앞서 나간 선두 주자였습니다. 나중 된 사람이 먼저 되고, 먼저 된 사람이 나중 된 것이었습니다. 그 결과 2천 년 전 전광석화와 같이 순식간에 허무하게 끝나 버렸을 그의 삶은, 2천 년이 지난 오늘날까지 모든 그리스도인들의 영원한 표상으로 영원히 살아 있습니다.

이제 막 시작된 올해를 전광석화와 같이 허무하게 끝내 버릴 수도 있고, 영원한 의미로 승화시킬 수도 있습니다. 자기 자신만을 위해 자기중심의 삶을 사느냐, 아니면 오직 하나님의 은총으로 자신이 누리고 있는 하나님의 나라와 영원한 생명을 한 사람이라도 더 많은 사람이 누릴 수 있게끔 자신의 기득권과 권리를 자발적으로 포기하느냐에 따라, 그 결과가 달라질 것입니다.

그리스도인은 자본주의자가 아닙니다. 그렇다고 공산주의자나 사회주의자인 것도 아닙니다. 그리스도인은 하나님의 뜻을 좇아 하나님 나라의 통로로 살기 위해 자발적으로 자신을 비우는 사람입니다. 자신을 비우는 사람은 누구든 하나님의 통로로 쓰임 받을 수 있습니다. 비우면 비울수록 하나님 나라의 더 큰 도구로 쓰임 받을 수 있습니다. 그래서 나중 된 사람이 먼저 되고, 먼저 된 사람이 나중 됩니다. 이 사실을 마음에 새기고 실천하는 사람만 지금부터 열두 달 후, 올해를 마감하면서 후회 않는 바울이 될 수 있습니다.

우리나라에는 신·구교도를 포함하여 전 국민의 4분의 1 이상이 그리스도인들입니다. 그럼에도 온갖 불의와 부조리와 부도덕과 무질서가 만연한 우리 사회는, 아직도 하나님의 나라와는 요원하기만 합니다. 이 땅의 그리스도인들이, 그리스도인인 우리가, 아니 나 자신이, 때로는 자본주의자로, 때로는 사회주의자로, 때로는 공산주의자처럼, 기회적인 삶을 살아왔기 때문입니다.

이렇게 살아서는 우리로 인해 이 사회가 새로워질 리도 없고, 우리의 올해 역시 전광석화와 같이 허무하게 순식간에 끝나 버릴 것이요, 우리의 신앙 연륜이 아무리 길어도 우리는 나중 된 자로 전락할 수밖에 없음을 깨닫게 해주신 하나님 아버지! 죽음의 덫에 갇혀 있던 우리에게 당신의 독생자이신 예수 그리스도의 십자가 보혈로 영원한 생명을 부어 주신 하나님의 뜻을 바르게 알게 해주십시오. 우리가 그 생명을 홀로 소유하려 하면 그 생명은 도리어 우리를 떠나지만, 우리가 그 생명의 통로가 될 때 그 생명이 우리의 삶 속에서 하나님의 능력으로 역사함을 잊지 말게 해주십시오. 우리를 통해 만민을 구원하시려는 하나님의 뜻이 이루어질 수 있게끔, 우리가 마땅히 구가할 수 있는 기득권과 권리를 자발적으로 포기할 줄 아는 진정한 그리스도인이 되게 해주셔서, 우리로 인해 이 세상이 새로워지게 해주십시오. 하나님 나라의 통로로 쓰임 받기 위해 우리의 권리를 자발적으로 포기하는 것 자체가, 올해 우리 교회의 표어처럼 우리의 상이 되게 해주십시오. 하나님의 뜻을 위해 우리 자신을 비우면 비울수록 우리의 삶 속에서 하나님의 나라가 더 흥왕함을, 우리의 삶을 통해 이 세상에 하나님의 나라가 더 확장됨을, 우리의 삶으로 확인하는 기쁨을 누리게 해주십시오. 그리하여 우리가 비록 나중 된 자라도 주님 안에서 먼저 된 자가 되게 해주시고, 올 1년이 전광석화와 같은 속도로 우리를 스쳐 지나간다 해도 그 모든 시간들이 영원한 의미로 승화되게 해주십시오. 아멘.

25. 서로 다투어 갈라서니

사도행전 15장 36-41절

며칠 후에 바울이 바나바더러 말하되 우리가 주의 말씀을 전한 각 성으로 다시 가서 형제들이 어떠한가 방문하자 하고 바나바는 마가라 하는 요한도 데리고 가고자 하나 바울은 밤빌리아에서 자기들을 떠나 함께 일하러 가지 아니한 자를 데리고 가는 것이 옳지 않다 하여 **서로** 심히 **다투어** 피차 **갈라서니** 바나바는 마가를 데리고 배 타고 구브로로 가고 바울은 실라를 택한 후에 형제들에게 주의 은혜에 부탁함을 받고 떠나 수리아와 길리기아로 다니며 교회들을 견고하게 하니라

제1회 예루살렘 공의회 판결 내용을 담은 편지를 들고 안디옥을 방문했던 유다와 실라가 예루살렘으로 돌아간 뒤, 바울과 바나바는 안디옥교회 지도자들과 함께 안디옥의 이방인들에게 계속 복음을 전하며 가르쳤습니다. 그때는 안디옥교회가 가장 안정된 때였습니다. 바울과 바나바의 헌신으로 안디옥교회는 크게 부흥하였고, 바울과 바나바의 1차 전도 여행이 성공적으

로 끝났을 뿐 아니라, 한때 안디옥교회를 평지풍파에 휩싸이게 했던 이방인 그리스도인들의 할례 문제도 제1회 예루살렘 공의회를 통해 말끔히 해소되었습니다. 안디옥교회의 목회자였던 바울 개인에게는 그 어느 때보다 안정된 삶이 보장된 때였습니다. 그러나 하나님을 믿는 바울에게는 안정되고 편안한 삶 자체가 인생의 목적일 수 없었습니다.

얼마 지나지 않아 바울이 바나바에게 1차 전도 여행 때 복음을 전했던 각성읍들을 다시 찾아 방문하자고 제안하였습니다. 1차 전도 여행 때 자신들로부터 복음을 영접한 그리스도인들을 다시 만나 그들의 믿음을 다져 주고, 또 새로운 전도의 기회를 얻기 위함이었습니다. 당시 육로와 선박을 이용해야 하는 전도 여행은 험난한 고생길에 자기 자신을 내던지는 일이었습니다. 그럼에도 바울이 안디옥에서 마땅히 누릴 수 있는 권리와 기득권을 자발적으로 포기하고 2차 전도 여행에 나서려 했던 것은, 교회를 짓밟는 폭도였던 자신을 구원해 주신 하나님의 뜻은 자기 홀로 하나님의 나라를 누리라 하심이 아니라, 자신을 통로로 삼아 한 사람이라도 더 많은 사람에게 하나님의 나라가 전해지게 하시려는 데 있음을 정확하게 알고 있었기 때문입니다. 사도행전 13장 2절에 의하면, 안디옥교회의 공동 목회자였던 바울과 바나바가 1차 전도 여행을 떠났던 것은 성령 하나님의 지시에 의해서였습니다. 그러나 바울이 바나바에게 두 번째 전도 여행을 다시 떠나자고 제안한 것은 전적으로 그의 의지에 기인하였습니다. 이것은 우리로 하여금 바울이 자신을 구원해 주신 하나님의 뜻을 실천하기 위해 얼마나 치열한 믿음의 삶을 살았는지를 깨닫게 해줍니다.

바울의 제안에 대한 바나바의 반응을 37절이 전해 주고 있습니다.

바나바는 마가라 하는 요한도 데리고 가고자 하나.

바나바는 즉각 "마가라 하는 요한"도 데리고 가자고 응답했습니다. 히브리식 이름인 요한의 로마식 이름이 마가였습니다. 2차 전도 여행을 떠나자는 바울의 제안에 바나바도 전폭적으로 동의한 것이었습니다. 바나바 역시 하나님의 나라를 위한 통로로 살기 위해 안디옥에서 누릴 수 있는 안정된 삶을 자발적으로 포기한 것이었습니다. 이런 면에서 바울과 바나바는 위대한 그리스도인들이었고, 그들이 그동안 전도자의 길을 함께 걸으며 환상적인 팀워크를 이루었던 것은 우연이 아닌, 필연이었습니다. 바울의 제안에 동의한 바나바는 마가라 하는 요한을 데려가자고 했습니다. 우리가 사용하고 있는 개역개정판 성경 골로새서 4장 10절은 청년 마가를 바나바의 생질, 즉 조카라고 소개하고 있습니다. 그러나 헬라어 '아네프시오스ἀνεψιός'는 '사촌'을 뜻하는 단어입니다. 바나바의 사촌 동생인 마가는 바울과 바나바가 1차 전도 여행을 떠날 때 그들의 수행원으로 동행한 청년이었습니다. 만약 바울과 바나바가 마가를 데리고 2차 전도 여행에 나선다면 1차 전도 여행팀이 그대로 복원되는 셈이었습니다.

> 바울은 밤빌리아에서 자기들을 떠나 함께 일하러 가지 아니한 자를 데리고 가는 것이 옳지 않다 하여(38절).

바울은 마가를 대동하자는 바나바의 제안에 반대 의사를 피력했습니다. 1차 전도 여행 초기에 마가가 전도팀을 무단이탈하여 집으로 돌아가 버렸기 때문입니다. 사람의 일도 아니요, 하나님의 일을 하는 데 그토록 무책임한 청년을 다시 대동한다는 것은 타당하지 않다고 판단한 것이었습니다. 청년 마가에 대한 두 사람의 생각은 달랐지만, 그러나 그 정도 생각의 차이는 충분히 극복할 수 있는 대수롭지 않은 차이처럼 보입니다. 그러나 현실은 정반대로 전개되었습니다. 헬라어 원문에는 바나바가 마가를 데리고 가고자 '한' 것과, 바울이 마가를 데리고 가는 것은 옳지 않다 '한' 것이 모두 미완료형으로 기록되어 있습니다. 헬라어에서 미완료형은 반복적 행동을 나타냅니다. 바나바는 마가를 데려가자고 반복하여 주장했고, 바울은 그것은 옳지 않다고 반대하기를 되풀이했다는 말입니다.

　　　서로 심히 다투어 피차 갈라서니(39절 상).

　본문은 바울과 바나바가 각자 자기주장만 내세우는 상황을 '서로 심히 다투었다'고 표현하였습니다. 그러나 헬라어 원문에는 '심히'라는 부사는 기록되어 있지 않습니다. 그리고 우리말 '다툼'으로 번역된 헬라어 '파록쉬스모스παροξυσμός'는 '설전舌戰' 혹은 '불일치'를 의미하기도 합니다. 바울과 바나바는 한 치의 양보도 없이 서로 자기주장을 내세우며 설전을 벌였지만, 그들은 끝내 의견의 일치를 보지 못했습니다. 그리고 그것도 모자라 그들은 피차 갈라서고 말았습니다. 서로 결별한 것이었습니다.

　이 사실은 우리를 대단히 당혹스럽게 만듭니다. 대체 바울과 바나바가 누구입니까? 그들은 초대교회 최고 지도자 그룹에 속한 위대한 그리스도인들이었습니다. 그들은 2천 년 교회 역사상 최초로 이방 땅인 안디옥에 세워진 이방인 교회의 지도자들이었습니다. 그들은 2천 년 기독교 역사상 최초로 지중해 세계 전도 여행에 오른 전도자들이었습니다. 최소한 1년 이상에서 최대 2년까지 소요된 것으로 추정되는 1차 전도 여행 기간 동안, 온갖 도전과 모험 속에서도 난공불락의 팀워크를 과시한 동역자들이었습니다. 이방인 그리스도인들은 율법을 좇아 할례를 받지 않는 한 절대로 구원받을 수 없다는 거짓 사도들의 거짓 사설로부터 안디옥교회를 지켜 낸 동지들이었습니다. 한 사람이라도 더 많은 사람에게 하나님의 나라를 전해 주는 하나님의 통로로 살기 위하여, 눈앞에 보장되어 있는 안디옥의 안정된 삶을 자발적으로 포기하고 기꺼이 2차 전도 여행을 다시 시작하려는 참된 그리스도인들이었습니다. 그렇다면 그들은 마가의 대동과 관련된 생각의 차이 정도는 극복할 수 있어야 마땅하지 않겠습니까? 하나님 나라의 통로로 살기 위해 자기 권리와 기득권마저 자발적으로 포기한 사람들이라면, 두 사람 가운데 누군가가 먼저 자기주장을 철회함이 타당하지 않겠습니까? 그럼에도 그들은 끝까지 자기주장만을 내세우다 끝내 서로 결별하고 말았습니다. 도무지 이해할 수 없는 이 사건을 우리는 어떻게 받아들여야 하겠습니까?

성경 속에 기록된 내용이나 단어에는 의미 없는 것이 없다고 했습니다. 하나님의 말씀인 성경에 기록된 이상 모든 단어, 모든 구절에는 하나님께서 우리에게 일깨워 주시려는 깊은 메시지가 내포되어 있기 마련입니다. 그렇다면 멋진 동역의 관계를 이루고 있던 바울과 바나바가 한 치의 양보도 없는 설전을 벌이다가 끝내 결별했다는 본문을 통해 우리는 무슨 깨달음을 얻을 수 있겠습니까? 그리스도인들도 얼마든지 다투고 결별할 수 있음을 깨닫고, 자신의 허물이나 모난 성품으로 이 사람 저 사람과 부딪치고 헤어지는 자기 결점을 합리화하는 면죄부를 얻는 것이겠습니까?

39절에서 '다툼', '설전', '불일치'의 의미로 사용된 헬라어 '파록쉬스모스'는 성경에서 본문과 히브리서 10장 24절, 이렇게 단 두 곳에서만 사용된 단어입니다. 그러나 히브리서 10장 24절에서는 이 단어가 본문 39절과는 전혀 다른 의미로 사용되었습니다. 예수 그리스도 안에서 구원받은 그리스도인들이 담대하게 걸어야 할 믿음의 길을 제시하면서 히브리서 10장 24절은 이렇게 권면합니다.

서로 돌아보아 사랑과 선행을 격려하며.

바른 믿음의 길을 걷기 위해서는, 교인들끼리 서로 돌아보아 사랑과 선행의 삶을 살 수 있게끔 서로 격려하고 자극을 주어야 한다는 의미입니다. 그런데 여기에서 '격려', '자극'의 의미로 사용된 단어가 '파록쉬스모스'입니다. '파록쉬스모스'라는 단어가 성경에서 단 두 번만 사용되었는데 오늘의 본문에서는 '다툼'과 '설전'의 의미로, 히브리서 10장 24절에서는 '격려'와 '자극'의 의미로 사용된 것입니다. 헬라어 '파록쉬스모스'가 이처럼 서로 상반된 의미를 동시에 지니고 있다면, '서로 다투어 피차 갈라섰다'는 오늘의 본문은 '서로 격려하며 헤어졌다'는 의미이기도 합니다. 왜 헬라어 '파록쉬스모스'는 '설전'과 '다툼', '격려'와 '자극'처럼 서로 상반된 뜻을 동시에 지니고 있는 것입니까? 바울과 바나바가 '서로 다투어 피차 갈라섰다'는 본문의 내용이 '서로 격려하며 헤어졌음'을 뜻할 수도 있다면, 그것은 또 우리가 어떻게 이해해야 하겠습니까?

이상과 같은 질문에 대한 해답은 이후 전개된 하나님의 역사를 통해 발견할 수 있습니다.

서로 심히 다투어 피차 갈라서니 바나바는 마가를 데리고 배 타고 구브로로 가고 바울은 실라를 택한 후에 형제들에게 주의 은혜에 부탁함을 받고 떠나 수리아와 길리기아로 다니며 교회들을 견고하게 하니라 (39-41절).

마가를 대동하는 문제로 의견이 엇갈린 바울과 바나바가 서로 결별한 뒤,

먼저 바나바가 자신의 사촌 동생 마가를 대동한 채 배를 타고 구브로로 떠났습니다. 본래 2차 전도 여행을 시작하려 했던 취지가 1차 전도 여행지를 재방문하자는 것이었습니다. 그래서 바나바는 자신의 고향이자 1차 전도 여행의 첫 번째 행선지였던 구브로 섬으로 향한 것이었습니다. 따라서 바울은 2차 전도 여행의 행선지를 변경할 수밖에 없었습니다. 바나바와 결별한 이상 바나바가 목적지로 삼은 구브로를 뒤따라갈 수는 없었기 때문입니다. 그래서 예루살렘의 실라를 대동한 바울은 남서쪽으로 향한 바나바와는 반대 방향인 북쪽으로 올라가며, 수리아와 길리기아에 있는 교회들을 견고하게 해주었습니다. 그리고 바울은 소아시아 반도, 지금의 터키 반도에서 복음을 전하기를 원했습니다. 그러나 성령님께서 번번이 바울의 발목을 잡으셨습니다. 소아시아 반도 이곳저곳에서 복음을 전하려는 바울의 계획이 성령님에 의해 계속 무산된 것이었습니다.

그러던 중 바울이 드로아에 갔을 때의 일입니다. 드로아는 소아시아 반도 서쪽 끝에 있는 항구였습니다. 이를테면 드로아는 아시아 대륙의 서쪽 끝 항구로서, 바다를 건너면 유럽 대륙이었습니다. 그날 밤 바울은 환상을 보았습니다. 마게도냐 사람 한 명이 바울에게, 이곳으로 건너와서 우리를 도와달라고 요청하는 환상이었습니다. 마게도냐는 드로아에서 바다 건너 유럽 대륙에 속한 지역이었습니다. 환상 속에서 유럽인이 아시아인인 바울에게 도움을 요청한 것이었습니다. 바울은 그 환상을 단순한 환상으로만 간주하지 않았습니다. 바울은 그 환상을 유럽인들에게 복음을 전하라는 하나님의 명령으로 받아들였습니다. 즉시 배를 타고 유럽 대륙으로 향한 바울은 빌립보, 데살로니가, 베뢰아, 아덴, 고린도 등, 오늘날의 발칸 반도를 누비고 다니면서 수많은 사람들에게 복음을 전하였습니다. 그것은 본래 바울의 계획에 없던 일이었습니다. 애당초 바울이 2차 전도 여행을 계획했던 것은 새로운 전도지를 개척하기 위함이 아니라, 1차 전도 여행지를 재방문하려 함이 아니었습니까? 아시아인인 바울의 안중에는 본래 유럽인은 없었던 것입니다. 아시아 대륙에 속해 있는 로마제국의 영토만도 광대했기 때문입니다. 그 아시아인인 바울이 바다 건너 유럽인에게도 하나님 나라의 복음을 전하기 위해 유럽 대륙을 찾게 된 계기는, 거슬러 올라가면 바나바와의 결별에 있었습니다. 바울이 바나바와 결별하지 않았더라면, 그의 2차 전도 여행은 바나바와 함께 아시아 대륙에 국한된 1차 전도 여행지를 재방문하는 것으로 끝나 버리고 말았을 것입니다.

그뿐이 아니었습니다. 바울이 2차 전도 여행을 통해 유럽 대륙의 발칸 반도에 진출했기에, 그 이후에 이루어진 3차 전도 여행의 목적지 역시 유럽 대륙의 발칸 반도였습니다. 그리고 2차, 3차 전도 여행을 통해 두 번이나 유럽 대륙을 방문했기에, 바울은 3차 전도 여행 중 에베소에서 장차 자신의 생명을 던져야 할 마지막 종착지가 유럽 대륙의 심장이자 로마제국의 수도인 로마임을 확인하게 됩니다. 그리고 바울은 생애 마지막 전도 여행을 통해 로마를 직접 찾아가, 그곳에서 주님을 위해 장렬하게 순교함으로써 유럽 대륙과 로마제국 복음화의 초석이 되었습니다. 그 놀라운 하나님의 섭리의 계기역시 따지고 보면 오늘 본문에서 이루어진 바울과 바나바의 결별에 있었습니다. 바울과 바나바의 결별은 흔히 인간 세상에서 우리가 보거나 겪는 것 같은 부정적 의미의 결별이 아니었던 것입니다. 그래서 바울은 3차 전도 여행 중 에베소에서 고린도 교인들에게 보낸 편지인 고린도전서 9장 6절을 통해 이렇게 증언하였습니다.

어찌 나와 바나바만 일하지 아니할 권리가 없겠느냐.

'일하지 않을 권리'란 '노동하지 않을 권리', 다시 말해 교인들로부터 생계비를 받을 권리를 의미합니다. 2주 전에 말씀드린 것처럼, 당시 전도자들은 전도지에서 교인들에게 자신의 생계비를 요구할 권리를 갖고 있었습니다. 그러나 바울은 고린도에서 복음을 훼손하지 않기 위하여 그 권리를 자발적으로 포기하고 천막 제조로 생계를 이어 가며 복음을 전했습니다. 바울은 고린도 교인들에게 그 사실을 상기시키면서 바나바를 예로 들었습니다. 바나바 또한 자신과 같이 복음을 위해 자기 권리를 포기하는 삶을 살고 있음을 증언한 것입니다. 바울의 이 증언은 바울과 바나바가 여전히 서로 신뢰하는 동역의 관계에 있음을 일깨워 주고 있습니다.

바나바와 여전히 서로 신뢰하는 동역의 관계에 있음을 밝힌 바울의 증언을 두고, 우리가 그동안 이해해 온 것처럼, 오늘의 본문에서 서로 다투고 결별했던 바울과 바나바가 그 이후에 화해한 것으로 받아들일 수도 있습니다. 그러나 바울과 바나바는 하나님 나라의 통로로 살기 위해 자신들의 기득권과 권리를 자발적으로 포기하는 위대한 그리스도인들 아니었습니까? 더욱이 최소 1년에서 최대 2년이 소요된 것으로 추정되는 1차 전도 여행을 통해 그들은 하나님께서 자신들을 통해 얼마나 신묘막측하게 역사하시는지를 자신들의 온몸으로 체험하였습니다. 전도 여행에서 그들의 길을 인도하시는 분도 하나님이시요, 일하시는 분도 하나님이심을 확인한 것입니다. 더욱이 '다툼', '설전', '불일치'를 의미하는 헬라어 '파록쉬스모스'는 '격려', '자극'의 의미를 동시에 지니고 있다고 했습니다. 그래서 '서로 다투어 피차 갈라섰다'는 본문은 '서로 격려하며 헤어졌다'는 의미이기도 하다고 했습니다. 그렇다면 우리는 2차 전도 여행을 앞두고 마가를 대동하는 문제를 놓고 바울과 바나바 사이에 일어났던 다툼, 즉 그들의 설전과 결별을 전하는 본문 속에서 그동안 우리가 이해해 왔던 것과는 다른 의미, 보다 깊은 의미를 깨달을 수 있습니다.

　마가를 대동하는 문제를 놓고 바울과 바나바의 의견은 엇갈렸습니다. 사람의 일을 하는 것이 아니라 하나님의 일을 하는 이상 무책임한 청년 마가를 또다시 대동할 수는 없다는 바울의 주장과, 그럼에도 불구하고 한 번만 더 기회를 주기 원하는 바나바의 주장은 그 간격이 조금도 좁혀지지 않았습니다. 그러나 바울과 바나바는 각자 자기주장을 되풀이하면서 서로 상대를 제압하거나 부정하려 하지 않았습니다. 그들은 의와 불의, 선과 악처럼 나는 옳고 너는 틀린 것이 아니라, 너와 나는 각자 주님 안에서 다른 생각을 지니고 있지만, 나와 다른 너의 생각을 통해서도 하나님의 뜻이 이루어질 수 있음을 서로 확인하였습니다. 그러므로 그들은 서로 상대를 비난하며 다시는 상종하지 않겠다는 부정적인 의미의 결별을 한 것이 아니었습니다. 그들은 서로 상대를 '파록쉬스모스', '격려'하며 헤어졌습니다. 자신들의 헤어짐으로 각자의 삶을 통해 하나님께서 더욱 신비스러운 당신의 섭리를 이루실 것임을 믿었던 것입니다. 그 결과 그 결별을 통하여 유럽 대륙을, 로마 제국을 복음으로 새롭게 하시려는, 그들이 상상조차 할 수 없었던 하나님의 섭리가 인류의 역사 속에서 성취되었습니다. 그래서 바울은 고린도전서 9장 6절을 통해 자신과 바나바가 계속 서로 신뢰하는 동역의 관계에 있음을 증언할 수 있었습니다. 하나님의 섭리를 믿음으로 서로 '파록쉬스모스', '격려'하며 헤어졌기에 가능한 증언이었습니다.

　그뿐 아닙니다. 말년에 로마의 감옥에 갇힌 바울은, 마가가 더 이상 무책임한 인간이 아니라 복음을 위하여 누구보다도 책임 있는 일꾼이 되었다는 소식을 접하자 그를 불러 자신의 동역자로 삼았습니다. 바울이 2차 전도 여행 때 마가를 데려가지 않으려 했던 것은 무책임한 마가를 버리기 위함이 아니라, 그 마가가 책임 있는 일꾼으로 바로 설 수 있게끔 그에게 '파록쉬스모스', '자극'을 주기 위함이었던 것입니다. 그래서 마가는 말년의 바울이 가장 의지하는 동역자 중의 한 사람이 되었습니다.

2주 전부터 시작된 올 1년 동안에도 우리는 수많은 사람들을 대하게 될 것입니다. 그중에는 오래전부터 아는 사람도 있을 것이고, 처음 만나는 사람도 있을 것입니다. 양심에 아무 거리낌 없이 불의를 자행하는 사람들, 서슴없이 악을 저지르며 주위 사람들을 괴롭히는 사람들과는 끝까지 맞서 싸워야 합니다. 그러나 단지 자신과 생각이 다르다고 해서, 한 번 실수했다고 해서, 그 사람 자체를 아예 부정하거나 버리는 어리석음을 범해서는 안 됩니다. 그 사람 역시 하나님께서 사랑하시고, 또 당신의 도구로 사용하시는 하나님의 백성이기 때문입니다. 우리가 누군가와 치열하게 설전을 벌인다면 그를 부정하거나 제압하기 위함이 아니라, 궁극적으로는 나와 다른 그 사람의 생각을 통해서도 하나님께서 역사하심을 믿음으로 그를 격려하기 위함이어야 합니다. 우리가 누군가의 잘못을 꾸짖는다면 그를 비난하고 정죄하기 위함이 아니라, 그가 하나님 앞에서 바로 설 수 있게끔 선한 자극을 주기 위함이어야 합니다. 이것은 부부지간, 부자지간, 형제지간, 친구지간, 동료지간 등, 모든 사람과의 관계에 적용되어야 합니다. 그때 올 1년 동안 우리의 삶을 통해 우리가 상상치도 못한 하나님의 신비스러운 섭리가 이루어질 것입니다. 하나님께서 우리의 삶 속에서 셈하시는 당신의 재산은 우리 주머니 속의 물질이 아니라, 우리가 주님 안에서 얻고 또 바른 관계를 맺는 사람들이기 때문입니다.

이 세상에는 70억 명에 달하는 사람들이 있습니다. 그럼에도 나는, 하나님께서 그 70억 명의 사람들 중에서 나를 제일 사랑하신다는 오만함 속에서 살아왔습니다. 하나님께서는 그 수많은 사람들 가운데서 언제나 나만을 통해 역사하신다는 교만 속에 빠져 있기도 했습니다. 그래서 그동안 살아오면서 셀 수 없이 많은 사람들을 만났지만, 그들 가운데 참된 인생의 동역자로 내 곁에 남아 있는 사람은 정작 찾아보기 어렵습니다. 이렇게 살아서는 지금까지 그래 왔던 것처럼, 앞으로도 하나님의 신비스러운 섭리를 이 시대 속에 이루는 하나님의 도구로 쓰임 받을 수는 없음을 깨닫게 해주셔서 감사합니다.

불의와 악을 자행하는 사람들과는 끝까지 용기 있게 맞서 싸우되, 단지 나와 생각이 다르고 잘못 실수했다는 이유로 사람 자체를 부정하거나 버리는 어리석음을 되풀이하지 않게 해주십시오. 사람들과 치열하게 설전을 벌인다면 상대를 부정하고 제압하기 위함이 아니라, 상대의 주장 속에서 하나님의 뜻을 발견하고 상대를 격려하기 위함이게 해주십시오. 상대의 실수를 꾸짖는다면 상대를 비난하고 정죄하기 위함이 아니라, 상대가 같은 실수를 되풀이하지 않게끔 사랑의 자극을 주기 위함이게 해주십시오. 누군가와 결별한다면 그를 다시는 보지 않기 위함이 아니라, 하나님의 섭리 속에 자신과 그를 동시에 의탁하기 위함이게 해주십시오. 그리하여 올 한 해 동안 우리가 만나게 될 모든 사람들과의 만남을 통해 하나님께서 이루시려는 신묘막측한 섭리가 아름답게 결실되게 해주십시오. 하나님께서 우리의 삶 속에서 셈하시는 재산은 우리 주머니 속의 물질이 아니라, 우리가 주님 안에서 얻고 또 바른 관계를 맺는 사람들임을 잊지 않는, 이 시대의 바울과 바나바로 살아가게 해주십시오. 아멘.

26. 바나바는 마가를 데리고 I

사도행전 15장 36-41절

며칠 후에 바울이 바나바더러 말하되 우리가 주의 말씀을 전한 각 성으로 다시 가서 형제들이 어떠한가 방문하자 하고 바나바는 마가라 하는 요한도 데리고 가고자 하나 바울은 밤빌리아에서 자기들을 떠나 함께 일하러 가지 아니한 자를 데리고 가는 것이 옳지 않다 하여 서로 심히 다투어 피차 갈라서니 **바나바는 마가를 데리고** 배 타고 구브로로 가고 바울은 실라를 택한 후에 형제들에게 주의 은혜에 부탁함을 받고 떠나 수리아와 길리기아로 다니며 교회들을 견고하게 하니라

오늘로 3주째 살펴보는 본 단락은 바울과 바나바의 2차 전도 여행과 관련된 내용입니다. 안디옥교회를 평지풍파에 몰아넣었던 이방인 그리스도인들에 대한 할례 문제가 일단락된 후, 바울이 바나바에게 1차 전도 여행 때 복음을 전했던 각 성읍을 다시 찾아 방문할 것을 제안하였습니다. 1차 전도 여행 때 자신들로부터 복음을 영접한 그리스도인들을 다시 만나 그들의 믿

음을 더욱 굳게 다져 주고, 또 새로운 전도의 기회를 얻기 위함이었습니다. 바울의 제안에 동의한 바나바는 마가를 대동하기 원했습니다. 마가는 1차 전도 여행 초기에 바울과 바나바를 수행한 적이 있었습니다. 그러나 바울은 바나바에게 반대 의사를 피력했습니다. 1차 전도 여행 당시 전도팀을 무단이탈하여 집으로 되돌아가 버린, 무책임한 마가를 또다시 대동할 수는 없다는 이유에서였습니다. 마가를 다시 대동하자는 바나바의 주장과 그럴 수는 없다는 바울의 주장은 팽팽히 맞서기만 할 뿐, 어느 누구도 자기주장을 철회하려 하지는 않았습니다.

그 결과 본문 39절에 의하면, 바울과 바나바는 '서로 심히 다투어 피차 갈라서고' 말았습니다. 언뜻 마가를 대동하는 문제를 놓고 의견이 엇갈린 바울과 바나바가 서로 설전을 벌이면서 감정이 격화된 나머지 완전히 결별한 것처럼 여겨집니다. 그러나 한글 성경과 달리 헬라어 원문에는 '심히'라는 부사가 기록되어 있지 않다고 했습니다. 또 본문에서 우리말 '다툼', '설전', '불일치'의 의미로 번역된 헬라어 '파록쉬스모스'는 히브리서 10장 24절에서는 '격려'와 '자극'의 의미로 사용되었습니다. 따라서 바울과 바나바가 '서로 다투어 피차 갈라섰다'고 번역된 원문은 '서로 격려하며 헤어졌다'는 의미이기도 하다고 했습니다.

바울과 바나바가 또다시 험난한 전도 여행길에 자신들을 내던지려 한 것은, 안디옥교회 목회자로서 안디옥에서 마땅히 누릴 수 있는 권리와 기득권을 복음을 위해 기꺼이 포기하였음을 뜻했습니다. 그리고 지난 시간에 말씀드린 것처럼 바울은 이 이후, 3차 전도 여행 중 에베소에서 기록한 고린도전서 9장 6절을 통해 자신과 바나바가 여전히 동역의 관계에 있음을 밝혔습니다. 그래서 우리는 지난 시간에 바울과 바나바의 결별을 전하는 본문 속에 내포되어 있는 보다 깊은 의미에 대해 생각해 보았습니다.

마가를 다시 대동하는 문제를 두고 바울과 바나바의 의견은 엇갈렸지만, 그들은 각자 자기주장을 내세우면서도 서로 상대를 제압하거나 부정하려 하지 않았습니다. 그들은 의와 불의, 선과 악처럼 나는 옳고 너는 틀린 것이 아니라, 너와 나는 각자 주님 안에서 다른 생각을 지니고 있지만, 나와 다른 너의 생각을 통해서도 하나님의 뜻이 이루어질 수 있음을 서로 확인하였습니다. 그러므로 그들은 서로 상대를 비난하며 다시는 상종하지 않겠다는 부정적 의미의 결별을 한 것이 아니었습니다. 그들은 서로 상대의 생각을 통해 하나님의 뜻이 이루어질 수 있도록 상대를 '파록쉬스모스', '격려'하며 헤어졌습니다. 바울이 1차 전도 여행 초기에 무단이탈한, 무책임한 청년 마가를 또다시 대동하려 하지 않았던 이유 역시 동일했습니다. 치명적인 실수를 범한 마가와 관계를 아예 단절하기 위함이 아니라, 청년 마가가 책임있는 일꾼으로 바로 설 수 있게끔 그에게 '파록쉬스모스', '자극'을 주기 위함이었습니다. 그 결과 그들의 결별을 통해 로마제국을, 유럽 대륙을 복음으로 새롭게 하시려는, 그들이 상상조차 할 수 없었던 하나님의 섭리가 인류의 역사 속에 성취될 수 있었습니다.

본문 39절은 바울과 바나바가 각자 하나님의 뜻을 위하여 헤어진 직후의 일을 증언해 주고 있습니다.

서로 심히 다투어 피차 갈라서니 바나바는 마가를 데리고 배 타고 구브로로 가고.

바울과 헤어진 바나바는 마가와 함께 배를 타고 구브로로 갔습니다. 바울과 바나바가 2차 전도 여행을 시작하려 했던 동기가 1차 전도 여행 때 복음을 전한 성읍들을 재방문하는 것이었습니다. 그래서 바나바가 먼저 마가와 함께 1차 전도 여행 때의 첫 번째 행선지인 구브로로 떠난 것이었습니다. 우리는 '바나바는 마가를 데리고 배 타고 구브로로 갔다'는 이 짧은 구절 속에서 바나바에 대해 말할 수 없는 연민을 느끼게 됩니다. 이 구절을 끝으로 바나바는 사도행전의 무대에서 사라져 버리기 때문입니다. 본문 이후의 사도행전은 막을 내리기까지 바울의 독무대로 펼쳐집니다. 사도행전의 무대에서 사라진 바나바는 이 이후 바울의 편지 속에서 겨우 다섯 번 거명되고 있을 뿐입니다.

바울과 바나바 가운데 사도행전의 무대에 먼저 등장한 사람은 바나바였습니다. 바나바는 사도행전 4장 36절에서 등장한 반면에 바울은 사도행전 7장 58절에 이르러서야 등장했습니다. 바나바의 등장이 참된 그리스도인으로서의 화려한 등장이었다면, 바울의 등장은 교회를 짓밟는 폭도로서의 수치스러운 등장이었습니다. 애당초 바나바와 바울 사이에는, 바울이 도저히 넘볼 수 없는 신앙의 격차가 있었습니다. 바나바는 또, 2천 년 기독교 역사상 최초로 이방 땅에 세워진 최초의 이방인 교회인 안디옥교회의 초대 목사였습니다. 더욱이 바나바는 자신과 함께 바울과 마가로 구성된, 2천 년 기독교 역사상 최초로 지중해 세계에 뛰어든 첫 번째 전도팀의 우두머리였습니다. 그러나 첫 행선지인 구브로 섬을 관통하면서 바나바는 전도팀의 우두머리 자리를 바울에게 넘겨주었습니다. 전도 현장에서 바울의 능력이 자기보다 더 탁월함을 인정하지 않을 수 없었던 것입니다. 바울과 바나바의 1차 전도 여행에 관해 증언하는 사도행전 13장과 14장에는 바나바의 번변한 설교문 하나 수록되어 있지 않습니다. 어디를 가든지 설교는 거의 바울의 독차지였습니다. 안디옥교회를 평지풍파로 몰아넣은 이방인 그리스도인에 대한 할례 문제를 해결하기 위해 바울과 바나바가 예루살렘 모교회를 방문했을 때에도 주도권을 행사한 사람은 바울이었습니다. 바나바는 바울보다 훨씬 빨리 그리고 더욱 화려하게 사도행전의 무대에 등장했지만, 바울이 사도행전의 무대에 오르기 시작하면서 그는 후발 주자인 바울을 보좌하는 일만 하다가 끝내 본문을 끝으로 사도행전 무대에서 퇴장해 버리고 말았습니다. 그 바나바의 뒷모습을 바라보면서, 우리는 바나바에 대해 연민을 느끼지 않을 수 없습니다.

'바나바는 마가를 데리고 배 타고 구브로로 갔다'는 본문의 짧은 증언은 또, 우리로 하여금 바나바에 대해 안쓰러운 생각마저 갖게 합니다. 바나바가 마가와 함께 배를 타고 다시 찾아간 구브로는 1차 전도 여행의 첫 번째 행선지이기 이전에 바나바의 고향이었습니다. 그리고 바나바가 자기 고향에 다시 대동한 마가는 다른 사람이 아닌 자신의 사촌 동생이었습니다. 바나바가 바울과 헤어지면서까지 다시 대동했던 마가는 자신의 피붙이였던 것입니다. 그러나 바울은 달랐습니다. 40절을 보면, 바나바와 헤어진 바울이 선택한 동행자는 실라였습니다. 실라는 예루살렘 모교회가 제1회 예루살렘 공의회 판결문 내용을 담은 편지를 전달하기 위해 안디옥교회에 파송했던 주요 인물이었을 뿐 아니라, 32절은 그를 '선지자'로 소개하고 있습니다. 바울이 선택한 실라는 전도 여행을 위한 더없이 적합한 동행자인 셈이었습니다. 실라와 비교한다면, 바나바가 다시 대동한 마가는 1차 전도 여행 때 이미 부적합한 인물로 판명 난 청년이었습니다. 그럼에도 팔이 안으로 굽는다고, 바나바는 바울과 헤어지면서까지 자신의 피붙이인 그 마가를 또다시 데리고 자신의 고향을 재차 찾아갔습니다. 그래서 우리는 바나바를 안쓰럽게 여기지 않을 수 없습니다. 바나바가 좀더 큰 세상, 좀더 많은 사람을 향해 개방되지 못한 채, 오직 지연과 혈연의 좁디좁은 우물 속에 갇혀 있는 폐쇄적인 인간으로 보이기 때문입니다.

과연 그렇습니까? 바울보다도 훨씬 빨리 그리고 더욱 화려하게 사도행전의 무대에 등장했으면서도 본문 이후 바울의 독무대로 펼쳐지는 사도행전에서 퇴장하는 바나바는, 단지 가련한 연민의 대상일 뿐입니까? 바나바가 바울과 헤어지면서까지 무책임한 마가를 다시 대동한 것은 마가가 자신의 피붙이였기 때문이요, 바나바가 지연과 혈연의 좁은 우물 속에 갇힌 폐쇄적인 인간이었던 까닭입니까? 그 대답은, 결코 아니라는 것입니다.

교회를 짓밟는 폭도였던 바울이 다메섹 도상에서 그를 찾아오신 주님의 은총 속에서 그리스도인이 되었습니다. 그리고 3년 만에 예루살렘으로 귀환했건만 그를 반겨 주는 사람은 아무도 없었습니다. 유대교인들은 그리스도인이 된 바울을 배교자로 간주하여 죽이려 했고, 교회를 짓밟던 그의 전력을 알고 있는 예루살렘의 그리스도인들은 그의 회심의 진정성을 믿어 주지 않았습니다. 바울이 그리스도인을 일망타진하기 위해 교회 속으로 위장 잠입한 것으로 여긴 것이었습니다. 그때 진퇴양난에 빠진 바울을 구해 준 사람이 바나바였습니다. 바나바가 바울의 회심의 진정성을 보증해 줌으로써 바울은 비로소 예루살렘 교회 공동체 일원이 될 수 있었습니다. 교회의 원수였던 바울이 교회 안에서 무슨 문제라도 일으키면 고스란히 바나바가 책임져야 할 판이었습니다. 그럼에도 바나바는 개인적인 위험을 감수하면서까지 바울을 위한 신원보증인이 되어 주었습니다.

그 이후 바울은 유대교인들의 살해 위협을 피해 무려 13년 동안이나 고향 다소에서 칩거해야만 했고, 바나바는 예루살렘 모교회에 의해 2천 년 기독교 역사상 최초로 이방 땅에 세워진 최초의 이방인 교회인 안디옥교회의 초대 목사로 파송되었습니다. 젊은 나이에 13년 동안이나 고향에서 칩거하는 바울에 비한다면 바나바는 탄탄대로를 걷는 셈이었습니다. 그때 고향에 칩거 중인 바울을 안디옥으로 청해 자신과 공동으로 안디옥교회를 목회하게

끔 이끌어 준 사람도 바나바였습니다. 바나바는 안디옥에 가만히 앉아서 바울의 고향 다소로 사람을 보내거나, 편지를 보내 바울을 오게 한 것이 아니었습니다. 바나바 자신이 안디옥에서 약 175킬로미터나 떨어져 있는 다소를 직접 찾아가 바울을 안디옥교회로 청해 왔습니다. 바울이 탁월한 목회자였기 때문이 아니었습니다. 그때까지 바울은 교회 목회 경력이 전혀 없었습니다. 그럼에도 바나바는 13년 동안이나 고향에서 칩거하고 있는 바울에게 기회를 주기 위해 그렇게 한 것이었습니다.

앞에서 말씀드린 것처럼 바나바가 바울과 마가와 함께 전도팀을 구성하여 2천 년 기독교 역사상 최초로 지중해 세계를 위한 첫 번째 전도 여행을 나섰을 때, 그 전도팀의 우두머리는 바나바였습니다. 그러나 바나바는 첫 번째 행선지인 구브로 섬에서 전도팀의 우두머리 자리를 바울에게 넘겨준 뒤, 그는 최소 1년여 이상에서 최대 2년까지 소요된 것으로 추정되는 1차 전도 여행이 끝나기까지 바울을 뒷바라지하는 보조자 역할로 만족했습니다. 전도 현장에서 아무리 바울의 능력이 두드러져 보였더라도, 인간관계에서 한 조직의 우두머리가 자신의 보조자와 역할을 맞바꾸는 것은 현실적으로는 있을 수 없는 일입니다. 그럼에도 바나바는 아무 거리낌 없이 그렇게 했습니다.

그것은 바울이 바나바의 피붙이였기 때문이 아니었습니다. 바울이 바나바와 같은 동향 출신이었기 때문도 아닙니다. 바울과 바나바 사이에는 그 어떤 혈연이나 지연도 얽혀 있지 않았습니다. 그런데도 바나바가 바울에게 그렇게 한 것은, 바로 그것이 바나바에 대한 주님의 부르심이었기 때문입니다. 바나바는 수많은 대중을 위해 부르심을 받은 사람이 아니었습니다. 주님께서 자신에게 붙여 주신 한 사람이 하나님의 일꾼으로 우뚝 설 수 있게끔 계속 섬기고, 기회를 주고, 이끌어 주는 것이 바나바에 대한 주님의 부르심이었습니다. 바나바가 그 부르심에 순종하려 하지 않았던들 바나바는 애당초 모든 사람이 꺼리는 바울의 신원을 보증해 주지도 않았을 것이요, 목회 경력이 전무한 그를 불러 안디옥교회의 공동 목회자로 세워 주지도 않았을 것이요, 1차 전도 여행 도중에 전도팀의 우두머리 자리를 바울에게 양보해 주지도 않았을 것입니다. 바울이 우리가 아는 바울이 될 수 있었던 것은 자기 부르심에 순종했던 바나바가 모든 사람이 경원하던 바울을 계속 섬겨 주고, 기회를 주고, 이끌어 준 결과였습니다. 본문 이후에 사도행전이 바울의 독무대로 펼쳐지게 된 것 역시, 본문에 이르기까지 바울 곁에 바나바가 있었기에 가능한 일이었습니다.

그렇다면 우리가 1차 전도 여행 초기에 전도팀을 무단이탈했던 마가를 다시 대동한 바나바를 지연과 혈연에 얽매인 폐쇄적인 인간으로 안쓰럽게 생각하는 것은, 전혀 비성경적이라는 사실을 깨닫게 됩니다. 바나바가 바울과 헤어지면서까지 마가를 다시 대동한 것은 마가가 그의 사촌 동생, 피붙이였기 때문이 결코 아니었습니다. 그것은 주님께서 자신에게 붙여 주신 마가에 대한 주님의 부르심에 순종하기 위함이었습니다. 그래서 한때 무책임하기 짝이 없었던 마가를 다시 선택한 바나바가 그를 계속 섬기고, 기회를 주고, 이끌어 준 결과는 어떠했습니까?

세월이 흐른 뒤에 마가는 사도 베드로의 동역자가 되었습니다. 히에라볼리의 감독이었던 파피아스는 마가가 사도 베드로의 통역이었음을 전해 주고 있습니다. 박학다식했던 바울과는 달리 정규 교육을 받지 못했던 베드로는 당시 국제 공용어이던 헬라어를 구사할 수 없었기에, 마가가 베드로의 설교를 헬라어로 통역하는 역할을 한 것입니다. 그래서 신약성경의 베드로전후서 역시 베드로의 말을 마가가 대필한 것으로 전해지기도 합니다. 마가가 베드로에게 얼마나 중요하고 도움이 되었던지, 베드로 자신이 베드로전서 5장 13절을 통해 마가를 "내 아들"이라 부를 정도였습니다. 그 이후 마가는 지난 시간에 말씀드린 것처럼 로마의 감옥에 갇힌 바울의 동역자가 되어 말년의 바울을 도왔습니다. 말년의 바울이 가장 의지했던 동역자 중의 한 사람이 마가였습니다. 신약성경에 등장하는 수많은 인물들 가운데 위대한 사도 베드로와 사도 바울 모두로부터 이처럼 신임을 받았던 인물은 마가가 유일합니다.

무엇보다도 이 마가가 기록한 복음서가 바로 신약성경의 마가복음입니다. 만약에 바나바가 2차 전도 여행을 앞두고 마가처럼 무책임한 청년을 또다시 대동할 수 없다는 바울에게 동조하여 바나바마저 마가를 외면함으로써 일회적인 자극을 주는 것으로 그쳐 버렸더라면, 오늘날 이 세상에 마가복음은 존재하지 않을 것이요, 마가복음이 빠진 복음서만으로는 우리는 주님을 바르게 아는 데 크나큰 제약을 받을 것입니다. 이런 의미에서 주님의 부르심에 순종하여 주님께서 자신에게 맡기신 마가를 끝까지 포기하지 않은 바나바는 진정 위대한 사도였습니다.

아무리 그렇다 할지라도 본문 이후부터 사도행전이 바울의 독무대로 전개된다면, 바울보다 훨씬 먼저 그리고 더욱 화려하게 등장했으면서도 오늘의 본문을 끝으로 사도행전 무대에서 퇴장해야 하는 바나바에 대해 우리는 같은 인간으로서 계속 연민을 느낄 수밖에 없지 않습니까? 더욱이 바울이 하나님의 상급과 관련하여 무엇이라 권면하였습니까?

운동장에서 달음질하는 자들이 다 달릴지라도 오직 상을 받는 사람은 한 사람인 줄을 너희가 알지 못하느냐 너희도 상을 받도록 이와 같이 달음질하라(고전 9:24).

운동장에서 아무리 많은 사람이 달려도 금메달을 수상하는 선수는 언제나 한 명뿐이지 않습니까? 이처럼 너희도 상을 받을 수 있게끔 최선을 다해 달리라고 바울은 권면합니다. 바울의 이 권면을 성급하게 적용한다면 사도행전 무대에서 금메달 수상자는 본문 이후에 사도행전을 자신의 독무대로 삼은 바울이요, 바울이 바울일 수 있게끔 이름도 없이 빛도 없이 뒷바라지해 준 바나바는 제외될 것이 뻔합니다. 그러니 바울을 위한 바나바의 수고와 헌신을 잘 알고 있는 우리로서는 바나바에게 연민을 느끼지 않을 수 없습니다. 그러나 그것은 철저하게 인간적인 판단일 뿐, 성경과는 동떨어진 생각입니다. 바울의 권면의 방점은 한 사람이 상을 받는다는 데 있는 것이 아니라, 상을 받는 한 사람처럼 주님의 부르심에 최선을 다하라는 데 있습니다. 그래서 바울은 자신의 죽음을 앞두고 다음과 같이 증언하였습니다.

> 나는 선한 싸움을 싸우고 나의 달려갈 길을 마치고 믿음을 지켰으니 이제 후로는 나를 위하여 의의 면류관이 예비되었으므로 주 곧 의로우신 재판장이 그날에 내게 주실 것이며 내게만 아니라 주의 나타나심을 사모하는 모든 자에게도니라(딤후 4:7-8).

생전의 바울은 자신의 코끝에서 호흡이 멈추고 하나님 앞에 서는 날, 하나님으로부터 하나님 나라의 금메달인 의의 면류관을 받게 될 것을 확신하였습니다. 그러나 바울은 자신이 누구보다 많은 일을 하였기에 자기 홀로 의의 면류관을 받을 것이라고 말하지 않았습니다. 바울은 주님의 나타나심을 사모하는 모든 사람, 즉 주님의 재림과 심판 다시 말해 주님의 셈하심을 믿는 모든 사람들이 자신과 동일하게 하나님 나라의 금메달인 의의 면류관을 받게 될 것이라 천명했습니다. 바울은 하나님께서 고만고만한 인간을 서로 경쟁시키고 비교하여 상대적으로 평가하시는 분이 아니라, 인간의 삶을 각자의 부르심에 따라 절대적으로 평가하는 분이심을 바르게 알고 있었던 것입니다.

바울과 바나바는 주님의 부르심이 달랐습니다. 바울이 대중 전도를 위해 부르심을 받았다면, 바나바는 자기에게 맡겨진 한 사람을 바로 세우기 위해 부르심을 받은 주님의 도구였습니다. 우리가 오늘의 본문을 끝으로 퇴장한 바나바에 대해 계속 연민을 느낀다면, 그것은 이와 같은 부르심의 차이를 깨닫지 못한 데 기인하고 있습니다. 바울과 바나바는 각각 그 부르심이 달랐지만, 그러나 두 사람 모두 자기 부르심에 순종하여 최선을 다했습니다. 그 결과 겉으로 두드러지게 한 일이라고는 겨우 바울과 마가 두 사람을 바로 세운 것뿐인 바나바의 삶이나, 지중해 세계를 누비고 다니면서 수많은 사람들에게 복음을 전한 바울의 삶이나, 주님 앞에서는 우열을 가릴 수 없는 절대적 가치를 지니고 있습니다. 그래서 우리 역시 그 주님 앞에서, 주님의 부르심을 따라, 우리 자신을 그 누구와도 비교하지 않고 절대 감사, 절대 만족, 절대 기쁨의 삶을 살 수 있습니다.

그리스도인들은 직선 위에서 다른 사람과 자신을 비교하며, 상대적인 열등감과 박탈감에 시달리며 사는 사람들이 아닙니다. 그리스도인들은 동그란 원 위에서 각자 자기 부르심의 길을 좇아 자신만의 절대적인 삶을 사는 사람들입니다. 그래서 그리스도인의 삶은 주님 안에서 모두 귀하고, 예외 없이 절대적인 가치를 지닙니다. 주님의 부르심에 따라 사는 그 한 사람 한 사람을 통해 인간이 상상할 수 없는 하나님의 뜻이 이루어지고, 그 한 사람 한 사람이 모두 하나님 나라의 금메달인 의의 면류관을 수상할 것이기 때문입니다. 그러므로 주님을 믿는 우리에게 어느 정도의 돈이 있느냐, 우리의 학력·경력·직위가 어느 정도이냐는 중요하지 않습니다. 중요한 것은 우리가 주님의 부르심을 따라 사는 것입니다. 주님의 부르심에 따라 살 때에만 우리는 참된 행복을 누릴 수 있습니다. 그때에만 우리는 세상의 직선 위에서 이루어지는 모든 상대적인 삶의 속박에서 벗어나 절대 감사, 절대 만족, 절대 기쁨의 절대적인 삶을 살 수 있을 뿐 아니라, 우리가 상상치도 못한 하나님의 섭리를 우리의 삶으로 이루어 드리는 이 시대의 바울과 바나바가 될 수 있습니다.

주님의 부르심에 따라 각자 자신의 삶을 살려고 최선을 다하는 하나님의 자녀들이 이 시간 하나님 앞에 머리를 숙였습니다. 우리 한 사람 한 사람의 중심을 열납해 주시고 하나님의 은총으로 충만하게 채워 주십시오. 세상의 가치관에 휩쓸려 직선 위에서 살려는 어리석음을 더 이상 범치 않게 해주십시오. 직선 위에서는 나 아닌 다른 사람은 제압해야 할 경쟁자이기에 인간에 대한 참된 사랑이 있을 수 없고, 직선 위에서의 삶은 끊임없이 누군가와 나 자신을 비교하면서 상대적인 열등감과 박탈감에 시달리는 피곤한 삶일 뿐임을 잊지 말게 해주십시오. 하나님께서 창조하신 이 세상은 평면이 아니라 둥글기에, 우리 모두 그 둥근 원 위에서 주님의 부르심에 따라 각자의 삶을 계속 살아가게 도와주십시오.

그것이 바나바처럼 이름도 없이 빛도 없이 누군가를 뒷바라지해 주고, 단 한 사람을 세우는 일일지라도, 주님 앞에서 그 삶의 절대적인 의미와 가치를 깨닫게 해주십시오. 주님의 부르심을 따라 사는 한, 돈의 많고 적음, 학력과 경력 그리고 직위의 높고 낮음, 출세와 성공 여부는 주님 앞에서 아무런 문제가 되지 않음을 늘 기억하게 해주십시오. 세상의 직선 위에서 이루어지는 모든 상대적인 삶의 속박으로부터 벗어나, 주님의 부르심에 따라 자기 삶에 대한 절대 감사, 절대 만족, 절대 기쁨을 누리게 해주시고, 우리가 상상치도 못한 하나님의 뜻을 우리의 삶을 통해 이루어 드리는 이 시대의 바울과 바나바가 되게 해주십시오. 그리하여 언젠가 하나님 앞에 서는 날, 우리 모두 하나님 나라의 금메달인 의의 면류관을 얻게 해주십시오. 아멘.

27. 바나바는 마가를 데리고 II

사도행전 15장 36-41절

며칠 후에 바울이 바나바더러 말하되 우리가 주의 말씀을 전한 각 성으로 다시 가서 형제들이 어떠한가 방문하자 하고 바나바는 마가라 하는 요한도 데리고 가고자 하나 바울은 밤빌리아에서 자기들을 떠나 함께 일하러 가지 아니한 자를 데리고 가는 것이 옳지 않다 하여 서로 심히 다투어 피차 갈라서니 **바나바는 마가를 데리고** 배 타고 구브로로 가고 바울은 실라를 택한 후에 형제들에게 주의 은혜에 부탁함을 받고 떠나 수리아와 길리기아로 다니며 교회들을 견고하게 하니라

30여 년 전 제가 사회생활을 하던 청년 시절 때의 일입니다. 당시 다니던 교회 청년부에 소속되어 있던 저는 비록 '선데이 크리스천'이었을망정 청년부를 담당하는 전도사님을 최선을 다해 도와드렸습니다. 어느 해 봄이었습니다. 그해 여름 청년부 수련회를 위한 적합한 장소를 미리 확보해 두어야만 했습니다. 자동차가 없던 전도사님이 제 도움을 청했습니다. 저는 제 차

로 전도사님을 모시고 전도사님이 답사해 보기 원하는 서울 근교의 수련장을 일일이 방문하였습니다. 이틀째 되는 날 오후, 전도사님은 경기도 가평군에 있는 한 수련원을 여름 수련회 장소로 확정했습니다. 그리고 서울로 돌아오는 차 안에서였습니다. 전도사님은 제게 그동안 무슨 일이든 늘 자신을 도와주어서 고맙다면서, 앞으로 자신은 아프리카에 선교사로 나갈 예정이라고 했습니다. 그러므로 사도행전 속에서 바나바가 바울의 좋은 동역자였던 것처럼, 저더러 앞으로도 자신을 위해 계속 바나바와 같은 동역자가 되어 달라고 부탁했습니다. 저는 어릴 적부터 교회에 다녔던 터라 바나바의 이름은 들어서 알고 있었지만, 바나바가 정확하게 어떤 인물인지는 알지 못했습니다. 하지만 전도사님과 단둘만 있는 자동차 안에서 전도사님이 부탁한 만큼 저는 흔쾌히 그렇게 하겠노라고 약속을 드렸습니다.

그 이후 그 전도사님을 볼 때마다 바나바 생각이 나서 대체 바나바가 어떤 인물인지, 바울과 바나바가 어떤 관계인지 정확하게 알아볼 양으로 사도행전을 직접 읽어 보았습니다. 그리고 그 전도사님에 대해 괘씸한 생각이 들었습니다. 바나바는 바울을 발탁한 사람이면서도 바울의 뒷바라지만 하다가 사도행전 중도에서 아예 사라져 버리는 것 아니겠습니까? 반면에 바울은 사도행전 중반부터 사도행전의 주인공이 되는 것이었습니다. 전도사님이 저더러 자신을 위해 그 바나바처럼 되어 달라는 것은, 자신은 하나님 앞에서 주인공으로 살 테니 저더러는 자신을 위해 조연이 되어 달라는 것과 다름없었습니다. 그 사실을 알고 나니 전도사님을 볼 때 얼굴은 웃었지만, 마음은 늘 괘씸하기만 했습니다. 그 후 그분이 아프리카 선교사로 출발할 때 그분과 약속했던 대로 그분 가족의 항공 요금과 상당 기간 동안 그분이 필요로 하는 선교비 전액을 저 개인이 부담하면서도, 마음 한편에 똬리를 틀고 있는 괘씸한 생각만은 지워지지 않았습니다.

지금 생각해도 얼굴이 화끈거릴 정도로 그때 제가 그렇듯 유치하게 생각했던 것은, 당시 습관적으로 교회에만 다녔을 뿐 성경적 이해력이 결여되어 있던 제가 세상적인 관점으로 그리스도인의 삶 역시 직선 위에서 이루어지는 것으로 오해하고 있었기 때문입니다. 세상 사람들과의 경쟁에서 내가 다른 사람들보다 앞서야 하나님께서 나를 기뻐하시고, 내가 하는 일이 남보다 돋보여야 내가 하나님 앞에서 신앙의 승리자가 될 수 있다는 오해였습니다. 그러나 세월이 흐른 뒤에 제 눈으로 성경을 읽고 성경의 참의미를 알아 가면서 저는 지난날의 제 어리석음을 회개해야만 했습니다. 그리고 제 코끝에 호흡이 있는 동안 단 한 사람이라도 바로 세울 수 있는 진정한 바나바로 살 수 있게 해달라고 하나님께 기도드리게 되었습니다.

우리가 4주째 살펴보는 본 단락은 바울과 바나바의 2차 전도 여행과 관련된 내용입니다. 1차 전도 여행 때 전도팀을 무단이탈하여 집으로 되돌아가 버린 무책임한 마가를 2차 전도 여행에 다시 대동하는 문제를 놓고 의견이 엇갈린 바울과 바나바는 서로 결별하였습니다. 그러나 다시는 상종도 하지 않겠다는 부정적 의미의 결별이 아니었습니다. 그들은 자신과 다른 상대의 생각을 통해 주님의 뜻이 이루어질 수 있게끔 서로 '파록쉬스모스', '격려' 하며 헤어진 것이었습니다.

> 서로 심히 다투어 피차 갈라서니 바나바는 마가를 데리고 배 타고 구브로로 가고(39절).

애당초 바울과 바나바가 2차 전도 여행을 시작하려 한 것은, 1차 전도 여행 때 자신들이 복음을 전한 각 성읍을 재방문하고자 함이었습니다. 그래서 바울과 헤어진 바나바가 먼저 마가를 또다시 대동하고 1차 전도 여행 때의 첫 번째 행선지였던 구브로 섬으로 향하였습니다. 그리고 바나바는 다시는 사도행전 무대로 되돌아오지 않았습니다. 본문을 끝으로 바나바는 사도행전 무대에서 영영 퇴장해 버렸습니다. 본문 이후의 사도행전 무대는, 사도행전의 막이 내리기까지 바울의 독무대로 펼쳐집니다. 언뜻 사도행전의 무대에서 주연은 바울이요, 바나바는 바울보다 못한 조연 가운데 한 사람으로 보입니다.

그것은 우리가 바울과 바나바를 세상의 직선 위에 올려놓고 서로 비교하기 때문입니다. 하지만 그것은 성경과는 동떨어진 발상입니다. 지난 시간에 말씀드린 것처럼 바울과 바나바는 주님의 부르심이 달랐습니다. 바울이 대중 전도를 위해 부르심을 받았다면, 바나바는 주님께서 자기에게 맡기신 한 사람을 바로 세우기 위해 주님의 부르심을 받은 주님의 도구였습니다. 바나바가 1차 전도 여행 때 무책임하게 행동했던 마가를 바울과 헤어지면서까지 다시 대동한 것은, 마가가 자신의 피붙이였기 때문이 결코 아니었습니다. 그것은 자기에게 마가를 맡겨 주신 주님의 부르심에 순종하기 위함이었습니다. 그 결과 주님의 부르심에 끝까지 순종했던 바나바로 인해 마가는 마침내 베드로와 바울의 동역자가 될 수 있었고, 무엇보다도 사복음서 중에 가장 빨리 기록된 마가복음의 기술자가 되었습니다. 젊은 시절의 마가를 생각한다면, 그것은 기적과도 같은 일이었습니다. 그러므로 두드러지게 드러나 보이는 것이라고는 고작 바울과 마가—두 사람만 바로 세워 주었을 뿐인 바나바의 삶이나, 본문 이후 사도행전을 자신의 독무대로 삼아 수차례나 지중해 세계를 누비고 다니며 수많은 사람들에게 복음을 전한 바울의 삶이나, 하나님 앞에서는 우열을 가릴 수 없는 절대적인 의미를 지닌다고 했습니다. 하나님께서는 고만고만한 인간을 서로 경쟁시키고 비교하여 상대적으로 평가하시는 분이 아니라, 인간의 삶을 각자의 부르심에 따라 절대적으로 평가하시는 분이기 때문입니다.

그리스도인의 삶은 직선 위에서 이루어지는 것이 아니라고 했습니다. 직선 위에서는 모든 사람을 경쟁자로 여기면서 자기보다 앞선 사람에 대해서는 열등감을, 그리고 자기보다 뒤처진 사람에게는 우월감을 갖기 마련이기에, 인간에 대한 참된 사랑과 자기 삶에 대한 참된 감사나 만족이 있을 수 없습니다. 그래서 자신을 위한 바나바가 되어 달라는 전도사님을 제가 한동안 괘씸하게 여겼던 것처럼 유치한 삶을 살 수밖에 없습니다.

그리스도인들은 동그란 원 위에서 각자 자기 부르심의 방향을 따라 자신만의 절대적인 삶을 사는 사람들입니다. 천 명의 그리스도인들이 있다면, 각자 자기 부르심의 길을 좇는 그들에게는 서로 비교할 수 없는 천 개의 다른 삶이 있습니다. 주님의 부르심을 좇는 그 각각의 삶은 모두 그들을 부르신 주님 앞에서 절대적인 의미를 지니기에, 그때 사람들은 자신과 다른 삶을 사는 사람들을 격려하면서 자기 삶에 대해 절대 감사, 절대 만족, 절대 기쁨을 누리게 됩니다. 이 사실을 바르게 인식할 때에만 우리는 성경 속의 인물들을 비로소 제대로 인식할 수 있고, 나아가 우리 자신이 이 세상 속에서 성숙한 그리스도인으로 살아갈 수 있습니다.

예수님의 열두 제자 가운데 베드로는 수제자로 불리고 있습니다. 수제자는 제자들 가운데 가장 뛰어난 제자를 일컫습니다. 베드로가 가장 뛰어난 제자라면 나머지 제자들은 모두 베드로보다 열등했다는 의미가 됩니다. 물론 제자 가운데에는 가룟 유다처럼 몹쓸 제자도 있었지만 그는 스스로 예수님을 버렸기에 논외의 인물입니다. 베드로가 가장 뛰어난 수제자였다면, 그것은 예수님께서 제자들을 서로 상대적으로 비교하신 결과입니까? 결코 아닙니다. 예수님께서 이 땅에 계시는 동안 제자들 가운데 베드로를 가장 능력이 뛰어난 수제자로 부르시거나 평가하신 적이 없었습니다. 베드로가 수제자라는 것은 인간들이 베드로에게 붙여 준 호칭입니다. 인간들이 예수님의 제자들을 직선 위에 세우고 상대적으로 평가하여 가장 활동이 두드러져 보이는 베드로에게 수제자의 타이틀을 안겨 준 것입니다.

그러나 예수님께서는 인간의 그런 발상과는 전혀 상치되는 말씀을 하셨습니다. 어느 날 예수님의 제자 중 요한과 야고보 형제가 아무도 몰래 예수님을 찾았습니다. 그들은 예수님께 자기 두 형제를 제자들 가운데 으뜸으로 삼아 달라고 은밀하게 청탁했습니다. 그 사실을 뒤늦게 안 제자들이 요한과 야고보 형제에게 불같이 화를 낸 것은 두말할 나위도 없습니다. 그들 역시 각자 자신이 으뜸이 되기를 원하고 있었던 것입니다. 제자들이 그처럼 유치한 해프닝을 벌인 것은 그들의 몸은 예수님 곁에 있었지만, 그들의 마음은 세상의 직선 위에 있었기 때문입니다. 그때 예수님께서 제자들에게 이렇게 말씀하셨습니다.

> 너희 중에 누구든지 크고자 하는 자는 너희를 섬기는 자가 되고 너희 중에 누구든지 으뜸이 되고자 하는 자는 모든 사람의 종이 되어야 하리라 (막 10:43하-44).

세상의 직선 위에서는 가장 앞선 사람이 으뜸이요, 종은 맨 뒷자리입니다. 그러나 주님께서는 제자들에게 너희들이 으뜸이 되기를 원한다면 너희들은 모든 사람의 종이 되어야 한다고 말씀하셨습니다. 주님께서는 인간을 직선 위에서 상대적으로 평가하시는 분이 아니기 때문입니다.

인간들이 예수님의 수제자라 부르는 베드로는 어떻게 예수님의 제자가 되었습니까? 베드로에게 안드레라는 이름의 동생이 있었습니다. 그는 본래 세례 요한의 제자였습니다. 이로 미루어 그가 영적인 사람이었음을 알 수 있습니다. 어느 날 세례 요한이 요단강에서 세례를 베풀 때 예수님께서도 세례를 받기 위해 그곳에 오셨습니다. 그때 예수님을 뵌 세례 요한이 성령님의 감동에 의해 예수님께서 하나님의 아들이심을 선포했습니다. 그 말을 들은 안드레가 예수님을 좇았는데 이와 관련한 내용을 요한복음 1장 40-42절이 밝혀 주고 있습니다.

> 요한의 말을 듣고 예수를 따르는 두 사람 중의 하나는 시몬 베드로의 형제 안드레라 그가 먼저 자기의 형제 시몬을 찾아 말하되 우리가 메시아를 만났다 하고 (메시아는 번역하면 그리스도라) 데리고 예수께로 오니 예수께서 보시고 이르시되 네가 요한의 아들 시몬이니 장차 게바라 하리라 하시니라(게바는 번역하면 베드로라).

베드로를 예수님 앞으로 인도하고, 예수님으로부터 베드로란 이름을 얻게 해주고, 예수님의 제자가 되도록 인도해 준 사람은 안드레였습니다. 만약 안드레가 형제를 생각하지 않고 자신만 아는 이기적인 인간이어서 자기 홀로 예수님을 좇는 것으로 만족해 버렸다면 우리가 아는 베드로, 인간들이 예수님의 수제자라 부르는 베드로는 아예 존재하지도 않을 것입니다.

예수님께서 이 땅에 계시는 동안 행하셨던 이적 가운데 오병이어의 이적이 있습니다. 오병이어의 이적이란, 예수님께서 어린아이가 지니고 있던 빵 다섯 조각과 물고기 두 토막으로 어린이와 여인은 제외하고도 성인 남자만 5천 명이나 되는 대군중을 배불리 먹이신 이적을 의미합니다. 예수님께서 이 땅에 계시는 동안 수많은 이적을 행하셨지만, 그 많은 이적들 가운데 사복음서에 모두 기록되어 있는 이적은 오병이어의 이적이 유일합니다. 오병이어의 이적이 그만큼 중요한 의미를 지니고 있기 때문일 것입니다.

어린아이가 한 끼 끼니용으로 지니고 있던 빵 다섯 조각과 물고기 두 토막이라면 얼마나 보잘것없겠습니까? 그러나 예수님의 손이 닿았을 때, 그 보잘것없는 오병이어는 어린아이와 여자를 제외하고도 성인 남자만 5천 명이나 되는 대군중을 배불리 먹이고도 남았습니다. 그 오병이어는 바로 우리 자신입니다. 우리가 비록 어린아이가 지닌 빵 다섯 조각과 물고기 두 토막처럼 보잘것없는 인간이라 할지라도, 우리의 인생에 주님의 손길이 닿기만 하면 우리는 상상할 수도 없었던 새로운 삶을 살 수 있습니다. 그래서 지난 2천 년 동안 이 땅을 거쳐 간 그리스도인들 가운데, 주님께서 행하신 오병이어의 이적을 전하는 성경 말씀을 읽고 절망과 고통 속에서 새로운 힘과 소망을 얻은 사람들이 얼마나 많았겠습니까? 저 역시 성경 속에서 오병이어의 내용을 읽으면서 주님의 위로와 격려를 얼마나 자주 경험했는지 모릅니다.

이처럼 중요한 오병이어의 이적이기에 그리스도인치고 그 이적을 모르는 사람이 없을 정도이지만, 그 오병이어의 이적이 이루어지게 된 과정을 소상하게 아는 사람은 의외로 드뭅니다. 어느 날 빈 들에 계시는 예수님께 큰 무리가 나아왔습니다. 예수님께서 그들 중의 병자들을 고쳐 주시다 보니 그만 저녁이 되고 말았습니다. 제자들이 예수님께 무리를 마을로 보내 각자 저녁식사를 해결토록 하자고 말씀드렸습니다. 예수님께서는 제자들에게 마을까지 갈 것 없이 "너희가 먹을 것을 주라"(마 14:16)고 명령하셨습니다. 그 빈 들에서 돈도 빵도 있을 리 없는 제자들에게 예수님의 그 명령은 황당하게만 들렸습니다. 그래서 빌립이 무리들에게 빵을 조금씩만 준다고 해도 근로자 200명의 임금으로도 부족할 것이라고 예수님께 따지듯이 말했습니다. 그러나 예수님의 제자 중 안드레만은 달랐습니다. 안드레는 '너희가 먹을 것을 주라'는 예수님의 명령을 이해할 수는 없었지만, 그러나 그 명령에 순종하였습니다. 안드레는 대체 우리가 어떻게 먹을 것을 줄 수 있을까, 대체 누가 먹을 것을 갖고 있을까, 생각하며 무리 사이를 헤매고 다니다가 보리빵 다섯 조각과 물고기 두 토막을 지니고 있는 어린아이 한 명을 발견했습니다. 요한복음 6장 8-9절에 의하면 안드레는 이 보잘것없는 오병이어가 무슨 소용이 있을까, 의구심을 품으면서도 예수님의 명령에 순종하는 마음으로 그 어린아이를 예수님께 인도해 갔습니다. 그리고 어린아이로부터 오병이어를 건네받은 예수님에 의해 그 유명한 오병이어의 이적이 일어났습니다. 만약 그때 안드레마저 예수님의 명령을 황당하게 여기고 오병이어를 지닌 어린아이를 찾으려 하지 않았더라면, 찾았더라도 도대체 이 보잘것없는 오병이어가 무슨 소용이 있을까 속단하며 그 어린아이를 예수님께 인도해 가지는 않았더라면, 2천 년 동안 수많은 사람들에게 새로운 힘과 용기와 소망과 격려를 안겨 주었던 오병이어의 이적은 성경 속에 기록되지 못했을 것입니다.

그것이 안드레에 대한 주님의 부르심이었습니다. 바나바에 대한 주님의 부르심이 주님께서 맡기신 한 사람을 바로 세우는 것이었다면, 안드레에 대한 주님의 부르심은 필요한 한 사람을 주님께 인도해 가는 것이었습니다. 그리고 그 부르심에 충실했던 안드레에 의해 인간들이 예수님의 수제자라 부르는 베드로가 베드로가 될 수 있었고, 어린아이의 보잘것없는 오병이어가 유일하게 사복음서 모두에 기록된 예수님의 이적으로 승화될 수 있었습니다. 이런 의미에서 이름도 없이 빛도 없이 예수님의 부르심에 순종한 안드레의 삶 역시 주님 안에서, 세상 사람들이 예수님의 수제자라 부르는 베드로의 삶과 동일하게 절대적인 의미와 가치를 지닙니다.

예수님의 제자 중 또 요한의 경우는 어떠했습니까? 요한복음 19장 27절은 십자가에 못박혀 돌아가시는 예수님께서 요한에게 자신의 생모 마리아를 부탁했고, 그때부터 요한이 마리아를 자기 집에 모셨음을 증언하고 있습니다. 요한에 대한 주님의 부르심은 그 이후 마리아가 세상을 떠나기까지 수십 년 동안 마리아 한 사람을 봉양하는 것이었습니다. 한마디로 할머니 마리아를 위해 하루 세 끼 밥을 챙기고 빨래하는 것이었습니다. 언뜻 한 사람을 위한 부르심이라는 의미에서 요한의 부르심은 바나바와 안드레의 부르심과 동일해 보이지만, 그러나 그 세 사람의 부르심은 근본적으로 달랐습니다. 바나바에 대한 주님의 부르심이 주님께서 맡겨 주신 한 사람을 바로 세우는 것이었기에, 바나바는 바울과 결별하면서까지 주님께서 자신에게 맡겨 주신 마가를 2차 전도 여행에도 다시 대동하였습니다. 그러나 마가의 역할은 바나바를 보조하는 것이었습니다. 2차 전도 여행이 끝나기까지 식사 문제를 해결하고 빨래하는 것은 보조자인 마가의 몫이었습니다. 안드레에 대한 주님의 부르심은 주님께서 필요로 하시는 한 사람을 주님께 인도하는 것이었습니다. 그래서 안드레는 베드로와 오병이어를 지닌 어린아이를 주님께 인도해 가면서도 그들을 위해 밥을 챙겨 주거나 빨래해 줄 필요는 없었습니다. 도리어 그날 저녁 그 빈 들에서 안드레가 어린아이가 지녔던 오병이어 덕분에 저녁 한 끼를 해결할 수 있었습니다. 반면에 요한의 부르심은, 주님께서 맡겨 주신 한 사람에게 그 사람이 세상을 떠나기까지 수십 년 동안 밥해 주고 빨래해 주는 것이었습니다. 하지만 요한 역시 마리아가 세상을 떠나기까지 주님의 그 부르심에 순종하였습니다. 그리고 요한이 주님의 부르심에 따라 노파 마리아 한 사람에게 수십 년 동안 밥해 주고 빨래해 주며 얻은 영적 통찰력은 그의 말년에 요한복음과 요한 1서·2서·3서 그리고 요한계시록으로 이어졌습니다. 그것이야말로 주님의 부르심에 순종하는 한, 수십 년 동안 단 한 사람에게 밥해 주고 빨래해 주는 삶도 주님 안에서는 절대 의미를 지닌다는 증거였습니다.

결국 인간이 베드로를 예수님의 수제자라 부르는 것은 직선 위에 사는 인간의 오해일 뿐이요, 주님께는 베드로, 안드레, 요한 모두 절대적으로 필요한 다 똑같은 제자였습니다.

죄와 사망으로부터 인간을 구원하기 위해 이 땅에 오신 하나님의 독생자 예수 그리스도를 배척하고 끝내 십자가의 죽음으로 몰아넣은 사람들은, 어처구니없게도 하나님을 믿는다는 유대인들이었습니다. 그들은 왜 하나님의 이름으로 하나님의 독생자를 처형하는 어리석음을 자행했습니까? 하나님을 믿는다면서도 세상의 직선 위에서 살았기 때문입니다. 그들이 사는 세상의 직선 위에서 가장 크고 높고 앞선 사람은 그들의 정복자인 로마제국의 황제였기에, 자신들을 구해 줄 메시아는 로마 황제보다 더 크고 더 높고 더 앞선 힘과 능력을 지닌 분이어야만 했습니다. 그러므로 하나님의 아들을 참칭하는 것으로 보이는 달동네 나사렛의 보잘것없는 빈민 출신 예수를 그들은 하나님의 이름으로 단죄하지 않을 수 없었습니다. 그들이 예수님의 길은 자신들이 추구하는 세상의 직선과는 방향과 내용이 전혀 다름을 조금도 알려 하지 않았기 때문입니다.

그러나 잊지 말아야 합니다. 우리가 하나님을 믿는다면서도 세상의 직선 위에서 사는 한, 우리 역시 하나님의 이름으로 주님을 또다시 십자가에 못박는 이 시대의 유대인들이 될 것입니다. 우리가 세상의 직선을 추구한다는 것 자체가 우리의 마음이 이미 주님과 동떨어져 있음을 스스로 입증하기 때문입니다. 세상의 직선 위에서는 주님은 자기 목적을 위한 수단일 뿐 자기 인생의 주인이나 목적이 될 수는 없습니다.

그러므로 우리가 진정한 그리스도인으로 살기 원한다면, 우리 자신만 세상의 직선에서 벗어나 각자 주님의 부르심에 따라 자기 삶을 사는 것으로 그

쳐서는 안 됩니다. 하나님께서 우리에게 맡겨 주신, 혹은 맡겨 주실 자식들도 그렇게 키워야 합니다. 거의 대부분의 그리스도인들이 자기 자식을 세상의 직선 위에서 키웁니다. 직선은 한 방향으로만 향하는 외길이기에, 세상의 직선 위에서는 모든 사람들이 1등에서부터 꼴찌에 이르기까지 순위가 매겨지기 마련입니다. 직선 위에서 모든 사람이 1등 하는 방법은 절대로 있을 수 없습니다. 그런데도 그리스도인 부모조차 자식을 직선 위에 세워 놓고, 귀하디귀한 자기 자식을 남의 자식과 비교하면서 남보다 앞서라고 다그칩니다. 그 와중에 자식이 그리스도인으로 성장하고 살아가는 데 반드시 필요한 덕목인 헌신, 희생, 봉사, 섬김은 자식의 삶과는 무관하게 되고, 보배로운 자식의 인격과 정서와 심성도 황폐해지고 맙니다. 그 결과 자식이 세상의 직선 위에서 설령 1등을 하고 직선 위의 앞자리를 차지한다 해도 참된 행복이 무엇인지도 알지 못한 채, 마땅히 사랑해야 할 사람도 사랑하지 못해 인간관계마저 뒤틀린 이기적이고도 불행한 인간으로 살게 됩니다. 과연 그것이 당신의 귀한 자식을 우리를 믿고 우리에게 맡겨 주신 하나님의 뜻이겠습니까?

하나님께서 아브라함에게 100세에 얻은 아들 이삭을 요구하셨습니다. 하나님께서 이삭을 하나님의 부르심에 따라 키우도록 이삭의 아버지인 아브라함에게 요구하신 것입니다. 그 하나님께서는 인간을 위해 당신의 독생자 예수 그리스도를 내어 주셨습니다. 하나님의 독생자이신 예수님께서도 하나님 아버지의 부르심에 순종하신 것입니다. 그러므로 우리의 믿음 역시 우리의 자식을 키우는 데서 드러나야 합니다. 내가 하나님을 믿는다고 하면서도 내 자식을 세상의 직선 위에서 키운다면, 하나님 보시기에 내가 어찌 진정한 그리스도인일 수 있겠습니까?

우리 모두 세상의 직선 위에서 내려와, 우리의 자식들이 둥근 원 위에서 각자 주님의 부르심에 따라 자신이 원하는 길을 찾아갈 수 있게끔 우리 자식들을 믿어 주고 밀어주는 믿음의 부모들이 되십시다. 우리 자식들이 각자 주님의 부르심에 따라 살아갈 때 우리가 상상치도 못한 주님의 섭리가 이루어질 그들의 삶은 모두, 그 삶의 형태와 모양이 어떠하든 상관없이 그들을 부르신 주님 안에서 절대적인 가치를 지니게 될 것입니다. 그때 주님의 부르심에 따라 혹은 베드로로, 혹은 안드레로, 혹은 요한으로, 혹은 바울로, 혹은 바나바로, 혹은 마가로 살아가는 부모 자식 간에 어찌 절대 감사, 절대 만족, 절대 기쁨의 행복이 견고하게 뿌리내리지 않겠습니까?

인간을 구원하기 위해 이 땅에 오신 하나님의 독생자 예수 그리스도를 죽음으로 몰아넣은 사람들은, 다름 아닌 하나님을 믿는 유대인들이었습니다. 그들은 하나님의 이름으로 하나님의 독생자를 못박아 죽였습니다. 하나님을 믿는다면서도 세상의 직선을 추구하던 그들의 눈에는, 달동네 나사렛 출신의 빈민 예수가 절대로 메시아일 수 없었기 때문입니다. 그러나 그리스도인인 우리가 세상의 직선 위에서 살려 하는 한, 우리 역시 또다시 예수님을 십자가에 못박는 어리석은 유대인이 될 수밖에 없음을 일깨워 주셔서 감사합니다.

불을 향해 뛰어드는 불나방처럼 돈과 성공과 출세를 향해 뛰어들다, 끝내 공동묘지에서 허망하게 끝나 버릴 세상의 직선 위에서 우리 모두 벗어나게 해주십시오. 바나바처럼 주님께서 자신에게 맡겨 주신 한 사람을 바로 세우기 위한 삶을 살든, 안드레처럼 주님께서 필요로 하는 한 사람을 주님께 인도하는 삶을 살든, 요한처럼 주님께서 맡겨 주신 한 사람을 위해 수십 년 동안 밥해 주고 빨래해 주는 삶을 살든, 베드로와 바울처럼 대중을 위해 살든, 마가처럼 복음서의 기술자로 살든, 각자 주님의 부르심을 따라 자신의 절대적인 삶을 살아가게 도와주십시오. 나아가 주님께서 우리에게 맡겨 주신, 혹은 앞으로 맡겨 주실 우리의 자식들도 그렇게 키우는 믿음의 부모가 되게 해주십시오. 자식들을 세상의 직선 위에 세워 놓고 남의 자식들과 비교하면서, 단지 학교 성적이나 세상의 가치관만으로 자식들의 전 존재를 부모 스스로 속단하는 어리석음을 절대로 범치 않게 해주십시오. 주님께서 우리 자식들에게 부어 주신 재능과 가능성을 분별할 수 있는 지혜를 주십시오. 우리 자식들이 누구도 흉내 내거나 비교하지 않고 주님의 부르심을 따라 자기의 삶을 살아갈 수 있도록, 끝까지 자식을 믿어 주고 밀어주는 것이 그리스도인 된 부모의 의무요, 책임이요, 본분임을 잊지 말게 해주십시오. 그리하여 부모와 자식이 더불어 절대 감사, 절대 만족, 절대 기쁨의 행복을 누리는 우리의 각 가정이, 이 혼탁한 세상을 새롭게 살리는 주님의 통로가 되게 해주십시오. 아멘.

28. 바나바는 마가를 데리고 III

사도행전 15장 36-41절

며칠 후에 바울이 바나바더러 말하되 우리가 주의 말씀을 전한 각 성으로 다시 가서 형제들이 어떠한가 방문하자 하고 바나바는 마가라 하는 요한도 데리고 가고자 하나 바울은 밤빌리아에서 자기들을 떠나 함께 일하러 가지 아니한 자를 데리고 가는 것이 옳지 않다 하여 서로 심히 다투어 피차 갈라서니 **바나바는 마가를 데리고** 배 타고 구브로로 가고 바울은 실라를 택한 후에 형제들에게 주의 은혜에 부탁함을 받고 떠나 수리아와 길리기아로 다니며 교회들을 견고하게 하니라

우리는 지난 2주 동안, 그리스도인의 삶은 세상의 직선 위에서 이루어지는 것이 아니라는 사실에 대해 생각해 보았습니다. 바울과 바나바는 2차 전도 여행을 앞두고, 1차 전도 여행 때 전도팀을 무단이탈하여 집으로 되돌아가 버린 무책임한 청년 마가를 또다시 대동하는 문제를 놓고 의견이 엇갈렸습니다. 의견이 끝내 좁혀지지 않자 결국 두 사람은 자신과 다른 상대방의

생각을 통해 하나님의 뜻이 이루어질 수 있도록 서로 '파록쉬스모스', '격려' 하며 헤어졌습니다.

> 서로 심히 다투어 피차 갈라서니 바나바는 마가를 데리고 배 타고 구브로로 가고(39절).

바울과 헤어진 바나바는 또다시 마가를 대동하고 1차 전도 여행 때의 첫 번째 행선지였던 구브로 섬으로 떠났습니다. 그리고 바나바는 사도행전 무대로 다시는 되돌아오지 않습니다. 본문을 끝으로 바나바는, 바울을 발탁한 당사자였음에도 바울의 뒷바라지만 하다가 사도행전 무대에서 영영 퇴장해 버린 것입니다. 본문 이후의 사도행전 무대는 막이 내리기까지 바울 한 사람의 독무대로 전개됩니다. 그래서 사람들은 사도행전의 주인공은 바울이요, 바나바는 바울에게 훨씬 못 미치는 조연 가운데 한 사람으로 간주합니다.

그것은 사람들이 세상의 직선 위에서 바울과 바나바를 세워 놓고 서로 상대적으로 비교한 결과입니다. 하지만 그것은 성경과 동떨어진 발상입니다. 바울과 바나바는 주님의 부르심이 달랐습니다. 바울이 대중 전도를 위해 부르심을 받았다면, 바나바는 주님께서 자신에게 맡겨 주신 한 사람을 바로 세우기 위해 주님의 부르심을 받은 주님의 도구였습니다. 자신에 대한 주님의 부르심에 순종했던 바나바로 인해 고향 다소에서 13년이나 칩거하던 바울이 우리가 알고 있는 바대로의 바울이 될 수 있었고, 한때 무책임한 청년이었던 마가는 마침내 사도 베드로와 바울의 동역자가 되었을 뿐 아니라 사복음서 가운데 가장 먼저 쓰인 마가복음의 기록자가 되었습니다. 그러므로 두드러지게 보이는 것이라고는 고작 바울과 마가—두 사람만 바로 세웠을

뿐인 바나바의 삶이나, 본문 이후 사도행전을 자신의 독무대로 삼아 수차
례나 지중해 세계를 누비고 다니며 수많은 사람들에게 복음을 전한 바울의
삶이나, 하나님 앞에서는 우열을 가릴 수 없는 절대적인 의미를 지닙니다.
하나님께서는 고만고만한 인간들을 세상의 직선 위에 올려놓고 서로 경쟁시
켜 비교하면서 상대적으로 평가하시는 분이 아니라, 인간의 삶을 각자의 부
르심에 따라 절대적으로 평가하시는 분이기 때문입니다.

2천 년 전 로마제국의 직선을 생각해 보십시다. 그때에도 권력을 지녔거
나 많은 재물을 소유한 사람들, 소위 출세하고 성공한 사람들이 그 직선의
앞자리를 차지하고 있었습니다. 그 직선 위에 바울과 바나바를 올려놓으면
어떻게 되겠습니까? 그들에게 권력이 있었습니까? 그들에게 재물이 있었습
니까? 그들이 세상적으로 출세하고 성공한 사람들이었습니까? 결코 아니었
습니다. 그들을 당시의 직선 위에 올려놓는다면 그 직선 위에서 실패자요,
무능력자에 불과한 그들은 영락없이 꼴찌 인생이요, 그들에게 돌아갈 자리
는 그 직선의 맨 뒷자리일 수밖에 없었습니다. 그럼에도 그들이 세상을 새
롭게 하는 하나님의 도구로 쓰임 받을 수 있었던 것은, 하나님께서는 세상
의 직선 위에서 세상의 것을 기준 삼아 인간을 상대적으로 평가하시는 분
이 아니기 때문입니다.

하지만 바울은 로마에서 참수형을 당해 죽었고, 바나바는 구브로 섬에서
순교한 것으로 알려지고 있습니다. 당시 사람들이 바울과 바나바를 세상의
직선 위에서 세상의 기준으로만 판단한 까닭이었습니다. 어디 그뿐입니까?
그 로마제국 내에서, 이 땅에 오신 성자 하나님이신 예수님을 십자가의 죽음
으로 몰아넣은 사람들은 스스로 하나님의 선민임을 자처하던 유대인들이었
습니다. 그들 역시 하나님을 믿는다면서도 세상의 직선 위에서 살았기 때문
입니다. 세상의 직선을 추구하는 한, 우리가 아무리 신앙생활을 열심히 해

도 하나님께서 우리 삶의 목적과 주인이 되실 수는 없습니다. 하나님을 믿는다면서도 세상의 직선을 추구한다는 것 자체가 이미 하나님을 세상의 가치를 위한 수단으로 삼고 있음을 의미하기 때문입니다.

그러므로 그리스도인들은 세상의 직선이 아니라, 둥근 원 위에서 각자 자기 부르심의 방향을 따라 자기만의 절대적인 삶을 사는 사람들입니다. 각자 자기 부르심의 길을 좇는 그리스도인들의 삶은 모두 하나님 앞에서 절대적인 의미를 지니기에, 그때 그리스도인들은 자신과 다른 삶을 사는 사람들을 격려하면서 자기 삶에 대한 절대 감사, 절대 만족, 절대 기쁨을 누리게 됩니다.

주님께서 바울을 통해 이렇게 말씀하셨습니다.

> 큰 집에는 금그릇과 은그릇만 있는 것이 아니라, 나무그릇과 질그릇도 있어서, 어떤 것은 귀하게 쓰이고, 어떤 것은 천하게 쓰입니다. 그러므로 누구든지 이러한 것들로부터 자신을 깨끗하게 하면, 그는 주인이 온갖 좋은 일에 요긴하게 쓰는 성별된 귀한 그릇이 될 것입니다(딤후 2:20-21, 새번역).

'이러한 것들로부터 자신을 깨끗하게 한다'는 것은, 그 앞 구절에 의하면 불의로부터 자신을 깨끗하게 하는 것, 다시 말해 자신을 거룩하게 구별하는 것입니다. 세상의 직선 위에서 금그릇, 은그릇, 나무그릇, 질그릇을 비교한다면 가장 비싼 그릇은 금그릇이요, 제일 보잘것없는 것은 싸구려 질그릇입니다. 그것은 어디까지나 세상의 직선 위에서의 일일 뿐, 하나님 앞에서 이루어지는 일은 아닙니다. 하나님 앞에서는 자신을 깨끗하게 구별하기만 하면, 금그릇이든 질그릇이든 예외 없이 하나님의 귀한 그릇으로 쓰임받게 됩니다.

모세가 당시 세계 최고 최대의 제국인 이집트의 왕자로 거대하고 화려한 이집트 왕궁에서 살던 40년은, 모세의 일생에서 세상 직선 위의 금그릇에 해당했습니다. 그러나 하루아침에 미디안 광야의 양치기로 전락했던 40년은, 세상 직선 위에서 가장 싸구려 질그릇에 해당되는 시기였습니다. 하지만 하나님께서는 모세가 세상 직선의 금그릇이었던 이집트의 왕자 시절에 그를 당신의 그릇으로 부르시지 않았습니다. 모세가 장인 이드로 집의 양치기로 전락하여 세상의 직선 위에서 가장 싸구려 질그릇일 때, 하나님께서는 이집트의 노예살이로부터 당신의 백성을 구원하시기 위한 당신의 그릇으로 그를 부르셨습니다. 자기 소유라고는 마른 막대기 지팡이 하나뿐인 80세 노인 모세는 세상의 직선 위에서는 아무 쓸모없는 질그릇이었지만, 하나님 보시기에는 그때의 모세가 비로소 자신을 깨끗하게 하여 하나님의 부르심에 자신을 온전히 의탁할 자세를 지니고 있었던 것입니다.

구약성경의 에스겔과 다니엘은 모두 바빌로니아 제국으로 끌려간 전쟁 포로였지만, 바빌로니아에서 그 두 사람의 삶의 자리는 판이하게 달랐습니다. 에스겔은 그발 강가에서 함께 끌려온 유대인 포로들과 더불어 살았습니다. 정복지로 끌려간 전쟁 포로들이 무슨 편안한 삶을 살았겠습니까? 에스겔은 포로들과 함께 밑바닥 인생을 살아야만 했습니다. 그 반면에 다니엘은 같은 전쟁 포로이면서도 왕궁 속에서 살다가 바빌로니아 제국의 총리로 발탁되었습니다. 대바빌로니아 제국의 총리라면 다니엘은 금그릇이 확실했고, 그발 강가에서 포로들과 함께 밑바닥 인생을 사는 에스겔은 싸구려 중의 싸구려 질그릇이 틀림없었습니다. 세상의 직선 위에서는 분명히 그랬습니다. 그러나 하나님 앞에서는 전혀 그렇지 않았습니다. 다니엘이 하나님께서 당신의 섭리를 위해 왕궁 속에 심어 두신 하나님의 그릇이었다면, 에스겔은 유대인 포로들을 위해 그들 가운데 심어 두신 하나님의 똑같은 그릇이었습니다. 그래서 에스겔과 다니엘은 전혀 상반된 삶의 자리에 위치해 있으면서도 서로 상대방을 향해 너는 왜 그런 삶을 사느냐고 비난하지 않았고, 상대방을 질투하거나 자신과 비교하지도 않았습니다. 자신을 깨끗하게 하여 각자 자신에 대한 하나님의 부르심에 순종한 에스겔과 다니엘은 모두, 하나님 앞에서 동일하게 절대적 가치를 지닌 하나님의 귀한 그릇들이었습니다.

그러므로 하나님을 믿는 그리스도인들은 자신만 세상의 직선에서 벗어나는 것으로 그치지 않고, 지난 시간에 말씀드린 것처럼 하나님께서 맡겨 주신, 혹은 앞으로 맡겨 주실 자기 자식들도 둥근 원 위에서 키워야 합니다. 직선은 하나의 방향을 향할 뿐이므로 세상의 직선 위에서는 모든 사람이 1등부터 꼴찌까지 순위가 매겨지기 마련이지만, 둥근 원은 360도를 향해 열려 있습니다. 360도라고 해서 둥근 원 위에는 360개의 삶의 길만 있는 것은 아닙니다. 하나님을 향해 온전히 열려 있는 둥근 원에는 사람의 숫자만큼이나 다양한 부르심의 길이 있습니다. 그래서 우리가 우리의 자식들이 둥근 원 위에서 주님의 부르심을 따라 자기 삶의 길을 찾아갈 수 있도록 믿어 주고 밀어줄 때에만, 우리 자식들은 어릴 때부터 세상의 직선 위에서 세상의 가치관에 예속되지 않고 하나님의 그릇으로 살아가기에 절대 필요한 헌신, 희생, 봉사, 섬김의 덕목으로 자신을 깨끗하게 가꾸어 갈 수 있습니다.

제 둘째 아이 이야기를 드리는 것을 양해해 주시기 바랍니다. 둘째 아이가 고등학교 1학년 여름방학 때, 제 초등학교 동창생의 초청으로 한 달 동안 영국에서 열린 여름 캠프에 참여한 적이 있었습니다. 그 캠프를 주관한 학교의 교장 선생님이 제 아이를 눈여겨보고, 학비 전액 장학금 교환학생으로 제 아이를 1년 동안 데리고 있겠다고 했습니다. 제 아이 역시 1년간 외국생활에 도전해 보기를 원했습니다. 저희 부부는 아이와 1년 후에 반드시 한국으로 돌아와 가족과 함께 산다고 약속한 뒤 영국에서 교환학생 생활을 하게 했습니다. 작정된 1년이 끝날 때쯤 그 학교 교장 선생님으로부터 연락이 왔습니다. 아이를 영국에서 계속 공부하게 하면 옥스퍼드 대학에 진학할 수 있을 것으로 판단되므로 자신이 책임을 질 테니 계속 영국에 두자는 것이었습니다. 그것은 참으로 고마운 제안이었습니다. 그러나 저희 부부는 그 제안을 정중히 사양하였습니다. 만약 저희 부부가 세상의 직선을 추구했다면 두말할 것도 없이 감사함으로 그 제안을 받아들였을 것입니다. 저희 부부는, 저희 자식들이 고등학교를 졸업할 때까지 미성년인 기간 동안에는 가족과 더불어 사는 것이 무엇보다도 중요하다는 가치관을 지니고 있습니다. 자식들이 부모 형제와 함께 부대끼며 살아가면서 자연스럽게 헌신, 희생, 봉사, 섬김의 삶을 체득하는 가운데 바른 성품, 바른 인격, 바른 정서, 바른 심성을 지닌 사람으로 성장할 수 있고, 그래야 성인이 되어서도 자기에게 주어진 소명의 삶에 충실하면서 어떤 상황 속에서든 사람과의 관계에서 행복한 삶을 스스로 일구어 갈 수 있다고 믿기 때문입니다. 그래서 네 명의 아이들이 어릴 때부터 고등학교를 졸업한 이후에는 자신의 선택에 따라 자신의 책임하에 외국에서 홀로 공부할 수 있지만, 고등학교를 졸업할 때까지는 가족과 함께 살아야 한다고 약속했었던 터였습니다. 또 저와 제 처는 국민 대다수가 미성년 자식을 외국에 조기 유학 보내지 못하는 우리나라 상황에서, 제 아이의 경우는 비록 학비가 드는 것은 아니라 해도 목사가 자식을 조기 유학 보내는 것은 덕스럽지 못하다는 생각도 지니고 있었습니다.

하지만 그 엄청난 제의를 받은 제 둘째 아이 자신은 영국에서 계속 공부하고 싶지 않았겠습니까? 만약 아이가 영국에서 버티고 돌아오지 않는다면 저희 부부에게는 별다른 도리가 있을 수 없었습니다. 하지만 고맙게도 둘째 아이는 영국에서 1년간의 생활을 마감하고 약속한 대로 한국으로 돌아와 가족과 함께 살면서 고등학교를 졸업했습니다. 그리고 포항에 있는 한동대학교에 진학하여 1학년에 재학 중일 때였습니다. 중국 조선족을 위하여 중국 연변에 연변과학기술대학교를 설립한 김진경 총장님이 제 아이에게 연변과학기술대학에서 조선족 청년들과 함께 공부해 볼 것을 제안했습니다. 1년 전 고등학교 3학년 때에도 동일한 제안을 받고 사양했던 제 아이는 김 총장님의 두 번째 제안은 받아들여, 1학년 2학기부터 한동대학을 자퇴하고 연변과학기술대학생이 되었습니다. 그곳에서 졸업하기 전 중국 서쪽 신장웨이우얼 자치구 우루무치의 신장대학교新疆大學校에서 1년 동안 교환학생으로 수학하기도 했습니다. 그리고 1년 2개월 전 연변과학기술대학을 졸업하고 귀국한 이래 현재까지는 중국에서 발병한 중증 허리디스크 치료 중에 있습니다.

사람들은 일반적으로 학력을 상승시켜 가기를 원합니다. 그러나 제 아이는 자신의 학력을 강등하는 길을 선택했습니다. 이를테면 세상의 직선 위에서 질그릇처럼 보이는 길을 선택한 것입니다. 그것은 세상의 직선 위에서는 무모하고도 어리석기 짝이 없는 선택입니다. 그러나 저와 제 처는 그 아이가 중국에서 조선족 청년, 러시아와 북한에서 그 학교로 유학 온 고려인 청년과 북한 청년, 그리고 한족 청년 및 위구르 청년들과 함께 어우러져 살면서 4년 동안 체득한 삶의 경험과 안목은, 그 아이가 일평생 주님의 부르심을 따라 자기 인생을 살아가는 데 중요한 자산이자 자양분으로 작용할 것을 믿고 있습니다.

세상의 직선 위에서의 금그릇이 반드시 하나님 앞에서도 금그릇인 것은 아닙니다. 오히려 성경은 세상 직선 위에서의 금그릇이 하나님과 무관한 경우가 더 많음을 증언하고 있습니다. 세상 직선 위에서의 싸구려 질그릇이 하나님 앞에서도 싸구려 질그릇인 것도 아닙니다. 성경에 등장하는 인물들 가운데 하나님의 귀한 그릇으로 쓰임 받은 사람들은 대부분 세상의 직선 위에서는 싸구려 질그릇처럼 보이는 사람들이었습니다. 자신이 보잘것없는 싸구려 질그릇임을 깨닫는 사람만 자신을 의지하지 않고, 오직 하나님만을 의지하면서 하나님 앞에서 부단히 자신을 깨끗하게 가꾸어 갈 수 있습니다. 그래서 그리스도인이라면 온 가족이 세상의 직선이 아니라 둥근 원 위에서 각자 주님의 부르심을 따라 자기의 삶을 살 수 있도록 서로 끝까지 믿어 주고 밀어주어야 합니다.

여기에서 이런 질문이 제기될 수 있습니다. 각박한 세상의 치열한 경쟁 속에서 다른 사람들처럼 세상의 직선을 추구하지 않는다면, 자신은 말할 것도 없고 자식들 역시 주님의 부르심을 따라 자기 소명의 삶이나마 과연 제대로 살아가겠느냐는 것입니다. 그 질문에 대한 대답은 '믿음'—단 두 글자입니다. 우리가 비인격적인 세상의 기준으로 모든 인간에게 순위를 매기는 세상의 직선을 탈피하여 온 가족이 더불어 둥근 원 위에서 각자 주님의 부르심을 따라 자신의 삶을 살려는 것은, 우리가 하나님을 믿는 그리스도인들이기 때문입니다. 우리가 하나님을 믿지 않는다면 그런 삶일랑 꿈에서조차 생각할 필요도 없습니다. 그러므로 우리 자신이 하나님을 믿음으로 자기 소명의 삶에 순종하는 믿음의 부모로 살아가는 한, 설령 우리의 자식들이 세상의 직선 위에서 싸구려 질그릇처럼 보일지라도, 청년 시절의 마가처럼 한순간 무책임하고 무능력해 보일지라도, 우리가 다른 부모들처럼 우리 자식들에게 세상 직선의 것들로 포장해 주지 못할지라도, 하나님께서 그 모든 것을 합력하여 우리 자식들을 반드시 책임져 주시고 또 당신의 절대적인 귀한 그릇으로 쓰실 것을 믿어야 합니다. 그것이 믿음입니다.

이런 의미에서, 오늘 본문 속에서 바나바와 함께 또다시 구브로 섬으로 출발한 마가의 부모는 우리에게 시사하는 바가 큽니다. 사람들은 예수님께서 십자가에 못박혀 돌아가시기 전 제자들과 '최후의 만찬'을 가지셨던 곳을 '마가의 다락방'이라고 부릅니다. 마가라는 사람의 집 2층이라는 말입니다. 최후의 만찬이 끝난 뒤 예수님께서 최초로 성찬식을 거행하신 장소도, 부활하신 주님께서 두려움에 떨고 있는 제자들을 두 번씩이나 찾아오신 곳도, 예수님께서 승천하신 뒤 제자들을 포함하여 120명의 성도들이 기도하면서 초대교회를 태동시킨 곳도, 오순절에 성령님께서 강림하셨던 곳도, 모두 사람들이 '마가의 집'이라 부르는 그 집이었던 것으로 알려지고 있습니다.

그러나 사람들이 마가의 집이라 부르는 그 집을 성경은 마가의 집이라고 부르지 않습니다. 사도행전 12장 12절은 그 집을 가리켜 '마가의 어머니 마리아의 집'이라 부르고 있습니다. 모든 재산은 남편의 소유로 일컬어지던 당시에 그 집이 마가의 어머니 마리아의 집으로 불렸다는 것은 마리아가 남편을 여읜 과부였음을 의미합니다. 남편을 먼저 떠나보내고 홀로 남은 마리아는 세월의 흐름과 상관없이 자신의 집을 계속 주님을 위해 내어놓았습니다. 사도행전 8장은 그리스도인들에 대한 유대교인들의 대박해로 예루살렘의 그리스도인들이 사방으로 흩어져야 했음을 전해 주고 있습니다. 사도행전 12장에 의하면 분봉왕 헤롯 아그립바 1세는 주님의 제자 중 야고보를 참수형에 처하고 베드로를 투옥시키기까지 했습니다. 이처럼 예루살렘에서 그리스도인으로 살아간다는 것은 당시로서는 위험한 일이었습니다. 더욱이 최고 권력자가 교회를 박해하는 마당에 자신의 집을 계속 주님을 위해 공개적으로 내어놓는다는 것은 더더욱 위험한 일이었습니다. 그럼에도 마리아가 그 위험한 삶을 감수했던 것은 그녀가 세상의 직선을 추구하지 않고, 주님의 부르심에 따라 소명의 삶을 사는 믿음의 여인이었기 때문입니다.

그렇다면 세상을 일찍 떠난 마리아의 남편, 즉 마가의 아버지는 마가를 위해 아무것도 하지 않았던가? 오히려 그 반대였습니다. 사도행전 12장 12절을 살펴볼 때 말씀드린 것처럼, 이 이후에 마가는 마가복음을 기술하면서 자신의 아버지에 대한 기록을 남겼습니다. 즉 마가는 마가복음 14장 14절에서, 예수님께서 십자가에 못박히시기 전 제자들과 최후의 만찬을 가지실 수 있도록 사람들이 마가의 집이라 부르는 집, 다시 말해 마가 자신의 집을 예수님께 처음으로 제공한 '집주인'을 '오이코데스포테스οἰκοδεσπότης'로 표기하였습니다. 그 단어는 성인 남자를 일컫는 단어입니다. 사람들이 마가의 집이라 부르는 집을 최초로 주님을 위해 내어 드린 사람은 마가의 어머니 마리아도, 당시 어린아이였던 아들 마가도 아니었습니다. 그 집을 주님을 위해 최초로 내어 드린 성인 남자는 그 집의 가장, 곧 마가의 아버지였음을 그 아버지의 아들인 마가가 자신이 기록한 마가복음에서 직접 밝힌 것입니다. 마가의 아버지는 주님을 위해 자신의 집을 기꺼이 내어놓을 정도로 헌신된 믿음의 사람이었습니다. 하나님께서 하나님 나라의 필요를 위해 그를 먼저 하나님의 나라로 부르신 뒤에는, 홀로 남은 아내 마리아가 남편의 신앙을 이어받아 자신이 상속받은 집을 계속하여 주님을 위해 내어놓았습니다.

마가는 그런 아버지와 어머니 밑에서 태어나고 자랐습니다. 세상의 직선 위에서가 아니라, 둥근 원 위에서 주님의 부르심을 따라 살도록 양육받았다는 말입니다. 그 아들 마가가 사도 바울과 바나바의 수행원이 되어 1차 전도 여행을 따라나섰을 때 어머니 마리아의 마음이 얼마나 기뻤겠습니까? 그러나 아들 마가가 중도에 전도팀을 무단이탈하여 무책임하게 집으로 돌아오고, 자기 아들로 인해 끝내 바울과 바나바가 결별했을 때, 남편을 여의고 홀로 마가를 키워 온 홀어머니 마리아의 가슴이 찢어지지 않았겠습니까? 그러나 마리아는 바나바를 따라 또다시 2차 전도 여행에 나서는 아들 마가를 만류하지 않았습니다. 하나님을 믿기에 아들 마가를 끝까지 믿었습니다. 그리고 그녀가 믿었던 하나님께서는 바나바를 통해 그녀의 아들 마가를 베드로와 바울의 동역자로, 마가복음의 기록자로 세워 주심으로써, 그녀가 믿었던 대로 마가를 하나님의 귀한 그릇으로 사용해 주시고 또 책임져 주셨습니다.

사랑하는 교우 여러분! 세상의 직선이 아무리 화려해 보여도 그 끝은 예외 없이 공동묘지일 뿐임을 잊지 마십시다. 우리 모두 온 가족과 더불어 둥근 원 위에서 자기 소명의 삶을 살면서, 우리 자식들이 주님의 부르심을 따라 자기 삶의 길을 찾아갈 수 있게끔 끝까지 믿어 주고 밀어주는 마가의 아버지와 어머니가 되십시다. 그때 우리 자식들이 설령 세상의 직선 위에서 싸구려 질그릇처럼 보일지라도, 청년 시절의 마가처럼 한때 무책임하게 실수할지라도, 우리가 다른 부모들처럼 우리 자식들에게 세상 직선의 것들로 포장해 주지 못할지라도, 우리가 믿는 하나님께서 우리 자식들의 삶을 이 시대를 새롭게 하는 마가복음이 되게 해주실 것이요, 우리 가정을 '마가의 아버지와 어머니의 집'이라 불러 주실 것입니다.

이집트의 직선 위에서 금그릇이었던 왕자 시절의 모세가 아니라, 그 직선 위에서 보잘것없는 질그릇과도 같았던 미디안 양치기 시절의 80세 노인 모세를 당신의 도구로 부르셨던 하나님. 바빌로니아 제국의 직선 위에서 금그릇인 총리가 되어서도 오직 하나님만을 의뢰하며 하나님 앞에서 자신을 깨끗하게 가꾸었던 다니엘과, 그 직선 위에서 싸구려 질그릇처럼 밑바닥 인생을 살면서도 하나님께 자신을 온전히 의탁했던 에스겔을, 아무 구별 없이 똑같이 하나님의 절대적인 도구로 귀히 사용하신 하나님. 로마제국의 직선 위에서 권력이나 재물도 없고 출세와 성공과도 거리가 멀어, 싸구려 중의 싸구려 질그릇처럼 보였던 바울과 바나바를 들어 그 시대를 위한 당신의 섭리를 이루신 하나님. 우리는 모두 그 하나님을 믿는 그리스도인들입니다.

우리의 삶은 세상의 직선 위에서가 아니라, 하나님을 향해 360도 온전히 열려 있는 둥근 원 위에서 우리 각자를 향한 주님의 부르심을 좇아 이루어짐을 잊지 말게 해주십시오. 우리 모두 우리의 가정을 주님의 통로로 주님께 내어 드리는 마가의 아버지와 어머니가 되게 해주십시오. 온 가족이 주님 안에서 서로 부대끼며 사랑하는 가운데 헌신과 희생과 봉사와 섬김의 삶을 체득하면서, 하나님 앞에서 자신을 깨끗하게 가꾸는 법을 익혀 가게 해주십시오. 우리 자식들이 설령 세상의 직선 위에서 질그릇처럼 보일지라도, 혹 실수하고 실패할지라도, 우리가 다른 부모들처럼 우리 자식들에게 세상 직선의 것들로 포장해 주지 못할지라도, 오히려 그 모든 과정을 통해 하나님께서 우리 자식들을 당신의 도구로 친히 세워 가고 계심을 의심 없이 믿게 해주십시오. 그리하여 우리 자식들의 삶이 이 시대를 새롭게 하는 마가복음이 되게 해주시고, 우리의 가정이 '마가의 아버지와 어머니의 집'으로 불리게 해주십시오. 아멘.

29. 바울은 실라를 택한 후에 사순절 첫째 주일

사도행전 15장 36-41절

며칠 후에 바울이 바나바더러 말하되 우리가 주의 말씀을 전한 각 성으로 다시 가서 형제들이 어떠한가 방문하자 하고 바나바는 마가라 하는 요한도 데리고 가고자 하나 바울은 밤빌리아에서 자기들을 떠나 함께 일하러 가지 아니한 자를 데리고 가는 것이 옳지 않다 하여 서로 심히 다투어 피차 갈라서니 바나바는 마가를 데리고 배 타고 구브로로 가고 **바울은 실라를 택한 후에** 형제들에게 주의 은혜에 부탁함을 받고 떠나 수리아와 길리기아로 다니며 교회들을 견고하게 하니라

어제, 그러니까 2월 25일은 이명박 대통령이 대한민국 제17대 대통령에 취임한 지 4년째 되는 날이었습니다. 한나라당 대통령 후보로 출마하여 대한민국 대통령 선거 역사상 가장 큰 표차로 야당 후보에게 압승했던 이명박 대통령의 임기는 아직 1년이나 남아 있습니다. 5년 임기에서 1년이라면 전체 임기의 20퍼센트에 해당하는, 결코 짧은 기간이 아닙니다. 하지만 이명

박 대통령이 당원이었고, 이명박 대통령을 대통령 후보로 내세웠던 한나라당은 더 이상 존재하지 않습니다. 올해 총선과 대선을 앞두고 국민의 마음에서 멀어진 한나라당을 재건하기 위한 전권을 위임받은 한나라당의 비상대책위원회는 당의 이름을 새누리당으로 변경했습니다. 그리고 아직도 임기가 1년이나 남아 있는 이명박 대통령을 비판하면서, 이명박 대통령과 새누리당을 차별화하는 선긋기에 나섰습니다. 비상대책위원들만 그렇게 하는 것은 아닙니다. 4년 전 이명박 정부가 시작될 때 소위 정권의 실세 그룹에 끼어들기 위해 안달한 정치인들이, 정치권과는 무관한 우리가 보기에도 얼마나 많았습니까? 그러나 지난 4년 동안 누구보다도 이 정권의 실세였던 정치인들마저 요즈음은 언론과의 인터뷰에서 자신은 실세가 아니라고 강조합니다. 이처럼 여당 소속 정치인들은 임기가 아직 1년이나 남은 현직 대통령과 선긋기를 시도하고 있습니다.

하지만 이것은 우리에게는 대단히 익숙한 광경입니다. 현재 야당인 민주통합당에 소속된 정치인들은 총선이 다가오면서 저마다 고인이 된 노무현 전 대통령과의 인연을 훈장처럼 내세우고 있습니다. 그러나 그 정치인들 대부분이 5년 전 집권 여당 소속이었을 때에는 어떻게 했습니까? 당시 임기가 1년이나 남아 있던 현직 노무현 대통령을 비판을 넘어 아예 비난하면서, 소위 참여정부 실패론을 내세워 앞다투어 노무현 대통령과 선긋기에 나서지 않았습니까? 김대중 대통령 때에도, 김영삼 대통령 때에도, 노태우 대통령과 전두환 대통령 때에도 대통령의 임기를 1년여 앞둔 시점에 똑같은 일이 반복되었습니다. 그래서 전두환 대통령의 민정당도, 노태우 대통령과 김영삼 대통령의 민자당도, 김대중 대통령의 새천년민주당도, 노무현 대통령의 열린우리당도, 현직 대통령인 이명박 대통령의 한나라당도, 모두 역사의 뒤안길로 사라져 버리고 말았습니다.

왜 세월이 흘러도 우리나라의 정치판에서는 동일한 광경이 계속 되풀이되는 것입니까? 대부분의 정치인들이 국가 미래를 위한 비전이나 정책이 아니라 권력을 중심으로 모여들기 때문입니다. 새롭게 취임한 대통령이 확실하게 권력을 장악한 동안에는 집권 여당이 대통령을 중심으로 움직이지만, 대통령의 재임 기간이 오래되어 권력의 누수 현상이 엿보임과 동시에 여당 소속 정치인들은 미래의 권력에게 다가가기 위해 현직 대통령과 앞다투어 선 긋기를 시도하는 것입니다. 두고 보십시오. 제가 감히 장담합니다만 누가 대통령이 되든 상관없이 우리나라 대통령 임기가 5년 단임제인 한, 5년 후에도, 10년 후에도, 15년 후에도, 대통령의 임기를 1년여 남기고는 똑같은 광경이 어김없이 되풀이될 것입니다.

전직 대통령 가운데 생존해 있는 분은 전두환, 노태우, 김영삼 전 대통령 세 분입니다. 그 세 분에게 '정치권력'에 대해 물으면 무엇이라 답하겠습니까? 권력은 보석처럼 아름답고, 꽃처럼 향기롭고, 꿀처럼 달다고 권력을 예찬하겠습니까? 그럴 리가 없습니다. 당신들이 권력의 자리에 앉아 있을 때 밀물처럼 밀려들었던 사람들이, 당신들이 권좌에서 멀어짐과 동시에 썰물처럼 빠져나가는 것을 누구보다도 뼈저리게 경험한 그분들은 권력무상—권력의 덧없음과 허무함을 토로할 것이 분명합니다. '화무십일홍 권불십년花無十日紅 權不十年'—열흘 붉은 꽃이 없고, 10년 권력이 없다고 하지 않았습니까? 권력을 매개로 이루어지는 인간의 만남은, 권력의 힘이 강력한 만큼 반드시 허무하게 끝나게 마련입니다.

1980년대 초까지 장안에서 현금을 가장 많이 보유한 것으로 알려져 있던 분이 있었습니다. 이름난 사채업자였습니다. 당시 제가 다니던 체육관에 그분도 회원이었습니다. 60대의 나이에 20대 청년처럼 옷을 입고 다니는 멋쟁이 중의 멋쟁이였습니다. 그분 주위에는 언제나 사람들이 몰려다녔습니다. 그분으로부터 돈을 빌리거나 경제적 이득을 얻기 원하는 사람들이었습니다. 그러나 인생 말년에 접어들어 행여 누구라도 자신의 재산을 넘볼까 사람들을 의심하면서 자식들과의 관계마저 끊어 버린 그분은, 서울 근교 별장에서 혼자 살면서 인근 가게에서 구입한 마른 샌드위치로 연명하다가 홀로 쓸쓸히 세상을 떠났다는 이야기를 전해 들었습니다. 이 세상에는 돈을 연결 고리로 하여 이루어지는 사람들의 만남도 수없이 많습니다. 그러나 돈이라는 연결 고리가 끊어지기 무섭게 그런 만남 역시 언제 있었더냐는 듯 와해되고 맙니다.

저는 청년 시절에 한동안 술독에 빠져 살았습니다. 당시 사업을 하면서 주체할 수 없을 정도로 많은 돈을 번 저의 하룻밤 술값은, 죄송하지만 웬만한 회사원 한 달 봉급에 해당했습니다. 그런 술자리를 거의 매일 밤 벌였으니 술친구는 또 얼마나 많았겠습니까? 사회 각계각층에 저와 술판을 벌이던 인사들이 있었습니다. 그러나 헤아릴 수조차도 없었던 그 많은 술친구들 가운데, 그 이후에 신앙생활을 하는 분들을 제외하고는, 지금까지 계속 만나는 분들이 없습니다. 지금 어디에서 무엇을 하는지도 모르고, 이름은 말할 것도 없이 그 존재 자체를 잊어버린 분들이 대부분입니다. 돌이켜 보면 거의 매일 밤 술친구들과 어울려 주고받았던 그 많은 대화 가운데 지금까지 무슨 의미나 가치를 지닌 말로 제 가슴에 남아 있는 말은 한마디도 없습니다. 남자가 술을 마시는 동안은 술친구가 이 세상에서 가장 절친한 친구 같습니다. 그러나 그것은 착각일 뿐입니다. 술친구는 문자 그대로 술자리의 친구일 뿐, 술친구가 술이 배제된 자리에서도 친구인 것은 아닙니다.

권력으로 인한 만남은 권력으로 인해 깨어지고, 돈을 연결 고리로 한 만남은 돈 때문에 와해되고, 술로 맺어진 만남은 단지 술자리에서만 유효할 뿐입니다. 그래서 사람들은 어릴 적 친구만이 평생 친구가 될 수 있다고 말합니다. 어릴 적, 권력이나 돈이나 술이 개입되기 이전에 이루어진 만남만 세상의 이해득실에 따라 좌지우지당하지 않는 만남으로 지속될 수 있다는 말입니다. 그러나 과연 그렇습니까? 어린 시절 철부지 적에 이루어지기만 하면 모든 만남이 성인이 되어서도 이상적인 만남으로 지속됩니까? 함석헌 선생의 〈그 사람을 가졌는가〉는 우리에게 너무나도 잘 알려진 시입니다. 이 시간에 그 시를 다시 한 번 읽어 드리겠습니다.

만 리 길 나서는 길
처자를 내맡기며
맘 놓고 갈 만한 사람
그 사람을 그대는 가졌는가

온 세상 다 나를 버려
마음이 외로울 때에도
'저 맘이야' 하고 믿어지는
그 사람을 그대는 가졌는가

탔던 배 꺼지는 시간
구명대 서로 사양하며
'너만은 제발 살아다오' 할
그 사람을 그대는 가졌는가

불의의 사형장에서

'다 죽여도 너희 세상 빛을 위해

저만은 살려 두거라' 일러 줄

그 사람을 그대는 가졌는가

잊지 못할 이 세상을 놓고 떠나려 할 때

'저 하나 있으니' 하며

빙긋이 웃고 눈을 감을

그 사람을 그대는 가졌는가

온 세상의 찬성보다도

'아니' 하고 가만히 머리 흔들 그 한 얼굴 생각에

알뜰한 유혹을 물리치게 되는

그 사람을 그대는 가졌는가

　어린 시절에 만난 친구이기만 하면, 내게 위급한 상황이 터졌을 때 내 처자식을 책임져 줍니까? 어린 시절의 친구이기만 하면 침몰하는 배에서 하나 남은 구명정을 서로 양보하고, 죽음의 형장에서 세상의 빛을 위해 저 친구는 살려 달라며 자신이 앞장서 나가고, 불의와 타협하려는 나의 앞길을 가로막아 줍니까? 결코 아닙니다. 어린 시절의 친구 중에 서로 피해를 주거나 반대로 한통속의 공범이 되는 경우는 허다합니다. 인간 세상에서 추호의 사심도 개재되지 않고 이해관계를 완전히 초월한 만남의 성립과 지속은 어쩌면 불가능한지도 모릅니다. 모든 인간이 죄성을 지닌 죄인들이기 때문입니다. 이런 관점에서 오늘 본문은 우리에게 중요한 메시지를 전해 주고 있습니다.

2차 전도 여행을 앞두고 마가를 다시 대동하는 문제를 놓고 바울과 바나바는 결별하였습니다. 그러나 그것은 세상의 정치인들처럼 자신의 이득을 위하여 상대를 일방적으로 버리는 부정적 의미의 결별이 아니었습니다. 바울과 바나바는 자신과 다른 상대방의 생각을 통해 하나님의 더 큰 뜻이 이루어질 수 있도록 서로 '파록쉬스모스', 격려하며 헤어졌습니다. 바울과 헤어진 바나바는 자신이 주장했던 대로 마가를 다시 대동하고, 1차 전도 여행 때의 첫 번째 행선지였던 구브로 섬으로 출발했습니다. 본문 40-41절이 그 이후의 상황을 전해 주고 있습니다.

바울은 실라를 택한 후에 형제들에게 주의 은혜에 부탁함을 받고 떠나 수리아와 길리기아로 다니며 교회들을 견고하게 하니라.

바나바와 헤어진 바울은 실라를 자신의 동행자로 선택한 후에 바나바가 찾아간 구브로 섬과는 반대 방향인 수리아와 길리기아 지방으로 올라갔습니다. 그때 바울을 동행한 실라는 스스로 바울과 동행하겠다며 자원한 사람이 아니었습니다. 본문 40절은 바울이 실라를 선택하였음을 분명히 밝히고 있습니다. 바나바와 헤어진 바울이 많은 사람들 중에서 실라를 선택하여 그에게 자신과 함께 2차 전도 여행에 동행해 줄 것을 제안한 것이었습니다.

각자의 2차 전도 여행을 위해 바나바와 바울이 각각 자신의 동행자로 선택한 마가와 실라에게는 한 가지 공통점이 있었습니다. 두 사람 모두 예루살렘에서 사는 예루살렘 사람이라는 공통점이었습니다. 지난 시간에 살펴본 것처럼 예수님께서 십자가 고난을 당하시기 전 제자들과 최후의 만찬을 가지셨던, 사람들은 '마가의 집'이라 부르지만 사도행전 12장 12절은 '마가의 어머니 마리아의 집'이라 부르는 그 집은 예루살렘에 있었습니다. 마가는 바로 그 집에서 어머니 마리아와 함께 살았습니다. 그리고 사도행전 13장 13절은, 1차 전도 여행 당시 버가에서 전도팀을 무단이탈한 마가가 출발지인 안디옥으로 귀환하지 않고 예루살렘으로 되돌아가 버렸음을 밝혀 주고 있습니다. 예루살렘에 있는 자기 집으로 되돌아가 버린 것이었습니다.

실라 역시 예루살렘에 살면서 예루살렘 모교회에서 주요 역할을 맡고 있었습니다. 이방인 그리스도인들에 대한 할례 문제를 다룬 제1회 예루살렘 공의회가 끝난 후, 공의회 판결 내용을 담은 편지를 안디옥교회에 전달하는 역할을 맡았던 실라도 안디옥에서의 임무를 완수한 다음 예루살렘으로 귀환하였음을 33절이 밝혀 주고 있습니다. 이처럼 바나바와 바울이 각각 마가와 실라를 대동하고 2차 전도 여행을 시작하려 할 때, 마가와 실라는 모두 예루살렘에 있었습니다. 그렇다고 바나바와 바울이 예루살렘에 있는 마가와 실라를 직접 찾아가, 예루살렘에서 2차 전도 여행을 시작한 것은 아니었습니다. 그들의 2차 전도 여행 출발지도 1차 전도 여행 때처럼 안디옥이었습니다. 안디옥은 예루살렘의 옆동네가 아닙니다. 안디옥은 예루살렘에서 480킬로미터나 떨어져 있습니다. 서울에서 부산보다 더 먼 거리입니다. 따라서 안디옥에 있는 바나바와 바울이 예루살렘에 살고 있는 마가와 실라를 각각 선택하여 2차 전도 여행을 떠났다는 것은, 바나바와 바울이 예루살렘의 마가와 실라를 먼저 안디옥까지 불러 내렸음을 의미합니다.

우리가 잘 알고 있는 것처럼 바나바와 마가는 인척간이었습니다. 한글 성경은 골로새서 4장 10절에서 마가를 바나바의 조카라고 번역했지만, 헬라어 '아네프시오스'는 조카가 아니라 '사촌'을 의미하는 단어라고 했습니다. 마가는 바나바의 사촌 동생이었습니다. 당시 유대 사회는 철저하게 혈족 중심의 대가족제도를 이루고 있었습니다. 그러므로 사촌 형님 바나바의 지시를 동생 마가는 가볍게 여길 처지가 아니었습니다. 더군다나 마가는 1차 전도 여행 때 사촌 형님 바나바에게 잘못을 범한 전과가 있었습니다. 출발 당시에는 사촌 형님 바나바가 우두머리였던 전도팀을 중도에서 무단이탈함으로써 사촌 형님 바나바에게 큰 누를 끼친 잘못이었습니다. 따라서 마가는 사촌 형님 바나바가 2차 전도 여행을 위해 자신을 다시 안디옥으로 불러 내렸을 때, 1차 전도 여행 때의 잘못을 속죄하기 위해서도 바나바의 부름에 순종해야만 했습니다.

그러나 바울이 선택한 실라의 입장은 마가와는 판이하게 달랐습니다. 바울과 실라는 서로 피가 섞인 혈족이 아니었습니다. 어릴 때부터 같은 고향 출신이었던 것도 아니었습니다. 바울의 고향은 예루살렘에서 안디옥보다 더 멀리 떨어진 다소였습니다. 바울이 세상의 권력자였기에 권력을 매개로 예루살렘의 실라를 선택한 것도 아니었습니다. 바울이 갑부였기에 경제적 이득을 미끼로 예루살렘의 실라를 부른 것도 아니었습니다. 바울과 실라가 모두 당대 최고의 주당들이었기에 바울이 안디옥의 거나한 술판으로 예루살렘의 실라를 불러 내린 것도 아니었습니다. 바울이 실라를 불러 내린 2차 전도 여행의 길은 세상의 부귀영화와는 정반대의 길이었습니다. 당시 전도 여행의 수단은 선박을 이용할 수 있는 구간을 제외하면 대부분 도보였습니다. 며칠이고 산 넘고 강을 건너 걸어야만 했습니다. 마땅한 숙소가 없어 노숙이 다반사였고, 끼니를 제대로 때우지 못하는 것은 말할 것도 없고 세수나 목욕도 제대로 할 수 없었습니다. 느닷없는 강도나 산적의 습격 앞에서는 무방비, 무대책이었습니다. 가는 곳마다 그리스도인들을 배교자로 간주하는 유대교인들의 박해가 기다리고 있기도 했습니다. 그 전도 여행길이 얼마나 힘겹고 고달팠던지, 바울은 자기 의를 내세우는 거짓 사도들의 주장을 반박하면서 이렇게 고백했습니다.

그들이 그리스도의 일꾼입니까? 내가 정신 나간 사람같이 말합니다마는, 나는 더욱 그렇습니다. 나는 수고도 더 많이 하고, 감옥살이도 더 많이 하고, 매도 더 많이 맞고, 여러 번 죽을 뻔하였습니다. 유대 사람들에게서 마흔에서 하나를 뺀 매를 맞은 것이 다섯 번이요, 채찍으로 맞은 것이 세 번이요, 돌로 맞은 것이 한 번이요, 파선을 당한 것이 세 번이요, 밤낮 꼬박 하루를 망망한 바다를 떠다녔습니다. 자주 여행하는 동안에는, 강물의 위험과 강도의 위험과 동족의 위험과 이방 사람의 위험과 도시의 위험과 광야의 위험과 바다의 위험과 거짓 형제의 위험을 당하였습니다. 수고와 고역에 시달리고, 여러 번 밤을 지새우고, 주리고, 목마르고, 여러 번 굶고, 추위에 떨고, 헐벗었습니다(고후 11:23-27, 새번역).

한마디로 바울이 실라를 선택하여 제안한 길은 실라가 자기 생명을 걸고 죽음을 감수해야만 하는 길이었습니다. 상식적인 인간이라면 달리 생각해 볼 것도 없이 일언지하에 거절함이 마땅했습니다. 그러나 실라는 자신에 대한 바울의 선택을 비웃거나 외면하지 않았습니다. 실라는 바울의 선택을 받아들여 예루살렘에서 480킬로미터 떨어진 안디옥을 다시 찾아갔습니다. 그리고 바울과 함께 2차 전도 여행에 돌입하여 약 3년 동안 무려 5천여 킬로미터를 누비고 다니면서 현재의 터키 반도와 유럽의 발칸 반도에서 복음을 전했습니다. 그때 이미 40대였던 바울은 2천 년 전 당시로서는 노년 줄에 접어든 셈이었습니다. 그 바울이 2차 전도 여행 중에 겪어야만 했던 고초와 고난은 이루 다 표현할 수도 없었습니다. 그러나 실라는 한 치도 물러서지 않고 고난당하는 바울과 함께하면서 바울을 지키고 도왔습니다. 바울이 원한 대로 실라가 죽음과도 같은 바울의 2차 전도 여행길에 자신을 기꺼이 내던짐으로, 함석헌 선생의 표현을 빌리자면 실라가 바울을 위한 '그 사람'이

되어 준 것입니다. 어떻게 그것이 가능할 수 있었겠습니까? 32절은 실라가 선지자였음을 증언하고 있습니다. 선지자는 하나님의 말씀을 맡은 사람입니다. 하나님의 말씀을 마음에 담고 사는 사람이란 말입니다. 그 하나님의 말씀이 육신을 입고 이 땅에 오신 분이 예수님 아니십니까? 그러므로 선지자는 그 중심에 예수님을 모시고 사는 사람입니다. 실라가 자기 목숨을 걸면서까지 바울을 위한 '그 사람'이 될 수 있었던 것은 그가 자기 중심에 예수님을 모시고 사는 사람이었기 때문입니다.

하나님의 독생자이신 예수님께서 우리의 죗값을 대신 치르시기 위해 십자가의 제물로 돌아가셨다는 것은 구체적으로 무슨 의미이겠습니까? 죄의 삯은 사망이기에 태어나는 순간부터 죽음의 바다로 침몰해 가는 우리에게 생명의 구명정을 던져 주시기 위해, 예수님께서 당신 자신을 그 생명의 구명정과 맞바꾸셨다는 말입니다. 추악한 죄악의 노예인 우리로 하여금 세상의 빛이 되라시며, 불의한 십자가 사형의 형장에서 당신 자신이 우리를 대신하여 그 형장의 이슬로 사라지셨다는 의미입니다. 어디 그뿐입니까? 십자가에 못박혀 돌아가신 지 사흘째 되는 날 죽음을 깨뜨리고 부활하신 예수님께서는, 이 세상 모든 사람이 나를 버려도 끝까지 나를 믿어 주십니다. 내가 세상의 유혹에 빠지거나 불의와 타협하려 할 때 그분은 내 앞에서 가만히 '아니야' 하시며 고개를 가로저으십니다. 그리고 내 코끝에서 호흡이 멈추는 순간 당신의 영원한 생명으로 내 영혼을 품어 주실 뿐 아니라, 이 세상에 남은 내 처자식을 끝까지 책임져 주십니다. 그 예수님이 계시기에 우리는 예수님을 믿고 빙그레 웃으며, 안심하고 이 세상을 떠날 수 있습니다. 한마디로 예수님께서는 함석헌 선생의 표현대로 우리를 위한 바로 '그 사람', 아니 '그분'이십니다. 그래서 그분은 우리의 구원자가 되십니다.

실라는 그 예수님을 자기 중심에 모시고 사는 사람이었습니다. 그래서 실라는 바울이 청한 죽음과도 같은 전도 여행길에 기꺼이 자신을 내던져 바울을 위한 '그 사람'이 될 수 있었습니다. 바울 역시 예수님을 자기 중심에 모시고 사는 사람 아니었습니까? 그러므로 실라에게 바울과 동행하는 것은 단순히 바울과의 동행만을 뜻하지 않고, 바울이 중심에 모시고 있는 예수님을 모시고 다니는 것을 의미하기도 했습니다. 그래서 실라에게는 바울과 동행하는 것이 어려운 일일 수 없었습니다. 하지만 그 전도 여행의 더 큰 수혜자는 실라 자신이었습니다. 영적 거목이었던 바울이 3년에 걸친 2차 전도 여행 기간 동안 자신과 동행하는 실라에게 얼마나 든든한 영적 버팀목이 되어 주었겠습니까? 그 3년 동안 실라가 영적 거목인 바울로부터 받은 영적 영향력과 감화력은 또 얼마나 컸겠습니까? 더욱이 데살로니가전서 1장 1절과 데살로니가후서 1장 1절은 그 두 서신의 발신자가 "바울과 실루아노와 디모데"라고 밝히고 있습니다. 실루아노는 실라의 로마식 이름입니다. 바울 덕분에 실라 역시 성경에 바울서신 발신자로 이름을 올릴 수 있었습니다. 결과적으로 예수님을 중심에 주인으로 모시고 살던 바울과 실라는 서로 상대를 위한 '그 사람'이 되어 준 셈이었습니다. 그렇지 않았던들 그들의 2차 전도 여행은 중도에 실패로 끝나고 말았을 것입니다.

예수님을 중심으로 모시고 사는 사람들의 만남만 세상의 이해득실을 초월하여 참된 만남으로 지속될 수 있고, 그런 사람들의 만남이 주님에 의해 세상을 새롭게 할 수 있고, 그런 사람들이 서로 상대를 위한 '그 사람'이 되어 줄 수 있습니다. 그러므로 우리가 주님을 믿는다면서도 주님을 중심에 모시고 살지는 않는다면, 세상의 이해득실에 따라 이합집산을 거듭할 우리의 만남은 이 세상의 혼란을 가중시키고 인간관계를 더욱 각박하게 만들 뿐입니다. 내가 지금까지 살아오는 동안 함석헌 선생이 말한 '그 사람'이 내게는 단 한 명도 없었다면, 그것은 절대로 다른 사람을 탓할 일이 아닙니다. 그것이야말로 내가 중심으로 주님을 모시고 살지 못한 결과일 따름입니다.

당신 자신을 십자가의 제물로 내어놓으심으로 우리에게 생명의 구명정이 되어 주신 그분의 고난을 묵상하고 기리는 사순절 첫째 주일을 맞이하여, 주님을 중심으로 모시고 살지는 못해 뒤틀린 인간관계 속에서 살아온 우리의 어리석음을 회개하십시다. 우리 모두 바울과 실라처럼 우리를 위하여 '그분'이 되어 주신 예수님을 주인으로 모시고 살면서, 주님께서 원하시는 누군가를 위한 '그 사람'이 되어 주십시다. 그때 누군가도 주님에 의해 우리를 위한 '그 사람'이 되어 줄 것이요, 그때부터 우리의 만남을 통해 이 시대를 새롭게 하시려는 주님의 뜻이 이 땅에 이루어질 것입니다.

죄로 인해 죽음의 바다로 침몰해 가는 우리에게 생명의 구명정이 되어 주시기 위해, 예수님께서는 당신 자신의 생명을 포기하셨습니다. 추악한 죄인인 우리로 하여금 세상의 빛이 되라시며, 당신 자신이 십자가 형장의 이슬로 사라지셨습니다. 그러나 죽음을 깨뜨리고 부활하신 예수님께서는, 이 세상 모든 사람들이 나를 버려도 언제나 나를 끝까지 믿어 주고 계십니다. 내가 유혹에 빠져 세상의 불의와 타협하려 할 때, 내 앞에서 가만히 '아니야' 하고 고개를 가로저어 주십니다. 그리고 내가 이 세상을 떠날 때 나의 영혼은 말할 것도 없고, 이 세상에 남은 내 가족도 끝까지 책임져 주실 것입니다. 이처럼 예수님께서 나를 위한 '그 사람' 아니 '그분'이 되어 주셨기에, 내가 예수님을 힘입어 이 정도의 인간이라도 될 수 있었습니다. 그럼에도 예수님을 내 중심에 주인으로 모시고 살지는 않았기에 나로 인해 이 세상은 더욱 혼탁해지고, 나의 인간관계는 뒤틀리기만 했습니다. 나를 위한 예수님의 고난을 기리는 참회의 절기인 사순절 첫째 주일을 맞이하여, 이 모든 잘못을 회개하오니 용서해 주십시오. 권력을 매개로 한 만남은 권력으로 인해 깨어지고, 돈을 연결 고리로 삼은 만남은 돈 때문에 와해되고, 쾌락으로 맺어진 만남은 단지 쾌락의 자리에서만 유효할 뿐임을 깨닫게 해주신 예수님. 내가 나를 위한 '그분'이 되어 주신 예수님을 나의 중심에 모시고 예수님께서 원하시는 그 누군가를 위한 '그 사람'이 되어 줄 때, 예수님에 의해 그 누군가도 나를 위한 '그 사람'이 되어 주고, 그때부터 내가 만남의 신비로움 속에 살게 됨을 잊지 말게 해주십시오. 그리하여 우리의 모든 만남을 통해 이 시대를 새롭게 하시려는 주님의 뜻이 이 땅에 이루어지게 해주십시오. 아멘.

30. 견고하게 하니라 사순절 둘째 주일

사도행전 15장 36-41절

며칠 후에 바울이 바나바더러 말하되 우리가 주의 말씀을 전한 각 성으로 다시 가서 형제들이 어떠한가 방문하자 하고 바나바는 마가라 하는 요한도 데리고 가고자 하나 바울은 밤빌리아에서 자기들을 떠나 함께 일하러 가지 아니한 자를 데리고 가는 것이 옳지 않다 하여 서로 심히 다투어 피차 갈라서니 바나바는 마가를 데리고 배 타고 구브로로 가고 바울은 실라를 택한 후에 형제들에게 주의 은혜에 부탁함을 받고 떠나 수리아와 길리기아로 다니며 교회들을 **견고하게 하니라**

바나바와 헤어진 바울은 자신의 2차 전도 여행을 위한 동행자로 예루살렘의 실라를 선택하였습니다. 바울서신에 실루아노로 언급되어 있는 실라는 바울과 혈족이거나 동향 출신이 아니었습니다. 그럼에도 자기 중심에 하나님을 모시고 살던 실라는 바울의 청을 받아들여 예루살렘에서 480킬로미터나 떨어져 있는 안디옥으로 내려갔습니다. 그리고 바울의 2차 전도 여행에 기꺼이 동참함으로써, 지난 시간에 말씀드린 것처럼 실라는 바울을 위한 '그 사람'이 되어 주었습니다. 다음은 본문 40절의 증언입니다.

> 바울은 실라를 택한 후에 형제들에게 주의 은혜에 부탁함을 받고 떠나.

무슨 의미인지 선뜻 이해하기 어려운 이 구절을 새번역 성경이 쉽게 번역하였습니다.

> 그러나 바울은 실라를 택하고, 신도들로부터 주님의 은혜가 함께하기를 바라는 인사를 받고서, 길을 떠났다.

바울과 실라는 안디옥교회 교인들의 축복과 기도 속에서 2차 전도 여행을 시작했습니다. 3년여에 걸쳐 무려 5천여 킬로미터를 누비게 될 2차 전도 여행의 대장정이 시작된 것이었습니다.

> 수리아와 길리기아로 다니며 교회들을 견고하게 하니라(41절).

안디옥이 속해 있던 로마제국의 속주 수리아는 지중해를 끼고 남북으로 펼쳐져 있었고, 역시 로마제국의 속주였던 길리기아는 수리아의 북쪽에 동서로 전개되어 있었습니다. 사도행전 16장 1절은 바울이 1차 전도 여행 때의 전도지였던 더베와 루스드라를 2차 전도 여행 때 재방문하였음을 밝혀 주고 있습니다. 즉 안디옥을 출발한 바울과 실라는 수리아 북쪽으로 올라가다가 서쪽으로 방향을 바꾸어 길리기아 땅을 거쳐 더베와 루스드라에 이르기까지, 도중에 있는 현지 교회들을 일일이 방문하였습니다.

바울은 1차 전도 여행 때 수리아 북쪽이나 길리기아 땅을 방문한 적이 없었습니다. 본문에 언급된 수리아와 길리기아의 교회들은 바울에 의해 세워진 교회들이 아니었다는 말입니다. 성경은 그 교회들이 어떻게 세워졌는지 밝혀 주지 않습니다. 타 지역을 여행하던 중에 복음을 받아들인 현지인들에 의해 자생적으로 생겼거나, 외부에서 유입된 그리스도인들에 의해 세워졌을 것이라고 추정할 수 있을 뿐입니다. 어느 쪽이든 확실한 것은, 당시의 교회는 변변한 예배당이나 확립된 제도를 갖추지 못한 가정교회였다는 사실입니다. 다시 말하면 십자가 첨탑이나 교회 간판이 있을 리 없는 가정교회는, 현지인이 아닌 외래인에게는 찾는다는 것이 거의 불가능한 일이었습니다. 결국 바울은 가는 곳마다 현지의 가정교회들을 일일이 수소문하여 방문할 수밖에 없었을 것입니다.

수리아 땅에서 길리기아 땅 서쪽으로 진출하기 위해서는 반드시 험산준령의 아마누스 산맥을 넘어야만 합니다. 하늘을 찌를 듯이 솟아 있는 아마누스 산맥이 얼마나 높고 험한지 사도행전 11장 25-26절을 살펴볼 때 말씀드린 것처럼, 제가 4년의 시차를 두고 두 차례 아마누스 산맥을 답사했을 때 두 번 모두 아마누스 산맥 중턱 위로는 안개에 뒤덮여 있었습니다. 뱀처럼 계속 굽이치는 산길을 기어오르는 버스는 또 얼마나 힘들어하는지, 용을 쓰는 엔진 소리에 제 숨이 헉헉거릴 정도였습니다. 그리고 산맥을 다 넘기까지 제 귀가 막혔다 뚫렸다 하기를 몇 번이나 반복했는지 모릅니다. 그 험한 아마누스 산맥을 바울은 실라와 함께 걸어서 넘어갔습니다. 그리고 주전 333년 알렉산더 대왕이 페르시아의 다리우스 3세를 격퇴시켰던 이수스 평원을 지나 서쪽에 있는 더베와 루스드라에 이르기 위해서는, 동과 서를 이어 주는 교통의 요충지인 다소를 거쳐야 합니다. 다소는 잘 알려진 대로 바울의 고향이었습니다. 그러나 본문은 바울이 고향 집을 방문하여 가족들과 재상봉의 기쁨을 나누었는지 아니면 고향 집을 그냥 지나쳤는지, 그 어떤 정보도 제공해 주지 않습니다. 그것은 어느 쪽이든 상관없이 고향 집 방문이 바울의 2차 전도 여행 목적이 아니었기에, 고향 집 방문에 바울이 하등의 비중을 두지 않았음을 의미합니다.

이처럼 실라와 함께 안디옥을 출발한 바울은 북쪽으로 올라가면서 수리아 땅에 있는, 간판도 십자가 첨탑도 없는 가정교회들을 일일이 수소문을 통해 방문하였습니다. 그리고 험산준령의 아마누스 산맥을 넘어 더베에 이르기까지, 길리기아 땅에서도 동일한 방법으로 고향 집은 안중에도 없이 가정교회들을 일일이 방문하였습니다. 41절을 다시 보시겠습니다.

수리아와 길리기아로 다니며 교회들을 견고하게 하니라.

바울이 수리아와 길리기아 땅에 있는 가정교회들을 수소문하면서까지 일일이 방문한 궁극적인 목적은 그 교회들을 '견고하게 해주기' 위함이었습니다. 교회는 건물이나 제도가 아니라 예수 그리스도를 믿는 사람들의 모임 아닙니까? 그러므로 바울이 수리아와 길리기아의 교회들을 견고하게 했다는 것은 그곳의 교인들을 견고하게 해주었다는 의미입니다. 현지 교인들의 믿음을 바르고 굳게 확립시켜 준 것입니다.

이 말을 뒤집으면 무슨 말이 되겠습니까? 만약 바울이 실라와 함께 간판도 십자가 첨탑도 없는 수리아와 길리기아의 가정교회들을 수소문하면서까지 일일이 방문하지 않았더라면, 그곳 그리스도인들의 믿음이 견고해질 수 없었을 것이라는 말입니다. 바꾸어 말하면 바울이 그 가정교회들을 일일이 방문하여 그들의 믿음을 견고하게 확립시켜 주지 않았더라면 그들의 믿음은 허약한 상태를 벗어나지 못했을 것이라는 말입니다. 그것은 재론의 여지조차 없는 말 아닙니까? 수리아와 길리기아는 우상숭배 신앙과 문화로 뒤덮인 이방 땅이었습니다. 그 우상숭배의 이방 땅에서 예수 그리스도를 바르게 알고 믿고 따른다는 것은 쉬운 일이 아니었습니다. 더욱이 당시 가정교회에는 전문 목회자가 없었을뿐더러 그때는 신약성경이 기록되기도 전이어서, 가정교회를 이루고 있는 교인들끼리만 성경도 없이 바른 신앙생활을 한다는 것은 대단히 어려운 일이었습니다. 그러므로 그들을 일일이 찾아 준 바울과 실라는 그들에게는 하나님께서 보내 주신 천사와도 같았습니다. 위대한 사도 바울로부터 복음을 체계적으로 전해 받음으로 그들의 믿음과 삶은 반석처럼 견고해질 수 있었습니다.

하지만 그것은 절로 이루어진 일은 아니었습니다. 이미 우리가 알고 있는 것처럼 그것은 바울이 안디옥에서 마땅히 누릴 수 있는 자기 권리를 자발적으로 포기한 결과였습니다. 바울이 안디옥교회 목회자로서 안디옥에서의 편안한 삶을 목적으로 삼았다면, 수리아와 길리기아의 그리스도인들은 허약한 믿음의 상태에서 벗어나지 못했을 것입니다. 그 면에서는 실라도 마찬가지였습니다. 예루살렘 모교회에서 주요 역할을 담당하고 있던 실라 역시 예루살렘에서 자신이 누릴 수 있는 권리에 연연해하지 않고 바울의 2차 전도 여행에 자신을 내던져 바울을 도왔기에 결과적으로 수리아와 길리기아에 있는 그리스도인들의 믿음과 삶이 견고해질 수 있었습니다. 그러나 바울이 자신의 권리를 포기함으로써 누군가의 믿음과 삶을 견고하게 해준 것이 이때가 처음이었던 것은 아닙니다.

복음을 그 성에서 전하여 많은 사람을 제자로 삼고 루스드라와 이고니온과 안디옥으로 돌아가서 제자들의 마음을 굳게 하여 이 믿음에 머물러 있으라 권하고(행 14:21-22상).

1차 전도 여행 때 비시디아 안디옥과 이고니온과 루스드라에서 복음을 전한 바울과 바나바는 되돌아오는 길에 그 성읍들을 다시 방문하였습니다. 그리고 자신들로부터 예수님을 영접한 그리스도인들의 마음을 굳게 해주었습니다. 우리말 '굳게 하다'로 번역된 헬라어 동사가 오늘의 본문에서 '견고하게 하다'로 번역된 '에피스테리조ἐπιστηρίζω'입니다. 1차 전도 여행 당시 자신들의 권리를 포기한 바울과 바나바로 인해 비시디아 안디옥과 이고니온과 루스드라 사람들의 마음이 주님을 향해 견고해졌습니다.

얼마 있다가 떠나 갈라디아와 브루기아 땅을 차례로 다니며 모든 제자를 굳건하게 하니라(행 18:23).

"얼마 있다가"는 바울의 2차 전도 여행이 끝난 시점부터 다시 3차 전도 여행이 시작되기 전까지의 기간을 의미합니다. 약 3년에 걸친 2차 전도 여행을 끝내고 수리아의 안디옥으로 귀환한 바울은, 얼마 지나지 않아 자신의 권리를 또다시 포기하고 3차 전도 여행에 돌입하였습니다. 그리고 갈라디아 땅과 브루기아 땅을 누비고 다니며 그리스도인들을 굳건하게 해주었습니다. '에피스테리조'―그들의 삶과 믿음을 견고하게 해주었다는 말입니다.

이상과 같은 사실은 우리에게 소중한 교훈을 안겨 줍니다. 한 사람이 자기 권리를 포기하면 그로 인해 여러 사람의 믿음이, 삶이 견고해진다는 것입니다. 바로 그것이 하나님의 법칙이요, 생명의 원리입니다.

오늘은 예수님께서 우리의 죗값을 대신 치러 주시기 위해 십자가의 제물로 돌아가신 예수님의 고난을 기리고 묵상하는 사순절 둘째 주일입니다. 옛날 구약시대에는 짐승이 인간을 위한 제물이었지 않습니까? 예수님께서도 우리를 위한 제물이셨다면, 예수님 역시 본래 짐승 정도의 제물에 불과할 뿐입니까? 결코 아닙니다. 빌립보서 2장 5-6절 상반절은 예수님을 이렇게 소개하고 있습니다.

> 너희 안에 이 마음을 품으라 곧 그리스도 예수의 마음이니 그는 근본 하나님의 본체시나.

예수님께서는 근본적으로 하나님의 본체셨습니다. 우리가 예수님을 가리켜 성자 하나님이라 부르는 이유가 여기에 있습니다. 그러나 예수님께서는 하나님의 본체로 존재하시는 것만으로 그치시지 않았습니다.

> 그는 근본 하나님의 본체시나 하나님과 동등됨을 취할 것으로 여기지 아니하시고 오히려 자기를 비워 종의 형체를 가지사 사람들과 같이 되셨고 사람의 모양으로 나타나사 자기를 낮추시고 죽기까지 복종하셨으니 곧 십자가에 죽으심이라(빌 2:6-8).

하나님의 본체이신 예수님께서는 하나님의 권리를 기꺼이 포기하시고, 비천한 인간의 모습으로 이 땅에 오셔서 인간의 죗값을 대신 치르시기 위한 십자가의 제물로 돌아가셨습니다. 하나님의 권리를 포기하신 예수님으로 인해 우리의 죄가 속죄되었고, 하나님의 권리를 포기하신 예수님으로 인해 우리가 사망의 올무에서 해방되었고, 하나님의 권리를 포기하신 예수님으로 인해 우리의 삶이 진리 위에 견고하게 세워질 수 있었습니다. 하나님께서도 하나님의 권리를 포기하심으로써 인간을 견고하게 세우시는 것이 하나님의 법칙이요 생명의 원리라면, 그 법칙과 원리가 어찌 하나님의 피조 세계에서 그대로 적용되지 않겠습니까?

하늘의 구름이 구름의 권리를 포기함으로써, 생명의 단비로 땅에 떨어져 세상 만물을 견고하게 해줍니다. 돌과 나무가 돌과 나무의 권리를 포기함으로써, 인간을 위한 견고한 보금자리가 되어 줍니다. 온갖 식물食物이 식물의 권리를 포기함으로써, 인간을 위한 양식이 되어 인간의 육체를 견고하게 해줍니다. 어머니가 어머니의 권리를 포기함으로써, 어린 자식들의 뼈와 살이 날로 견고해집니다. 아버지가 아버지의 권리를 포기함으로써, 가정이 견고한 행복의 원천이 됩니다. 지도자가 자기 권리를 자발적으로 포기할 때 교회든, 자선단체든, 학교든, 기업이든, 정당이든, 국가든, 견고한 동등체로 구축될 수 있습니다. 이 관점으로 사도행전을 조감하면 사도행전을 관통하는 주제 역시 이것임을 알게 됩니다.

사도행전의 시발점은 하나님의 권리를 포기한 예수님이십니다. 그 예수님을 본받아 유대교인들의 박해를 피해 예루살렘에서의 권리를 포기하고 사방으로 흩어진 예루살렘의 그리스도인들로 인해, 유대인들이 짐승처럼 간주하던 사마리아 사람들을 포함하여 수많은 사람들의 삶이 예수 그리스도 안에 견고하게 세워졌습니다. 예루살렘 모교회에서 사도로서 누릴 수 있는 권리를 포기한 베드로에 의해 8년 동안 중풍병에 시달리던 룻다의 애니아의 삶이 견고하게 회복되었고, 자기 권리를 포기한 베드로에 의해 죽었던 욥바의 다비다가 다시 살아나 견고한 새 생명의 사람이 되었고, 자기 권리를 포기한 베드로로 인해 인간으로 취급받지 못하던 욥바의 무두장이 시몬이 인간다운 삶을 견고하게 살게 되었고, 자기 권리를 포기한 베드로로 인해 가이사랴의 이방인 고넬료 일행의 삶이 진리 위에 견고하게 구축되었습니다.

이미 말씀드린 것처럼 자기 권리를 포기한 바울의 1차 전도 여행을 통해 수많은 사람들의 삶이 예수 그리스도 안에서 견고하게 회복되었고, 자기 권리를 포기한 바울의 2차 전도 여행을 통해 본문 속에서 수리아와 길리기아에 있는 그리스도인들의 삶이 지금 견고하게 세워지고 있으며, 자기 권리를 포기한 바울로 인해 앞으로 사도행전이 끝나기까지 더 많은 사람들의 삶이 예수 그리스도 안에서 견고하게 구축될 것입니다.

그러므로 누군가의 삶과 믿음을 견고하게 해주기 위해 자기 권리를 자발적으로 포기하는 것이 참된 그리스도인의 자세임을 알게 됩니다. 아무리 그렇더라도 현실 세상 속에서 그토록 어렵게 확보한 우리의 권리를 어떻게 자발적으로 포기할 수 있겠습니까?

> 그는 근본 하나님의 본체시나 하나님과 동등됨을 취할 것으로 여기지 아니하시고 오히려 자기를 비워 종의 형체를 가지사 사람들과 같이 되셨고 사람의 모양으로 나타나사 자기를 낮추시고 죽기까지 복종하셨으니 곧 십자가에 죽으심이라 이러므로 하나님이 그를 지극히 높여 모든 이름 위에 뛰어난 이름을 주사 하늘에 있는 자들과 땅에 있는 자들과 땅 아래에 있는 자들로 모든 무릎을 예수의 이름에 꿇게 하시고 모든 입으로 예수 그리스도를 주라 시인하여 하나님 아버지께 영광을 돌리게 하셨느니라 (빌 2:6-11).

하나님 아버지께서는 성자 하나님이시면서도 하나님의 권리를 기꺼이 포기하고 인간을 위한 제물로 돌아가신 예수님을 그대로 내버려 두시지 않았습니다. 하나님 아버지께서는 예수님을 죽음에서 일으키시고, 하늘에 있는 사람들과 땅에 있는 사람들과 땅 아래에 있는 사람들이 예외 없이 무릎 꿇지 않을 수 없는 영원한 부활의 구주로 견고하게 세워 주셨습니다. 우리가 예수 그리스도 안에서 구원을 얻었다는 것은, 예수님의 그 생명이 우리에게 임하셨음을 의미합니다. 예수님의 그 생명의 거울 앞에 우리가 우리의 권리라고 움켜쥐고 있는 것들을 한번이라도 비춰 보면, 예수님의 생명 앞에서 우리의 권리라는 것은 물거품처럼 무의미하고 무가치함을 깨닫게 됩니다. 그래서 그 예수님의 생명을 힘입어 우리 역시 우리가 권리라고 생각했던 것들을 기꺼이 포기함으로써 누군가의 삶과 믿음을 견고하게 세워 주는 참된 그리스도인이 될 수 있는 것입니다. 바꾸어 말하면 우리가 우리의 권리를 자발적으로 포기하고 누군가의 삶과 믿음을 견고하게 세워 줌으로써, 우리는 우리 속에서 역사하시는 예수님의 생명의 능력과 권능을 비로소 체험하고 확인할 수 있습니다.

다보스는 스위스 동부의 해발 1,560미터 지점에 위치한 인구 1만 1천여 명 정도의 작은 산중 도시입니다. 그 다보스에서 매해 초 세계의 저명한 기업인, 경제학자, 저널리스트, 정치인들이 모여 세계경제에 대해 토론하고 연구하는 세계경제포럼WEF이 열립니다. 소위 '다보스포럼'이라 불리는 그 포럼은 올해 초에도 열렸는데, 올해의 참석자 대부분은 현 세계경제 상황을 "자본주의의 위기"라고 진단했습니다. 블룸버그 통신에 의하면 포럼에 참석한 국제 투자자, 애널리스트, 트레이더 등 1,209명을 상대로 설문 조사를 한 결과, 응답자의 70퍼센트가 "현행 자본주의 체제를 바꿔야 한다"고 대답했습니다. 날이 갈수록 심화되는 빈부 격차로 인해 자본주의의 위기가 이미 도래했다는 이유에서였습니다.

빈부 격차의 심화, 양극화의 심화는 사회의 견고함을 허물어뜨리는 가장 무서운 적입니다. 양극화가 심화되어 부가 소수에게 편중되고 다수가 빈곤에 시달리는 사회가 방치될 경우, 종국에 그 사회는 어떤 형태든 물리적인 힘에 의해 붕괴되고 만다는 것이 역사의 냉혹한 교훈입니다. 그래서 올해 다보스포럼에서 스티븐 하퍼 캐나다 총리는 자본주의의 위기를 극복하기 위해 "현재 누리고 있는 부를 당연한 것으로 여기고 있는 선진국들의 성찰"을 촉구했고, 세계적인 부호 조지 소로스 회장은 "소득 불균형의 사회문제를 해결하기 위해 자신과 같은 부자들이 더 많은 세금을 납부해야 한다"고 주장하기도 했습니다. 올해 대통령 선거를 앞둔 미국 정가에서도 양극화 현상 해소를 위한 부자들의 증세增稅 문제는 이미 뜨거운 감자로 부상한 상태입니다.

날이 갈수록 빈부 격차와 양극화 현상이 심화되는 사회를 그대로 방치하는 것은, 언제 무너져 내릴지 모르는 붕괴 직전의 사회를 자식들에게 떠넘기는 무책임하기 짝이 없는 일입니다. 그러므로 정부 당국과 정치인들과 관계자들은 근래 대두되고 있는 자본주의 위기를 어떻게 극복할 수 있을 것인지 실현 가능한 대안을 강구해야 할 것입니다. 그리고 상대적으로 자신이 부유하다고 생각하는 사람들은 어떤 경우에도 우리 사회를 붕괴시킬 수 있는 인간성을 말살하는 비인간적인 물리력의 씨앗이 태동될 수 없게끔, 우리 사회의 견고한 미래를 위해 자신이 누리고 있는 과도한 기득권과 권리를 기꺼이 포기할 수도 있어야 할 것입니다. 그러나 자본주의의 위기를 극복하기 위하여 새로운 법을 제정하고 제도를 개선하며 상대적으로 부유한 사람이 더 많은 세금을 납부하는 것은 경제 논리요, 정치 논리요, 사회 논리일 뿐, 하나님 나라의 논리인 것은 아닙니다. 그런 정치·경제·사회 논리로는 경제적으로 일시적인 사회 안정은 꾀할 수 있을지언정, 어떤 상황에서도 흔들리지 않는 견고한 하나님의 나라를 세울 수는 없습니다.

하나님의 나라는 돈주머니의 두께나 세상의 금은보화를 통해 주어지는 것이 결코 아닙니다. 하나님의 나라는 하박국 선지자의 고백처럼 "비록 무화

과나무가 무성하지 못하며, 포도나무에 열매가 없으며, 감람나무에 소출이 없으며, 밭에 먹을 것이 없으며, 우리에 양이 없으며, 외양간에 소가 없을지라도"(합 3:17), 그 모든 상황을 초월하여 절대적으로 주어지는 것입니다. 그러므로 무릇 그리스도인은 상대적으로 더 많은 소유를 지녔기 때문만이 아니라, 남녀노소 빈부귀천을 막론하고 누군가의 믿음과 삶을, 그가 속한 공동체와 사회를 견고한 하나님의 나라로 일구기 위해 자신의 권리를 자발적으로 포기하는 사람입니다. 그리스도인은 하나님의 권리를 포기하신 예수님을 본받아 자신의 권리를 포기할 때 죽음을 깨뜨리고 부활하신 예수님의 생명이 자신을 통해 역사하시고, 예수님의 생명 속에서 이 세상 그 무엇도 흔들 수 없는 견고한 하나님의 나라가 세워짐을 알기 때문입니다. 만약 예수님을 믿는다면서도 자신은 지닌 것이 없어 포기할 것이라곤 아무것도 없고 타인의 도움을 받기만 해야 한다고 생각한다면, 그는 정치·경제·사회 논리를 좇는 사람일 뿐 예수 그리스도의 논리를 좇는 사람인 것은 아닙니다. 그리스도인은 가진 것이 없어 누군가의 도움을 받을지언정 자기 역시 이웃을 위해, 사회를 위해, 무엇을 포기할 수 있을지를 생각하고 실천하는 사람입니다. 바로 그런 사람을 통해 그의 발길이 닿는 곳에 하나님의 나라가 견고하게 일구어집니다. 그 사람을 통해 하나님의 권리를 포기하신 예수님의 생명이 역사하기 때문임은 두말할 나위가 없습니다.

6주 전 마태복음 20장이 증언하는 하나님의 나라에 대해 말씀드리면서 그리스도인은 자신의 노력에 대해 인센티브를 요구하는 자본주의자가 아니요, 인간의 나태함과 무책임으로 자신의 공동체를 자기 손으로 허무는 공산주의자도 아니요, 그리스도인은 자신이 누리는 혜택을 다른 사람도 함께 누릴 수 있도록 자신의 권리를 자발적으로 포기하는 사람이라고 했습니다. 우리를 위해 하나님의 권리를 포기하신 예수님의 고난을 기리는 사순절 둘째 주일을 맞이하여, 우리 모두 예수님을 본받아 우리가 그동안 권리라고 생각해 왔던 것들을 자발적으로 포기하는 예수님의 제자들이 되십시다. 비록 우리에게 바울과 실라처럼 지닌 것은 없을지라도, 우리는 수많은 사람들의 삶과 이 사회를 견고한 하나님의 나라로 구축하는 하나님 나라의 전사들이 될 것입니다.

성자 하나님이신 예수님께서 하나님의 권리를 포기하고 이 땅에 오셨지만, 로마제국 황제나 재벌로 오시지 않았습니다. 갈릴리 빈민으로 오신 예수님께는 세상에서 재산이 될 만한 것이 아무것도 없었습니다. 오히려 뭇사람으로부터 도움을 받아야 할 처지셨습니다. 그러나 당신 자신마저 십자가의 제물로 포기하심으로써, 우리를 영원히 살리시어 우리의 삶을 견고한 하나님의 나라로 일구어 주셨습니다. 베드로나 바울 그리고 실라도 지닌 것이 없기는 매한가지였습니다. 그렇지만 그들 역시 예수님의 제자답게 자신들의 권리를 기꺼이 포기함으로써, 그들을 통해 수많은 사람들의 삶이 견고한 하나님의 나라로 세워졌습니다. 그러나 우리는 예수님을 믿는다면서도 알량한 우리의 권리만 내세우면서, 우리가 속해 있는 공동체와 사회를 우리 손으로 허물어 왔습니다. 우리를 위해 하나님의 권리를 포기하신 예수님의 고난을 기리는 사순절 둘째 주일을 맞이하여 우리의 어리석음을 회개하오니, 용서해 주십시오.

비록 무화과나무가 무성하지 못하며, 포도나무에 열매가 없으며, 감람나무에 소출이 없으며, 밭에 먹을 것이 없으며, 우리에 양이 없으며, 외양간에 소가 없을지라도, 우리의 공동체와 우리가 속한 사회를 위하여 날마다 자신을 포기함으로써, 우리 자신이 예수님의 생명의 통로가 되게 해주십시오. 그리하여 우리 모두 눈에 보이는 것으로 인해 일희일비하는 세상 사람들의 삶과 빈부 격차의 심화로 신음하는 우리 사회를 견고한 하나님의 나라로 일구는, 바울과 실라 같은 하나님 나라의 전사가 되게 해주십시오. 아멘.

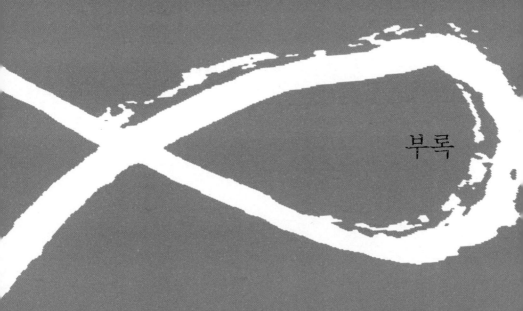

부록

여호와를 기다릴지어다

시편 27편 1-14절

여호와는 나의 빛이요 나의 구원이시니 내가 누구를 두려워하리요 여호와는 내 생명의 능력이시니 내가 누구를 무서워하리요 악인들이 내 살을 먹으려고 내게로 왔으나 나의 대적들, 나의 원수들인 그들은 실족하여 넘어졌도다 군대가 나를 대적하여 진 칠지라도 내 마음이 두렵지 아니하며 전쟁이 일어나 나를 치려 할지라도 나는 여전히 태연하리로다 내가 여호와께 바라는 한 가지 일 그것을 구하리니 곧 내가 내 평생에 여호와의 집에 살면서 여호와의 아름다움을 바라보며 그의 성전에서 사모하는 그것이라 여호와께서 환난 날에 나를 그의 초막 속에 비밀히 지키시고 그의 장막 은밀한 곳에 나를 숨기시며 높은 바위 위에 두시리로다 이제 내 머리가 나를 둘러싼 내 원수 위에 들리리니 내가 그의 장막에서 즐거운 제사를 드리겠고 노래하며 여호와를 찬송하리로다 여호와여 내가 소리 내어 부르짖을 때에 들으시고 또한 나를 긍휼히 여기사 응답하소서 너희는 내 얼굴을 찾으라 하실 때에 내가 마음으로 주께 말하되 여호와여 내가 주의 얼굴을 찾으리이다 하였나이다 주의 얼굴을 내게서 숨기지 마시고 주의 종을 노하여 버리지 마소서 주는 나의 도움이 되셨나이다 나의 구원의 하나님이시여 나를 버리지 마시고 떠나지 마소서 내 부모는 나를 버렸으나 여호와는 나를 영접하시리이다 여호와여 주의 도를 내게 가르치시고 내 원수를 생각하셔서 평탄한 길로 나를 인도하소서 내 생명을 내 대적에게 맡기지 마소서 위증자와 악을 토하는 자가 일어나 나를 치려 함이니이다 내가 산 자들의 땅에서 여호와의 선하심을 보게 될 줄 확실히 믿었도다 너는 **여호와를 기다릴지어다** 강하고 담대하며 **여호와를 기다릴지어다**

어느 해인들 그렇지 않은 해가 있었습니까마는, 이제 방금 끝난 2010년 역시 국내외적으로 대형 사건 사고로 점철된 한 해였습니다. 지난해 1월 아이티에서 일어난 대지진으로 물경 23만 명이 목숨을 잃었습니다. 세계 역사상 지진으로 인한 최악의 피해였고, 그로 인해 아이티는 아직까지 회복 불능의 상태에 빠져 있습니다. 지난해 7월 파키스탄에서는 몬순 폭우로 파키스탄 역사상 최악의 홍수가 발생했습니다. 2천 명이 사망했고 무려 2천만 명의 이재민이 발생한 것입니다. 연례행사처럼 지난 1년 동안에도 세계 곳곳에서 수많은 사람의 생명을 앗아 가는 테러가 연이어 일어났습니다. 남유럽에서 촉발된 국가재정 위기로 인해 세계경제가 몸살을 앓았고 그 여파는 우리나라에 미치기도 했습니다.

지난해 3월 북한에 의한 천안함 폭침, 11월 연평도 포격 도발로 남북 관계는 최악의 상황에 직면해 있습니다. 그동안 우리나라는 여러 종교가 서로 공존하는 종교 평화지대였습니다. 그러나 언제부턴가 야기되었던 기독교와 불교 간의 갈등은 지난해에 불교의 '템플 스테이temple stay'에 대한 국고 지원, 그리고 일부 개신교 청년들의 무분별한 '봉은사 땅밟기'와 관련하여 악화일로를 걷고 있습니다. 양극화 현상은 개선되기보다는 더욱 심화되었고, 달리던 시내버스가 폭발하는 것과 같은 끔찍한 사고는 연이어 일어났습니다. 특히 지난 11월 경상북도 안동에서 시작된 '구제역'은 불과 한 달 만에 전국으로 확산되고 있습니다. 구제역은 소, 돼지, 양 등 발굽이 갈라진 동물에서 발생하는 급성 전염병으로 치사율이 50퍼센트에 달한다고 합니다. 그런데도 백신을 이용한 예방 이외에는, 감염된 가축에 대한 치료법은 전혀 없다고 합니다. 특히 구제역 바이러스는 가축의 털, 공기, 사료 찌꺼기 속에서도 오래 살아남기 때문에 감염된 가축은 반드시 도살한 뒤에 태워 버려야 하고, 모든 기구는 소독해야 할 뿐 아니라, 감염 농장 혹은 지역은 상당 기간 동안 격리해야 한다고 합니다. 구제역 바이러스가 사람에게는 감염되지 않는다고 하지만, 구제역에 감염된 가축은 모두 도살하여 불태우고, 철저한 소독과 함께 해당 농가 혹은 지역은 상당 기간 격리하고, 나머지 모든 가축에 예방 백신을 접종해야 한다는 것은 엄청난 재난임에 틀림없습니다.

이상 열거한 것처럼 2010년은 아이티 지진에서 시작하여 국내의 구제역으로 끝나기까지 1년 내내 국내외적으로 재난과 사건 사고의 연속이었습니다. 그럼에도 하나님께서는 우리를 믿으시고 이렇듯 우리에게 또 한 해의 기회를 주셨습니다. 귀한 기회를 주신 하나님께 감사드리며, 또다시 새해를 맞아 올 1년 동안 여러분의 영성이 더 깊어지고, 여러분의 사랑과 향기가 더 넓게 퍼지고, 여러분의 가정과 일터를 통해 하나님의 영광이 더 높이 드러나기를 축원드립니다.

신년 첫날 첫 시간에 하나님께서 우리에게 주신 시편 27편은, 그 유명한 다윗의 시입니다. 본문 7절에서 12절은 현재 다윗이 어떤 상황에 처해 있는지를 보여 줍니다.

여호와여 내가 소리 내어 부르짖을 때에 들으시고 또한 나를 긍휼히 여기사 응답하소서(7절).

본문은 다윗이 뭔가 소리 내어 부르짖지 않을 수 없는 급박한 상황을 맞았음을 전해 주고 있습니다.

> 너희는 내 얼굴을 찾으라 하실 때에 내가 마음으로 주께 말하되 여호와여 내가 주의 얼굴을 찾으리이다 하였나이다 주의 얼굴을 내게서 숨기지 마시고 주의 종을 노하여 버리지 마소서 주는 나의 도움이 되셨나이다 나의 구원의 하나님이시여 나를 버리지 마시고 떠나지 마소서(8-9절).

다윗의 기도는 더욱 절박해지고 있습니다. '하나님, 하나님께서 너희는 내 얼굴을 찾으라고 말씀하시지 않았습니까? 제가 지금 하나님의 얼굴을 찾습니다. 하나님의 얼굴을 숨기지 마십시오. 부디 저를 버리지 마시고 떠나지 마십시오.' 다윗의 상황이 얼마나 다급한지 다윗의 절규는 처절하기까지 합니다.

> 내 부모는 나를 버렸으나 여호와는 나를 영접하시리이다(10절).

세상에 정상적인 부모치고 자기 자식을 버리는 부모가 어디에 있겠습니까? 실제로 다윗의 부모는 다윗을 버린 적이 없었습니다. 그러므로 다윗이 '내 부모는 나를 버렸다'고 말한 것은 부모가 자신을 유기했다는 말이 아니라, 부모도 자기에게 아무런 도움이 되지 않는 지경에 빠졌다는 말입니다. 자식에 대한 부모의 사랑을 무엇에 비견할 수 있겠습니까? 그렇다고 부모가 항상 자식의 도움이 되는 것은 아닙니다. 사노라면 눈을 뜨고 뻔히 보면서도 위급에 처한 자식을 돕지 못할 때가 부지기수입니다. 다윗은 자신의 부모조차 자신을 도와줄 수 없는 위급한 상황에 빠졌지만, 그러나 하나님만은 자신과 함께해 주실 것을 믿는 믿음을 하나님께 호소하고 있는 것입니다.

> 여호와여 주의 도를 내게 가르치시고 내 원수를 생각하셔서 평탄한 길로 나를 인도하소서 내 생명을 내 대적에게 맡기지 마소서 위증자와 악을 토하는 자가 일어나 나를 치려 함이니이다(11-12절).

다윗이 처한 위급한 상황은, 그의 생명을 노리는 사람들에게 에워싸여 있는 것이었습니다. 자신의 능력으로 그 상황을 타개할 수 있었다면 다윗이 하나님께 이렇듯 처절하게 부르짖지는 않았을 것입니다. 다윗은 자신의 능력으로 도저히 헤쳐 나갈 수 없는 생의 위기를 맞아 하나님의 도우심을 간구하고 있습니다.

그렇다면 다윗에게 그 위급한 상황은 구체적으로 언제였겠습니까? 우리는 두 상황을 상정해 볼 수 있습니다. 첫 번째는 다윗을 질투한 사울 왕이 다윗을 죽이기 위해 3천 명의 특공대를 거느리고 다윗을 쫓을 때이고, 두 번째 상황은 아들 압살롬의 쿠데타로 다윗이 황급하게 도망치던 때입니다. 어떤 상황이든 다윗의 목숨은 경각에 달린 풍전등화와도 같았고, 그는 하나님을 향해 처절하게 절규하지 않을 수 없었습니다.

그러나 그의 상황이 비록 위급하다 해도, 다윗이 두려움에 떨며 하나님의 도우심만을 호소한 것은 아니었습니다.

> 여호와는 나의 빛이요 나의 구원이시니 내가 누구를 두려워하리요 여호와는 내 생명의 능력이시니 내가 누구를 무서워하리요(1절).

그렇지 않습니까? 천지를 창조하신 여호와께서 칠흑같이 어둔 인생길을 걷는 내 발의 빛이 되시며 죽음의 위급함에서 나를 건지시는 나의 구원자이시니, 내가 대체 누구를 두려워하겠습니까? 영원한 하나님께서 유한한 내 생명을 감싸시는 능력 되시니, 이 세상에서 내가 무서워할 사람이 어디에 있겠습니까?

악인들이 내 살을 먹으려고 내게로 왔으나 나의 대적들, 나의 원수들인 그들은 실족하여 넘어졌도다(2절).

다윗은 여전히 그의 생명을 노리는 사람들에게 에워싸여 있습니다. 그의 상황은 조금도 변하지 않았습니다. 그러나 그는 '나의 대적들이 실족하여 넘어졌도다'고 과거형으로 고백하고 있습니다. 하나님의 구원에 대한 다윗의 믿음은 그 정도로 굳건했습니다.

군대가 나를 대적하여 진 칠지라도 내 마음이 두렵지 아니하며 전쟁이 일어나 나를 치려 할지라도 나는 여전히 태연하리로다(3절).

현실적으로는 다윗의 목숨이 여전히 풍전등화와 같았지만 그의 마음속에는 그가 믿는 하나님으로 인한 평강이 가득합니다.

내가 여호와께 바라는 한 가지 일 그것을 구하리니 곧 내가 내 평생에 여호와의 집에 살면서 여호와의 아름다움을 바라보며 그의 성전에서 사모하는 그것이라 여호와께서 환난 날에 나를 그의 초막 속에 비밀히 지키시고 그의 장막 은밀한 곳에 나를 숨기시며 높은 바위 위에 두시리로

다 이제 내 머리가 나를 둘러싼 내 원수 위에 들리리니 내가 그의 장막에서 즐거운 제사를 드리겠고 노래하며 여호와를 찬송하리로다(4-6절).

다윗은 여호와 하나님께서 자신의 대적들을 물리쳐 주실 때 온 중심을 다해 하나님께 제사를 드릴 자신의 모습을 눈앞에 그리며 하나님께 간구드리고 있습니다.

내가 산 자들의 땅에서 여호와의 선하심을 보게 될 줄 확실히 믿었도다(13절).

다윗은 자신의 생명을 노리는 사람들이 아무리 자신을 겹겹이 에워싸고 있다 한들, 자신은 반드시 살아 있는 생명으로 하나님의 선하신 응답을 받게 될 것을 다시 확신하고 또 확신했습니다.

이처럼 하나님의 구원과 응답에 대해 추호도 믿어 의심치 않는다면, 그의 간구는 구체적인 자기 요구 사항을 아뢰는 것으로 끝나야 마땅하지 않겠습니까? 지금 당장 내 대적을 제압해 주실 것을 믿는다든가, 며칠 이내로 모든 상황을 평정해 주실 것을 믿는다는 식으로 끝나야 하지 않겠습니까? 그러나 그의 간구는 뜻밖에도 다음과 같이 끝을 맺고 있습니다.

너는 여호와를 기다릴지어다 강하고 담대하며 여호와를 기다릴지어다(14절).

놀랍게도 다윗의 간구는 하나님에 대한 자기 요구의 일방적인 통보로 끝나지 않았습니다. 그의 간구는 스스로 자기 자신을 타이르는 것으로 끝났습니다. '다윗아, 너는 여호와를 기다리거라, 강하고 담대하게 여호와를 기다리거라.' 다윗의 기도는 왜 이처럼 여호와를 기다리라는 자기 타이름으로 끝나고 있습니까? 다윗은 하나님의 구원을 확신하는 만큼, 자신이 하나님을 앞지르는 미련함을 범치 않으리라고 스스로 결단하고 있는 것입니다. 하나님의 구원을 확신하기에, 지금 자신을 에워싸고 있는 상황이 설령 더 악화된다 할지라도, 하나님의 인도하심만을 뒤좇겠다는 결단이었습니다.

《새신자반》에서 믿음은 '용기'라고 배웠습니다. 하나님을 믿는 사람에게 가장 강하고 담대한 용기는, 자기 생각과 자기 계산으로 하나님을 앞지르지 않고 하나님의 인도하심을 뒤좇는 것입니다. 그것이 하나님으로부터 진정 아름답고, 모두에게 유익하고, 결코 후유증 없는 최선의 결과를 얻는 유일한 길이기 때문입니다. 다윗에게 왜 생각이 없었겠습니까? 왜 계산이 없었겠습니까? 전쟁터에서 잔뼈가 굵은 그에게 왜 전략과 지략이 없었겠습니까? 그러나 그는 결코 자기 생각, 자기 계산, 자기 전략과 지략으로 하나님을 앞서지 않았습니다. 하나님을 신뢰하는 만큼 하나님을 절대로 앞지르지 말자고 스스로 다짐하고 또 다짐했습니다. 그는 진정으로 강하고 담대하게 용기 있는 믿음의 사람이었습니다. 하나님께서 그 다윗을 이스라엘의 영원한 별로 세우시고, 그의 족보를 통해 예수 그리스도께서 이 땅에 오게 하신 것은 하나님의 필연일 수밖에 없었습니다.

우리 교회 올해의 표어를 '여호와를 기다릴지어다'로 정한 이유가 바로 여기에 있습니다.

5년 5개월 전에 창립된 우리 교회는 올해로 창립 6년째를 맞았습니다. 우리 교회 창립 목적인 양화진외국인선교사묘원과 용인순교자기념관 관리 및 보존을 위한 기반은 이미 확립되었고, 2010년을 기점으로 세상과 소통

402

하면서 국내외적으로 함께해야 할 사람들과 함께하는 기틀도 구비되었습니다. 주님의 몸 된 교회로서 갖추어야 할 외형적인 요건들을 다 갖춘 셈입니다. 그러므로 지금이 우리에게 가장 위험한 때입니다. 자칫 우리가 우리 자신도 모르게 우리의 생각과 계산을 좇아 하나님을 앞지르는 어리석음을 범하기 쉬운 때가 바로 지금이기 때문입니다. 우리가 하나님을 앞지르는 순간부터, 설령 교회의 외형이 더 커진다 할지라도 더 이상 하나님의 생명이 역사하시는 하나님의 교회가 아니라, 인간의 이해 집단으로 전락하여 온갖 추악한 문제의 진원지가 되고 말 것입니다. 그래서 우리는 모두 다윗처럼 굳게 다짐해야 합니다. '너는 여호와를 기다릴지어다. 강하고 담대하며 여호와를 기다릴지어다.' 우리가 묵묵히 하나님을 기다리며 하나님의 인도하심을 뒤좇을 때에만 우리 교회는 지금까지 그랬던 것처럼, 하나님의 생명이 우리 한 사람 한 사람을 어루만지시고 살리시는 생명의 통로로 지속될 것입니다.

올 1년 동안에도 우리가 사는 이 세상에는 크고 작은 사건과 사고가 밤낮 이어질 것입니다. 그 여파에 우리 삶이 휩쓸린다 할지라도, 지금까지 그래 왔던 것처럼, 하나님을 앞지르는 믿음 없는 사람이 되지 마십시다. '여호와는 나의 빛이요 나의 구원이시니 내가 누구를 두려워하리요? 여호와는 내 생명의 능력이시니 내가 누구를 무서워하리요?' '너는 여호와를 기다릴지어다. 강하고 담대하며 여호와를 기다릴지어다.' 강하고 담대한 믿음으로 하나님을 기다리고 하나님의 인도하심만을 뒤좇는 용기 있는 믿음의 사람들이 되십시다. 다윗을 이스라엘의 영원한 별로 세워 주신 하나님께서 우리의 일 년 열두 달 365일을 당신의 생명과 사랑과 진리로 아름답게 수놓아 주실 것입니다.

보잘것없고 허물투성이인 우리를 믿으시고, 또다시 귀한 한 해의 기회를 내려 주심을 감사드립니다. 하나님을 앞지르는 것이 교만이라면 하나님을 뒤좇는 것은 겸손이요, 하나님을 앞지르는 것이 미련이라면 하나님을 뒤좇는 것은 지혜이며, 하나님을 앞지르는 것이 불신이라면 하나님을 뒤좇는 것이 믿음이요, 하나님을 앞지르는 것이 만용이라면 하나님을 뒤좇는 것이 용기임을, 올 한 해 동안 한순간도 잊지 말게 해주십시오.

하나님께서 우리의 빛이시요 구원이시니, 대체 우리가 무엇을 두려워하겠습니까? 하나님께서 우리 생명의 능력이시니, 우리가 누구를 무서워하겠습니까? 이처럼 우리가 하나님을 온전히 믿기에 올 한 해의 벽두인 이 시간, 우리 모두 다윗처럼, 하나님 앞에서 굳게 결단하게 해주십시오. '너는 여호와를 기다릴지어다. 너는 강하고 담대하며 여호와를 기다릴지어다.' 예기치 않은 사건 사고로 세상이 요동칠지라도 우리의 생각이나 계산으로 하나님을 앞지름이 없이, 강하고 담대하면서도 묵묵히 하나님을 기다리며 뒤좇는 용기 있는 그리스도인으로 살아가게 해주십시오. 하나님을 기다리며 뒤좇는 우리의 일 년 열두 달 365일이 후유증 없는 진리의 삶으로 엮어지게 해주십시오. 그리하여 우리의 가정과 일터가 진리의 반석 위에 세워지게 하시고, 우리의 교회가 더욱 교회다운 교회로 성숙하게 해주십시오. 하나님을 기다릴 줄 알고 하나님을 뒤좇는 우리로 인해, 이 나라와 이 시대가 더욱 맑아지고 밝아지게 해주십시오. 아멘.

구유에 뉘어 있는 아기 성탄 축하 예배

누가복음 2장 8-20절

그 지역에 목자들이 밤에 밖에서 자기 양 떼를 지키더니 주의 사자가 곁에 서고 주의 영광이 그들을 두루 비추매 크게 무서워하는지라 천사가 이르되 무서워하지 말라 보라 내가 온 백성에게 미칠 큰 기쁨의 좋은 소식을 너희에게 전하노라 오늘 다윗의 동네에 너희를 위하여 구주가 나셨으니 곧 그리스도 주시니라 너희가 가서 강보에 싸여 **구유에 뉘어 있는 아기**를 보리니 이것이 너희에게 표적이니라 하더니 홀연히 수많은 천군이 그 천사들과 함께 하나님을 찬송하여 이르되 지극히 높은 곳에서는 하나님께 영광이요 땅에서는 하나님이 기뻐하신 사람들 중에 평화로다 하니라 천사들이 떠나 하늘로 올라가니 목자가 서로 말하되 이제 베들레헴으로 가서 주께서 우리에게 알리신 바 이 이루어진 일을 보자 하고 빨리 가서 마리아와 요셉과 구유에 누인 아기를 찾아서 보고 천사가 자기들에게 이 아기에 대하여 말한 것을 전하니 듣는 자가 다 목자들이 그들에게 말한 것들을 놀랍게 여기되 마리아는 이 모든 말을 마음에 새기어 생각하니라 목자들은 자기들에게 이르던 바와 같이 듣고 본 그 모든 것으로 인하여 하나님께 영광을 돌리고 찬송하며 돌아가니라 오늘은 우리 주님께서 태어나신 뜻깊은 성탄일인 동시에 올 한 해의 마지막 주일인 송년 주일입니다. 지난 한 해 동안 우리를 품어 주신 주님의 사랑에 깊이 감사드리며, 성탄의 기쁨과 은총이 교우님들의 삶 속에 충만하시기를 기원드립니다.

이미 수차례 예고해 드린 것처럼 신년 주일인 다음 주일부터는 아침 7시 예배가 신설됩니다. 이 예배를 위해 많은 교우님들께서 봉사자로 신청해 주신 것을 진심으로 감사드립니다. 주차 문제로 예배당 인근 주민들에게 더 이상 피해를 주지 않으려는 배려의 차원에서 신설된 예배인 만큼, 아침에 일찍 일어나시는 교우님들께서는 가급적 7시 예배에 참석해 주시기를 다시 한번 당부드립니다. 그동안 저는 주일예배를 위한 설교를 토요일에 준비해 왔습니다. 그러나 다음 주일부터 7시 예배가 시작되면, 토요일 하루 종일 설교 준비하고 계속하여 주일에 연거푸 다섯 번 예배드린다는 것은 제 체력상 감당하기 쉽지 않은 일입니다. 따라서 앞으로는 금요일에 설교를 준비하려고 합니다. 이로 인해 그간 봄과 가을 매주 금요일마다 신청 순서대로 제가 담당해 왔던 결혼식 집례가 불가능해졌기에, 내년부터는 교구 목사님들이 결혼식을 집례하겠습니다. 단 축의금을 받지 않고 검소하게 결혼 예식을 치르려는 젊은이들은 종전처럼 매월 각 1회에 한하여 주일 5부 청년 예배 시간과 수요 성경공부 시간에 결혼할 수 있고, 그 경우에는 앞으로도 제가 집례할 예정입니다. 이 점 널리 양해해 주시기 바랍니다.

제 누님 중 한 분이 당신도 지인에게 받았다며 출처 미상의, '잘 가라 2011년아!'라는 제목의 글을 보내 주었습니다. 글 중에 나오는 '년'은 욕이 아니라 '해'[年]를 가리키는 단어이므로 오해 없이 들어 보시기 바랍니다.

'잘 가라 2011年아!'

글쎄, 이 年이 한 달 후면 다짜고짜 미련 없이 떠난다네요. 사정을 해도 소용없고, 붙잡아도 막무가내군요. 게으른 놈 옆에서 치다꺼리하느라고 힘들었다면서, 보따리 싼다고 하잖아요. 생각해 보니 약속 날짜가 되었구 면요. 1年만 계약하고 살기로 했거든요. 앞에 간 年보다는 낫겠지 하고 먹여 주고, 입혀 주고, 잠도 같이 잤는데…… 이제는 떠난대요, 글쎄~! 이 年이 가면 또 다른 年이 찾아오겠지만, 새 年이 올 때마다 딱 1年만 살자고 찾아오는 年이지요…… 정들어 더 살고 싶어도 도리가 없고, 살기 싫어도 1年은 살아야 할 年이거든요. 동서고금, 남녀노소, 어느 누구에게나 찾아오는 年입니다. 올해는 모두들 불경기라고 난리고, 지친 가슴에 상처만 남겨 놓고 이 年이 이제는 간대요, 글쎄~! 이 年은 다른 年이겠지 하고 얼마나 기대하고 흥분했는데, 살고 보니 이 年도 우리를 안타깝게 해놓고 간답니다. 늘 새 年은 좋은 年이겠지 하고 큰 희망을 가지고 새 살림을 시작해 보지만, 지나 놓고 보면 먼저 간 年이나, 갈 年이나 별 차이가 없답니다. 몇 年 전에는 IMF라는 서양 年이 찾아와서 소중하게 간직했던 돌 반지까지 다 빼주고 안방까지 내주고, 떨고 살았잖아요. 어떤 年은 평생에 잊지 못할 좋은 추억을 남기고 가고, 또 어떤 年은 두 번 다시 쳐다보기 싫고, 꼴도 보기 싫은 年이 있지요. 애인같이 좋은 年, 원수같이 도망간 年, 살림 거덜 내고 가는 망할 年도 있고, 정신을 못 차리게 해놓고 떠난 미친 年도 있었답니다. 님들은 어떤 年과 헤어질랍니까? 이별의 덕담을 나누며 차 한잔 할 시간도 얼마 남지 않았군요. 남은 날이라도 곧 떠날 年과 마무리가 잘되었으면 합니다. 이 年, 저 年 살아 봐도 특별한 年이 없네요. 그래도 내年은 좋은 年이 되기를 기대하며, 설렘으로 새 年을 맞이하렵니다. 제발~! 내年에는 가족 모두 가정에는 건강과 웃음이 넘치는 행복을…… ^^ 떠나는 年이 바랍니다.

우리 각자의 올 1년은 어떻습니까? 올 1년을 매듭짓는 마지막 송년 주일을 맞아 우리는 한 가지 사실을 분명하게 알고 있습니다. 우리가 주님 안에 있지 않으면 올 1년 역시 후회와 한탄 속에서 물거품처럼 허망하게 사라져 버릴 수밖에 없지만, 주님 안에 있으면 올 1년 동안 겪지 않을 수 없었던 좌절과 시련마저도 주님 안에서 새로운 의미로 승화되고, 그 연장선상에서만 새해가 진정한 새해로 엮어질 수 있다는 사실을 말입니다. 이런 관점에서 송년 주일에 맞는 성탄의 의미는 더없이 귀하고 소중합니다.

2천 년 전 로마제국은 유럽, 중동, 북아프리카에 걸쳐 거대한 지중해 세계를 형성하고 있었습니다. 그 거대한 세계 속에서 이스라엘은 보잘것없는 변방이었고, 그 변방 중에서도 예수님께서 태어나신 베들레헴은 지극히 작은 마을에 지나지 않았습니다. 그 작은 마을 베들레헴 가운데서도 예수님께서는 짐승의 외양간 속 구유에서 태어나셨습니다. 외양간이라고 해서 번듯한 축사가 있었던 것도 아니었습니다. 가난하기 짝이 없었던 대부분의 베들레헴 사람들은 축사를 지을 형편이 되지 못해 자연 동굴을 가축의 외양간으로 사용했습니다. 빛도 들어오지 않고 통풍도 되지 않는 동굴, 짐승의 오물로 인한 역겨운 냄새가 진동하는 그 더러운 동굴 속의 구유, 다시 말해 짐승의 밥통은 또 얼마나 지저분했겠습니까? 예수님께서는 그런 곳에서 태어나셨습니다.

그와 같은 예수님의 태어나심이 얼마나 볼품없고 초라했었는지는 오늘 본문이 잘 밝혀 주고 있습니다. 예수님께서 태어나시는 순간, 마침 들판에서 양 떼를 치던 목자들에게 천사가 나타나 이렇게 일러 주었습니다.

천사가 이르되 무서워하지 말라 보라 내가 온 백성에게 미칠 큰 기쁨의 좋은 소식을 너희에게 전하노라 오늘 다윗의 동네에 너희를 위하여 구주가 나셨으니 곧 그리스도 주시니라 너희가 가서 강보에 싸여 구유에 뉘어 있는 아기를 보리니 이것이 너희에게 표적이니라 하더니(10-12절).

이스라엘 백성들이 오래도록 대망하던 그리스도, 즉 구원자가 드디어 태어나셨다니 어찌 그 말을 들은 목자들이 흥분하지 않을 수 있었겠습니까? 그러나 천사는, 태어난 아기가 더러운 외양간 동굴 속 구유에 뉘어 있는 것이 곧 그 아기가 구원자라는 표적이라고 목자들에게 말했습니다. 목자들은 천사가 알려 준 외양간 동굴로 달려갔습니다.

빨리 가서 마리아와 요셉과 구유에 누인 아기를 찾아서 보고 천사가 자기들에게 이 아기에 대하여 말한 것을 전하니 듣는 자가 다 목자들이 그들에게 말한 것들을 놀랍게 여기되 마리아는 이 모든 말을 마음에 새기어 생각하니라(16-19절).

동굴에 당도한 목자들은 정말 구유에 뉘어 있는 아기 예수님을 직접 확인했습니다. 그리고 그곳에 모여 있는 사람들에게 천사로부터 전해 들은 내용을 전했습니다. 이 아기가 구원자이며, 외양간 동굴 속 구유에 뉘어 있는 것이 곧 이 아기가 구원자인 표적이라는 내용 그대로였습니다. 그러자 그 아기가 누구인지 정확하게 알고 있는 아기의 어머니 마리아 한 사람을 제외하고는, 그곳에 있는 사람들은 모두 목자들의 말을 놀랍게 여겼습니다. 헬라어 '다우마조θαυμάζω'는 '이상하게 여기다'라는 의미를 지니고 있습니다. 한마디로 말해 그들은 목자들의 말을 곧이곧대로 받아들이지 못했습니다. 세상에 태어나자마자 더러운 외양간 동굴 속 짐승의 밥통인 구유를 침대 삼아 뉘어져 있는 아기라면 그 아기보다 더 비참하고 불쌍한 아기가 어디에 있겠습니까? 그런데도 그것이 그 아기가 구원자 됨의 표적이라니, 그들은 그 말을 도저히 이해할 수 없었습니다.

그 아기가 누구십니까? 하나님의 독생자가 아니십니까? 성자 하나님 아니십니까? 길이요 진리요 생명이신 구원자, 그리스도 아니십니까? 왜 그처럼 높고 존귀하고 거룩하신 분께서 하필이면 더러운 짐승의 외양간 동굴 속 구유에서 태어나셨습니까? 왜 그것이 그분의 구원자 되심의 표적입니까? 그분이 그 동굴 속 구유에서 태어나심보다 그분의 구원자 되심을 보여 주는 더 좋은 표적이 있을 수 없었기 때문입니다.

옛날 유대인들이 짐승의 외양간으로 사용하던 자연 동굴은 빛이 들어오지 않는 어둠의 동굴이었습니다. 주님께서 그 어둠의 동굴에서 태어나신 것은 대체 무슨 까닭입니까? 칠흑 같은 어둠이 겹겹이 싸여 있는 곳일지라도 예수 그리스도께서 임하시기만 하면, 그곳은 빛의 근원이 될 수 있음을 친히 보여 주시기 위함이었습니다. 얼마나 많은 사람들이 그 동굴에서부터 시작된 빛을 보고 삶의 방향이 새로워졌습니까? 그 빛이 인류의 역사를 기원전과 기원후로 바꾸어 놓았습니다. 그래서 그 어둠의 동굴에서 태어나신 예수님께서는 이렇게 말씀하셨습니다.

나는 세상의 빛이니 나를 따르는 자는 어둠에 다니지 아니하고 생명의 빛을 얻으리라(요 8:12).

외양간 동굴은 통풍이 원활하지 않아 더럽고 역겨운 냄새가 진동하는 곳이었습니다. 상수도나 하수도 시설이 없는 그 동굴은, 짐승이 배설하는 오물로 인한 더러움이 가실 수가 없었습니다. 주님께서는 그 더러운 동굴 속에서 태어나셨습니다. 그리고 이 세상에서 아무리 더럽고 추한 죄인일지라도 예수 그리스도를 영접하기만 하면, 이 세상 누구보다 정결한 하나님의 자녀가 될 수 있음을 일깨워 주셨습니다. 먹보다도 더 검고 주홍보다도 더 붉은 죄가 눈처럼 양털처럼 깨끗해질 수 있음을 보여 주신 것입니다. 얼마나 많은 사람들의 추함이 그 동굴 속에서 태어나신 예수 그리스도에 의해 가셔졌습니까? 그래서 예수 그리스도 안에서 온전히 죄 씻음을 받은 사도 바울은 이렇게 고백했습니다.

> 그런즉 누구든지 그리스도 안에 있으면 새로운 피조물이라 이전 것은 지나갔으니 보라 새것이 되었도다(고후 5:17).

외양간 동굴은 문자 그대로 짐승이 사는 곳입니다. 사람의 거처가 아니라는 말입니다. 짐승을 돌보는 목동 이외에는 사람의 발길이 닿지 않는 곳입니다. 일반인에게는 쓸모없이 버려진 동굴입니다. 예수님께서는 바로 그 동굴에서 태어나심으로 이 세상에서 아무 쓸모없는 인간, 모든 사람으로부터 버림받은 인간이라 할지라도 예수 그리스도께서 그 속에 임하기만 하시면, 뭇사람이 우러러보는 존귀한 사람이 될 수 있음을 증명해 주셨습니다. 예수님께서 태어나신 곳이 쓸모없이 버려진 동굴이었지만 오늘 본문 속의 목자들을 비롯하여 동방의 세 박사가 이 동굴을 찾은 것을 필두로 하여, 지난 2천 년 동안 전 세계 곳곳에서 얼마나 많은 사람들이 그 동굴을 찾았는지 모릅니다. 17년 전 한반도에 살고 있는 저까지도 머나먼 그 동굴을 일부러 찾아가 보았을 정도입니다. 이 세상 어느 동굴치고 그 동굴만큼 전 세계 뭇사람들의 참배를 받는 존귀한 동굴일 수 있겠습니까? 이처럼 아무리 쓸모없는 사람도 예수 그리스도 안에서는 존귀해질 수 있습니다. 그래서 갈릴리의 무식하고 비천한 어부로 단지 육체의 고깃덩어리만을 위하여 쓸모없는 삶을 살다가 예수 그리스도 안에서 뭇사람으로부터 존경받는 존귀한 사도가 된 베드로는 다음과 같이 고백했습니다.

> 그러나 너희는 택하신 족속이요 왕 같은 제사장들이요 거룩한 나라요 그의 소유가 된 백성이니 이는 너희를 어두운 데서 불러내어 그의 기이한 빛에 들어가게 하신 이의 아름다운 덕을 선포하게 하려 하심이라 너희가 전에는 백성이 아니더니 이제는 하나님의 백성이요 전에는 긍휼을 얻지 못하였더니 이제는 긍휼을 얻은 자니라(벧전 2:9-10).

예수님께서는 그 어둡고, 더러우며, 쓸모없이 버려진 동굴 속 구유에서 태어나셨습니다. 구유는 짐승의 먹이를 담는 밥통이라고 했습니다. 예수님께서는 그 짐승의 밥통 속에서 참된 양식으로 태어나심으로써 그 어떤 짐승 같은 인간도, 아니 짐승보다 못한 인간도 예수 그리스도를 먹고 마시기만 하면 참생명의 사람, 영원한 생명의 사람이 될 수 있음을 확인시켜 주셨습니다. 이것이 주님께서 이렇게 말씀하신 이유입니다.

> 내가 진실로 진실로 너희에게 이르노니 인자의 살을 먹지 아니하고 인자의 피를 마시지 아니하면 너희 속에 생명이 없느니라 내 살을 먹고 내 피를 마시는 자는 영생을 가졌고 마지막 날에 내가 그를 다시 살리리니 내 살은 참된 양식이요 내 피는 참된 음료로다(요 6:53-55).

이처럼 이 땅에 구원자로 오신 예수님께서 어떤 분이신지를 생생하게 보여

412

주기 위해서는, 그 어둡고 더러우며 쓸모없는 외양간 동굴, 그리고 그 속에 놓여 있는 짐승의 밥통인 구유보다 더 적합한 출생지는 없었습니다. 그 동굴 그 구유에서 태어나신 예수님께서는 어둠을 물리치는 구원의 빛이시며, 더러운 죄인을 정결케 하시고, 쓸모없는 사람을 존귀하게 하시며, 짐승 같은 인간을 참생명의 사람으로 영원히 세워 주시는 구원자 되십니다. 그래서 예수 그리스도께서는 인류의 희망이요 소망이시며, 슬픈 사람에게는 위로자가, 병든 사람에게는 치유자가, 절망에 빠진 사람에게는 격려자가 되십니다.

일본 아사히가와 북쪽 산간 지방에, 뇌성마비 환자로 태어나 24년 동안 사지를 한 번도 스스로 움직여 보지 못한 채 누워만 지내는 환자가 있었습니다. 24세라곤 하지만 체격은 겨우 열두 살 정도에 불과했습니다. 할 수 있는 것이라고는 기껏 말하는 것뿐이었는데, 그것도 온 얼굴의 근육을 다 움직여 남보다 몇 배의 시간을 들여서야 겨우 가능한 정도였습니다. 환자의 어머니는 그런 아들 곁을 떠날 수가 없었습니다. 24년 동안 어머니는 그 아들을 인근 호수 속에 던져 버릴까, 아니면 아들을 등에 업고 함께 뛰어내릴까, 얼마나 자주 유혹을 받았는지 모릅니다. 그러던 어느 날 그 산간 지방으로 무료 순회 진료차가 들어왔습니다. 어머니는 소용없는 짓인 줄 알면서도 아들을 진료해 줄 것을 부탁했고, 진료차는 감사하게도 그 집을 방문했습니다. 하지만 달리 치료 방법이 있을 리 없었습니다. 잠시 후 진료차가 출발하려 했을 때, 어찌된 영문인지 자동차가 집 앞 웅덩이에 빠져 꼼짝도 하지 않았습니다. 진료반원들은 어쩔 수 없이 다른 차가 올 때까지 몇 시간 동안 그 집에서 기다려야만 했습니다. 차를 기다리는 동안, 진료반원 가운데 요나이라는 이름의 크리스천 간호사가 그 환자와 이야기를 나누다가 예수 그리스도를 전했습니다. 집으로 돌아온 요나이 양은 성경과 기독교 서적을 계속 보내 주었고, 그 모든 책들을 어머니는 매일 빠짐없이 아들에게 읽어 주었습니다. 그런 날들이 거듭되던 중에 마침내 어머니와 아들이 동시에 예수 그리스도를 영접하게 되었고, 근처 목사님을 모시고 세례를 받기에 이르렀습니다. 그리고 어머니와 아들은 모두 하루가 다르게 생각과 마음이 변화되어 갔습니다. 그래서 그 산간 지방까지 찾아가 모자를 직접 만난 일본의 작가 미우라 아야코 여사는 《빛이 있는 곳에서》라는 책 속에 그 어머니의 고백을 이렇게 남겼습니다.

> 제 아들은 세례를 받고 나서 정말 몰라보게 훌륭한 아들이 되었습니다. 그 이전에는 아들을 혼자 집에 두고 일하러 나가려 하면, 제 손을 잡고서는 놓아주려고 하지를 않았습니다. 하지만 주님을 믿고 나서부터는, 자기가 집을 잘 보고 있을 테니 안심하라며 아무 불평도 하지 않게 되었습니다. 나는 전에 이 아이만 없다면 얼마나 좋을까 생각했고, 이 아이와 함께 죽어 버리려고 몇 번이나 별렀는지 모르지만, 지금은 이 아들 덕분에 도리어 주님 안에서 위안을 얻고 행복합니다. 모든 것이 감사할 뿐입니다.

24년 동안 뇌성마비 환자로 살아야 했던 아들과 그 아들을 보살펴야 하는 어머니의 삶은 어둠의 동굴처럼 절망적이었고, 그 동굴 속 짐승의 밥통처럼 암울하기만 했습니다. 그러나 그 동굴 속에 예수 그리스도께서 빛으로 생명의 양식으로 임하셨을 때, 그들의 상황은 그대로였지만 예수 그리스도 안에서 삶의 의미와 가치와 목적이 새로워졌습니다.

오스트리아 잘츠부르크 근처의 작은 시골 마을 오베른도르프에 조그마한 성 니콜라스 성당이 있었습니다. 1818년 12월 모어Joseph Mohr 신부는 크리스마스를 눈앞에 두고 오르간이 고장 났다는 사실을 알았습니다. 오르간 수리공에게 연락한다고 해도 그 작은 시골 마을에 언제 올지 알 수가 없었습니다. 사람들이 고대하는 크리스마스 이브 미사를 오르간 없이 진행해야 할 판이었습니다. 하는 수 없이 모어 신부는 기타 반주만으로도 부를 수 있는 노래를 급하게 직접 만들어야만 했습니다. 당시 26세이던 모어 신부는 그때까지 단 한 번도 시를 써본 적이 없었지만 주님께 기도드린 후 펜을 잡았을 때, 놀랍게도 그의 마음속에는 2천 년 전 베들레헴 외양간의 정경이 고스란히 복원되었습니다.

고요한 밤 거룩한 밤 어둠에 묻힌 밤
주의 부모 앉아서 감사기도 드릴 때
아기 잘도 잔다 아기 잘도 잔다

고요한 밤 거룩한 밤 주 예수 나신 밤
그의 얼굴 광채가 세상 빛이 되었네
구주 나셨도다 구주 나셨도다

작사를 끝낸 모어 신부는 이웃 마을 안스도르프의 음악 교사이자 니콜라스 성당 오르가니스트인 그루버Franz Xaver Grüber에게 작곡을 부탁했습니다. 그리고 크리스마스 이브 미사에서 모어 신부는 기타를 치면서 테너를, 그루버는 베이스를 맡아 성공적으로 연주를 마쳤습니다. 그날 그 작은 성당에 참석한 마을 사람들은 모두 감동을 받았지만, 성탄절이 지난 뒤 이 노래는 곧 잊히고 말았습니다. 그 후 한참 뒤 오르간을 수리하러 왔다가 우연히 이 노래를 알게 된 수리공 칼 마우라허Karl Mauracher가 외부 세계에 이 노래를 알림으로써, 이 노래는 전 세계에서 성탄의 빛과 평화를 노래하는 가장 대표적인 노래(찬송가 109장)가 되었습니다. 지금부터 193년 전 작은 마을 조그마한 성당의 고장 난 작은 오르간, 크리스마스 이브 미사에도 사용할 수 없는 그 고장 난 오르간은 아무 쓸모없이 버려진 동굴과도 같았습니다. 그러나 그 고장 난 오르간 덕분에 그해 동굴처럼 작은 그 성당에는 주님 태어나신 베들레헴 외양간이 복원되었고, 그로부터 193년이 지난 오늘날까지 그 노래를 듣고 부르는 우리의 심령 속에도 시간과 공간을 초월하여 그 외양간은 복원되고 있습니다.

올 1년 동안 어둠 속을 헤매셨습니까? 절망 속에서 허우적거리셨습니까? 고장 난 인생으로 인해 쓰디쓴 고통을 되씹어야만 하셨습니까? 한 치 앞도 보이지 않는 인생이 어둠의 동굴처럼 암울하고 질식할 것만 같으십니까? 그러나 성탄일을 맞은 오늘 그 동굴 속을 자세히 들여다보십시오. 그 동굴 속 구유 위에 예수 그리스도께서 이미 임해 계시지 않습니까? 그분을 진심으로 영접하십시오. 그분의 손을 잡으십시오. 그분만 삶의 주인으로 모십시오. 그분을 양식으로 삼으십시오. 그분 안에서 올 1년의 의미와 가치가 새로워질 것이요, 그 연장선상에서만 새해가 진정한 새해로 엮어질 것입니다.

지난 1년 동안 우리가 주님을 잊고 있을 때에도 우리를 눈동자처럼 지켜주신 주님의 사랑에 감사드립니다. 주님의 성탄일이자 송년 주일을 맞아, 지난 1년 동안 우리의 인생에 폭풍이 휘몰아쳤던 것도, 우리가 칠흑처럼 캄캄한 어둠의 동굴을 거쳐야만 했던 것도, 좌절과 시련의 고통을 맛보아야만 했던 것도, 우리의 심령 속에 베들레헴 외양간을 복원시켜 주시려는 주님의 은총이었음을 깨닫게 해주심을 감사드립니다.

우리의 심령 속 구유에 이미 임해 계신 주님, 그 주님을 우리의 인생 주인으로 모십니다. 그 주님의 말씀을 우리의 양식으로 삼습니다. 주님의 진리의 빛, 생명의 빛, 구원의 빛 속에서 지난 한 해의 의미와 가치가 참다운 의미로 승화되게 해주시고, 그 연장선상에서 맞는 새해가 주님에 의해 존귀한 새해로 엮어지게 해주십시오. 그리하여 우리의 삶 자체가 주님과 세상을 향한 최상의 크리스마스 캐럴이 되게 해주시고, 그 캐럴을 보고 듣는 사람들마다의 심령 속에도 베들레헴 외양간이 복원되게 해주십시오.

역사를 주관하시는 하나님! 북한 땅에서 마침내 김정일 시대가 막을 내렸습니다. 이제 하나님의 섭리 속에서 북녘 동포들이 억압과 공포와 기근에서 벗어나, 하나님의 형상을 지닌 인간답게 살 수 있는 새 시대가 속히 도래하게 해주십시오. 아멘.

2012년 1월 1일

내 상이 무엇이냐 신년 0시 예배

고린도전서 9장 18절

그런즉 **내 상이 무엇이냐** 내가 복음을 전할 때에 값없이 전하고 복음으로 말미암아 내게 있는 권리를 다 쓰지 아니하는 이것이로다

생각하면 할수록 아무 쓸모없는 미물에 지나지 않건만, 하나님께서는 여전히 우리를 믿으시고 이 혼탁한 시대 속에 당신의 뜻을 이루는 통로로 사용하시기 위해 우리에게 또다시 한 해의 기회를 더 주셨습니다. 새해 첫날인 오늘 우리는 겸손한 마음으로 우리를 변함없이 믿어 주시는 하나님의 깊은 사랑에 온 중심을 다해 감사드리지 않을 수 없습니다.

지난해 달력을 올해 달력으로 교체했다고 새해가 절로 주어지는 것은 아닙니다. 달력의 교체로 새해가 주어진다면 새해가 세상으로부터 온다는 말이 되는데, 그것은 사실이 아닙니다. '해 아래 새것이 없다'는 전도서 1장 9절 말씀처럼 이 세상에는 참된 새것이 없습니다. 단지 새것처럼 보이는 것이

거나, 새것이라고 착각하는 사람이 있을 뿐입니다. 아무리 세월이 흘러도 쇠함이 없는 새것, 참된 새것은 오직 위로부터, 하나님으로부터만 주어집니다. 하나님께서 이사야 43장 19절을 통해 선포하셨습니다. '보라, 내가 새 일을 행하리라.' 그러므로 언제나 새 일을 행하시는 하나님과 바른 관계를 맺는 사람의 시간만 하나님에 의해 새 시간, 새날, 새해로 엮어질 수 있습니다. 하나님께서 우리를 믿으시고 맡겨 주신 우리 각자의 2012년이 하나님과의 바른 관계 속에서 진정한 새해로 엮어지기를 간절히 소망합니다.

작년 한 해 동안 신설된 텔레비전 프로그램 중에 시청자들의 가장 큰 반향을 불러일으킨 프로그램은 아마도 MBC TV의 〈나는 가수다〉일 것입니다. 그 프로그램이 방영 첫날부터 시청자들을 사로잡았던 것은 그 프로그램에 참여한 가수들이 최선을 다해 진지하게 노래를 불렀기 때문입니다. 첫 무대에서 유일하게 장난스럽게 임했다가 곤욕을 치른 김건모 씨도 두 번째 무대에서는 마이크를 잡은 손을 파르르 떨 정도로 진지하게 열창하였습니다. 다 그런 것은 아니지만, 그동안 가수들이 별 연습 없이 텔레비전 프로그램이나 극장 무대에서 쉽게 노래 불러 온 것이 사실입니다. 저 역시 한국을 대표하는 가수들의 디너쇼나 리사이틀에 갔다가 성의 없이 혹은 장난스럽게 노래 부르는 모습에 실망했던 적이 한두 번이 아니었습니다. 그러나 〈나는 가수다〉에 출연하는 가수들은 예외 없이 최선을 다해 열창합니다. 그 이유는 한 가지입니다. 그 프로그램에만 출연한 프로 가수들을 평가하는 심판 제도가 있기 때문입니다. 공연이 끝난 뒤 청중평가단의 투표에서 최저 득표한 꼴찌가 탈락하는 것입니다. 아무리 예능 프로그램이라 해도 노래가 직업인 프로 가수가 공개 경연에서 꼴찌로 탈락한다는 것은 당사자에게는 불명예가 아닐 수 없습니다. 그래서 그 프로그램에 참여한 가수들은 청중평가단의 심판에서 살아남기 위해 최선을 다하지 않을 수 없습니다.

만약 모든 학교가 시험을 폐지한다면, 우리 사회에서 취업 시험이 모두 없어진다면 어떤 현상이 벌어지겠습니까? 아마도 공부하는 학생을 찾아보기 어려워질 것입니다. 시험이 학생들로 하여금 공부하게 하는 것처럼, 청중평가단의 심판 제도가 〈나는 가수다〉에 출연하는 가수들로 하여금 예외 없이 최선을 다하여 노래하게 해주고 있습니다. 시험과 심판은 이처럼 당사자의 유익을 위함입니다. 우리를 사랑하시는 하나님께서 우리를 심판하시는 이유도 여기에 있습니다. 따라서 하나님의 심판을 믿는 사람, 하나님의 심판을 의식하며 사는 사람만 하나님과의 바른 관계를 맺으며 최선을 다해 하나님의 말씀을 좇아 살아갈 수 있습니다.

작년 안식월 동안 가끔 〈나는 가수다〉를 시청하면서 이해하기 힘든 일이 있었습니다. 매회 등장하는 일곱 명의 가수 가운데 텔레비전을 통해 보기에는 음정과 박자가 불안정하여 상대적으로 노래를 제일 못 부른 것처럼 보이는 가수가 도리어 살아남고, 그보다 훨씬 잘 부른 가수가 떨어지는 경우가 간혹 발생하는 것이었습니다. 그때마다 이런 질문이 치솟곤 했습니다. 왜 청중평가단은 저렇게 투표할까? 그러나 그 질문은 작년 추석에 해소되었습니다. 그 프로그램 자문위원단 단장으로 수고하는 장기호 집사님의 초청으로 작년 추석에 그 프로그램의 녹화 현장을 참관했습니다. 녹화 현장인 MBC TV 일산 스튜디오는 최고의 음향 설비를 갖추고 있었습니다. 그 최고의 음향 설비에서 울리는, 운동장처럼 넓은 스튜디오를 압도하는 밴드의 음향은 가수의 결점이나 실수를 충분히 덮어 주고도 남았습니다. 그러다 보니 텔레비전 모니터의 제한된 스피커를 통해 가수의 노랫소리를 더 두드러지게 듣게 되는 시청자들과는 달리, 최고의 음향 시설을 갖춘 녹화 현장에 있는 아마추어 청중평가단의 평가는 얼마든지 엇갈릴 수 있음을 확인한 것입니다. 그날 집으로 돌아오면서 저는 이런 생각을 했습니다. 가수의 결점이나 실수는 아마추어 청중평가단 앞에서 최고의 음향 장비로 얼마든지 위장될 수 있지만, 하나님의 심판 앞에서는 그 누구도 위장할 수 없다는 생각이었습니다. 인간은 이 세상 그 무엇으로도 가릴 수 없는 벌거벗은 영혼으로 하나님의 심판대 앞에 서야 하기 때문입니다.

창립 7년째를 맞는 올해 우리 교회의 표어는 고린도전서 9장 18절 말씀에 기인한 "내 상이 무엇이냐"입니다. 바울은 2차 전도 여행 중 고린도를 방문하여 1년 6개월 동안 체류하였습니다. 서쪽에 레카이온 항과 동쪽에 겐그레아 항이 있어 동서를 잇는 요충지인 고린도는 지정학상의 이점으로 인해 주전 8세기경부터 거대한 도시국가를 형성하였습니다. 주전 338년 알렉산더 대왕의 아버지인 마게도냐의 빌립 2세에 의해 정복당한 고린도는, 주전 146년 로마제국의 뭄미우스 장군에 의해 함락 파괴되었습니다. 그러나 주전 44년 로마제국의 카이사르가 새롭게 재건하여, 2천 년 전 바울이 찾았을 때 고린도는 로마제국 4대 도시로 인구는 무려 60만 명에 달했습니다.

로마제국의 다른 상업 도시들과 마찬가지로 고린도 역시 도덕적으로 심하게 부패하고 타락한 도시였습니다. 해발 575미터의 아크로고린도 한가운데에 위용을 자랑하는 아프로디테 신전에는 남녀 각 1천 명의 사제들이 있었는데, 여사제 1천 명은 모두 종교의 이름으로 매음하는 창녀들이었습니다. 그 신전에 창녀가 그토록 많았다는 것은 고린도가 그만큼 성적으로 타락한 향락의 도시였음을 의미했습니다. 오죽했으면 당시 '고린도인이 된다'는 말은 '성적으로 부도덕한 인간이 된다'는 의미를 내포할 정도였습니다. 그 타락과 향락의 도시인 고린도에 바울이 세운 교회가 우리가 '고린도 교회'라 부르는 교회입니다. 그러나 바울이 1년 6개월 만에 고린도를 떠난 뒤에 고린도 교회에는 여러 문제가 발생했습니다. 교인들 간에 파벌이 조성되어 서로 비난하고 정죄하기를 일삼았을 뿐 아니라, 음행의 문제 등 예기치 않은 문제들이 발생했습니다. 미약한 고린도 교회가 타락한 고린도를 새롭게 하기는커녕 타락한 고린도의 풍조에 휩쓸려 버린 것이었습니다. 그 가슴 아픈 소식을 접한 바울이, 고린도 교회가 당면한 여러 문제에 대한 해결책을 제시해 주기 위해 쓴 편지가 고린도전후서입니다. 그 편지 속에서 바울은 오늘의 본문을 통해 이렇게 자문자답했습니다.

> 그런즉 내 상이 무엇이냐 내가 복음을 전할 때에 값없이 전하고 복음으로 말미암아 내게 있는 권리를 다 쓰지 아니하는 이것이로다.

바울은 '내 상이 무엇이냐?'고 자문한 뒤, 자신이 복음을 아무 대가 없이 전하고 복음 전도자로서 당연히 누릴 수 있는 권리를 다 행사하지 않은 것이 자신의 상이라고 자답했습니다. 당시 복음 전도자들은 교인들로부터 생활비를 보상받았지만 바울은 그렇게 하지 않았습니다. 사도행전 18장에 의하면 바울은 고린도에서 만난 아굴라와 함께 천막 제조로 생계를 이어 가며 고린도인들에게 복음을 거저 전했습니다. 그렇다고 바울이 가는 곳마다 그렇게 한 것은 아니었습니다. 바울은 빌립보서를 통해 이렇게 증언했습니다.

> 빌립보 사람들아 너희도 알거니와 복음의 시초에 내가 마게도냐를 떠날 때에 주고받는 내 일에 참여한 교회가 너희 외에 아무도 없었느니라 데살로니가에 있을 때에도 너희가 한 번뿐 아니라 두 번이나 나의 쓸 것을 보내었도다(빌 4:15-16).

이곳저곳 전도 여행 다니는 바울에게 필요한 경비를 빌립보 교인들이 모금해 보내 주었다는 말입니다. 또 바울은 고린도후서 11장 9절을 통해 고린도교인들에게 다음과 같은 내용을 피력하기도 했습니다.

> 또 내가 너희와 함께 있을 때 비용이 부족하였으되 아무에게도 누를 끼치지 아니하였음은 마게도냐에서 온 형제들이 나의 부족한 것을 보충하였음이라 내가 모든 일에 너희에게 폐를 끼치지 않기 위하여 스스로 조심하였고 또 조심하리라.

바울이 고린도에 체류하는 1년 6개월 동안 천막 제조만으로는 필요한 생활비를 모두 충당할 수 없었습니다. 그도 그럴 것이 천막 제조는 부업에 지나지 않았고, 본업은 아무 대가 없이 복음을 거저 전하는 것이었기 때문입니다. 그러나 바울이 부족한 재정을 충당하기 위해 고린도 교인들에게 마땅히 생활비를 요구할 수 있는 자기 권리를 주장하지 않았던 것은, 마게도냐의 교인들이 바울의 부족분을 보충해 준 것 이외에도 바울 스스로 고린도 교인들에게 폐를 끼치려 하지 않았기 때문입니다. 왜 바울은 고린도에 체류하는 1년 6개월 동안 마게도냐 교인들의 헌금은 받으면서도 고린도 교인들에게는 자신의 권리를 포기하면서까지 폐를 끼치지 않으려 했겠습니까? 당시 물질적으로 타락하고 방종한 고린도의 이방 신전 사제들, 그리고 단지 생계를 방편으로 철학을 설파하고 거짓 복음을 퍼뜨리는 떠돌이 철학자들이나 거짓 사도들과 구별된 삶의 모습을 보여 주기 위함이 첫 번째 이유였습니다. 두 번째 이유는 자신을 모함하는 사람들의 거짓 모함에 대해 복음을 전하는 자신의 순수함을 보여 주기 위함이었습니다. 이를테면 바울은 고린도에서는 교인들에게 생활비를 받는 권리를 행사하지 않아야 자신이 전하고자 하는 복음이 훼손되지 않는다고, 다시 말해 한 영혼이라도 더 구원할 수 있다고 판단한 것이었습니다. 이것이 바울이 다음과 같이 증언한 이유입니다.

다른 이들도 너희에게 이런 권리를 가졌거든 하물며 우리일까 보냐 그러나 우리가 이 권리를 쓰지 아니하고 범사에 참는 것은 그리스도의 복음에 아무 장애가 없게 하려 함이로다(고전 9:12).

고린도에서 1년 6개월이나 복음을 전했지만 자기 권리를 행사하지 않은 바울에게 현실적으로 주어진 것은 아무것도 없었습니다. 경제 논리로 따지자면 바울은 1년 6개월 동안 허탕을 친 셈이었습니다. 그러나 바울은 그와 같은 삶을 후회하기는커녕, 자신의 권리를 버리고 아무 대가 없이 복음을 전할 수 있는 것 자체를 하나님께로부터 받는 상, 보상으로 여겼습니다. 그것은 자신이 누릴 수 있는 권리보다도 그 권리를 주신 하나님을 더 귀하게 섬김을 의미했습니다. 바울에게 어떻게 그런 삶이 가능했겠습니까?

바울이 가이사랴의 감옥에 갇혀 있을 때의 일입니다. 로마 총독 벨릭스가 바울을 불러내 믿음의 요체가 무엇인지 물었습니다. 사도행전 24장 25절에 의하면 바울은 믿음의 요체를 '의', '절제', '심판'이라고 대답했습니다. 성경이 말하는 '의'는 하나님과 바른 관계를 맺는 것입니다. 우리말 '절제'로 번역된 헬라어 '엥크라테이아ἐγκράτεια'는 끊을 것은 칼로 무를 자르듯 끊어 내고 행할 것을 반드시 행하는 '자기 통제'를 의미합니다. 믿음은 하나님과 바른 관계를 맺는 것이요, 하나님과 바른 관계를 맺기 위해서는 자기 통제의 삶이 수반되어야 하고, 모든 인간의 삶은 반드시 하나님의 심판을 받아야 합니다.

그리스도인치고 믿음의 세 가지 요체를 모르는 사람은 없습니다. 그럼에도 많은 그리스도인들이 바른 믿음의 삶을 구현하지는 못하는 것은 '사명자

반'에서 말씀드린 것처럼, 믿음의 요체는 '의'와 '절제'와 '심판'이지만 믿음의
진행과 성숙은 그 역순으로 이루어진다는 사실을 알지 못하기 때문입니다.
즉 하나님의 심판을 믿는 사람, 삶 속에서 하나님의 심판을 의식하고 살아가
는 사람만 성령님의 인도하심 속에서 자기 통제의 삶을 살 수 있고, 그 결과
로 하나님과의 바른 관계가 지속 유지될 수 있습니다. 시험을 의식하는 학생
만 열심히 공부하고, 〈나는 가수다〉라는 프로그램에 청중평가단의 심판 제
도가 있기에 출연하는 가수들이 최선을 다해 열창하는 것과 같은 이치입니
다. 그러나 근본적인 차이도 있습니다. 학생에 따라서는 시험을 치를 때 교
묘하게 커닝할 수도 있고, 〈나는 가수다〉에 출연한 가수의 결점이나 실수는
최고의 음향 장비에 의해 가려질 수도 있지만, 하나님의 심판 앞에서는 그
어떤 커닝이나 위장도 원천적으로 불가능하다는 차이입니다.

'새신자반', '성숙자반', '사명자반'을 통해 여러 번 강조한 것처럼, 하나님의
심판이 믿지 않는 사람에게는 멸망을 뜻하지만 믿는 사람에게는 하나님의
셈하심, 다시 말해 하나님의 상 주심을 의미합니다. 하나님께서는 당신 자
녀들의 삶을 반드시 셈하시고 그 결과에 따라 상 주시는 하나님이십니다.
하나님의 상이 얼마나 중요하면 이 땅에 오신 예수님께서도 수차례에 걸쳐
하나님의 상에 대해 말씀하셨습니다. 예를 들면 다음과 같은 말씀입니다.

사람에게 보이려고 그들 앞에서 너희 의를 행하지 않도록 주의하라 그리
하지 아니하면 하늘에 계신 너희 아버지께 상을 받지 못하느니라 그러므
로 구제할 때에 외식하는 자가 사람에게서 영광을 받으려고 회당과 거리
에서 하는 것같이 너희 앞에 나팔을 불지 말라 진실로 너희에게 이르노
니 그들은 자기 상을 이미 받았느니라(마 6:1-2).

세상에서 받는 상이 무엇이든 그것은 반드시 소멸되기 마련인 데 반해, 하나님 나라에서 하나님으로부터 받는 상은 영원한 상입니다. 바울은 그 상을 사모하는 사람이었습니다. 바울에게 하나님의 심판은 하나님의 셈하심이요, 상 주심이었습니다. 그래서 바울은 자신의 편지를 받는 고린도 교인들에게 이렇게 권면하고 또 고백했습니다.

> 운동장에서 달음질하는 자들이 다 달릴지라도 오직 상을 받는 사람은 한 사람인 줄을 너희가 알지 못하느냐 너희도 상을 받도록 이와 같이 달음질하라 이기기를 다투는 자마다 모든 일에 절제하나니 그들은 썩을 승리자의 관을 얻고자 하되 우리는 썩지 아니할 것을 얻고자 하노라 그러므로 나는 달음질하기를 향방 없는 것같이 아니하고 싸우기를 허공을 치는 것같이 아니하며 내가 내 몸을 쳐 복종하게 함은 내가 남에게 전파한 후에 자신이 도리어 버림을 당할까 두려워함이로다(고전 9:24-27).

운동선수들이 승리의 상을 얻기 위해 최선을 다하고 스스로 절제의 삶을 살듯이 고린도 교인들 역시 영원히 썩지 않을 하나님의 상을 얻기 위해 최선을 다할 것을 촉구하면서, 바울은 자신도 하나님의 상에서 제외되지 않게끔 날마다 자신을 쳐 복종시키는 자기 통제의 삶을 살고 있음을 밝혔습니다. 그와 같은 믿음의 삶을 사는 바울이었기에, 고린도에서 복음을 훼손시키지 않기 위해 1년 6개월 동안이나 자신의 권리를 포기하고 아무 대가 없이 복음을 전하는 것 자체를 자신의 상이라고 자신 있게 단언하였습니다. 현실 속에서는 비록 빈손이라 할지라도 하나님의 복음을 위해 기꺼이 자기 권리를 포기하는 자기 통제의 삶을 사는 한, 이 세상에서의 삶이 끝났을 때 하나님의 나라에서 심판의 하나님께서 반드시 상 주실 것임을 확신했기 때문입니다.

이처럼 바울이 고린도 교인들에게 편지를 쓰면서 상에 관해 언급하고 또 하나님의 상을 받을 수 있게끔 절제의 삶을 살기를 촉구한 것은, 하나님의 상 주심을 믿지 않고는, 다시 말해 하나님의 심판을 믿지 않고는, 향락과 타락의 도시 고린도에서 세상 풍조에 휩쓸림 없이 참된 그리스도인으로 살아갈 수 없기 때문이었습니다.

다음은 우리가 잘 아는 히브리서 11장 6절 말씀입니다.

> 믿음이 없이는 하나님을 기쁘시게 하지 못하나니 하나님께 나아가는 자는 반드시 그가 계신 것과 또한 그가 자기를 찾는 자들에게 상 주시는 이심을 믿어야 할지니라.

하나님을 믿는다면 반드시 두 가지를 믿어야 하는데 첫째, 자신이 어디에 있든 바로 그곳에 하나님께서 계심을 믿어야 한다는 것입니다. 하나님은 무소부재하신 분이기 때문입니다. 둘째로 하나님께서 상 주심을, 다시 말해 하나님의 심판을 믿어야 한다는 것입니다. 이 두 가지 사실을 믿는 사람이라면, 이 두 가지 사실을 삶 속에서 의식하며 사는 사람이라면 마치 시험을 앞둔 학생이 열심히 공부하듯이, 시합을 앞둔 선수가 매사에 절제하듯이, 〈나는 가수다〉에 출연한 가수들이 청중평가단 앞에서 최선을 다해 열창하듯이, 사도 바울이 하나님의 복음을 위해 자신의 권리를 기꺼이 포기하고 아무 대가 없이 복음을 전하는 삶 자체를 상으로 여기듯이, 하나님 앞에서 하나님의 말씀을 좇아 진지하게 자기 통제의 삶을 살게 될 것은 명약관화하지 않습니까? 이런 관점에서 오늘날 한국 교회에서 일어나고 있는 온갖 물의의 현장을 들여다보면, 물의를 일으키고 있는 장본인들이 정말 그 현장에 하나님께서 살아 계심을 믿고 있는지, 과연 하나님의 심판, 하나님의 셈하심, 하나님의 상 주심을 믿고 있는지 의구심이 들지 않을 수 없습니다. 하나님께서 어디든 살아 계심을 믿고 또 심판의 하나님이심을 믿는다면 절대로 그런 식으로 살 수는 없기 때문입니다.

우리 각자는 어떻습니까? 하나님을 믿는다고 하지만 우리의 심령은 이미 세상에 의해 장악당하지 않았습니까? 하나님의 말씀을 좇기보다는 세상의 풍조와 돈의 논리를 더 신봉하고 있지 않습니까? 하나님 나라에서 받을 상을 위해 자기를 통제하고 자기 권리를 포기하기는커녕, 자기 욕망의 강화와 자기 권리의 확장을 위해 하나님마저 수단으로 이용하고 있지 않습니까? 그래서야 올해 역시 묵은해의 연장일 뿐이지 않겠습니까? 올해는 연초부터 모든 것이 녹록지 않습니다. 북한 김정일 국방위원장의 사망으로 남북 관계는 한 치 앞도 내다볼 수 없고, 서민 경제는 악화일로인 데다, 총선과 대선을 앞두고 온갖 유언비어가 난무하고 계층·연령·지역 간의 갈등이 더욱 심화될 것이 뻔한 올해는, 그 어느 해보다 우리의 믿음이 세상에 휘둘리기 쉬운 한 해입니다. 그렇다면 올해야말로 우리 모두 살아 계신 하나님, 심판하시는 하나님, 셈하시는 하나님, 상 주시는 하나님을 믿어야 합니다. 그래야만 요동치는 세상 속에서도 하나님과 바른 관계를 맺으며 이 어둔 세상에 진리의 빛을 비추는 자기 통제의 삶을 경주할 수 있습니다.

하나님 나라에서 받을 상을 위하여 현실 세계 속에서 자신의 권리를 기꺼이 포기하는 것을 도리어 상으로 여겼던 바울의 편지는 하나님의 말씀이 되어 영원한 성경으로 남았고, 네로 황제에 의해 참수형을 당했던 그는 2천 년이 지난 오늘날까지 이 어둔 세상에 진리의 빛을 비추는 영원한 사도로 살아 있습니다. 하나님의 상 주심을 믿은 바울에게 하나님께서 상 주심의 결과였습니다. 우리 역시 새해를 맞아 더 이상 세상의 보상을 목적으로 삼지 마십시다. 세상의 보상은 하나님과 우리의 관계를 더욱 멀어지게 할 뿐입니다. 하나님 나라에서 하나님으로부터 받을 상을 위하여, 세상의 보상을 기꺼이 포기하는 삶을 상으로 여길 줄 아는 이 시대의 바울이 되십시다. 그때 올 1년 동안에도 하나님께서는 부족한 우리를 이 혼탁한 시대를 위한 당신의 도구로 계속 사용해 주실 것이요, 우리의 올해는 하나님과의 바른 관계 속에서 진정한 새해로 엮어질 것입니다.

그동안 우리는 하나님을 믿는다면서도 내 삶의 현장에 하나님께서 항상 살아 계심을 깨닫지는 못했습니다. 더욱이 하나님께서 우리의 삶을 셈하시는 심판의 하나님이시요, 상 주시는 하나님이심은 더더욱 인식하지 못했습니다. 그 결과 우리는 세상의 보상을 좇아 동분서주하느라 세상을 변화시키기는커녕, 도리어 세상의 풍조에 휩쓸려 그리스도인이라기에는 너무나도 부끄러운 삶을 살아왔습니다. 그럼에도 하나님께서 우리를 믿으시고 또 한 해의 기회를 다시 주신 것을 진심으로 감사드립니다.

이제 새해 첫날 첫 주일을 맞아 우리 모두 살아 계신 하나님과의 바른 관계 속에서 새로운 삶을 시작하기 원합니다. 날마다 하나님의 심판을, 하나님의 셈하심을, 하나님의 상 주심을 사모하며 살게 해주십시오. 하나님의 심판, 하나님의 셈하심, 하나님의 상 주심을 믿기 전까지는, 이 향락과 타락과 물질 숭배의 세상 속에서 참된 그리스도인으로 살아갈 수 없음을 잊지 말게 해주십시오. 시험을 의식하는 학생이 열심히 공부하듯이, 〈나는 가수다〉에 출연한 가수가 청중평가단의 심판 제도 때문에 열창하듯이, 시합을 앞둔 운동선수가 스스로 절제하며 훈련에 힘쓰듯이, 우리 모두 하나님 나라에서 하나님으로부터 받을 상을 얻기 위해 날마다 우리를 쳐서 자신을 통제하며 하나님의 말씀을 좇아 최선을 다하여 살게 해주십시오. 사도 바울처럼 하나님 나라의 상을 얻기 위해 세상의 보상을 기꺼이 포기하는 삶을 도리어 상으로 여기는 성숙한 믿음을 주십시오. 그리하여 우리가 올 1년 동안도 이 혼탁한 세상을 바로 세우는 하나님의 통로로 쓰임 받게 해주시고, 하나님과의 바른 관계 속에서 날마다 새해로 엮어질 올 1년간 우리의 삶이 하나님을 향한 아름다운 찬양으로 울려 퍼지게 해주십시오. 아멘.